高等工科院校课程改革教材

# 工业工程基础与实践

主　编　梁　迪
副主编　苏莹莹
参　编　张凤荣　王丽莉　潘苏蓉
　　　　张天瑞　单麟婷

机 械 工 业 出 版 社

本书从中国制造业和工业工程的现状及发展趋势入手，简明扼要地介绍了工业工程的研究内容、研究方法和基本原理。本书共九章，主要内容包括工作研究、生产计划与控制、人因工程学、设施规划与物流分析、质量管理、工程经济、供应链管理和网络化制造等，可使读者对工业工程有深刻和完整的理解与认识，形成现代工业工程的系统思想和思维方式，并能形成系统应用工业工程的理论和方法来分析、解决问题的能力。在每章后面有可供研究的案例分析及丰富的思考题。

本书编写逻辑性强，语言深入浅出，通俗易懂，可供高等院校经济、管理类师生使用，也可作为理工类学生学习管理类知识的教材。

本书配有电子课件，凡使用本书作教材的教师可登录机械工业出版社教育服务网（http://www.cmpedu.com）下载，或发送电子邮件至cmpgaozhi@sina.com索取。咨询电话：010-88379375。

**图书在版编目（CIP）数据**

工业工程基础与实践/梁迪主编. —北京：机械工业出版社，2016.1（2021.2重印）

高等工科院校课程改革教材

ISBN 978-7-111-52264-5

Ⅰ.①工… Ⅱ.①梁… Ⅲ.①工业工程-高等学校-教材 Ⅳ.①F402

中国版本图书馆CIP数据核字（2015）第283334号

机械工业出版社（北京市百万庄大街22号 邮政编码100037）

策划编辑：王英杰 责任编辑：王英杰 责任校对：刘怡丹

封面设计：鞠 杨 责任印制：常天培

固安县铭成印刷有限公司印刷

2021年2月第1版第2次印刷

184mm×260mm · 15印张 · 371千字

3001—4000册

标准书号：ISBN 978-7-111-52264-5

定价：39.80元

| 电话服务 | 网络服务 |
| --- | --- |
| 客服电话：010-88361066 | 机 工 官 网：www.cmpbook.com |
| 010-88379833 | 机 工 官 博：weibo.com/cmp1952 |
| 010-68326294 | 金 书 网：www.golden-book.com |
| **封底无防伪标均为盗版** | 机工教育服务网：www.cmpedu.com |

# 前言

制造业特别是机械制造业是国民经济的支柱产业，现代制造业正在改变着人们的生产方式、生活方式、经营管理模式乃至社会的组织结构和文化。由于拥有潜在的巨大市场和丰富的劳动力资源，我国已成为世界的制造大国。我国家电等若干产品的产量已居世界第一位。但是我国制造业还存在工人工资较低、能耗较高等问题，在自主知识产权的创新设计、先进制造工艺和装备及现代化管理等方面与制造强国仍然存在很大差距。

我国制造竞争力在什么地方？美国管理大师彼得·德鲁克（Peter Drucker）说："20世纪工业取得的重大成就，在管理技术上贡献最大的莫过于工业工程技术。这是一个由美国人创造，被世界接受并产生重大影响的思想。不论什么时候它被应用，生产率就会提高，在减少工人工作负荷的同时，他们的收入就会上升，它已经提高工人的劳动生产率超过百倍。"没有一个国家可以在低廉工资的基础上，在全球竞争中建立长期绝对的优势，因此通过工业工程的方法和技术来维持优势是最优选择。

本书是从工业工程的视角来解读工程中所遇到的管理问题，不是给出宏观的管理理念，而是从微观管理的层面，对工作研究、生产计划与控制、人因工程学、设施规划与物流分析、质量管理、工程经济、供应链管理和网络化制造等方面进行较详细的阐述和说明。为提高制造企业收益和企业市场竞争力等提供理论基础和方法技术，为制造企业制定战略方案提供参考。

美国制造的根本是劳动分工、工作研究及标准化，日本制造的根本是精益生产。所以说，大规模生产模式造就了美国制造，精益生产模式造就了日本制造，那么中国制造需要什么来造就？如果按目前制造业的发展趋势，2020年中国制造的份额将会变得非常大，我们就需要有自己的生产模式。希望读者们能够通过本书的内容，不仅是复制美国和日本的生产方式，而是要结合我国制造企业的特点创建更优的管理模式，超越精益，我们才有可能成为真正的世界制造强国。

在本书的编写过程中，我们参阅和借鉴了大量的相关书籍和论文，在此谨向这些书籍和论文的作者表示诚挚的感谢。全书结构由梁迪确定，第1、2、3章由潘苏蓉、张天瑞编写，第4、6章由王丽莉、张凤荣编写，第5、7、8、9章由梁迪、苏莹莹、单麟婷编写。

由于时间仓促，书中难免存在不妥和疏漏之处，恳请专家与读者批评指正。

**编　者**

# 目录

看出，我国的机械制造设备还比较落后，与发达国家还有一定的差距。

**2. 制造工艺**

随着科学技术的发展，特别是电子技术、信息技术的迅猛发展，越来越多的高新技术应用到机械制造行业中，我国的制造业得到了大力发展。于是，中国制造成了耳熟能详的一个词，而中国创造才刚刚提出不久。由此可以看出，我们的产品质量还有待提高，这很大程度上取决于制造工艺。工业发达国家较广泛地采用高精密加工、精细加工、微细加工、微型机械和微米/纳米技术、激光加工技术、电磁加工技术、超塑加工技术以及复合加工技术等新型加工方法。但是这些加工方法和工艺在我国的普及率不高，尚在开发、掌握过程中，我们仍然是以传统加工方式为主体，这就使得我国工艺水平的提高受到了限制。

**3. 自动化技术**

随着计算机技术等高新技术的发展，机械制造业的自动化技术程度进一步提高。工业发达国家普遍采用数控机床、加工中心及柔性制造单元（FMC）、柔性制造系统（FMS）、计算机集成制造系统（CIMS），实现了柔性自动化、智能化、集成化。我国尚处在单机自动化、刚性自动化阶段，柔性制造单元和系统仅在少数企业使用。而且，我国在这方面的研究尚处于起步阶段，发展还不太成熟。

**4. 生产管理**

工业发达国家广泛采用计算机管理，重视组织和管理体制、生产模式的更新发展，推出了准时生产（JIT）、敏捷制造（AM）、精益生产（LP）、并行工程（CE）等新的管理思想和技术。我国只有少数大型企业局部采用了计算机辅助管理，多数小型企业仍处于经验管理阶段，而且正是由于我国企业规模小而散，大多数企业未能建立现代化的科学管理体系，组织机构系统不完善，人员素质较低，管理水平有限。大多数企业中存在着重视生产技术，轻视管理技术；重视硬件建设，轻视软件建设；重视信息化，轻视集成化管理等问题。企业专业化管理水平越低，国际市场开拓能力越弱。现阶段，我国多数企业管理粗放，专业化管理水平低，其中机械工业的专业化水平仅为15%～30%，而美国、西欧各国、日本企业的专业化水平已经达到75%～95%。

**5. 核心技术**

改革开放以来，越来越多的外国企业到我国来投资，我国引进了不少国外的先进设备但并没有掌握核心技术。业内人士认为，我国机械行业存在一个巨大的技术“黑洞”，最突出的表现是对外技术依存度高。对外技术依存度居高不下，导致我国机械制造产业的发展受制于人。我国对外技术依存度高达约50%，而美国、日本为5%左右，一般发达国家这一占比也在30%以下。并且我国的关键技术自给率低，占固定资产投资40%左右的设备投资中，有60%以上要靠进口来满足，高科技含量的关键装备基本上依赖进口。值得注意的是，许多重点领域特别是国防领域的对外技术依赖，会对国家安全构成严峻挑战。作为窗口的国家高新技术产业开发区，也有57%的技术源自国外。不过现在已经有几家汽车制造企业开始关注设计自己的发动机，奇瑞汽车股份有限公司是其中之一，该公司成功研发了ACTECO发动机，使我国汽车也开始获得技术收益。

**6. 国家的宏观方针政策**

机械工业作为一般竞争性行业，其竞争状况与效益状况直接受生产投入结构的影响。企业之间的竞争，实际上是科学技术实力和创新能力的竞争，而科技实力和技术创新能力在很大程度上取决于科研与开发的投入。发达国家为了保持机械工业的市场竞争力，加大了科技投入的力度。一些大企业的科技开发费用占到其销售额的4%～8%，甚至10%以上。这种高投入，使其本来就远远领先的科技优势进一步扩大，使企业从完全竞争的局面转变为“垄断竞争”，在许多关键领域占据了战略性优势地位。日本、美国、德国、法国机械工业企业的人均研究开发经费，分别为21.54万美元/年、15.76万美元/年、19.99万美元/年、25.94万美元/年，是我国企业的几十倍。由此可以看出，我国的研发经费投入等还很不足，这在很大程度上限制了我国机械制造业的发展。

**7. 自主创新及人才培养**

我国企业的技术创新能力较差，产品开发周期较长。我国中小型企业以及大型企业走的还是低成本工业控制自动化的道路。以制造业中的印刷机械为例，存在的问题包括：

1）进出结构很不合理。据统计，2012年印刷设备进口量达到近万台，进口额达24亿美元，出口额仅为13亿美元。其中进口的印刷机数量达到近万台，这无不说明我国机械设备精度低，市场少等现状。

2）产业集中度低，创新科研人才少。在海德堡，科研、生产、销售三方面的人员是接近相等的。而在我国，科研人员、科研经费甚至不到4%。全国印刷机械厂的总产值也只有海德堡的一半。

3）智能设备少，自动化低。设备自动化程度低，精度达不到要求，很多印刷企业更愿意买进口机，这样不仅能满足印刷要求，还能很大程度上减少劳动力，节约成本。

4）产品配套厂生产水平低。我国现在的印刷机械企业大多数毛坯的前期处理是外协加工的，由于配套厂生产技术的缺陷，很多时候无法满足印刷机械产品的安装调试。

5）电气元件材质差。国产印刷机上的很多电气元件，都要靠从国外进口，国内的元件很难达到印刷机工作所需要求。

人才是自主创新的核心，而我国却没有拔尖的创新人才。这充分体现在：高层次人才严重不足，技术创新缺乏动力。虽然我国人才总体规模已近6000万，但高层次人才十分短缺，能跻身国际前沿、参与国际竞争的战略科学家更是凤毛麟角。在158个国际一级科学组织及其包含的1566个主要二级组织中，我国参与领导层的科学家仅占总数的2.26%，其中在一级科学组织担任主席的仅1名，在二级组织担任主席的仅占1%。

**8. 高精尖技术的开发相对薄弱**

高精尖技术在未来的国际竞争中具有重大的作用。例如：用于海洋资源开发的水下作业装备，用于高精尖设备制造的超精密加工装备，面向IT等产业的集成电路制造关键装备，微机电系统（MEMS）以及集高新技术于一身的仿人形机器人等。由于国外的技术封锁，我们只能引进一般设备和一般技术，核心技术很难引进，只能靠自己的研究才能掌握，只有自力更生才能发展。

### 1.1.2　我国制造业的发展趋势

我国的机械工业与国际还有一定的差距，特别是在工艺、管理等方面，而这些方面关系着我国能否在未来的机械制造发展中迎头赶上。面对全球制造业的产能不断扩大、劳动力成本上升、产品同质化竞争激烈、利润率下降、消费者需求更加苛刻等难题，我国制造业应如何应对呢？

**1. 利用外资的溢出效应，东西部并行发展**

随着全球化的飞速发展，制造业转移出现新的战略动向。研发环节开始向发展中国家转移，这种趋势在不断加强。当然，核心研发仍然留在跨国公司的总部，其地区总部或分部从事的主要是本地化的研发。发达国家跨国公司研发环节的转移加快了其技术的转移，同时也加强了对其投资企业的技术控制。相应地，跨国公司的对外投资更多地采取了独资的形式，并购投资的增长也明显加快。尽管这一阶段外资对技术壁垒设限甚高，但溢出效应仍不可避免。内资企业要不断提高自身的技术水平和创新能力，才能更好地消化吸收外资企业的先进技术；东部地区在今后的外资引进工作中，应更加重视外资质量，鼓励外资企业在国内设立研发中心，将最先进的技术引入我国。

对于西部地区，由于生产力水平较低，还无法承接外资的溢出效应。在引进外资方面，应该结合当地的经济发展水平，有选择地引进，而不应该盲目地追求较高的技术水平。西部地区目前的主要任务是加大在科研发方面的资金投入、提高企业的技术水平和人力资本水平，为当地企业获取外资的溢出效应积极创造条件。同时，西部应发挥自身劳动力丰富的优势，大力发展加工制造业，营造一个较好的投资环境，降低物流、贸易成本；积极承接东部地区的产业转移。如果不这样做，东西部的差距还有不断加大的可能。

**2. 产业集聚与全球视野**

产业集聚是指在一个适当大的区域范围内，生产某种产品的若干个同类企业，为这些企业配套的上下游企业，以及相关的服务业，高密度地聚集在一起。在集聚区内，产品的生产和销售规模都非常大，这方面浙江省发展得非常好，省内几乎每个城市都有一个甚至几个“产业之都”。

产业集聚使专业化分工以一种独特的方式得到空前发展，在高度分工基础上形成的配套产业优势，是外界很难进入的产业壁垒。产业集聚有着先天的优势，各厂商间细致紧密的分工协作，可以大大降低生产与交易成本，明显的规模效应又强化了各厂商之间的互相依存关系。由于信息在区内传播非常迅速，可以灵活进行各种各样的敏捷制造，市场反应要比区外快得多。目前，在长江三角洲地区，已形成了一批在全球举足轻重的产业带；从昆山到南京形成了200公里的IT产业带，产值超过1500亿元；从太仓到南京形成了200公里的重化工和新材料产业带，产值超过1600亿元；江苏吴江开发区，生产最终产品的外商IT企业其所需的装配材料80%以上不用出区即可配齐，如果再与周边的一些IT企业相衔接，配套水平可达98%以上。如此高效发达的敏捷制造能力，任何独立的企业均无法与之竞争。

全球分工深化，意味着产业集聚在某个特定区域内有时是不可能的，这就要求企业领导者还要有全球视野，能清晰地看到世界制造业的发展变化。例如：浙江商人鲁冠球前些年收购了生产万向节产品的一个公司，而这个公司实际上是由于多年亏损，才被以很低的价钱卖给鲁冠球的。该公司在美国的生产厂，主要加工我国生产厂不能加工的技术复杂的零件，而比较简单的零件则由国内生产厂家生产，这样结合起来以后，该公司实现了转亏为盈，鲁冠球也因此净赚2000万美元。现在在一些发达国家，很多制造业企业由于市场的原因、经营的原因或成本的原因经营困难。我们可以主动走出去，把我们的优势和它们的优势结合起来，这样既提升了水平又解决了困难，可以达到双赢的效果。也可以说是敏捷制造升级为全球化制造。产业集聚一旦形成便很难复制，各地政府在做产业驱动时务必注意，一个成熟的产业集聚区具有外界无法比拟的成本与交易优势，行政重复投资带来的危险要比从头再来更大。

**3. 以国家意志实现重装备业崛起**

重装备业是一个国家制造业的灵魂，是产业安全与国防安全的基本保证。但是很不幸，改革开放30多年来，我国的重装备制造业并未跟上国民经济的发展速度，与国外相比差距越来越大。可以说，在广大人民消费水平、生活水平显著提高的同时，我们也不得不面对以下问题：对外依存度过高，重要关键设备几乎全部依赖进口。

我国东北地区作为“共和国的装备部”，在装备制造业领域的发展具有绝对优势。其成套装备产品研发、制造能力居国内领先水平，重型装备产品在国内具有不可替代的地位。作为经济社会发展的支柱性、战略性产业，重大装备制造业始终是一个国家综合国力与技术水平的重要体现。然而，尽管重大装备制造业解决了重大装备产品空心化问题，促进了国民经济发展，但对承担使命的骨干企业而言，其在体制机制创新改革的路上依然任重而道远。为了更好地解决这一问题，经国务院批准国家发改委下发了《全国老工业基地调整改造规划(2013—2022年)》，以从国家层面更好地促进我国重装备业地崛起。

**4. 加快市场一体化，市场向国内转移**

目前，我国的制造业高度依赖于国外市场需求，缺乏内生的动力机制。沿海地区大量出口企业不是通过国内市场销售实现规模经济，而是以定点生产（OEM）为主要形式间接进入国际市场，出口贸易条件随着生产规模的扩大而日趋恶化。因此，消除国内各区域市场分割等制约需求的各种因素，坚持走创造内需的道路，是实现制造业崛起的重要途径。

同时，加快国内市场一体化进程，降低国内区域间的贸易成本，还将有利于东部地区制造业发展水平的提高，大量通过定点生产方式从事出口的民营企业将逐步由国际市场转向国内市场，充分依托我国巨大的国内市场需求来实现规模经济，建立企业自主品牌，然后再进入企业自主品牌的出口发展阶段，通过规模和技术上的优势提高出口产品的国际竞争力。

**5. 科技创新，人才是关键**

国家综合实力的提高，主要依靠科学技术水平的提高，科学技术进步主要依靠创新，创新的载体是人才。我们只有以工程项目带动科技进步，培养从设计、制造工艺到操作、管理的各类、各级优秀人才，才能使我国制造业快速发展。

重视人才，加大研发的投入力度，提高科技创新能力，发展核心技术。我国要想成为世界制造中心之一，必须依靠技术创新，科技工作必须服务于先进制造业基地建设。通过政府的引导建立企业、高校与科研院所的联系，把产、学、研紧密地连接起来，做到不脱节，使科技创新体系内各个要素互动，从而构成一个有机的整体，让人才能够尽其所用。加大研究开发资金投入，培养企业独立的技术创新能力，改变对技术引进的依赖。由制造商、用户共同组成技术消化吸收和创新小组，争取更多的自主知识产权，提高出口产品的技术含量，探索一条适合我国国情的由引进技术到自主创新的路子。

## 1.2 现代制造企业的科学管理

### 1.2.1 现代企业管理理论

现代企业管理理论萌芽于18、19世纪西方产业革命时期，产生于19世纪末20世纪初。

此后，随着科学技术的飞速发展，管理理论也不断发展创新。大致经历了古典管理理论、行为科学管理理论和现代企业管理新理论三个阶段。现代管理理论的出现和发展速度之快、影响之大，在人类历史上并不多见。在不到100年的时间里，管理改变了世界上发达国家的社会与经济的组织形式，创造了一种全球经济，并为全球经济一体化中各国的国际分工做了协调管理，形成了各种规则。

**1. 科学管理的特征**

科学管理是能够最有效地满足企业持续发展、实现企业社会和经济目标最大化的控制体系、系统组织和技术手段。科学管理不仅是一门研究市场、研究如何战胜竞争对手、研究人与物关系的理论，也是一项随着市场变化而不断更新和需要系统学习的理论。其主要特征有：

1）科学管理是一套专业化与规范化的实用技术管理，与经验式管理相对立。

2）科学管理必须能最大限度地满足企业经济与社会发展目标的要求。

3）科学管理是可以传授的系统性知识。

4）科学管理应当是适宜的、有效的组织技术手段。

**2. 科学管理的主要技术**

现代制造业的科学管理技术，主要包括工业工程（IE）、价值工程（VE）、成组技术（GT）、计划评审技术（PERT）、物料需求计划（MRP）、管理信息系统（MIS）、制造资源计划（MRPⅡ）、准时生产（JIT）、最优化技术（OPT）、约束理论（TOC）、全面质量管理（TQC）、柔性制造系统（FMS）、计算机集成制造系统（CIMS）以及业务流程重组（BPR）、企业资源计划（ERP）、精益生产（LP）、敏捷制造（AM）等。

（1）制造资源计划（Manufacturing Resource Planning，MRPⅡ） MRPⅡ是美国在20世纪70年代末、80年代初提出的一种现代企业生产管理模式和组织生产的方式。MRPⅡ由美国著名管理专家、MRP的鼻祖奥列弗·怀特（Oliver W. Wight）在物料需求计划（Material Requirement Planning，MRP）的基础上继续发展起来。制造资源计划（MRPⅡ）是将企业产品中的各种物料分为独立需求物料和相关需求物料，并按时间段确定不同时期的物料需求，从而解决库存物料订货与组织生产问题；按照基于产品结构的物料需求组织生产，根据产品完工日期和产品结构规定生产计划；根据产品结构的层次从属关系，以产品零件为计划对象，以完工日期为计划基准倒排计划；按各种零件与部件的生产周期反推出它们的生产与投入的时间和数量；按提前期长短区别各种物料下达订单的优先级，从而保证在生产需要时所有物料都能配套齐备，不需要时不要过早积压，达到减少库存量和占用资金的目的。MRPⅡ系统分为5个计划层次：经营规划、生产规划、主生产计划、物料需求计划和生产/采购作业计划，如图1-1所示。

（2）准时生产（Just in Time，JIT） 该方法又称及时生产，是20世纪80年代初由日本丰田汽车公司创立的，是继泰勒的科学管理和福特的大规模装配线生产系统之后的又一革命性的企业管理模式。JIT，即在正确的时间、正确的地点做正确的事情，以期达到零库存、无缺陷、低成本的理想生产模式。对某一零件的加工在数量与完成时间上的要求，是由下一道工序状况决定的。若下一道工序拥挤阻塞，上一道工序就应减慢或停止，这些信息均靠看板来传递。JIT生产管理模式的最终目标是使企业获取最大利润；JIT最基本的方法是降低成本，排除一切浪费；JIT最主要的手段是适时适量生产、弹性配置作业人数及质量保证。

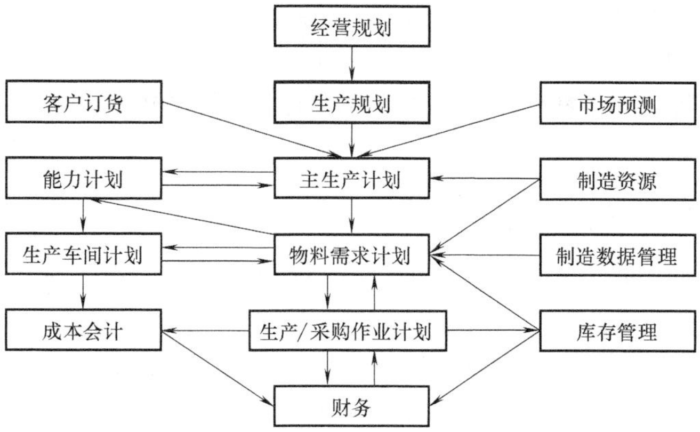


图 1-1 MRP Ⅱ 系统层次模型

JIT 的基本概念是指在所需要的精确时间内，按所需要的质量和数量，生产所需要的产品。它的理想目标是 6 个“零”和 1 个“一”，即零缺陷、零储备、零库存、零搬运、零故障停机、零提前期和批量为一。JIT 管理技术体系的构成主要包括：适时适量生产、全面质量管理、自动化控制、全员参与管理、人性化管理、外部协作关系等。

（3）约束理论（Theory of Constraints，TOC） 约束理论是以色列物理学家埃利亚胡·戈德拉特（Eliyahu M. Goldratt）博士在 20 世纪 70 年代开创的最优生产技术（Optimized Production Technology，OPT）的基础上发展起来的管理理论。TOC 是关于进行改进和如何最好地实施这些改进的一套管理理念和管理原则，可以帮助企业识别出在实现目标的过程中存在着哪些“约束”因素，并进一步指出如何实施必要的改进来逐一消除这些约束，从而更有效地实现企业目标。

（4）精益生产（Lean Production，LP） 精益生产又称精良生产。20 世纪 80 年代末，美国麻省理工学院承担了国际汽车计划项目，着重研究日本汽车制造业与欧美大量生产方式的差别及其成功的秘诀。美国麻省理工学院的研究小组做了大量的调查和对比，总结了以丰田汽车生产系统为代表的生产管理与控制模式后提出了“精益生产”概念，把以丰田公司为代表的日本生产方式称为“精益生产”。精益生产要求：对于人、时间、空间、财力、物力等，凡是不能在生产中增值的就要去掉。例如，维修工，当操作工人进行增值的生产活动时，他们不工作，而需要维修时，操作工又不工作，故维修工作不能直接增值，应撤销，而要求操作工成为多面手，能够完成一般性的维修工作。

（5）敏捷制造（Agile Manufacturing，AM） 这一概念是 1991 年美国国防部为解决国防制造能力问题，而委托美国里海大学亚柯卡研究所，拟定一个同时体现工业界和国防部共同利益的中长期制造技术规划框架，在其《21 世纪制造业战略》研究报告里提出的。该模式是一种在工业企业界已崭露头角的新的生产模式，是一种直接面向用户不断变更的个性化需求，完全按订单生产的可重新设计、重新组合、连续更换的新的信息密集的制造系统。这种系统对用户需求的变更有敏捷的响应能力，并且在产品的整个生命周期内使用户满意。生产系统的敏捷性是通过技术、管理和人这三种资源集成为一个协调的、相互关联的系统来实现的。

（6）计算机集成制造系统（Computer Integrated Manufacturing System，CIMS） 计算机集

成制造系统是1973年由美国约瑟夫·哈林顿（Joseph E. Harrington）博士首先提出的，在20世纪80年代得到发展并逐渐成熟的一种制造业先进管理模式。CIMS是通过计算机和自动化技术把企业的经营销售、开发设计、生产管理和过程控制等全过程组合在一起的计算机集成制造系统。

### 1.2.2　现代制造企业管理模式

一般而言，市场对制造企业的要求是高效、低耗、灵活、准时地生产合格产品和提供顾客满意的服务，也就是说产量高、成本低、品种丰富、适应性强、质量高、交货准时是制造企业竞争制胜的要素，也是制造企业管理模式追求的目标。但在不同的时代，对这些要素的要求程度是不同的，因而企业管理模式的发展呈现不同的特征。

从世界范围内现代制造管理模式发展现状来看，这些制造企业管理模式大致可以归为三类：一是美国企业模式，二是日本企业模式，三是其他模式。

美国企业模式最初可以追溯到一种被称为订货点法的生产制造管理方法。订货点法是一种库存量不低于安全库存的库存补充方法。依靠计算机技术的发展，订货点法进一步发展成为物料需求计划（MRP），在此基础上，考虑到企业外部市场需求和企业内部生产能力、各种资源的变化，在MRP的基础上增加了能力计划和执行计划的功能，就发展成为闭环的MRP。闭环的MRP是一个完整的生产计划与控制系统。进入20世纪80年代，在闭环MRP的基础上产生了制造资源计划（MRPⅡ），MRPⅡ不仅涉及物料，而且将生产、财务、销售、技术、采购等各个子系统结合成一个一体化的系统，成为一个广泛的物料协调系统。到了20世纪90年代，市场竞争日益激烈，消费者需求特征发生了巨大的变化，仅仅依靠一个企业的资源已经无法实现快速响应市场需求的目的，随着网络技术的发展，涵盖企业内外所有资源的供应链管理（SCM）、企业资源计划（ERP）、敏捷制造（AM）、大规模定制生产（MC）等管理模式相继产生。

日本企业模式是以准时生产（JIT）为代表的。准时生产是日本丰田汽车公司20世纪60年代创造的采用看板系统和倒流水拉动方式的追求零库存的制造企业管理模式，保证成品在销售时能准时生产出来并发送、组件能准时送入总装、部件能准时进入组装、零件能准时进入部装、原材料能准时转化为零件。这种模式旨在消除超过生产所绝对必要的最少量的设备、材料、零件和工作时间。针对准时生产的特点，美国麻省理工学院研究者柯瑞福赛克（John Krafcik）更广泛地将日本汽车工业生产管理模式命名为精益生产（LP）。精益生产可以表述为通过系统结构、人员组织、运作方式和市场营销等各方面的改革，使生产系统对市场变化做出快速适应，并消除冗余无用的损耗浪费，以求企业获得更好的效益。进入20世纪90年代以后，日本制造业的大公司在探索制造生产自动化技术的基础上，针对大型自动化生产系统过于复杂、对上下游协作厂商（供货商和销售商）要求高、需要巨额投资等问题，又创新出一种更依存于人、富有灵活性的制造模式——作业单元生产（Cell Production）模式或细胞式生产方式。所谓“作业单元”是指生产上能独立完成整个产品的全部生产作业的一个组织单位，一个作业站配备有生产一类产品的全套设备和若干全能作业者。该模式采用率较高的行业是一般机械和电气机械，具有缩短提前期、提高品种适应性、减少库存和节省人力等优点。

其他模式是指除日本、美国企业模式以外的其他在MRP和JIT基础上发展起来的制造企业管理模式和技术，主要包括最优生产技术（OPT）、约束理论（TOC）和世界级制造（World Class Manufacturing，WCM）等。最优生产技术是以色列科学家戈德拉特博士在20世纪70年代开创的一种生产组织方式。它吸收MRP和J IT的长处，以相应的管理原理和软件系统为支柱，以增加产销率、减少库存和运行为目标的优化生产管理技术。约束理论是在最优生产技术基础上进一步发展的理论。世界级制造是对现有优秀跨国企业生产管理经验的总结，这些经验被概括为一系列交互作用的原则，这些原则被认为将是下一个10年制造业的活动安排程序。

### 1.2.3 现代制造企业科学管理的应用

随着科学技术的不断发展，国内一些大型企业开始着手科学管理。科学管理的应用能够明显缩短新产品的开发周期，尤其将计算机辅助设计、并行工程等管理技术用于企业管理当中，对于提高企业的效率和效益有明显的促进作用。

**1. 产品开发与协同设计**

产品开发中的设计问题是一个典型的具有分布、动态特征的群体求解问题。在传统的工程设计中，人们多数采用串行迭代的方法。这种方法不能有效地处理分布在不同地域设计者并行协同设计的问题。由于各个分布执行的设计步骤之间的协调不够，易造成设计的缺陷或隐患，使设计方案的后期修改费用大幅增加，开发周期加长，成本大大增加。

1984年麻省理工学院的依瑞·格里夫（Irene Greif）和DEC的保尔·卡什曼（Paul Cashman）等人提出了计算机支持的协同工作的概念，它的目标是设计出支持各种各样的协同工作的工具、环境与应用系统。计算机支持的协同设计（Computer Supported Collaborative Design，CSCD）是计算机支持协同工作（Computer Supported Collaborative Work，CSCW）的概念和技术在产品开发过程中的有效应用，是CAD技术发展到一定高度后与CSCW技术相结合的产物，也是对并行工程、敏捷制造等先进制造模式在设计领域的进一步深化。计算机支持的协同设计具有分布式的信息集成、过程集成和组织集成的特征，它以开发的产品为核心，以客户需求为目标，组织不同专业领域的多学科技术人员进行异地分布式协同设计，这种崭新的产品设计理念和方法将给人们带来协作方式的变革，它可以有效地提高人们协同工作的整体效率。

网络化协同设计在企业产品设计中的应用也有很多典型的案例，如波音公司投资研制的波音777客机，是由网络技术协调该公司分散在世界各地的分支机构和日本三菱重工等5家公司协同设计与制造的。在世界各地的波音公司工程师随时可从波音777客机300多万个零部件中调出其中一种，在计算机屏幕上对其三维模型进行观察、研究、修改。波音777客机的研制，从1990年10月开始设计到1994年6月一次试飞成功，仅用3年8个月的时间。Ultea Comm是生产电子产品的虚拟公司，是将散布在美国各地60多家公司的数以千计的雇员联系在一起的电子集团。公司本身的雇员只有几个人。虚拟公司依靠网络技术组合设计、生产、经营实体，合作伙伴是动态的，以适应不同产品开发、改进、制造、销售和服务的需要。公司按用户需求大批量定制生产各种复杂电子产品，采用协同设计与现代制造技术保证在接到订单后24小时内供货。

**2. 产品设计流程**

一项大型机械产品开发项目投资大、周期长，参与单位众多，项目的成败不仅关乎各企业的生存，也对地区经济带来深远的影响。因此，必须认真分析研究产品开发管理及工作流程的特点，制定合理可行的产品开发战略，从而有效地保障产品开发按期顺利进行。

（1）产品开发流程　在协同设计过程中，协同小组成员各自具有很强的自主性和独立性，相互之间通过协同设计的总任务和子任务联系起来，并行、交互、协作地进行设计工作，其合作方式松散。因此，首先应根据产品设计的最终目标，确定整体方案，对总任务进行分解，并定义适合的产品协同设计开发流程，通过该流程进行产品的协同设计，最终实现协同产品设计过程的集成与控制。新产品开发一般需要经过图 1-2 所示的几个阶段。其中，产品设计包括设计、制图、审核、标准化、工艺会签和批准五个阶段，工艺设计包括设计、审核和批准等。由此可见，在产品的整个生命周期内，需要经过若干不同的工作过程，每个工作过程都包含着不同的内容、不同性质的工作，有的工作过程还可以嵌套另一类工作过程。

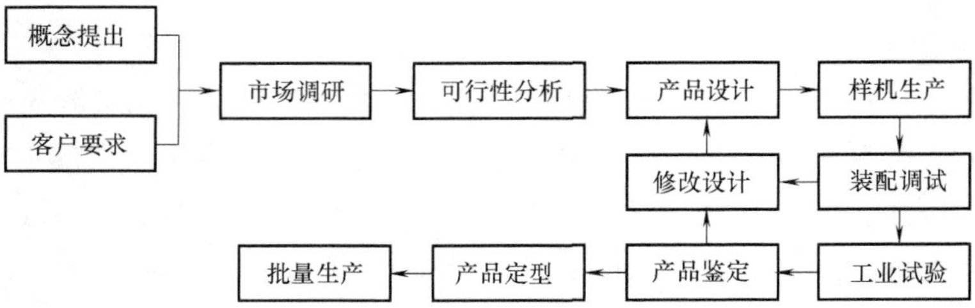


图 1-2　产品开发工作流程

（2）协同产品设计工作流程　构建面向网络化制造的协同设计系统工作流程也是按一般产品设计流程规划的，其中该协同设计系统中的协同管理部分是支持“多用户、多任务”的工作模式，更加突出了产品设计过程中协同工作管理的重要性，因此要系统地规划协同设计工作的执行机制。在本协同设计系统中，产品的协同设计工作流程如图 1-3 所示。这一工作流程是在一般产品设计工作流程的基础上，引入了网络化协作内容和技术，必须支持协同设计。

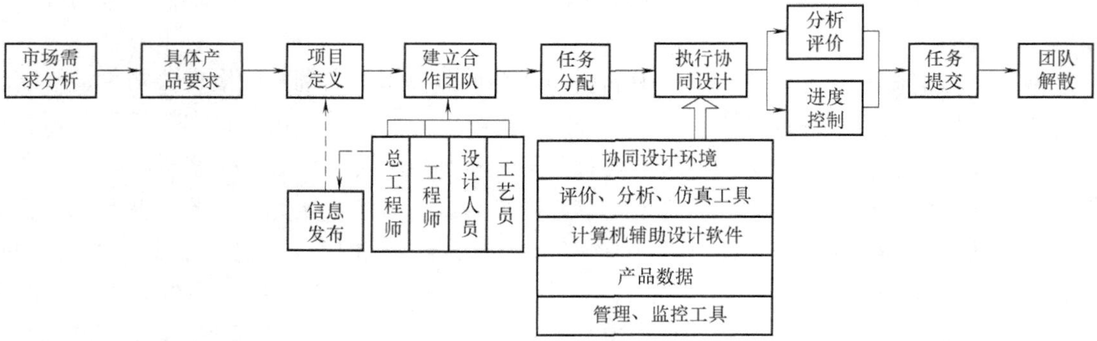


图 1-3　产品的协同设计工作流程

**3. 计算机辅助设计**

利用计算机及其图形设备帮助设计人员进行设计工作称为计算机辅助设计（Computer Aided Design，CAD）。20 世纪 50 年代在美国诞生第一台计算机绘图系统，开始出现具有简单绘图输出功能的被动式的计算机辅助设计技术。20 世纪 60 年代初期出现了 CAD 的曲面片技术，中期推出商品化的计算机绘图设备。20 世纪 70 年代，完整的 CAD 系统开始形成，后期出现了能产生逼真图形的光栅扫描显示器，推出了手动游标、图形输入板等多种形式的图形输入设备，促进了 CAD 技术的发展。20 世纪 80 年代，随着强有力的超大规模集成电路制成的微处理器和存储器的出现，工程工作站问世，CAD 技术在中小型企业逐步普及。20 世纪 80 年代中期以来，CAD 技术向标准化、集成化、智能化方向发展。一些标准的图形接口软件和图形功能相继推出，为 CAD 技术的推广、软件的移植和数据共享起了重要的促进作用；系统构造由过去的单一功能变成综合功能，出现了计算机辅助设计与辅助制造联成一体的计算机集成制造系统；固化技术、网络技术、多处理机和并行处理技术在 CAD 中的应用，极大地提高了 CAD 系统的性能；人工智能和专家系统技术引入 CAD，出现了智能 CAD 技术，使 CAD 系统的问题求解能力大为增强，设计过程更趋自动化。

计算机辅助设计与计算机辅助制造相结合已在建筑设计、电子和电气、机械设计、软件开发、机器人、服装业、出版业、工厂自动化、土木建筑、地质、计算机艺术等各个领域得到广泛应用。

**4. 并行工程**

1988 年美国国家防御分析研究所（Institute of Defense Analyze，IDA）完整地提出了并行工程（Concurrent Engineering，CE）的概念，并行工程是对产品及其相关过程（包括制造过程和支持过程）进行并行、集成化处理的系统方法和综合技术。它要求产品开发人员从一开始就考虑到产品全生命周期（从概念形成到产品报废）内各阶段的因素（如功能、制造、装配、作业调度、质量、成本、维护与用户需求等），并强调各部门的协同工作，通过建立各决策者之间的有效的信息交流与通信机制，综合考虑各相关因素的影响，使后续环节中可能出现的问题在设计的早期阶段就被发现，并得到解决，从而使产品在设计阶段便具有良好的可制造性、可装配性、可维护性及回收再生等特性，最大限度地减少设计反复，缩短设计、生产准备和制造时间。

并行工程已从理论向实用化方向发展，越来越多地涉及航空、航天、汽车、电子、机械等领域的国际知名企业，通过实施并行工程获得了显著效益。例如，美国国家防御分析研究所（IDA）将并行工程用于武器系统的发展研究；美国洛克希德·马丁空间系统公司（Lockheed Martin Space Systems Company）于 1992 年 10 月接受了美国国防部（DOD）用于战区高空领域防御的新型号导弹开发任务，该公司的导弹开发一般需要 5 年时间，而采用并行工程的方法，最终将产品开发周期缩短了 60%。

**5. 价值工程**

所谓价值工程，是指通过集体智慧和有组织的活动对产品或服务进行功能分析，使目标以最低的总成本（寿命周期成本）可靠地实现产品或服务的必要功能，从而提高产品或服务的价值。价值工程的主要思想是通过对选定研究对象的功能及费用进行分析，正确处理功能与成本之间的关系来节约资源、降低产品成本、提高对象价值的一种有效方法。这里的价值，指的是反映费用支出与获得之间的比例，用数学比例式表达为

$$价值 = 功能/成本$$

价值工程方法起源于 20 世纪 40 年代的美国，由其创始人劳伦斯·戴罗斯·麦尔斯（Lawrence D. Miles）提出。1961 年美国价值工程协会成立时他当选为该协会第一任会长。

在第二次世界大战之后，由于原材料供应短缺，采购工作常常碰到难题。经过在实际工作中孜孜不倦地探索，麦尔斯发现有一些相对不太短缺的材料可以很好地替代短缺材料的功能。后来，麦尔斯逐渐总结出一套解决采购问题的行之有效的方法，并且把这种方法的思想及应用推广到其他领域。例如，将技术与经济价值结合起来研究生产和管理的其他问题，这就是早期的价值工程。1955 年这一方法传入日本后与全面质量管理相结合，得到进一步发扬光大，成为一套更加成熟的价值分析方法。麦尔斯发表的专著《价值分析的方法》使价值工程很快在世界范围内产生巨大影响。

价值工程发展历史上的第一件事情是美国通用电气（GE）公司的石棉板事件，第二次世界大战期间，美国市场原材料供应十分紧张，GE 公司急需石棉板，但该产品的货源不稳定，价格昂贵，时任 GE 公司工程师的麦尔斯开始针对这一问题研究材料替代问题，通过对公司使用石棉板的功能进行分析，发现其用途是铺设在给产品喷漆的车间地板上，以避免涂料落在地板上引起火灾，后来，麦尔斯在市场上找到一种防火纸，这种纸同样可以起到以上作用，并且成本低，容易买到，因此取得了很好的经济效益。这是最早的价值工程应用案例。

本节所阐述的关于企业科学管理的相关技术等内容，实际上是从工业工程中衍生出来的，或者说是工业工程体系中的部分主要研究内容。为了更好地了解这些技术的重要性和在工业工程体系中的地位，本章 1.3 节将对工业工程进行概述性介绍。

## 1.3 工业工程的应用与发展

### 1.3.1 工业工程概述

工业工程（Industrial Engineering，IE）是提高生产力水平的两个关键基础之一，离开工业工程，生产力的潜力和效率很难得到有效的开发和提高。工业工程是实现管理积累与创新的重要技术，是提高企业竞争力的关键技术之一。

**1. 工业工程的产生**

任何一门科学能被人们接受并成为人们改造自然和社会强有力的工具，必然存在其赖以生存和发展的基础、环境和动因。概括地说，工业工程发展的动因在于三个方面，即社会生产力发展的需求、科学技术日新月异的成果的支持作用和社会环境（确切地说，是商品经济所提供的社会发展环境）。生产力的发展使生产与管理系统的规模越来越大、越来越多样化。这在客观上要求必须存在分析、设计、改善这些系统和管理的技术体系。因此，在 20 世纪初生产力开始快速发展时，才产生工业工程。科学技术成果，如运筹学、统计学、系统工程、计算机工程及信息技术都为工业工程技术体系提供了巨大的支持；而市场经济为企业提供了竞争的社会环境。

一般认为工业工程最早起源于美国。19 世纪末 20 世纪初，美国工业迅速发展，生产方式由家庭小作坊方式向社会化大生产方式转化，导致劳动力严重不足，而劳动效率又很低下。当时的工业生产很少有生产计划和组织，生产一线的管理人员对作业工人只是口头上的指导，作业方法很难得到改进和提高。管理人员的工作方法缺乏科学性和系统性，主要凭经验办事，很少有人注意一个工厂或一种工艺过程的改进和协调，因此效率低，浪费大。以泰勒和吉尔布雷斯为代表的一大批科学管理先驱者，为改变这种状况进行了卓有成效的工作，开创了科学管理，为工业工程的产生奠定了基础。

泰勒（Frederick Winslow Taylor，1856—1915）是一位工程师、效率专家和发明家，一生中获得过 100 多项专利。他认为管理没有采用科学方法，工人缺乏训练，没有正确的操作方法和程序，大大影响了工作效率。他相信通过对工作的分析，总可以找到改进的方法，设计出效率更高的工作程序，并致力于工作研究。他系统地研究了工厂作业和衡量方法，创立了“时间研究”（Time Study）的方法，并通过改进操作方法，科学地制定劳动定额，采用标准化，极大地提高了效率，降低了成本。泰勒将他的研究成果应用于管理实践，并提出了一系列科学管理理论和方法。1911 年，泰勒公开发表了《科学管理原理》一书，该书的发表被公认为是工业工程的开端，所以，泰勒在美国管理史上被称为“科学管理之父”“工业工程之父”。

吉尔布雷斯（Frank Bunker Gilbreth，1868—1924）是和泰勒同一时期的另一位工业工程的奠基人，其主要贡献是创立了与时间研究密切相关的“动作研究”（Motion Study）的方法——对人在从事生产作业过程中的动作进行分解，确定基本的动作要素（简称“动素”），然后进行科学分析，建立起省工、省时、效率最高和最满意的操作顺序，典型例子是“砌墙实验”。通过对建筑工人的砌砖过程进行动作研究，确定砌砖过程中的无效动作、笨拙动作，并通过改进作业场地布置和作业工具，使原先砌一块砖需要 18 个动作简化到 5 个动作，使砌砖效率由每小时 120 块提高到每小时 350 块。1912 年吉尔布雷斯进一步改进动作研究方法，把工人操作时的动作拍成影片，创造了影片分析方法，对动作进行更细微的研究。1921 年，他又创造了工序图，为分析和建立良好的作业顺序提供了工具。

甘特（Henry L. Gantt，1861—1919）也是工业工程的先驱者之一，他的突出贡献是发明了著名的“甘特图”（Gantt Chart）。这是一种预先计划和安排作业活动、检查进度以及更新计划的系统图表方法，为工作计划、进度控制和检查提供了十分有用的方法和工具。

**2. 工业工程的发展**

工业工程形成和发展演变的历史，实际上就是各种用于提高效率、降低成本的知识、原理和方法产生与应用的历史，随着社会和科学技术的发展，工业工程技术也不断充实新的内容。从 19 世纪开始，工业工程的发展经历了四个相互交叉的阶段，每个阶段都有其各自的特点。

第一阶段（19 世纪末 ~20 世纪 30 年代初）：这是工业工程萌芽和奠定的时期。这一时期以劳动专业化分工、时间研究、动作研究、标准化等方法的出现为标志，主要是在制造业（尤其是机械制造企业）中应用动作研究和时间研究等科学管理方法，提高工人作业效率，并且，主要是针对操作者和作业现场等较小范围，建立在经验基础上的研究。产业革命促进了大批革新项目，制造业的规模和复杂性大幅度增加。零件互换性和劳动分工是促使大量生产成为可能的两个重要的工业工程观念。在德国兴起的标准化同样也是促进大量生产和工业化的重要的工业工程成就。1832 年，英国的查尔斯 · 巴贝奇（Charles Babbage，1792—1871）发表了《机械制造业经济论》（On the Economy of Machinery Manufactures）一书，提出了时间研究的重要概念。

1910 年，吉尔布雷斯夫妇从事动作研究和工业心理学研究；1913 年，亨利 · 福特（Henry Ford，1863—1947）发明了流水装配线；1914 年，甘特从事作业进度规划研究和按技能高低与工时付酬的计件工资制的研究；1917 年，哈里斯（F. W. Harris）研究应用经济批量控制库存量的理论。被誉为工业工程之父的泰勒，通过著名的“铁铲实验”“搬运实验”和“切削实验”，总结了“科学管理”的一套思想。

第二阶段（20 世纪 30 年代初 ~ 40 年代中期）：这是工业工程的成长时期。这一时期由于吸收了数学和统计学的知识，创立了许多工业工程的原理和方法，包括人机工程，设施规划与设计，物料搬运，生产计划与控制，质量控制，成本管理以及工程经济分析，组织的设计、分析、评价和改善，群体工作效率分析与人员激励等，形成了现代工业工程的主体。在这一时期，美国高校成立了更多的工业工程专业或系，并且出现了专门从事 IE 的职业。

第三阶段（20 世纪 40 年代中期 ~ 70 年代末）：这是工业工程的成熟时期。在这一时期，运筹学和系统工程成为工业工程的理论基础，计算机为工业工程提供了有效的技术手段，特别是应用数学规划、优化理论、博弈论、排队论、存储论等理论和方法用于描述、分析和设计各种系统，直至系统的寻优。在这一时期工业工程得到了重大发展，美国于 1948 年成立了美国工业工程师学会（American Institute of Industrial Engineers，AIIE）。1955 年，这一组织首次给出了工业工程的正式定义。从 20 世纪 50 年代起逐渐建立了较完整的工业工程学科体系，到 1975 年美国已有 150 所大学提供工业工程教育。另外，在这一时期，工业工程已不仅是欧美工业发达国家的“专利”，而且已被成功引入亚太地区。其中最典型和应用最成功的是日本。日本在第二次世界大战后的经济恢复期，从美国的管理思维和技术手段中成功地将工业工程引入各行各业，并进行日本式消化和改造，开创出丰田生产方式（Toyota Production System，TPS）、全面质量管理（Total Quality Management，TQM）等先进的管理理念和方法。而韩国、新加坡、我国台湾和香港地区更是加大了工业工程的开发与应用力度，在工业工程高等教育、培训企业应用等方面都走在国际前列，开创了“亚洲四小龙”的经济飞速发展的奇迹。现代工业工程的充分应用使得以美国为代表的西方国家经济发展到鼎盛时期，同时也使得日本、德国等国家的经济得到复苏和迅速崛起。

第四阶段（20 世纪 70 年代末 ~ 现在）：这是工业工程的扩展与创新期。由于计算机技术、系统工程、通信技术等的发展，使工业工程所面临的问题更加复杂，同时又为它的发展提供了新的技术和手段。因此，当今是工业工程学科最富有创造力的时代。在这一时期系统工程原理和方法用于工业工程，完善了工业工程的理论基础和分析方法，特别是系统分析与设计、信息系统、决策理论、控制理论等成为工业工程新的技术手段，工业工程的应用范围从微观系统扩展到宏观系统，从工业和制造部门应用到政府部门和各种组织，工业工程全面应用于生产、服务、行政、文体、卫生、教育的各种产业之中。

从工业工程发展的四个阶段来看，工业工程技术是从着眼于局部改造的工作研究开始，逐步扩展到第二个阶段的设施设计、物料搬运、人机工程、生产计划与控制、质量控制、工程经济及成本控制等。其特点是着眼于生产、管理的全过程和整体系统的效益提高。而第三、第四个阶段在全面性、整体性的基础上，吸收了信息技术的特点，面向企业的柔性化、集成化、全面化服务又产生了诸如计算机辅助设计/制造（CAD/CAM）、物料需求计划（MRP）、制造资源计划（MRP Ⅱ）、准时生产（JIT）、敏捷制造（AM）、并行工程（CE）、业务流程重组（BPR）等最新的技术方法。

**3. 工业工程的概念**

工业工程在工业化国家受到了工业界的普遍重视。这主要是因为工业工程直接面向企业的生产运作过程，它与数学、人因学、经济管理、各种工程技术有着密切的关系，它以系统工程和运筹学等作为理论基础，以现代信息技术为工具，用工程量化的分析方法对包括制造业、服务业在内的由人、物料、设备、能源、信息等多种因素所组成的各种复杂的企业或组织系统中的实际工程与管理问题进行定量、系统的分析、设计与优化，从而实现系统的最大效率和效益。工业工程是唯一一门以系统效率和效益为目标的工程技术，因此成为其他工程所不能替代，同时又与其他工程有很强互补性的一项综合性边缘学科。

在工业工程发展的不同时期，不同背景、不同国家的学者和学术团体对其所下的定义也不尽相同，但其内涵大体相似。其中最有代表性的当属美国工业工程师学会于 1955 年提出后经修改的定义："工业工程是研究由人、物料、设备、能源和信息所组成的综合系统的设计、改善和实施的工程技术，它应用数学、物理学等自然科学和社会科学方面的专门知识和技术，结合工程分析和设计的原理和方法，对该系统可得到的结果进行确认、预测和评价"。

该定义已被美国国家标准学会（American National Standard Institute，ANSI）采用，作为标准术语收入美国国家标准 Z94，即《工业工程术语》标准（Industrial Engineering Terminology，ANSI Z94，1982）。该定义表明工业工程实际是一门方法学，告诉人们为把人、物料、设备、能源、信息等组成有效的系统，需要运用哪些知识，采用什么方法去研究问题以及如何解决问题。此定义明确指出了工业工程研究的对象、方法、内容和学科性质，不足之处是没有明确指出工业工程的目标。

在日本，工业工程称为经营工学或经营管理，被认为是一门以工程学专业，如机械工程、电子工程、化学工程、建筑工程等为基础的管理技术。1959 年，日本工业工程师协会（JIIE）成立时对工业工程的定义是在美国工业工程师协会 1955 年定义的基础上略加修改而制定的。随着 IE 长期在日本的广泛应用，其理论和方法都取得了很大发展。日本工业工程师协会深感过去的定义已不适合于现代生产的要求，故对工业工程重新定义如下："工业工程是这样一种活动，它以科学的方法，有效地利用人、财、物、信息、时间等经营资源，优质、廉价并及时地提供市场所需要的商品和服务，同时探求各种方法给从事这些工作的人们带来满足和幸福"。该定义简明、通俗、易懂，不仅清楚地说明了 IE 的性质、目的和方法，而且还特别把对人的关怀写入定义中，体现了"以人为本"的思想。这也正是工业工程与其他工程学科的不同之处。

### 1.3.2 工业工程的应用现状

工业工程起源于国外，发展于 20 世纪初期，在工业化发达的国家有着长期的发展历史，但在我国得以推广是在 20 世纪 80 年代后期。首先在工业部门认识到工业工程的推广和应用将会对其经济发展产生巨大的影响，原机械电子工业部最早提出"加强企业管理，实行整体优化"的要求，并卓有远见地提出要对企业管理整体优化的理论、方法进行研究和探索。有关部门和许多有识之士普遍认为，工业工程技术比较适合我国当时经济发展的需要，在我国工业界推广应用的前景十分广阔。应用工业工程的一些技术，往往不需要或只需要很少的投资，就可以产生很大的效益。日本能率协会专家三上辰喜受日本政府委托，曾在我国北京、大连等地推广应用工业工程。他认为，中国许多企业不需要在硬件方面增加许多投资，只需在管理方式、人员素质和工业工程等方面着力改进，生产效率就可以提高 2 ~ 3 倍，甚至5~10倍。

进入20世纪90年代以后，我国企业面临直接参与国际市场竞争的挑战，亟须提高管理水平，降低成本，提高效益。中国机械工程学会经过大量的调查研究和专家论证，为了能在全国范围内更好地推广工业工程，使企业自觉、有意识地应用工业工程，按照国际惯例来管理企业，在中国科学技术协会、原机械电子工业部、原国家技术监督局等部门和有关高校、科研院所、大型企业的支持下，率先成立了国内第一个工业工程学术团体——中国机械工程学会工业工程分会。

在高等教育方面，为了满足社会对现代管理人才的需要，许多高等院校已相继设立“管理科学与工程系”或“工业工程系”。这些高校绝大多数都以培养高级经营管理人才为目标，有的学校明确提出管理工程系的任务是：培养既懂经济、又懂技术，掌握现代科学管理理论、手段和方法，能从事企业管理和其他管理工作的高级应用型管理工程人才。主要开设现代管理科学、技术经济、运筹学、计算机应用、企业管理及相应的工程技术等课程。另一方面，一批学者和大学教师在国外进修了工业工程，还有不少留学生在国外学习工业工程专业知识。

严格地讲，在20世纪60年代到80年代，我国已经有了一定水平的工业工程应用实例，并从20世纪80年代开始，随着外资企业的进入使工业工程在一定范围内得到推广。经过30多年的发展，目前我国工业工程已取得了较大的成就。但是，由于企业管理水平不同，应用工业工程的动机不同，对工业工程的理解与掌握也有所不同，因此国内企业应用工业工程提高企业管理水平的过程一直是十分复杂和曲折的。我国企业应用工业工程的情况大致可以分为如下两种：

（1）外资、合资企业的工业工程应用情况　这类企业从20世纪80年代后期就开始应用工业工程，如奥的斯、摩托罗拉、一汽大众、上海大众等。它们是我国工业工程的推广者，从建厂开始就设有工业工程部（科）或相关岗位。由于沿袭了国外的先进管理模式，因此企业中工业工程工作比较规范，工作职责比较清晰，工作范围涵盖了从现场改善，到生产资源规划、工时定额制定、职能核定以及设施布置等。工业工程在这些企业中发挥了重要的作用。

（2）内资企业的工业工程应用情况　内资企业的工业工程应用又可以分为两种类型：一类是东部沿海地区的部分内资企业。这些企业所处地区的市场经济发展很快，因此也最早接触到工业工程理念并率先认识到工业工程对企业的重大作用，从20世纪90年代就相继在企业中应用工业工程的相关技术，并取得了显著的成效，如广东科龙、美的电器、康佳集团等。另一类是其他地区的内资企业。20世纪90年代末，随着改革开放的持续深入，越来越多的内地企业开始意识到工业工程对提高企业竞争力的重要作用，并从应用简单的工业工程技术，逐步转变为成立专门的工业工程部门来辅助管理层决策。

与此同时，工业工程应用的范围增大。早期的工业工程只应用于制造业，随着我国生产力和科学技术的高速发展，现代工业工程的应用领域已从制造业向第三产业等其他领域拓展，其重点转为对整个生产系统和服务的管理、集成、控制、改善和优化。

我国目前常用的工业工程知识和技术如下：①工作研究；②设施规划与设计；③生产计划与控制；④工程经济；⑤价值工程；⑥质量管理与可靠性技术；⑦人机工程；⑧组织行为学；⑨管理信息系统；⑩现代制造系统。

虽然不少企业应用工业工程取得了不错的效果，但大部分国内企业对工业工程的认识还处于萌芽状态，这主要表现在以下两个层面：

一是全然不知，即对工业工程及其内容没有任何概念和需求认识。这样的企业分为两类：一类是产品本身缺乏市场、缺乏竞争力，这类企业首先面对的是生存问题，效率问题根本提不到日程上来，其不是工业工程研究的对象；另一类企业产品定位比较好，市场空间大，或出于某种垄断优势，因此目前没有迫切的竞争危机，提高效率与效益还没有成为自觉的需求，但这样的企业为数已经不多。

二是似是而非，即对工业工程技术有一定的感性认识，或对工业工程的部分内容有一定的了解甚至应用。但是这些企业中绝大部分对于工业工程缺乏系统的了解，甚至没有一个完整的概念，于是片面地得出一些似是而非的认识。这是由于近年来工业工程的一些单项技术或成果被人们出于各种目的推广或炒作，如准时生产、精益制造、5S 管理、丰田生产方式，以及 $6\sigma$（质量）管理、全面生产管理、物流工程、计算机集成制造、企业资源计划等，由于这种形式的推广往往是生搬硬套，头疼医头、脚痛医脚，缺乏工业工程整个理论体系和方法的支持，忽略了应用对象的自身背景，甚至有些根本是出于经济利益驱使，不负责任地炒作，因此造成了人们对工业工程认识上的混淆。有不少企业，甚至把一些失败的经验当成了工业工程的真谛。这种现象严重影响了工业工程在我国的迅速推广。

综上所述，目前我国的工业工程仍处于认识与起步阶段，这与我国的生产力和科技水平有着很大的关系。可以预见，随着改革的不断深入和社会主义市场经济的发展，工业工程将在国民经济建设中发挥越来越重要的作用。

## 1.3.3 工业工程的发展前景

**1. 现代工业工程面临的挑战**

20 世纪 80 年代以来，在经济全球化与信息技术快速发展的形势下，越来越多的经理人和其他领域的工程师已能掌握和运用计算机技术以及现代工业工程的原理与工具，工业工程师经常表现出在解决大型复杂组织与企业系统时乏力，工业工程师的特色正在被削弱。同时，由于从 20 世纪 80 年代以来工业工程教育目标分散，不能紧跟市场、企业与组织的发展，大学本科的专业教育开始呈现缓慢下滑趋势。为此，未来的工业工程应该侧重从以下几个方面应对挑战：

1）超越现代工业工程的研究领域与系统，扩展未来工业工程的学科空间。虽然现代工业工程的知识、理论与方法，特别是工具并未完全过时，仍然被许多学科有效地利用，但是超越现代工业工程的研究领域与系统将是未来工业工程学对现代工业工程学进行的最核心、最深刻、最有意义的变革。由于机械生产模式的长期约束和持久影响，现代工业工程主要被限制在一个组织系统内部运作方法与工具的研究和应用中。未来的工业工程学必须冲破这一历史约束，把研究与应用领域扩展到组织的目标定位与战略和组织间及组织同社会关联的大型复杂系统，使自己培养的人才能够适应时代发展的要求，开拓工业工程的学科空间，拓展工业工程师用武的领域。

2）重新定位工业工程，处理好理论与实践的关系和专业、基础与应用的关系。斯科特·辛克（D. S. Sink）等人主张把未来的工业工程定位在创新与发挥组织的全潜力/全潜能，即组织的战略定位与策略、有效地改进业绩管理系统、进行系统和流程的改进、设计组织成功的条件与校准方法、以变革导向的管理、信息系统及其技术的研究开发与运用、实现组织任务或项目的利益和以改进为核心等八个方面。所以，未来的工业工程必须为企业与组织实现其目标服务。但是，他们也公开表示出对学科定位不当的担心：如果把未来的工业工程按商务流程而不是按学科发展进行定位的话，则其对工程与管理的贡献将迅速消失，作为一门专业学科将失去存在的意义。因此，要处理好实践与理论的关系，并由此要求处理好基础、专业与应用的关系。未来工业工程的基础是：数学、物理学、信息技术、生物技术、数理统计、会计学、经济学、心理学、行为科学和人文社会科学等的基础知识、理论与方法。工业工程专业教育的基本领域是：人因工程、制造系统工程、运作研究和管理系统工程。

3）集成工业工程的研究与实施应用。社会和组织迫切要求未来的工业工程能把研究、参与创造与发挥组织潜力的战略定位与策略、成功管理的条件和流程以及运作的改进与再造系统地集成起来，以摆脱现行改进管理中的困境。例如，把质量的改进同员工参与和流程设计与再造有机地匹配集成，并组织规划与实施，是企业提升竞争力和改进业绩的成功之路。

4）大型组织变换的建模。全潜力/全潜能的概念是指企业或组织能够长期（如 100 年或更长的时间）达到的业绩远远大于同时代行业中排名最前的先进企业的业绩。其量化的概念是前者的业绩为后者的十倍以上。因此，建立组织，特别是大型组织模型及其实现组织与管理变换模型的任务便落在工业工程的“肩上”。这类模型有企业商务改进模型、戴明的 PDCA 改进循环模型等。

5）加大工业工程师的专业教育水平。工业工程师绝非一般的专业技术人才和一般的管理人才所能胜任的，他必须是具有全面素质的复合型人才。美国工业工程师学会为工业工程师做了如下定义：“工业工程师是为了达到管理者的目标（目标的根本含义是企业取得最佳利润，且风险最小）而贡献出技术的人，工业工程技术人员协助各级管理人员，在业务经营的设想、规划、实施、控制方法等方面从事研究和发明，以期更有效地利用人才和各种经济资源”。因此，工业工程师必须具备宽广且深厚的基础知识，以及相应专业知识、系统工程的理论、现代管理知识及计算机应用知识等。

**2. 现代工业工程的发展趋势**

工业工程学科的产生源于制造工程和管理科学相结合的结果。随后，运筹学、系统分析和设计方法又极大地影响了工业工程的发展，以至运筹学和系统工程方法成了工业工程的理论基础。进入 21 世纪，由于经济的全球化以及计算机和信息技术的发展，现代工业工程的发展体现在以下几个方面：

1）计算机硬件技术和全球网络化技术的发展，将促进计算机在工业工程中的广泛应用。计算机能快速和精确地处理大量数据，这就使得 IE 能够设计有效的大型且复杂的管理系统，能够控制这种系统的运作。工业工程与其他工程的不同之处是：它的许多原理和方法很难在实物或物理模型上试验。计算机允许 IE 构造制造过程的仿真模型，预测不同方案、不同管理策略产生的效果。因此，计算机仿真将成为在 IE 中应用最广泛的技术。

2）应用领域和研究对象将不断扩展。随着科学技术的迅速发展，近年来现代工业工程不仅在制造行业中得到了广泛应用，如 CIMS、AM、MRPⅡ、ERP 等，而且在服务性行业、运输行业中也得到了广泛的应用，如金融工程、物流工程、供应链管理等方面。

3）学科体系将日趋完善，研究队伍将不断壮大。IE 学科中若干传统领域（如工作研究）将继续深入，同时一些新兴研究领域也将十分活跃，如遗传算法、模糊逻辑、人工神经网络、全球供应链、电子商务等。

当前全球竞争的热点已由硬资源（物质资源）转向软资源（科技、信息、资金和人才），争夺的焦点不仅是占有这些资源，更重要的是资源的优化配置和合理利用。在21世纪，未来工业工程的发展不仅在柔性化、敏捷化的管理理念的应用研究上有长足的进展，而且在研究的理论与方法上将进一步形成多样化的格局，并不断借鉴和吸收计算机、信息科学、运筹学等相关学科的最新成果。在知识经济时代，创新是灵魂。通过持续不断地技术创新、组织创新和管理创新，将进一步激发工业工程的创造活力，使工业工程学科更加充实、更加完善。工业工程在我国的研究和应用也必将出现重大突破和飞跃式发展。

## 思　考　题

1. 简述我国制造业的发展现状。
2. 什么是现代制造企业的科学管理？主要技术有哪些？
3. 什么是工业工程？简述工业工程的内容体系。
4. 根据自己的理解，分析工业工程的发展现状与应用前景。

# 第 2 章 工作研究

## 2.1 工作研究概论

### 2.1.1 工作研究的含义

工作研究（Work Study）原称工时学，是动作与时间研究（motion and time study）的简称，是以科学的方法，研究分析其工作方法与程序，评定其工作量，借以找出最经济、最有效且使人感到胜任愉快的工作方法与工作时间，以期能降低工作人员的疲劳且激励工作人员从事生产，进而增进其工作效率，提高生产率的方法。

工作研究的显著特点是，在需要很少投资或不需要投资的情况下，可以使企业的生产率显著提高，从而提高和增强企业的经济效益和竞争力。因此，世界各国的企业都把工作研究作为提高生产率的首选技术。

工作研究包括方法研究和作业测定两大技术。

方法研究是帮助寻求完成任何工作的最经济、最有效、最合理的方法，以达到减少人员、机器、无效作业和物料消耗的目的，并使该方法标准化。

作业测定是测定方法标准化后的作业时间，并制定出工序的标准时间，以达到减少人员、机器和设备的空闲时间的目的。

方法标准、时间标准最终使人、机、物达到最优组合，产生最佳效能，为企业应用其他IE 技术奠定基础。

### 2.1.2 工作研究的意义与目的

工作研究是工业工程或工厂管理领域中最早也是最基本的技术，其主要目的是提高作业人员的工作效率。对企业本身而言，可通过作业人员工作效率的提高，进而提高生产率以及降低成本；对作业人员而言，更可因为其工作效率的提升及产量的增加而提高其收入。此外，经过工作研究后的结果，作业人员的工作方式及工作环境都可获得改善。因此，工作研究直至今日仍是工厂管理方法中不可或缺的一项技术，其影响层面包括下列各项企业经营的重要指标：生产率（Productivity）、质量（Quality）、成本（Cost）、交货期（Delivery）、安全（Safety）、士气（Morale）。

长期以来，生产率的提高一直是工厂为增加利润、降低成本而积极努力的目标之一。生产率是一种表示生产效率的指标，换句话说，生产率是衡量一个生产系统将输入的资源转换

成输出产品的能力，其表达式为

$$生产率=\frac{产出(output)}{投入(input)}$$

生产率衡量可分为总要素生产率和单要素生产率（如劳动生产率、原材料生产率、资本生产率和能源生产率等）。一般而言，生产率指标可由下列两种方式表示。

（1）总要素生产率（Total Factor Productivity） 此种表示方法考虑输出与所有输入资源（包括人工、物料、资金与能源等）的比例。

（2）单要素生产率（Partial Factor Productivity） 此种表示方法只衡量输出与某种特定输入资源的关系。

### 2.1.3 工作研究的范畴

方法研究和作业测定这两种技术是相辅相成的。方法研究是应用程序分析、操作分析与动作分析等一些特定技术进行分析、设计、改善工作方法的工程式活动，其实施效果要运用作业测定来衡量。作业测定则是在方法研究的基础上，通过时间研究、工作抽样、预定动作时间标准和标准资料法等特定的程序与方法，侧重调查、研究、减少及最后消除无效时间，最终设定出生产作业的标准时间。工作研究的范畴如图 2-1 所示。

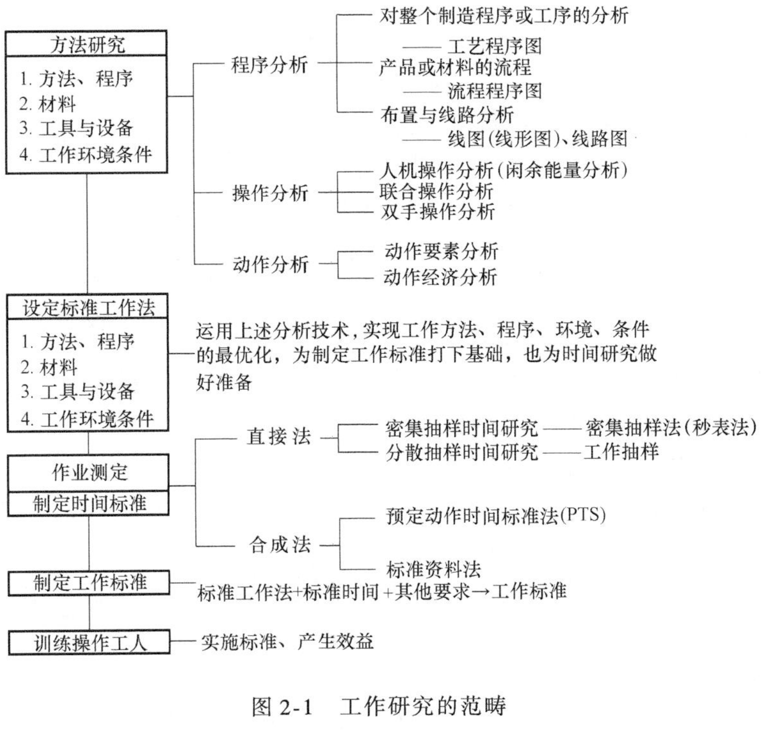


图 2-1 工作研究的范畴

### 2.1.4 工作研究的实施程序

工作研究建立在将复杂的问题逐步地加以剖析，以寻求解决的方法上。实施工作研究共有如下 8 个基本步骤。

**1. 选择所研究的工作或工艺**

在选择某项作业进行工作研究时，必须考虑以下因素。

（1）经济因素　考虑该项作业在经济上有无价值，或首先选择有经济价值的作业进行研究。例如，阻碍其他生产工序的“瓶颈”、长距离的物料搬运、或需大量人力和反复搬运物料的操作等。

（2）技术因素　必须查明是否有足够的技术手段来从事这项研究。例如，某车间由于某台机床的切削速度低于生产线上高速切削机床的有效切削速度，从而造成“瓶颈”，要提高其速度，该台机床的强度能否承受较快的切削速度，必须请教机床专家。

（3）人的因素　当确定了进行工作研究的对象后，必须让企业的有关成员都了解进行该项工作研究对企业和对他们个人的意义。要说明工作研究不但会提高企业的生产率，而且也会提高他们个人的经济利益，不是让他们干得更辛苦，而是让他们干得更轻松利落，干得更有成效。要取得他们的支持，激发他们的工作热情，从而使工作研究更深入地进行。在工作研究的推进中，要特别注意由工人们提出的改进意见。

可利用工作研究的作业范畴是十分广泛的，它可以从工厂全部作业的调查研究，到个别工人的动作研究，表2-1给出了一般的选择范围。

**表2-1　工作研究的一般范围**

| 作业类型 | 举例 | 记录技术 |
|---|---|---|
| 整个过程 | 从原材料投产到任务完成，产品产出，包括：准备、检查、产品接收、包装和发运 | 工艺程序图、流程程序图、流程图解（线路图、线图） |
| 工厂平面布置<br>物料的移动 | 某零件经过全部加工工序的移动<br>某零件在某工序间的移动 | 流程程序图（物料型）、线路图、线图 |
| 工厂平面布置<br>工人的移动 | 给某种机械或设备供应某种零件的工人 | 流程程序图（人型）、线路图 |
| 工作场所平面布置 | 钳工台上轻便装配工作，手工排序 | 流程程序图、双手操作程序图、联合操作分析图 |
| 集体作业或自动机械工序 | 装配线，操纵半自动车床的工人 | 流程程序图（设备型）、联合操作图 |
| 工人在工作时的动作 | 短周期循环重复工作的女工，要求高超手艺的操作 | 动作分析图、人机操作程序图 |

**2. 观察现行方法，记录全部事实**

利用最适当的记录方法，记录直接观察到的每一件事实，以便分析。最常用的记录方法是图表法和图解法，主要有如下几类：

（1）表示工艺过程的图表　如工艺程序图、流程程序图（包括人型、物料型和设备型）、双手操作图。

（2）利用时间坐标的图表　如人机操作程序图、联合操作程序图等。

（3）表示活动的图解　如线路图（径路图）、线图等。

**3. 严格分析所记录的事实**

对记录的每一件事逐项进行考查的内容包括：事件的目的、发生的地点、完成的顺序、当事人、采用的方法等。严格考查所用的方法是“5W1H”提问技术，见表2-2，这种系统的提问技巧是方法研究分析成功的基础，然后按照ECRS（取消、合并、重排、简化）原则来建立最经济的新方法。

表 2-2 “5W1H”提问技术

| 序号 | 项目 | 问题 | |
|---|---|---|---|
| 1 | 对象 | 做什么？ | What |
| 2 | 人员 | 谁来做？ | Who |
| 3 | 目的 | 为什么这样做？ | Why |
| 4 | 时间 | 什么时候做？ | When |
| 5 | 地点 | 在哪里做？ | Where |
| 6 | 方法 | 如何做？ | How |

**4. 制定最经济的方法**

明确解决问题的关键所在之后，就可着手设计一种新方法，科学合理地解决问题。一般要设计若干个方案，然后进行分析比较、可行性论证，从中选出最佳方案。在方案设计过程中，要注意发挥集体的智慧，促使职工提出各种改进生产的方案。

**5. 评选新方案**

选择最佳方案的原则是适用性。具体选择时应考虑以下几种因素：

（1）经济性　在评选各方案时，必须对每个方案做成本预测，并进行比较，选择节省费用最多的方案。

（2）安全与管理　设计出的工艺路线中所涉及的机器设备和工具的安全性和维护保养方式，以及产品质量及其管理问题都应考虑。

（3）有关单位的协作配合　任何改进方案的实施均应在所实施方案部门的领导支持下进行，还需各有关单位的协作配合。

**6. 计算标准作业时间**

明确所选方法的工作量及有关的作业时间，并通过作业测定制定该项工作的标准作业时间。

**7. 建立新方法**

（1）写报告书　应对现行的和改进的方法做详细的叙述，讲述提出改进的理由。报告书应包括下列内容：

1）两种方法（现行的和改进的）生产过程的比较。

2）两种方法费用上的比较（包括材料成本、工作时间、设备、工作场所的布置等）。

3）全体工作人员对新方案所持的态度（如劳动强度有无减轻、操作方法有无改善、管理是否容易）。

4）新方案的工作标准以及工作的时间标准。

（2）确定工作标准　确定工作标准具体包括：①制品的标准化；②原材料的标准化；③机器设备和工具的标准化；④工作环境的标准化（照明、温度、湿度、音响等）；⑤动作的标准化；⑥作业指导书。

（3）确定工作的时间标准　确定工作的时间标准具体包括：①人员或机器的每日工作量；②单位零件或产品的标准时间；③工厂生产量一定时，完成生产任务所需要的人数。

**8. 实施与维持新方案**

按新方案进行工作，在实施中观察新方案的各种效果，检查新方案是否达到原定目标；所制定的标准与实际情况是否有差异、有无调整的必要等。如发现有不适用之处，应加以修正；如适用，则应以合理的管理步骤来维持。

### 2.1.5 工作研究的用途与方法

**1. 工作研究的用途**

“工作研究”除了找出最佳的工作方法与制定标准工作时间来提高生产率之外，其成果尚可被应用在许多地方，以下便简要叙述工作研究的其他用途。

（1）寻找最经济的工作方法　由工作的程序、原材料、设备及工作环境，分析设计出最有效的方法，并建立标准工作程序，将该工作分为数个作业加以说明，并对所用的材料、工具、设备等注明，方便工作的开展。

（2）设立标准工作时间（简称标准工时）　工作标准化之后，参考工作人员的体能及技术熟练程度，给予适当的休息时间，再设定标准工时。标准工作时间的功用为辅助生产进度、成本控制、工作评价、奖勤制度及产能等的建立。

（3）制定薪酬支付标准　根据标准工时及工作评价来制定薪酬支付标准，以此激励员工的工作热情，以求生产率的提升。

（4）制定生产计划　由“工作研究”的结果可得知，生产一件产品需花费的标准时间是多少，因此可推算每日的生产量，进而制定更为切合实际的生产计划。

（5）员工培训　标准工作程序、时间建立后，还要有人实施才行，因此员工培训是一项很重要的工作，通常员工培训都由现场领班来执行。还可以制定工作手册，这对新员工的学习也有很大的帮助。

（6）决定产品成本　由于产品的成本主要是由物料、人工及间接制造费用三项所构成的，而其中人工成本一项则可由“工作研究”制定的标准时间来决定。

**2. 工作研究的方法**

“工作研究”承袭泰勒科学管理的理念，以科学方法来分析与改善工作内容与方法。而此科学方法一般又称为“工程程序”（Engineering Process），它是指解决问题的一连串系统化的步骤。几乎所有的问题都需要用科学的方法来解决，因为只有采取系统化的步骤才能有效地解决问题。因此，工作研究主要采取以下系统化步骤：

（1）寻找问题　任何工作都可加以改善，我们要随时随地注意周围的环境，运用创造性的思维，不拘泥于原有的方法，设法找出问题的根本，发掘问题的所在。

（2）收集数据　找出问题之后，应收集问题的相关资料及数据，了解限制条件及目前使用的方法，以提供改善工作的依据。

（3）设计方案　根据所提供的资料、数据及相关的限制条件，以改善现况为前提，尽可能地找出可能的方案。

（4）评价可能方案　从数个可能的方案中要找出较佳的方案，取舍的标准如下：

1）成本分析：用此方式后生产成本是否会降低。

2）生产率分析：用此方式后生产率是否会提高。

3）质量分析：用此方式后产品质量是否稳定。

4）推行的难易程度：包括现场员工接受意愿如何，相关条件能否配合，该项是此方案是否能成功的最主要要素。

（5）执行　让现场的员工了解新的工作方法，并给予适当训练，还要制定新的工作程序及标准工时以利于执行。

（6）回馈 新方案执行后，还要注意标准工时是否恰当等问题。

（7）制定标准时间 “工作研究”最后的工作便是制定标准时间，在人员已经熟练掌握新的工作方法之后，即可开始进行时间研究，以确定进行新工作方法所需的标准工时应是多少。

## 2.2 方法研究

### 2.2.1 方法研究概述

**1. 方法研究的定义**

方法是人们进行工作和生活所运用手段的一部分，不论在任何场所，人们都要使用方法来完成自己所要做的任何事情。好的工作方法可以帮助人们减少物质、能源、时间及资金的消耗和浪费，从而降低成本；减少人的精力的消耗，减小遭受损伤和工伤的概率；帮助人们利用有限的资源获得最高的产出，以提高生产率。

方法研究的定义是：对现有的或拟订的工作（加工、制造、装配、操作等）方法进行系统的记录和严格的考查，并以此作为开发和应用更容易、更有效的工作方法，以及降低成本的一种手段的研究性工作。

方法研究也可定义为：方法研究是指运用各种分析技术，对工作方法进行分析、设计和改进，寻求最佳的工作方法并使之标准化的一系列活动。

方法研究的对象可分为两类：一类是以物为研究对象的研究（包括管理信息在内），主要是指对产品生产过程、零件工艺过程及管理业务流程进行研究；另一类是以人为对象进行研究，主要是指对操作者活动的研究。

**2. 方法研究的目的**

1）改进工艺和程序。

2）改进工厂、车间和工作场所的平面布置。

3）改进整个工厂和设备的设计。

4）经济地使用人力，减少不必要的人员疲劳。

5）改进物料、机器和人力的利用情况，提高生产率。

6）改善实际工作环境，实现文明生产。

7）降低工人的劳动强度。

**3. 方法研究的特点**

（1）方法研究的意识——不断求新 永不满足于现状，永无止境的求新意识是方法研究的一个显著特点。方法研究不满足于现行的工作方法，力求改进，不断创新。

（2）方法研究的指导思想——挖掘企业内部潜力 方法研究力求在不投资（不增加人、机器）或少投资的情况下，获得好的经济效益，着重于挖掘企业内部的潜力。

（3）方法研究的着眼点——系统整体优化 方法研究首先着眼于整个工作系统、生产系统的整体优化（程序分析），然后再深入地解决关键的局部问题（操作分析），再进而解决微观问题（动作分析），从而达到系统整体优化的目的。

**4. 方法研究的内容**

表2-3为日本规格协会介绍的方法研究的分析层次及分析技术。

（1）程序分析（流程分析） 完成任何工作所需要经过的路线和手续即为程序。任何人或任何一个机构办任何一件事都需要经过一定的程序。

在产品的制造方面，从原材料进厂、入库、领料、加工、装配、检验到成品入库、发货，都有一定的程序。

这些程序手续越繁、路线越长，所消耗的人力和时间越多，结果成本就越高。如果我们认真观察和分析任何一项工作，都或多或少地存在无效的时间浪费和无效的动作浪费。

程序分析主要以整个生产过程为研究对象。研究分析一个完整的工艺程序，从头到尾全面研究、分析是否有多余的或重复的作业。程序是否合理、搬运次数是否太多、等待时间是否太长等，并进行工作程序和工作方法的改进。其目的是：

1）取消不必要的程序（工艺、操作、动作）。

2）合并一些过于细分或重复的工序。

3）改变部分操作程序，以避免重复。

4）调整布局，以节省搬运。

5）重排和简化必要的程序，重新组织效率更高的完整程序。

（2）作业分析（操作分析） 作业分析主要研究以人为主体的程序，使操作者（人）、操作对象（物）、操作工具（机）三者科学地组织、合理地布局与安排，以减少作业时间的消耗，减轻操作者的劳动强度，保证工作质量。

（3）动作分析 研究、分析人在进行各种操作时的身体动作，以消除多余的动作，减轻劳动强度，使操作更简便有效，从而制订出最佳的动作程序。

**表2-3 方法研究的分析层次及分析技术**

| | 工序流程 | 作业单位 | 作业要素 | 动作单位 | 基本动素 |
|---|---|---|---|---|---|
| 作业划分 | 以组、部件制造过程中的加工、检验为基础的作业划分 | 以零件工艺流程中的操作（加工）、检验、搬运、等待等作业单位为基础的作业划分 | 以工序作业单位中所包含的一系列作业要素为基础的作业划分 | 以一个作业要素中所包含的一系列动作单位为基础的动作划分 | 以单位动作中所包含的一系列动作要素为基础的动作划分 |

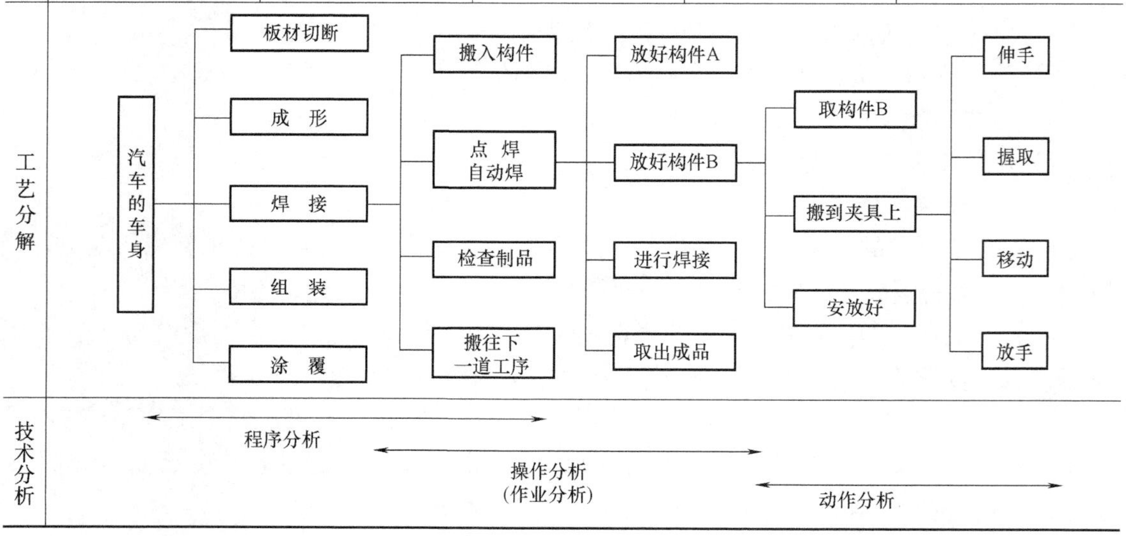

## 2.2.2 程序分析

程序分析是指对整个工作过程做全面性的分析。程序分析图有两种形式，包括产品流程程序图（记录所有有关产品或材料所发生的详细事件）和人员流程程序图（详细记录操作人员如何执行操作的顺序）。换句话说，它是分析从工作开始至工作完成过程间的不合理与浪费现象，将其改善以使工作程序更顺畅、更有效率。

由于整个工作的过程可能相当复杂，为了让分析者容易了解整个程序并进一步改善，通常需使用简单的符号来描述整个过程并将其绘制成所谓的程序图（Process Chart）。程序分析记录符号见表2-4。

**表 2-4 程序分析记录符号**

| 编号 | 符号名称 | | 符　号 | 符　号　含　义 |
|---|---|---|---|---|
| 1 | 加工（操作） | | ○ | 表示对生产对象进行加工、装配、合成、分解、包装、处理等 |
| 2 | 搬运 | | ⇨ | 表示对生产对象进行搬运、运输、输送等，或作业人员作业位置的变化 |
| 3 | 检验 | 数量检验 | □ | 表示对生产对象进行数量检验 |
| | | 质量检验 | ◇ | 表示对生产对象进行质量检验 |
| 4 | 停放（等待） | | D | 表示生产对象在工作地附近的临时停放 |
| 5 | 储存 | | ▽ | 表示生产对象在保管地有计划地存放 |
| 6 | 流程线 | | \| | 表示在工艺流程图中工序间的顺序连接 |
| 7 | 分区 | | ∿∿∿ | 表示在工艺流程图中对管理区域的划分 |
| 8 | 省略 | | ＝ | 表示对工艺流程图做部分省略 |

程序分析的工具包括工艺程序图、流程程序图、线路图、线图。

**1. 工艺程序图**

（1）工艺程序图的概念　工艺程序图又称梗概程序图或操作程序图，是通过对研究对象做简略、全面、一般性了解，以便首先从客观上发现问题，并为后面的详细分析（流程程序图、线路图）准备资料。工艺程序图以产品、物料或某种服务行为为核心，通过详细的工艺分析和严格细致的现场考查，寻找一个最经济合理、最优化的工艺方案，采用“操作”和“检验”两种主要的工序符号，绘制出简化、方便的工艺程序图。

（2）工艺程序图的绘制　一般工艺程序图由表头和图形两部分组成，表头的格式和内容根据程序分析的任务而定。通常有原材料、半成品编号、图号、程序说明、现行作业方法、日期、制表人、部门等。

整个生产过程的工序流程用垂线表示，原材料、零件（自制件、外购件）的进入用水平线表示，与垂线中途不能相交，必要时用⌒表示。

作图前先选择作业线上操作次数最多的零部件作为基准件，将该件的流程程序绘于图的最右侧，作为基准线，然后在顶端向左绘出一条水平线，表示材料、零件进入作业线，然后按顺序绘制操作、检验符号。两符号之间的垂线长度为6mm。

引入作业线的零件、原料，还可根据需要记载名称、单位、图号、规格等。最好使标记方法规范化。

根据需要可在操作、检验符号的右边记录该项工作的内容（如车外圆、检验外径等），还可同时注明所用工具（如车床型号、游标卡尺量程、精度等）；在符号左边记录工时定额时间。

操作和检验可按出现的顺序分别编号。遇到水平线时则转到水平线上的作业线，继续按流程从上至下编号。

全部工作记录齐全之后，还可编制汇总表，汇总操作、检验的次数和时间，供详细分析用。

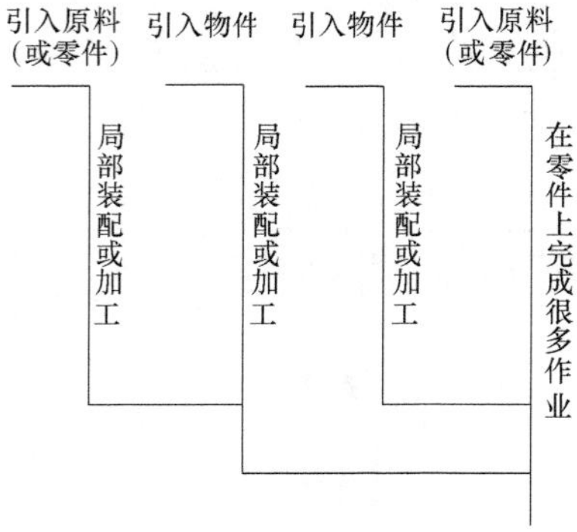

图 2-2 工艺程序图的绘制

综上所述，工艺程序图的绘制如图 2-2 所示。

【例 2-1】 条形恒温器是由外壳 A-116、调节螺钉 A-253、杆件 A-176、挡片 W-133 构成的。根据机械加工工艺规格制定原则，相应编制了每个零件的加工工艺过程。外壳 A-116：下料→冲压成形→镀镍→检验。调节螺钉 A-253：车外形→攻丝→镀镍→检验。杆件 A-176：下料→车外形→镀镍→检验。挡片 W-133：下料→镀镍→检验。将上述四个零件加工完成后，装配形成条形恒温器。其工艺程序图如图 2-3 所示。

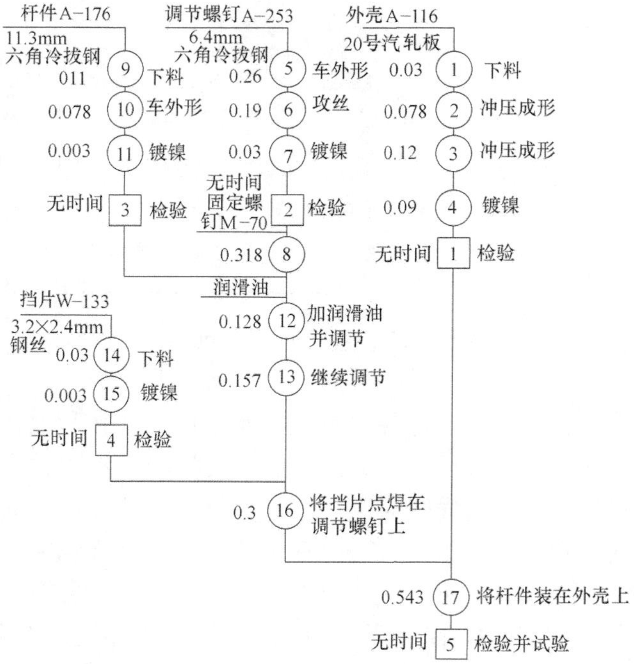

图 2-3 条形恒温器工艺程序图

**2. 流程程序图**

(1) 流程程序图的概念　流程程序图（Flow Process Chart）是程序分析中最基本、最重要的分析技术，它是进行流程程序分析过程中最基本的工具。

流程程序图用以描述制造或工作程序中所有活动，包括操作、搬运、检验、等待与贮存等的情形。基本上流程程序图不适用于复杂的装配线整体，而适用于装配线或系统内的某项零件，且其在记录隐藏成本时特别有价值，如搬运距离、等待及暂时性的储存。流程程序图在描述整个程序中的情形时较操作程序图更为详尽，其目的是便于分析者了解并消除程序中搬运、等待与贮存等的浪费。因此，在流程程序图中也应对搬运距离与搬运及等待时间等进行数据记录。

流程程序图根据其研究对象可分为材料或产品流程程序图（物料型）和人员流程程序图（人型）。

1）流程程序图（物料型）：记录产品或零件在加工或搬运过程中被处理的步骤。

2）流程程序图（人型）：记录操作人员在生产过程中的一连串活动。

(2) 流程程序图的绘制　流程程序图与工艺程序图极为相似，其差别仅是增加了“搬运、贮存、等待”三种符号，及在图中符号左边标注时间处，又加上了搬运距离。因此，在绘制流程程序图时，应按照以下几点要求绘制。

1）记载距离时，只要求用目测，不需要精确测量。一般1m以下的距离可忽略不计。

2）一般工件在制造过程中的贮存、等待所占的时间对成本和资金周转有重要影响。但在流程中要记录这种时间比较麻烦，一般可采取只记录到达或离开仓库或某工位的时间，即可算出在仓库或某工序停滞的延续时间。

3）由于流程程序图是最基本的常用分析图，一般用预先印制好的空白表——流程程序图表，如图2-4所示。

**【例2-2】** 箱体件铣削加工。

工作任务：记录箱体件铣削加工流程。

开始：箱体件（毛坯）存于仓库。

结束：箱体件已铣削加工，放于半成品贮存处，绘制的物料型流程程序图如图2-5所示。

**【例2-3】** 箱体件铣削加工。

工作任务：记录箱体件铣削加工流程。

开始：箱体件（毛坯）存于仓库，去仓库毛坯堆放处。

结束：铣工站在铣床前，已加工的箱体放到工序间的贮存处，绘制的人型流程程序图如图2-6所示。

但是，在实际工作中，一般都使用事先设计好的流程程序标准图表。分析记录时，只需将各项工作按照发生的顺序，采用五种图示符号用直线将其连接起来，而表头部分则有产品材料和设备的名称，同时写出编号；图表中还包括活动的起点和终点，采用的方法是现行的或改良的；工作的部门或场所；流程图编号、页数和页码；记录者姓名、操作者姓名、审批者姓名；调查的日期；使用的符号说明。

通过采用流程程序标准图表，可以直接在图表上对现行方法进行提问考查分析，并把改进点（取消、合并、排列、简化）直接注出。最后把改良方法也列于同一图表的右侧以进行两种方法的比较。应注意的是图表上记录的内容是直接观察所得。通过说明应尽量提供完善、连续的信息，使一般人都能看懂流程程序图的全过程。

编号： 共 页 第 页

| | 统计表 | | | |
|---|---|---|---|---|
| 工作部别：______ 图号：____ | 项别 | 现行方法 | 改良方法 | 节省 |
| 工作名称：______ 编号：____ | 操作次数： ○ | | | |
| 开　　始：__________ | 搬运次数： ⇨ | | | |
| 结　　束：__________ | 检验次数： □ | | | |
| 研 究 者：_______年__月__日 | 等待次数： D | | | |
| 审 阅 者：_______年__月__日 | 贮藏次数： ▽ | | | |
| | 运输距离： (m) | | | |
| | 共需时间： (min) | | | |

现行方法

| 步骤 | 情况 操作 | 搬运 | 检验 | 等待 | 贮存 | 工作说明 | 距离/m | 需时/min | 改善要点 剔除 | 合并 | 排列 | 简化 |
|---|---|---|---|---|---|---|---|---|---|---|---|---|
| | ○ | ⇨ | □ | D | ▽ | | | | | | | |
| | ○ | ⇨ | □ | D | ▽ | | | | | | | |
| | ○ | ⇨ | □ | D | ▽ | | | | | | | |
| | ○ | ⇨ | □ | D | ▽ | | | | | | | |
| | ○ | ⇨ | □ | D | ▽ | | | | | | | |
| | ○ | ⇨ | □ | D | ▽ | | | | | | | |
| | ○ | ⇨ | □ | D | ▽ | | | | | | | |
| | ○ | ⇨ | □ | D | ▽ | | | | | | | |
| | ○ | ⇨ | □ | D | ▽ | | | | | | | |
| | ○ | ⇨ | □ | D | ▽ | | | | | | | |
| | ○ | ⇨ | □ | D | ▽ | | | | | | | |
| | ○ | ⇨ | □ | D | ▽ | | | | | | | |
| | ○ | ⇨ | □ | D | ▽ | | | | | | | |
| | ○ | ⇨ | □ | D | ▽ | | | | | | | |
| | ○ | ⇨ | □ | D | ▽ | | | | | | | |
| | ○ | ⇨ | □ | D | ▽ | | | | | | | |
| | ○ | ⇨ | □ | D | ▽ | | | | | | | |
| | ○ | ⇨ | □ | D | ▽ | | | | | | | |
| | ○ | ⇨ | □ | D | ▽ | | | | | | | |
| | ○ | ⇨ | □ | D | ▽ | | | | | | | |
| | ○ | ⇨ | □ | D | ▽ | | | | | | | |
| | ○ | ⇨ | □ | D | ▽ | | | | | | | |
| | ○ | ⇨ | □ | D | ▽ | | | | | | | |
| | ○ | ⇨ | □ | D | ▽ | | | | | | | |
| | ○ | ⇨ | □ | D | ▽ | | | | | | | |
| | ○ | ⇨ | □ | D | ▽ | | | | | | | |
| | ○ | ⇨ | □ | D | ▽ | | | | | | | |

改良方法

| 步骤 | 情况 操作 | 搬运 | 检验 | 等待 | 贮存 | 工作说明 | 距离/m | 需时/min |
|---|---|---|---|---|---|---|---|---|
| | ○ | ⇨ | □ | D | ▽ | | | |
| | ○ | ⇨ | □ | D | ▽ | | | |
| | ○ | ⇨ | □ | D | ▽ | | | |
| | ○ | ⇨ | □ | D | ▽ | | | |
| | ○ | ⇨ | □ | D | ▽ | | | |
| | ○ | ⇨ | □ | D | ▽ | | | |
| | ○ | ⇨ | □ | D | ▽ | | | |
| | ○ | ⇨ | □ | D | ▽ | | | |
| | ○ | ⇨ | □ | D | ▽ | | | |
| | ○ | ⇨ | □ | D | ▽ | | | |
| | ○ | ⇨ | □ | D | ▽ | | | |
| | ○ | ⇨ | □ | D | ▽ | | | |
| | ○ | ⇨ | □ | D | ▽ | | | |
| | ○ | ⇨ | □ | D | ▽ | | | |
| | ○ | ⇨ | □ | D | ▽ | | | |
| | ○ | ⇨ | □ | D | ▽ | | | |
| | ○ | ⇨ | □ | D | ▽ | | | |
| | ○ | ⇨ | □ | D | ▽ | | | |
| | ○ | ⇨ | □ | D | ▽ | | | |
| | ○ | ⇨ | □ | D | ▽ | | | |
| | ○ | ⇨ | □ | D | ▽ | | | |
| | ○ | ⇨ | □ | D | ▽ | | | |
| | ○ | ⇨ | □ | D | ▽ | | | |
| | ○ | ⇨ | □ | D | ▽ | | | |
| | ○ | ⇨ | □ | D | ▽ | | | |
| | ○ | ⇨ | □ | D | ▽ | | | |
| | ○ | ⇨ | □ | D | ▽ | | | |

图 2-4　流程程序图标准图表

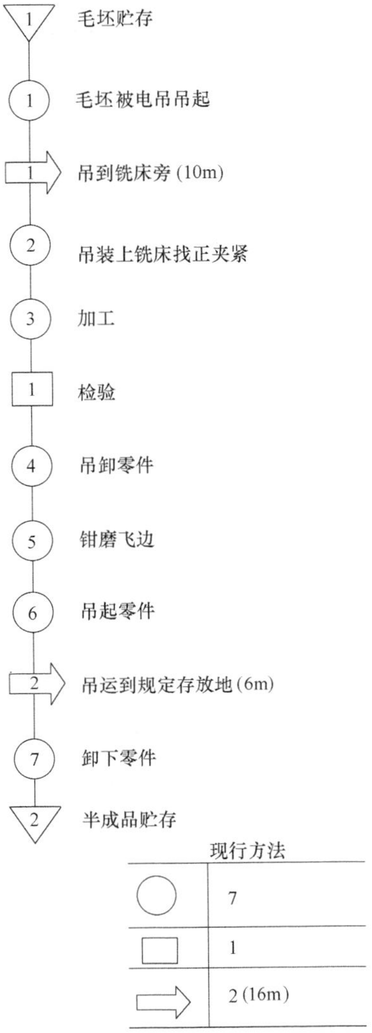


图 2-5　箱体件铣削加工流程程序图（物料型）

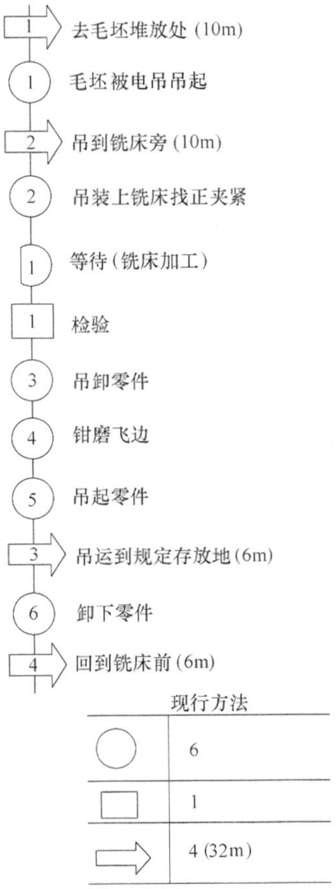


图 2-6　箱体件铣削加工流程程序图（人型）

**【例 2-4】** 某车间轴加工流程程序图如图 2-7 所示。

**3. 线路图**

（1）线路图的概念　线路图（Flow Diagram）是将流程程序图绘制在工厂的平面布置图上，通常是按比例缩尺绘制工厂建筑或工作场所的平面布置图。将机器设备、工作地点等，按其正确位置，一一绘于其上，并用流程线指出各活动之间物料的移动和人员的流经路线。线路图的目的是使分析者能够清楚地看出人员与物料实际在工厂内移动的过程，以研究是否需要改变工厂布局来减少搬运的距离以及使流程更顺畅。

线路图主要用于“搬运”和“移动”路线的分析，研究如何从工作地或设备的布置上来缩短搬运距离。因此，在图上可以不标记等待，只标记操作、检验、贮存三项的位置，对于搬运则直接用箭头或箭线画在流程线路上。

（2）线路图的绘制

1）若将流程程序图上的各项工作标记在流程线路图上，则要在平面图的该项工作发生

零件名称：车轴　　零件号：700−216　　分析者：　　分析日期：　　年　月　日

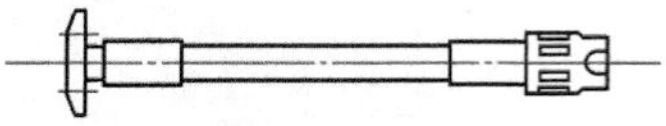

| 加工要素 | 操作 | 搬运 | 贮存 | 等待 | 检验 |
|---|---|---|---|---|---|
| 次　数 | 9 | 18 | 7 | 0 | 4 |
| 占总次数的百分比(%) | 23.7 | 47.4 | 18.4 | 0.0 | 10.5 |
| 需要时间/min | 7.70 | 4.30 | 405.00 | 0.00 | 1.53 |
| 占总时间的百分比(%) | 1.8 | 1.0 | 96.8 | 0.0 | 0.4 |
| 距离/m | — | 68 | — | — | — |

| 工序内容说明 | 距离/m | 时间/min | 工序系列 操作 | 搬运 | 贮存 | 等待 | 检验 |
|---|---|---|---|---|---|---|---|
| 贮存在材料库 | | | ○ | ⇨ | ▽ | D | □ |
| 用电动叉车送往生产车间 | 15 | 0.85 | ○ | ⇨ | ▽ | D | □ |
| 在托盘上 | | 125.00 | ○ | ⇨ | ▽ | D | □ |
| 人工搬上机床 | 1 | 0.05 | ○ | ⇨ | ▽ | D | □ |
| 用铣床加工端面 | | 1.00 | ○ | ⇨ | ▽ | D | □ |
| 传送带运送 | 3 | 0.20 | ○ | ⇨ | ▽ | D | □ |
| 用车床粗加工轴部 | | 1.00 | ○ | ⇨ | ▽ | D | □ |
| 传送带运送 | 3 | 0.20 | ○ | ⇨ | ▽ | D | □ |
| 用车床精加工轴部 | | 1.50 | ○ | ⇨ | ▽ | D | □ |
| 传送带运送 | 3 | 0.20 | ○ | ⇨ | ▽ | D | □ |
| 轴颈自动检查 | | 0.58 | ○ | ⇨ | ▽ | D | □ |
| 人工放于定置区 | 3 | 0.20 | ○ | ⇨ | ▽ | D | □ |
| 在托盘上 | | 62.50 | ○ | ⇨ | ▽ | D | □ |
| 人工搬往机床 | 1 | 0.05 | ○ | ⇨ | ▽ | D | □ |
| 轴端铣齿 | | 0.25 | ○ | ⇨ | ▽ | D | □ |
| 传送带运送 | 5 | 0.35 | ○ | ⇨ | ▽ | D | □ |
| 清洗干净 | | 0.25 | ○ | ⇨ | ▽ | D | □ |
| 传送带运送 | 5 | 0.35 | ○ | ⇨ | ▽ | D | □ |
| 端部淬火 | | 0.70 | ○ | ⇨ | ▽ | D | □ |
| 人工放于定置区 | 2 | 0.10 | ○ | ⇨ | ▽ | D | □ |
| 在托盘上 | | 62.50 | ○ | ⇨ | ▽ | D | □ |
| 人工搬往机床 | 2 | 0.10 | ○ | ⇨ | ▽ | D | □ |
| 磨削轴部 | | 1.50 | ○ | ⇨ | ▽ | D | □ |
| 人工搬往检查台 | 3 | 0.15 | ○ | ⇨ | ▽ | D | □ |
| 轴颈检查 | | 0.35 | ○ | ⇨ | ▽ | D | □ |
| 人工搬往定置区 | 3 | 0.15 | ○ | ⇨ | ▽ | D | □ |
| 在托盘上 | | 30.00 | ○ | ⇨ | ▽ | D | □ |
| 人工搬往检查机 | 3 | 0.15 | ○ | ⇨ | ▽ | D | □ |
| 轴部表面检查 | | 0.50 | ○ | ⇨ | ▽ | D | □ |
| 人工搬往机床 | 3 | 0.15 | ○ | ⇨ | ▽ | D | □ |
| 用自动机床加工法兰盘 | | 1.00 | ○ | ⇨ | ▽ | D | □ |
| 人工搬往机床 | 3 | 0.15 | ○ | ⇨ | ▽ | D | □ |
| 用钻床钻孔 | | 0.50 | ○ | ⇨ | ▽ | D | □ |
| 人工放于定置区 | 3 | 0.15 | ○ | ⇨ | ▽ | D | □ |
| 在托盘上 | | 125.00 | ○ | ⇨ | ▽ | D | □ |
| 数量检查 | | 0.10 | ○ | ⇨ | ▽ | D | □ |
| 用电动叉车运往定置区 | 7 | 0.75 | ○ | ⇨ | ▽ | D | □ |
| 在成品放置区 | | | ○ | ⇨ | ▽ | D | □ |
| 合计 | 68 | 数量 | 9 | 18 | 2 | 5 | 4 |
| | | 时间 | 7.70 | 4.30 | – | 405.00 | 1.53 |

图 2-7　轴加工流程程序图

位置上绘出相应的符号，然后再用线条将其连接。

2）若在同一平面图上表示加工、装配等程序，则所有在制品的流程均应画出。如在制品种类甚多，可分别采用实线、虚线、细点画线以及不同颜色表示，而其移动方向则以短箭头重叠于各线上。

3）若许多流程由同一条路径通过，可将流程数及其重量表示在线路上，并可用不同颜色的线表示不同的流程。

4）对于不同搬运方法或方向（顺向、逆向），也可用各类不同的线、不同颜色或不同的箭头符号表示。

5）线与线交叉处应以半圆形线⌒表示避开。

6）若有立体移动，可以利用三维空间图表示，如图 2-8 所示。

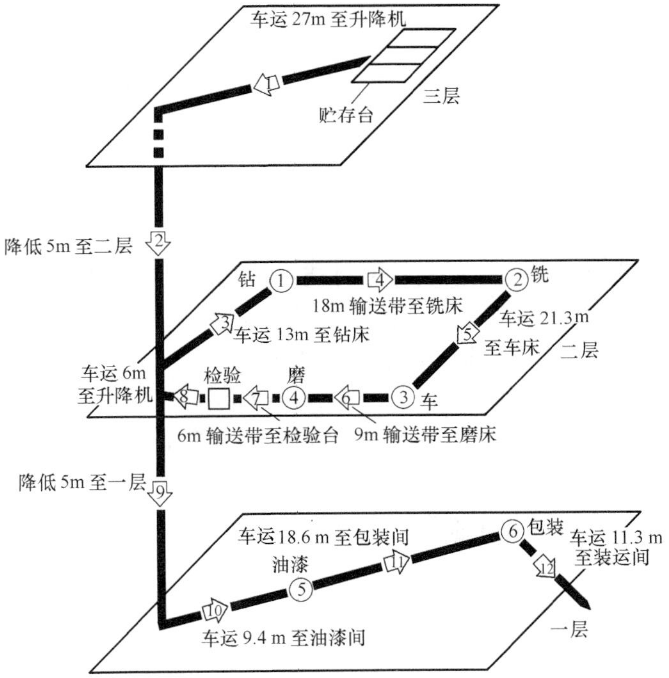


图 2-8 立体线路图

**4. 线图**

线图是采用比例绘图绘制平面布置图或模型，用线条表示并衡量工人或设备等在规定的活动中所走的路线的分析手段。线图是线路图的一种特殊的表示形式。线路图只是近似地按比例作图，标注相应的距离，而线图是用线条表示和度量距离，比较直观准确地按比例绘制。

线图既可以表示物料的运转情况，也可以准确地记录工人的生产或非生产的操作情况。例如，连续生产过程中，材料的投入或取出，或存放于生产线旁；一名操作者多机操作；工人给机器或工作地发送材料或取材料；仓库物料搬运或存放等。

将程序流程图中有关机器、工作台、库房、各工作点，以及影响移动线路的门、柱、墙等均按比例绘制于木板或图纸上，按照其实际顺序依次从移动起点到终点放置于木板或图纸的方格中，即完成了工作过程的全部线路情况分析（图 2-9）。如果同一工作区有两个以上研究对象时，可采用不同颜色的线条绘制。图 2-10 所示为线图举例。

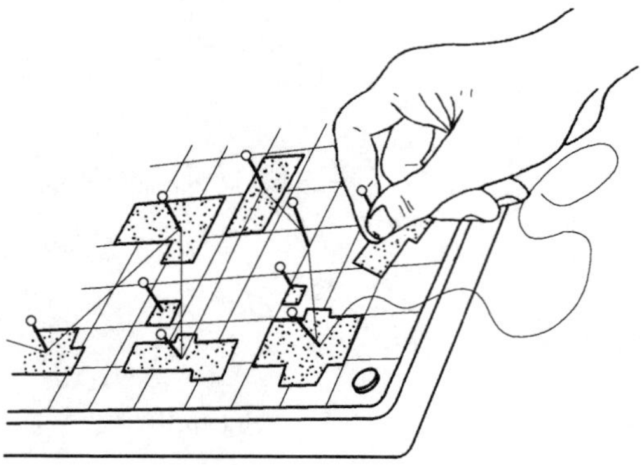

图 2-9　绕成线图的情形

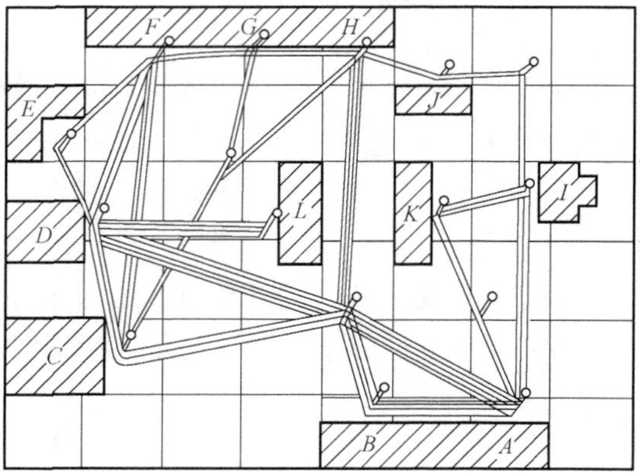


图 2-10　线图举例

## 2.2.3　操作分析

**1. 操作分析的定义和类型**

操作分析是方法研究中第二个层次的分析技术，它是在整个生产流程进行了程序分析之后，又对各道工序的作业进行详细研究，对影响作业质量和效率的全部因素（作业目的、作业方法、作业环境以及材料、运输、工装和检查等）进行分析，使每个工序的作业者、作业对象和作业工具三者达到最佳组合。作业分析改进的重点是改进作业方法，取消多余的笨拙的作业操作，以达到减轻工人劳动强度，提高产品质量和作业效率的目的，操作分析又称作业分析。

根据不同的工序作业对象和调查目的，操作分析可分为：

1）人机操作分析。

2）联合操作分析。

3）双手操作分析。

**2. 人机操作分析**

（1）人机操作分析的意义　人机操作分析是指在机器的工作过程中，了解一个操作周期（加工一个零件的整个过程称为一个操作周期或周程）内机器操作与工人操作的相互关系，以充分利用机器与工人的能量及平衡操作。人机操作分析需要利用人机操作程序图。人机操作图可将生产过程中，工人操作的手动时间和机器的机动时间清楚地显示出来。在现代化生产中，机器设备几乎都是全自动或半自动的，操作机器的工人成了“监督”机器的工人，在每一操作周期中，总有大部分的闲余时间，这些闲余时间如能加以利用，不但可以提高生产率，而且能降低成本及提高工人的收入。

（2）人机操作程序图的构成

1）以适当的线段长度代表时间比例。如 1cm 代表 10min 等。

2）在纸上采用适当的间隔分开工人与机器，作出垂线。最左方为工人操作时的动作单元及垂线，在此垂线上按所取的时间比例，由上向下记录工人每一动作单元所需的时间。当工人操作时用实线（或其他方式）表示，空闲时用虚线（或其他方式）表示，机器的表示方法也同样。

3）待人与机器的操作时间均已记录之后，在此图的下端将工人与机器的操作时间、空闲时间及每周期人工时数予以统计，供分析时参考。

图 2-11 所示是一人看管两台机床的情况，使用此表可很方便地调查零件在铣沟槽时，操作者和机器所用的时间。

由图 2-11 可知，零件在铣沟槽时，工人的工作时间占加工周期的 41%，机器占 59%。

作业名称：在零件上铣沟槽　编号：　图号：　日期：

开始动作：装夹零件待铣　动作结束：卸下加工件　研究者：

| 动作单元 | 操作者 | $1^{\#}$ 机床（No.5 铣床） | $2^{\#}$ 机床（No.6 铣床） |
|---|---|---|---|
| 按停 $1^{\#}$ 机床 | 0.0004 | 停 | 铣 |
| 将 $1^{\#}$ 机床台面空退 12cm | 0.0010 |  | 沟 |
| 松夹具，卸下零件放在一边 | 0.0010 | 机 0.0024 | 槽 0.0040 |
| 捡起零件放在 $1^{\#}$ 机床台面上夹紧 | 0.0018 | 被 | 空 |
| 起动 $1^{\#}$ 机床 | 0.0004 | 操 |  |
| 铣床空进，调整进给 | 0.0010 | 作 0.0032 | 闲 |
| 走到 $2^{\#}$ 机床 | 0.0011 | 铣 | 停 |
| 按停 $2^{\#}$ 机床 | 0.0004 | 沟 |  |
| 将 $2^{\#}$ 机床台面空退 12cm | 0.0010 |  |  |
| 松夹具，卸下放在一边 | 0.0010 | 槽 | 机 |
| 将零件捡起，放在 $2^{\#}$ 机床台面上夹紧 | 0.0018 | 0.0040 空 | 0.0024 被 |
| 起动 $2^{\#}$ 机床 | 0.0004 |  | 操 |
| 铣床空进，调整进给 | 0.0010 |  | 作 0.0032 |
| 走到 $1^{\#}$ 机床前 | 0.0011 | 闲 |  |

| 统计 | | | | |
|---|---|---|---|---|
| 统计 | 操作者 | 每周期空闲时间：0.000 | 操作时间：0.0134 | 每周期工时数：0.0134 |
| | $1^{\#}$ 机床 | 每周期空闲时间：0.0038 | 生产时间：0.0096 | 周期时间：0.0134 |
| | $2^{\#}$ 机床 | 每周期空闲时间：0.0038 | 生产时间：0.0096 | 周期时间：0.0134 |

注：1. 动作单元时间为包括宽放时间在内的“标准时间”。　（单位：h）

2. 在一机多人作业时（多动作程序图、多人机程序图），左方记录机器的操作单元，代表时间的垂线填写机床工作时间，右侧表示工人操作。

图 2-11　在零件上铣沟槽的人机操作程序图

**3. 联合操作分析**

（1）联合操作分析的意义与目的　在实际生产中，常由两个或两个以上操作人员同时对一台设备（或一项工作）进行操作，则称为联合操作作业。联合操作分析常采用联合操作分析图，此图是使用普通的时间单位，记录一个以上的工作者、工作物及机器设备的动作，以显示其相互关系的图形。因此，当需要了解某一工作程序内各个对象的各种不同动作的相互关系时，最好的方法就是画联合操作分析图。联合操作分析可用于以下几种目的：

1）发掘空闲时间与等待时间。

2）便于分析研究，使几名作业者的工作趋于平衡。

3）缩短周期时间，使机器获得最大利用率。

4）易找出最佳的工作方法及选配合适的作业者和机器，使人、机作业达到最佳组合。

（2）联合操作分析图的画法　联合操作分析图的绘制方法基本与人机操作程序图相同。在图的顶端也应有表头，写明作业名称、研究人姓名、时间线所代表的单位、现行方法、改良方法等。

画图时首先要决定一周循环工作的起、终点作为一周期，也作为图形的起点与终点。将每位工作人员或机器设备名称填入各纵栏的顶端。然后根据时间线，按照各动作所需时间分别填入各纵栏内，并用不同形式（如空白、涂黑、斜线、点行）来表示“工作”“空闲”或“等待”等。

在填入资料时，应一次填入一个研究对象的动作，填写完毕时，再填写第二个对象的动作，依次类推。

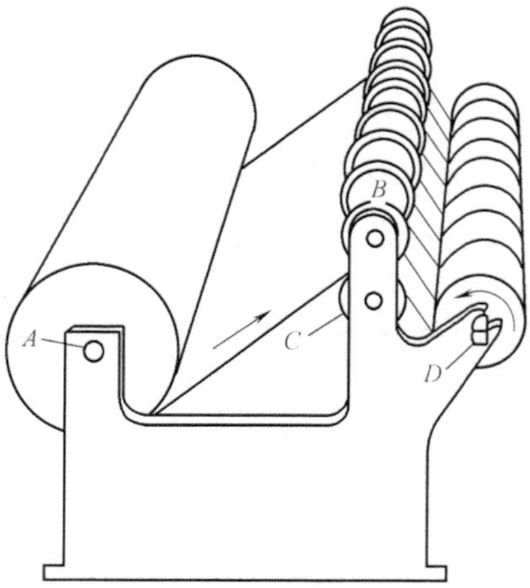

图 2-12　切布机简图

**【例 2-5】**　将成匹的布切成所需宽度。

图 2-12 为切布机简图，成匹的布置于切布机的后轴 *A* 上，当布经过切刀 *B* 与转动圆轴 *C* 时，即被切成客户所需的宽度，然后绕于 *D* 轴上，切至客户需要的长度后停机。操作者与其助手将切好的布卷用包装纸包好、贴上标签并注明品级、长度、颜色等。最后，自 *D* 轴取下，放入手推车中，其整个操作的情况由联合操作分析图记录，如图 2-13 所示。

**4. 双手操作分析**

（1）双手操作分析的意义与作用　生产中工序的作业主要靠工人的双手来完成。记录、分析如何用双手进行实际操作，以提高作业效率，则称为双手操作分析。分析时常采用双手操作程序图。

双手操作程序图以双手为研究对象，记录其动作，表示其关系，并可指导操作者如何有效地利用双手，从事生产性的工作，提供一种新的动作观念，找出一种新的改善途径。

双手操作分析的作用有：

1）研究双手的动作及其平衡。不但使每一只手的动作经济有效，而且讲究双手的协调配合。

2）发现找寻、伸手以及笨拙而无效的动作。

3）发现工具、物料、设备等不合适的放置位置。

| | |
|---|---|
| 名称：布匹切割 | 工作编号： |
| 工件：布匹 | 工件编号： |
| 机器：切布机 | 机器编号： |
| 操作者：××× | 研究日期： |
| 现行方法　　改良方法 | 研究者：××× |

| 人 | | | | 机 | |
|---|---|---|---|---|---|
| 操作者 | 时间 | 助手 | 时间 | 切布机 | 时间 |
| 操作机器 | 2.2 | 准备包装纸与标签 | 0.9 | 切成所需宽度的布卷 | 2.2 |
| | | 等待机器 | 1.3 | | |
| 等待助手包装 | 0.7 | 包装布卷 | 0.9 | 空闲 | 3.0 |
| 布卷上贴标签 | 0.6 | | | | |
| 打开摇柄 | 0.3 | 等待操作者 | 0.7 | | |
| 等待助手移下布卷 | 0.8 | 移下布卷 | 0.8 | | |
| 起动机器 | 0.6 | 置于手推车中 | 0.6 | | |

时间刻度：1.0　2.0　3.0　4.0　5.0　6.0　7.0　8.0

| 统计 | | | |
|---|---|---|---|
| 项目＼对象 | 操作者 | 助手 | 切布机 |
| 空闲时间/min | 1.5 | 2.0 | 3.0 |
| 工作时间/min | 3.7 | 3.2 | 2.2 |
| 周程时间/min | 5.2 | 5.2 | 5.2 |
| 利用率(%) | 3.7/5.2=71% | 3.2/5.2=62% | 2.2/5.2=42% |

图 2-13　布匹切割联合操作分析图

4）使双手动作规范化。

（2）双手操作程序图的画法

1）绘制双手操作程序图的要点。

① 必须深入生产现场，观察全部操作，了解情况，并决定操作中的循环周期及起点与终点。

② 作图时，先在左上角记录有关资料，如现行方法、改良方法、工作名称、研究日期与编号、操作人、研究人、核准人的姓名及起点（开始）、终点（结束）、工具、材料、工件的规格、精度等。

③ 右上角画工作场所的平面布置图（如工作台上的布置），表示操作对象、操作工具的名称。

④ 图的中间分别记录左右手的动作。一边观察一边记录，一次观察一只手的动作。通常先记录右手，将其动作记录于纸的中间靠右边，并反复补充、核对、改正，切勿遗漏。再以同样的程序及要求记录左手的动作于纸的中间靠左边。必须注意，左右手的同时动作应画在同一水平位置，并且要多次核对左右手动作的关系，使记录准确无误。

⑤ 记录完成后，应将左右手的动作分别进行统计，统计资料可放在左右手动作的右方或右下方。

2）简单画法。最简单的双手操作程序图，仅用下面两种符号：

○——小圈表示伸手或运送；

◯——大圈表示握取、对准、使用及放下物件的动作。

例如，在信纸上签名的双手操作程序图如图 2-14 所示。

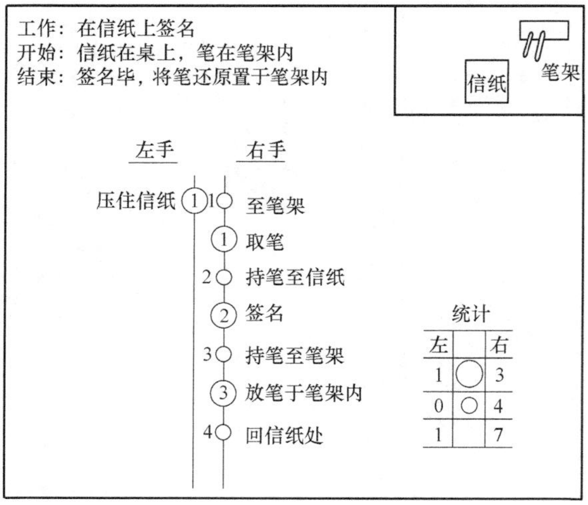


图 2-14　双手操作程序图

3）一般画法。上述简单画法由于未按动作性质分类，故分析时不易区别。常用的双手操作程序图的一般画法多用三种或四种以上符号表示：

○——表示操作，即握取、放置、使用、放手的动作；

⇨——表示搬运、手移动的动作；

D——表示等待，即手的延迟、停顿；

▽——表示持住，即手持住工件、工具或材料的动作。

□——表示检验，此符号用得不多，因为工人在检验物件时，握住物件进行观察或测量，可根据具体情况用操作或其他符号表示。

## 2.2.4　动作分析

### 1. 动作分析的概念

动作分析是对人的作业动作进行细微分析，省去各种不科学的、笨拙的和无效的浪费，制定出轻松、省时、安全、高效的动作序列，以形成最经济、最有效的作业动作的一种分析技术。

动作分析的实质是研究分析人在进行各种操作时的细微动作，删除无效动作，使操作简便有效，以提高工作效率。

动作分析的目的是发现操作人员的无效动作或浪费现象，简化操作方法，减少工作疲劳，降低工人劳动强度。在此基础上制定出标准的操作方法，为制定动作时间标准做技术准备。

**2. 动作分析的方法**

动作分析是吉尔布雷斯夫妇首创的，其分析的方法按精确程度不同有下列三种：

（1）目视分析　即以目视观测的方法寻求改进动作的方法。例如，详细观测各个操作单元，以双手操作分析方法和动作经济原则为分析工具。

（2）动素分析　完成的操作虽然千变万化，但人完成工作的动作，可由 18 个基本动作构成，这 18 个基本动作又称为 18 个动素。动素分析是将工作中所用的各个动素逐项分析以谋求改进。

（3）影片分析　即用摄影机将各个操作动作拍摄成影片放映并加以分析。它不仅可以记录人的全部操作活动（连最细微处都不会放过），而且事后可以根据分析的需要反复再现。因此，影片分析是一种非常有效的研究方法。

**3. 常用的动作分析技术**

动作分析是最为细密的工作分析。动作分析是针对操作者工作时的细微人体动作进行研究，其目的是剔除无效的人体动作，设计有效的工作方法以减少疲劳与闲置时间。以下是三种常用的动作分析技术：

（1）动作经济原则　动作经济原则是通过对人体动作能力的研究，创立一系列能有效发挥人的能力的动作原则。由于它能使作业者的疲劳最少，动作迅速且容易，增加有效的工作量，因而被称为动作经济原则，又称为动作经济与有效原则。动作经济原则是由吉尔布雷斯首创的，后经许多学者研究改进，确立了 3 大类 22 项原则，即以身体活动最适宜的动作为基本出发点，表示作业时人体功能有效利用的动作方法及身体使用原则；作业区合理设计布置原则；从人类工效学的观点对工艺装备和设备等的设计原则。

1）关于人体的运用原则（第 1～8 条）。

① 双手应同时开始并同时完成其动作。

② 除规定的休息时间外，双手不应同时空闲。

③ 双臂的动作应该对称、反向并同时进行。

④ 手的动作应尽量以低的等级，而能得到满意的结果。

⑤ 尽量利用物体的惯性、重力等，如需用体力加以阻止时，应将其减至最低程度。

⑥ 连续的曲线运动，比方向突变的直线运动为佳。

⑦ 弹道式的运动，比受限制或受控制的运动轻快自如。

⑧ 建立轻松、自然的动作节奏（或节拍），可使动作流畅、自然。

2）关于工作地布置原则（第 9～16 条）。

⑨ 工具物料应放在固定位置，使作业者形成习惯，可用较短的时间取到。

⑩ 工具物料及装置应布置在作业者前面附近。

⑪ 运用各种方法使物料自动到达作业者身边。

⑫ 工具物料应按最佳工作顺序排列。

⑬ 应尽量利用“坠送”方法。

⑭ 应有适当的照明设备，使视觉舒适。

⑮ 工作台和座椅的高度、应保证工作者坐立舒适。

⑯ 工作椅的样式和高度应使作业者保持良好的姿势。

3）关于工具、设备的设计原则（第 17 ~ 22 条）。

⑰ 尽量解除手的工作，用夹具或脚踏工具代替。

⑱ 可能时，应将两种工具合并成一种多功能的工具。

⑲ 工具、物料应尽可能预先放在工作位置上。

⑳ 手指分别工作时，其各指负荷应按照其本能予以分配。

㉑ 设计手柄时，应尽可能增大与手的接触面。

㉒ 机器上的杠杆、手轮及其他操作件的位置，应能使工作者极少变动姿势，且尽可能地利用机械力。

任何工作中的动作，凡符合这些原则的，皆为经济有效的动作；否则，就应改进。动作经济原则有两大功用：①帮助发现问题；②提供建立新方法的方向。

动作经济原则是根据长期的实际工作经验，将最为合乎省力有效的动作方法和安排，予以分析归纳而得。因此，但凡一项操作，符合这些原则，必为经济有效的操作；反之则为需要改善的操作。

（2）动素分析　吉尔布雷斯夫妇于 1912 年发表了《细微动作研究》，首先使用摄影机来记录及分析细微的人体动作单元，并且操作分解为 18 个基本动作，称为动素（Therbligs）。动素分析是将一项工作细分成若干动素，再逐项分析设法尽量消除无效的动素项目，或合并、重排有效的动素项目来加以改善的分析方法。表 2-5 所列为 18 种动素名称与符号，其中伸手、移物、握取、放手、使用、装配、拆卸七项动素为有效动素，其余为无效动素。动素名称与符号见表 2-5。

1）伸手（Transport Empty，TE）。

定义：空手移动，伸向目标，又称运空。

2）移物（Transport Loaded，TL）。

定义：手持物体从一处移至另一处的动作称为移物，又称运实。

3）握取（Grasp，G）。

定义：利用手指充分控制物体。

4）装配（Assemble，A）。

定义：为了两个以上的物件的组合而做的动作。

5）使用（Use，U）。

定义：利用器具或装置所做的动作，又称应用。

6）拆卸（Disassemble，DA）。

定义：对两个以上组合的物体做分解动作。

7）放手（Release Load，RL）。

定义：从手中放掉东西，又称放开。

8）检验（Inspect，I）。

定义：将产品和所制定的标准做比较的动作，又称检查。

9）寻找（Search，Sh）。

定义：确定目标物的位置的动作。

10）选择（Select，St）。

定义：在同类物件中，选取其中一个。

11）计划（Plan，Pn）。

定义：在操作过程中，为决定下一步骤所做的考虑。

12）定位（Position，P）。

定义：为了将物体放置于所需的正确位置而进行的动作，又称对准。

13）预定位（Pre-position，PP）。

定义：物体定位前，先将物体放置到预定位置。

14）持住（Hold，H）。

定义：手握物体并保持静止状态，又称拿住。

15）休息（Rest，R）。

定义：因疲劳而停止工作。

16）迟延（Unavoidable Delay，UD）。

定义：不可避免的停顿。

17）故延（Avoidable Delay，AD）。

定义：可以避免的停顿。

18）发现（Find，F）。

定义：找到目的物的瞬间动作。

**表 2-5 动素名称与符号**

| 符号 | 名称 | 缩写 | 颜色 | 符号 | 名称 | 缩写 | 颜色 |
|---|---|---|---|---|---|---|---|
|  | 伸手 | TE | 草绿 |   | 选择 | St | 浅灰 |
|  | 握取 | G | 红 |  | 计划 | Pn | 棕 |
|  | 移物 | TL | 绿 |  | 定位 | P | 蓝 |
|  | 装配 | A | 紫 |  | 预定位 | PP | 淡蓝 |
|  | 使用 | U | 紫红 |  | 持住 | H | 金赭 |
|  | 拆卸 | DA | 淡红 |  | 休息 | R | 橘黄 |
|  | 放手 | RL | 洋红 | 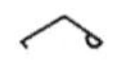 | 迟延 | UD | 黄 |
|  | 检验 | I | 深褐 |   | 故延 | AD | 柠檬黄 |
| 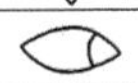 | 寻找 | Sh | 黑 |  | 发现 | F | |

**4. 细微动作研究**

由于使用动素分析时需将每个动作细分，而有些动作相当细微，很难以肉眼观察到，因此吉尔布雷斯夫妇便利用电影摄影机将操作者的动作全程拍摄下来，然后再逐项进行分析研究，此种方法便称为细微动作研究。但是，这个方法的缺点是成本过高，所以通常也只限于重复性高且操作周期短的作业。

## 2.3 作业测定

### 2.3.1 作业测定的概念

作业测定是指把作业分成适当的作业单位（作业要素），以时间为尺度进行测定、评价、设计及改善。

作业测定是科学管理的创始人泰勒为了设定“一日公正的作业量”而最早提出来的，起初用秒表测时，对作业活动进行研究。由于使用秒表测定作业有一定的局限性，所以后来又开发了以时间为单位对作业进行测定、评价的各种方法。

国际劳工组织的工作研究专家为作业测定所下的定义是：“作业测定（工作衡量）是运用各种技术来确定合格工人按现定的作业标准完成某项工作所需的时间。”它是采用时间研究（秒表时间研究）、工作抽样、预定时间标准法、标准资料法等特定的程序和方法来研究完成一定的作业所需标准时间的一种方法。

合格的工人的定义为：“一个合格的工人必须具备必要的身体素质、智力水平和教育程度，并且具备必要的技能和知识，使他所从事的工作在安全、质量和数量方面都能达到令人满意的水平。”

规定的作业标准是指经过方法研究后制定的标准和工作方法，及其有关的设备、材料、负荷、动作等一切规定的标准的状况。

在进行作业测定时，选择合格的工人是很重要的。工人的工作速度各不相同，如果根据动作速度较慢的人或操作不熟练的工人来制定标准时间，势必造成时间过宽，从而不经济；而根据动作较快的工人制定时间标准，则势必造成时间过紧，这样制定的标准对工人是不公平的。

### 2.3.2 作业测定的作用

当试图对一项工作进行管理以提高其效率和效能时，需要明确有关该项工作的工时定额，只有制定了定额，才可能衡量和评价工作的效率和效能，找出差距，采取改进措施，而要制定定额，就要进行作业测定。

传统的制定定额的方法有经验法和历史记录法，都是以生产实践经验或记工单、打工卡为依据来估算出工时消耗从而制定定额的，其方法简单易行但误差较大。

作业测定是在方法研究的基础上，对生产时间、辅助时间加以研究，以求减少或避免制造业中的无效时间及制定标准时间来进行的测定工作。

作业测定是一种科学、客观、令人信服的决定时间标准的方法，目前世界上各工业发达国家均采用作业测定来制定劳动定额。

作业测定的目的也正是寻求完成一项作业的时间消耗量与影响规律之间的变化规律，确定经济合理的标准，并设法减少和消除无效时间，以求制定最佳的作业系统。

作业测定是企业工业工程活动中一项重要的基础工作，其主要作用体现在如下几方面：

**1. 作业测定是正确设计和合理改善作业系统的依据**

如某项作业若有两种以上的作业方法，则可以通过作业测定来判断作业方法的优劣，从而选择一种较好的作业方法。此外，通过对某项作业及其各组成要素所需要的时间及所存在的问题等进行分析，可以排除或减少无效时间，进一步降低工时消耗和提高劳动生产率。

**2. 作业测定是计算产品成本和计件工资等的重要依据**

作业测定用于管理工作，可以正确核算企业生产工作量，作为编制计划、合理安排生产进程、计算操作人员的需求量、调整劳动组织等的依据；可以正确计算劳动消耗，作为计算产品成本和计件工资等的重要依据。

总之，作业测定是用科学方法采制定先进合理的时间定额，对加强企业经营管理、提高劳动生产率和经济效益具有不容忽视的作用。

### 2.3.3 作业测定的方法

作业测定的方法较多，各种方法适用于不同的场合和条件。作业测定技术不只限于用来制定时间定额，而且可用于企业诊断，分析企业生产能力，调整生产、劳动组织等许多方面。

作业测定的主要方法有以下几种：

**1. 秒表时间研究**

秒表时间研究是利用秒表或电子计时器，在一段时间内，首先对作业的执行情况做直接的连续观测，把工作时间以及与标准概念（如正常速度概念）相比较的对执行情况的估价等数据一起记录下来。然后给予一个评比系数，再加上按照组织机构所制定的政策允许的非工作时间作为宽放值，最后确定出该项作业的时间标准。

秒表时间研究最早由泰勒所创，是目前使用最为广泛的时间研究技术，其基本步骤如下：

（1）收集相关数据　所选择的工作必须要存在而且具有既定的工作标准。此外，需要选择合格的员工来观测。

（2）决定工作周期　确定组成一个工作周期的动作单元并决定需观测的工作周期数。

（3）确定评比系数　根据所决定的观测周期数来测量每个工作周期所用的时间，最后并给予评比系数来调整员工的工作速度比正常速度快或慢的情形。例如，评比系数为85%即表示比正常速度慢15%；反之，评比系数为115%则表示比正常速度快15%。

（4）计算正常时间　正常时间是操作者以其速度稳定工作且无停顿或休息所需的时间。

根据平均周期时间及评定来计算，即

$$正常时间 = 观测时间 \times 评比系数$$

（5）决定宽放时间　宽放是指员工在正常时间外，因个人需要、因疲劳而需休息及不可避免的延迟所需要的多余时间。

（6）计算标准时间　标准时间是在适宜的操作条件下用最合适的操作方法，以普通熟练工人的正常速度完成标准作业所需要的劳动时间。标准时间的概念来源于泰勒的“一日公正的作业量”的理论，他主张以“最好的工作方法”“平均水平的操作者”“正常的作业速度”为前提，以“一日公正的工作量”作为客观的工作标准。

根据正常时间与宽放时间，即

$$标准时间 = 正常时间 + 宽放时间$$

例如，实际测量某工作所需的时间各为4.5min、5min、4.8min、4.5min与4.6min，观

测者给予的评比系数为95%，宽放时间为正常时间的12%，则

$$\text{正常时间} = \frac{4.5 + 5 + 4.8 + 4.5 + 4.6}{5}\text{min} \times 95\% = 4.446\text{min}$$

$$\text{标准时间} = 4.446\text{min} \times (1 + 12\%) = 4.9795\text{min}$$

**2. 预定动作时间标准**

预定动作时间标准（Predetermined Motion Time Standard，PMTS）是采用预先建立好的细微动作单元的时间数据，而不用通过直接秒表测时及设定评比系数来决定标准时间的方法。在预定动作时间标准方法中，标准时间的决定首先需对工作程序做详细的分析，并将其细分成基本动作单元（动素），再由预定的动作时间表中查出每个动作单元所需的时间，最后将所有动作单元的时间加总再加上宽放时间即为工作的标准时间。但是，如果工作无法被细分成预定动作时间表所含的动作单元，则此方法便不适用了。较普遍的预定动作时间标准方法为方法时间衡量（Methods Time Measurement，MTM）。MTM 是梅纳德（Harold B. Maynard）、斯坦门丁（G. L. Stege merten）和斯克互布（John L. Schwab）在 1946 年所创的。

**3. 工作抽样**

工作抽样（Work Sampling）是一种寻求事实真相的工具，以此获得有关人员或机器的作业情况。工作抽样是调查得出人员、机器的生产及非生产性时间占总工作时间的比例后，设法减少非生产性时间，进而改善效率的技术。工作抽样是由蒂皮特（L. H. C. Tippett）于 1934 年所创的，是利用概率的原理来抽样调查工作中人员与机器设备的活动情形。它应用的范围与秒表时间研究不同，它适用于工作周期长及重复性低的作业，如办公行政、医疗、维护、仓库管理等。由于进行工作抽样时并不需要像秒表时间研究那样全程观察工作的程序与使用秒表来测时，也没有由专业技术人员实施的限制，而是采取简单随机观察并记录人员或机器当时的工作状况。因此，它对人员工作的影响较小，并且较节省时间与成本，从而得到了广泛的应用。

**4. 标准资料法**

标准资料是对直接由作业测定（时间研究、工作抽样、PTS 等）所获得的大量测定值或经验值进行分析整理、编制而成的某种结构的作业要素（基本操作单元）正常时间值的数据库。利用标准资料来综合制定各种作业的标准时间的方法称为标准资料法。

在实际生产中，许多工作都有若干相同的作业要素。例如，“取材料”就是很多不同种作业的一个组成部分，无论车削还是磨削都有这一公共要素。在确定这些作业的标准时间时，通常要进行作业测定，当然也包括对这一公共要素的测定。如果掌握了一套公共要素标准时间的数据，就不需要一次又一次地对同一要素进行测时。假如能给工厂中重复发生的要素建立资料库，而且它所包含的要素很多、范围很广，那么对新的作业就不必进行直接的时间研究了。只需将它分解为各个要素，从资料库中找出相同要素的正常时间，然后通过计算加上适当的宽放量，即可得到该项新作业的标准时间。

## 2.4 案例分析

案例：某仓库领、发料工作的改进。

**1. 选择研究对象**

以仓库发料作为改进对象。

某厂仓库每日供应全厂六个车间的物料与零件。新任仓库主任发现，领料甚为拥挤，且需等待较长时间。由于领料发生迟延已影响全厂工作，因此决定改善。

**2. 记录**

(1) 仓库的平面布置 如图2-15所示，领料人从最右侧的大门进入至柜台处，在柜台内侧有两把1m长的固定尺。在柜台两端各有一个小匣子存放已发料的领料单。仓库内部均设有铁架，存放各种物料及零件。位于仓库最后面的铁架台 *B* 用来堆放铜管、铁管及橡胶管。柜台后面的铁架 *A* 用来存放锯子。图2-15中①和②代表发料员，③代表管理员，④代表仓库主管。

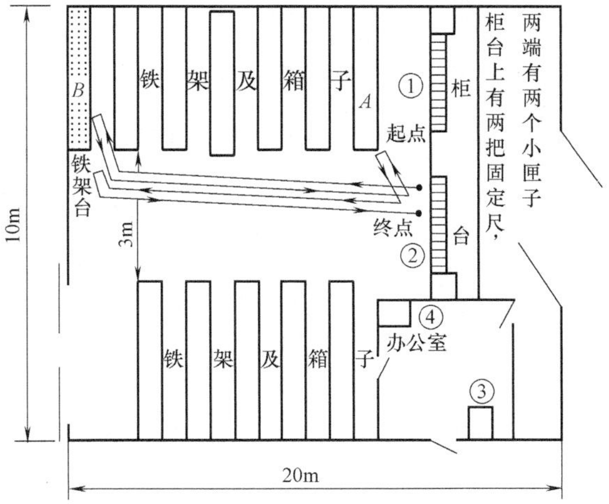


图2-15 仓库平面布置图

(2) 以发橡胶管为例，记录实际发料情况 工作开始为发料员②审阅领料单（查看要领的物料或零件的名称、规格、数量及主管是否均签章）。例如，领取1.2m的橡胶管，发料员由中间过道走至仓库最后面的铁架台 *B*（约15m），选取比所需长度稍长的橡胶管，拿回柜台，放于柜台固定尺上量取所需长度，以大拇指按住锯切点，再用手握住橡胶管走至距柜台2m远的 *A* 处，拿到锯子后再返回到柜台上锯切所需长度的橡皮管。锯切时以拇指按住锯切点，不但锯不平，而且有锯伤手指的危险，锯完后立即将锯子放回柜台（可能给下次再锯时带来寻找麻烦）。再次将橡胶管放在尺上校对其长度后交给领料人，并在领料单上签字以示该料已发放，再将领料单放入小匣子内。最后将锯下的余料送回仓库后面的铁架 *B* 上。实际发料流程程序图如图2-16所示。

**3. 分析（考查）采用提问技术逐项提问**

首先对操作提问。第一个操作是步骤3，现对步骤3操作提问。

问：做什么（首先提问操作动作）？是否必要？为什么？

答：选取比所需尺寸稍长的橡胶管是必要的。

因为怕在柜台上量取时不够长，因此必须选稍长的橡胶管。

问：有无其他更为合适的方法？

答：可能有。

问：何处做（在什么地方锯）？为何要在此处做（为什么要在柜台上锯）？

答：在柜台上锯。

因为锯子在附近，柜台上有固定尺，柜台平面可作为锯台。

问：有无其他更为合适的地方？

答：如能在存放管子的铁架处锯切，则可节省来回行走的时间。

问：何时做（什么时候锯）？

| 工作部别：仓库 编号： | 统计表 | | | |
|---|---|---|---|---|
| 工作名称：自仓库发橡皮管 编号： | 项别 | 现行方法 | 改良方法 | 节省 |
| 开始：发料员在柜台收到领料单 | 操作次数：○ | 9 | 7 | 2 |
| 结束：发料员在柜台等待另一领料单 | 搬运次数：⇨ | 6 | 2 | 4 |
| 研究者： 年 月 日 | 检验次数：□ | 4 | 2 | 2 |
| 审阅人： 年 月 日 | 等待次数：D | | | |
| | 贮存次数：▽ | | | |
| | 运输距离/m | 64 | 30 | 34 |
| | 共需时间/min | | | |

现行方法

| 步骤 | 操作 | 搬运 | 检验 | 等待 | 贮存 | 工作说明 | 距离/m | 需时/min | 剔除 | 合并 | 排列 | 简化 |
|---|---|---|---|---|---|---|---|---|---|---|---|---|
| 1 | ○ | ⇨ | ■ | D | ▽ | 审阅领料单 | | | | | | |
| 2 | ○ | ➡ | □ | D | ▽ | 至铁架处 | 15 | | | | | |
| 3 | ● | ⇨ | ■ | D | ▽ | 选取比需要稍长的橡皮管(必须稍长) | | | | | | √ |
| 4 | ○ | ➡ | □ | D | ▽ | 回柜台 | 15 | | | | | |
| 5 | ● | ⇨ | ■ | D | ▽ | 量取尺寸指往锯切点用大拇指指出锯切点 | | | | √ | | |
| 6 | ○ | ➡ | □ | D | ▽ | 带橡皮管至铁架A处 | 2 | | √ | | | |
| 7 | ● | ⇨ | ■ | D | ▽ | 从箱内取工具 | | | | | | √ |
| 8 | ○ | ➡ | □ | D | ▽ | 带橡皮管及工具回柜台处 | 2 | | √ | | | |
| 9 | ● | ⇨ | ■ | D | ▽ | 锯切需要长度(手指有受伤危险，锯不平) | | | | | | |
| 10 | ● | ⇨ | □ | D | ▽ | 放锯于柜台上(因此，常下次找不到锯子) | | | √ | | | |
| 11 | ● | ⇨ | ■ | D | ▽ | 再量试尺寸 | | | √ | | | |
| 12 | ● | ⇨ | □ | D | ▽ | 发给领料人 | | | | | | |
| 13 | ● | ⇨ | □ | D | ▽ | 在领料单上签字 | | | | | | |
| 14 | ● | ⇨ | □ | D | ▽ | 放领料单于匣中 | | | | | | |
| 15 | ○ | ➡ | □ | D | ▽ | 带余料至铁架上 | 15 | | √ | | | |
| 16 | ● | ⇨ | □ | D | ▽ | 放余料在铁架上 | | | | | | |
| 17 | ○ | ➡ | □ | D | ▽ | 回柜台 | 15 | | √ | | | |

改良方法

| 步骤 | 操作 | 搬运 | 检验 | 等待 | 贮存 | 工作说明 | 距离/m | 需时/min |
|---|---|---|---|---|---|---|---|---|
| 1 | ○ | ⇨ | ■ | D | ▽ | 审阅领料单 | | |
| 2 | ○ | ➡ | □ | D | ▽ | 至铁架处 | 15 | |
| 3 | ● | ⇨ | ■ | D | ▽ | 取适合长度管子放锯铁架上 | | |
| 4 | ● | ⇨ | □ | D | ▽ | 自钩上取锯 | | |
| 5 | ● | ⇨ | ■ | D | ▽ | 锯切需要长度 | | |
| 6 | ● | ⇨ | □ | D | ▽ | 余料放回铁架，锯挂钩上 | | |
| 7 | ○ | ➡ | ■ | D | ▽ | 带管至柜台 | 15 | |
| 8 | ● | ⇨ | □ | D | ▽ | 发给领料人 | | |
| 9 | ● | ⇨ | □ | D | ▽ | 在领料单上签字 | | |
| 10 | ● | ⇨ | □ | D | ▽ | 放领料单于匣中 | | |
| | ○ | ⇨ | □ | D | ▽ | | | |
| | ○ | ⇨ | □ | D | ▽ | | | |
| | ○ | ⇨ | □ | D | ▽ | | | |
| | ○ | ⇨ | □ | D | ▽ | | | |
| | ○ | ⇨ | □ | D | ▽ | | | |
| | ○ | ⇨ | □ | D | ▽ | | | |
| | ○ | ⇨ | □ | D | ▽ | | | |

图 2-16 仓库发料的流程程序图

答：差不多是在整个发料工作时间的一半时锯的，即走了大约 35m 之后锯的。

问：为何需此时锯？

答：因为要到后面铁架上取橡胶管，又要取锯子，最后才能放到柜台上锯。

问：有无其他更为合适的时间来锯？

答：可在最初于铁架选取管子时锯或事先锯好最常用的各种尺寸的管子。

问：由什么人来锯？

答：由发料员来锯。

问：为何由发料员锯？

答：仓库没有其他人。

问：有无其他更为合适的人来锯？

答：有一个专门进行锯切工作的人最好。

问：如何做（他是如何锯的）？

答：用左手握住管子，用拇指压住管子锯切的地方下锯。

问：为何要如此锯？

答：因锯切过程中，并没有任何可以夹持住管子的东西。

问：有无其他更为合适的办法锯？

答：如能使用一个简单的夹具来夹住管子，则即可保持锯缝平整，又可不致锯伤手指。

现对步骤 5 的检验进行提问。

问：完成了什么？

答：锯切点已找出来，并用拇指按住。

问：是否必要？

答：必要。

问：为什么？

答：因为这样可以保证锯出所需的长度。

问：有无其他更好的办法？

答：如果仓库贮存所需长度的管子，则此动作可取消。

问：何处做？

答：在柜台上做。

问：为何要在此做？

答：因为尺是固定在柜台边缘上的。

问：有无其他更为合适的地方？

答：有，在最后面铁架台 $B$ 处。

问：何时做？

答：在柜台与铁架间行走约 35m 后，到锯前时做。

问：为什么要在这个时间做？

答：因为尺在柜台上，所以必须将管子带到柜台处时才可做。

问：有无其他更为合适的时间做？

答：有，如果在选择管子时做，则不需带管子到柜台前。

问：由谁做？

答：发料员。

问：为什么需此人做？

答：因为他的工作就是发料。

问：有无其他更为合适的人？

答：找有锯切经验的人来做更好。

问：如何做？

答：将管子平放在尺上，使其一端位于尺的起点，再移动左手待指到所需的尺寸即用拇指按住锯切处。

问：为什么要这样做？

答：因为一向如此。

问：有无其他更为合适的方法？

答：如有一专用夹具更好。

如果对步骤 11 即第 4 个检验提问，则有：

问：完成了什么？

答：管子已按其需要的尺寸锯好，现在再来量取其尺寸。

问：是否有必要？

答：无此必要，因为在锯前已量好。而此种锯切精度要求又不高。故本步骤可取消。

对以上提问和回答进行分析、归纳、整理得出以下三种改进意见。

（1）取消锯切，即仓库不需锯切　要求仓库贮存一定长度的管子，要做到这点必须先知道各种需求的正确尺寸，但这样会出现材料浪费。

（2）减少锯切，或让锯工来锯，或早一些锯　要求仓库请专门锯工是不可能的。

（3）安全而又较容易地锯切　即在铁架台 *B* 处锯切与选管同时进行。在铁架处量长度采用安全可靠的夹具。

根据程序分析四大原则，建立了图 2-16 右侧所示的新方法。即在铁架台 *B* 的前面增加一个 2m 长平台作为锯切用，并制成一个专用夹具。锯子挂于锯切架侧边。改进后发料员的行走路线如图 2-17 所示。

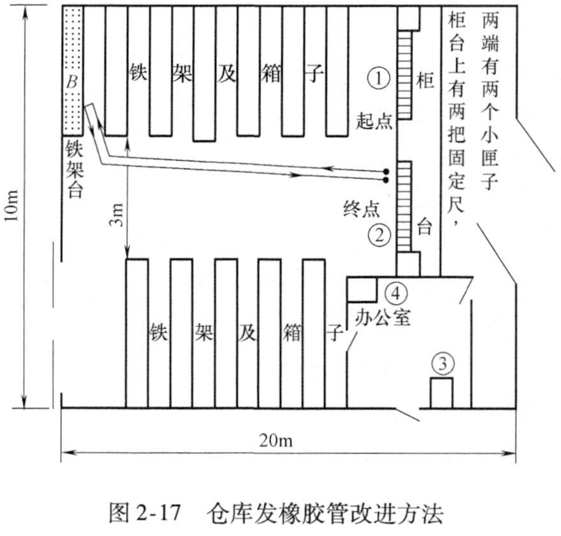


图 2-17　仓库发橡胶管改进方法

**4. 建立新方法**

经过按提问技术的分析，并根据程序分析四大原则，得到了一个新方案。经与原方法比较，在新方案中发料员根据领料单走到铁架台 *B* 处取橡胶管，由于铁架台 *B* 上有刻度，则按刻度比较可获得所需长度。然后在铁架台前面的锯切架内锯切。由图 2-16 可知，新方法节省了两个操作、两个检验和四个搬运。

**5. 实施新方案**

为了使新方案得以实施，必须经上级部门的同意，为此新任仓库主任起草了一份建议书。建议书如下：

提案人：××× 工作部门：×××

改进方案的效益：采用新方法，能解决领料人在柜台处的拥挤及等待，并可使锯切平整及保护发料员手指不致锯伤引起破伤风。

（1）可节省

1）平均每人每次少等待 3min，每天平均 600 次/人，共节省 1800min（即 30h），相当于每天可节省 3～4 人的工时。

2）锯伤的医疗费及休息时的工资损失也节省 3～4 人的工时。

（2）所需设备及措施

1）在铁架台上适当高度做各种长度标记，以 10cm 为单位。

2）在铁架台前添置一个 2m 长的台架，作为锯切的工作台。

3）添置一锯切架及活动架（专用夹具）。

新设备成本约 100 元。

## 思 考 题

1. 工作研究的范畴是什么？

2. 绘制泵及接收器装箱的工艺程序图。

程序为：检查箱子内部有无破损→装上保护衬→检查泵的全部情况→打印号码→将泵放入箱内→再装箱的衬片（以放置接收器）→检查接收器的全部加工→附标签→将接收器放入箱内→封盖→过秤。

3. 试绘制仓库发料的流程程序图。

仓库保管员工作流程：检查领料单，至铁架台处，选取比所需稍长的橡胶管，检查管子的长度，拿起锯，锯切需要的长度，带管子至锯台，发给领料人，在领料单上签字。

4. 某一单元观测时间为 0. 8min，评比系数为 110%，宽放系数为 5%，则标准时间应为多少？

# 第3章 生产计划与控制

## 3.1 生产计划与控制概述

生产是人类创造产品和提供服务，由一个企业或多个企业合作完成的有组织的活动。没有生产活动，人类就无法生存，社会也无法发展。随着时代的发展，人类社会生产活动的内容、方式不断变化，生产活动的领域也不断扩大。在前工业社会，人们主要从事农业和采掘业，从自然界中获取所需的生活资料和生产资料。进入工业社会后，人们主要从事制造业。工业的发展为农业提供了先进的生产工具和装备，促使农业劳动生产率大幅度提高，也促使农业人口向工业转移。工农业劳动生产率的提高，又促使大量剩余劳动力转入服务业。从事服务业的人数在全部就业人数中的比重不断上升，当从事服务业的人数超过从事工业和农业人数时，经济学家称这样的社会为后工业社会，这也是后工业社会首要的、最简单的特征。例如，美国在20世纪初，从事服务业的人数不到全部就业人数的40%，到1950年，这个比例上升到55%，目前已超过80%，而从事农业和采掘业的人数则下降到了5%以下。世界发达国家的服务业多数都达到了三个“70%”的水平，即服务业产值占70%左右，国内生产总值（GDP）增长的70%来自于服务业的增长，服务业吸纳了70%的就业人口。我国的农业、工业、服务业占GDP的比重由1980年的30.1%、48.5%、21.4%，变为2012年的10.1%、45.3%、44.6%。直至2013年，变为46.1%、10.1%、43.8%，我国服务业占GDP的比重首次超过工业。虽然有很大提高，但与发达国家相比还相差甚远。

由于服务业的兴起，生产的概念得到延伸和扩展。过去，西方学者把与工厂联系在一起的有形产品的制造称为“Production”，而把提供服务的活动称为“Operations”。现在，他们有时将两者均称为“Operations”。西方学者将有形产品和劳务都称为“财富”，把生产定义为创造财富的过程，从而把生产的概念扩展到非制造领域。凡是将投入的生产要素转换成有效产品和服务的活动便可称为生产。在现代社会已经很难将制造产品和提供服务完全分开，单纯制造产品不提供任何服务的企业几乎是不存在的。一个制造冰箱的厂商，如果只将冰箱销售给顾客，而不提供售后服务，是不会有顾客愿意购买它的产品的。不同企业提供产品和服务的比例是不同的：冰箱制造企业提供产品的比重较大，而餐馆提供服务的比重较大，教育机构提供服务的比重则更大一些。当然，单纯提供服务而不提供任何有形产品的活动也是存在的，如咨询公司就是最典型的代表。

从一般意义上讲，生产又可以理解为一切社会组织将它的输入转化为输出的过程。转化是在生产运作系统中完成的。生产运作系统是由人和机器构成的，能将一定输入转化为特定输出的有机整体。生产与运作管理是对生产运作系统的设计、运行与维护过程的管理，它包括对生产运作活动进行计划、组织与控制。生产计划与控制是生产与运作管理的核心，其目的是降低库存、缩短交货期和降低生产成本，尽量满足顾客的要求，并使工厂生产率最高，成本最低，最终目的是全面提升企业的综合竞争力。

### 3.1.1　生产系统

工业企业将投入、转换和产出集成于一体，构成生产系统。“系统”意味着生产是一个整体，各个环节不能相互分离地运作，然而构成生产系统的各个环节仍具备自身的特征。生产系统将一组投入转换为一组预期的产出，生产转换子系统是此系统中的主体，各种投入在此系统中转换成产出，对机械制造业而言即为加工和装配过程。这些实物形态的转换子系统必须配以计划与控制子系统，对投入生产的资源需求以及转换过程的作业制定出计划，同时监测产出的数量、质量、成本，一旦发现不能接受的偏差，管理者便要采取校正行动。此生产系统模型将投入分为以下三部分：外部信息投入、市场信息投入和生产要素投入。外部信息投入通常属于信息型，它向管理者提供了有关生产外部环境和条件的知识。政策或法律的信息输入用来判断生产活动是否遵守政策和法律的约束和限制；经济信息包括宏观经济发展指标、经济周期状况、股市价格、原材料价格及资金供应状况等；技术信息包括产品、工艺和机器设备的技术发展趋势等，它们将直接影响生产转换过程的构成。市场信息投入涉及市场份额及发展趋势、竞争对手、产品和客户需求等信息，这是生产能够满足客户需求的产品，使企业得以存活和发展的关键信息输入。生产要素投入则是直接支持产品生产的投入，即上述的材料、劳动力、资金、设备、能源等的投入。

就企业内部而言，生产系统包括投入、转换和产出三个环节，然而生产系统不可避免地和外部市场发生关联，最重要的关联主体则是和投入环节相关联的供应商以及和产出环节相关联的客户，其中客户包括产品的最终消费者和用此作为中间产品的企业以及营销实体。转换子系统是生产系统的核心，它汇集了企业的绝大部分人力、物力和财力，使投入转换为产品和服务。所以企业至少要有一个生产转换系统，不过转换形式不同。

### 3.1.2　生产系统的绩效考核

生产系统的动态特性，要求对它的绩效进行经常的分析、评价和考核，以便不断调整和改进自己的功能。一般从以下几个方面的性能去评价考核一个生产系统。

**1. 生产车间量化考核**

对于生产车间的绩效考核管理，主要是根据生产车间的工作内容进行设计，包括生产任务、生产质量、生产现场6S考核、生产安全考核和组织纪律考核共五个方面的内容。目的是规范车间绩效考核过程，使考核过程透明化、清晰化，同时控制员工的无效行为，提高工作效率。考核指标考核细则详见生产车间绩效考核表（表3-1）。

**表3-1　生产车间绩效考核表**

| 考核项目 | 权重 | 考核标准 | 得分 | 备注 |
|---|---|---|---|---|
| 生产任务 | 30% | 1. 生产产量：达到目标值____万箱；每低于目标值____箱，扣____分；低于____，不得分<br>2. 生产产值：达到目标值____万元；每低于目标值____万元，扣____分；低于____，不得分 | | |

（续）

| 考核项目 | 权重 | 考核标准 | 得分 | 备注 |
|---|---|---|---|---|
| 生产质量 | 20% | 1. 合格品率：达到____%；每低____%，扣____分；低于____%，不得分<br>2. 优质品率：达到____%；每低____%，扣____分<br>3. 废品率：不高于____%；每高____%，扣____分；高于____%，不得分<br>4. 产品返工率：不高于____%；每高____%，扣____分 | | |
| 生产现场6S考核 | 20% | 考核标准见表3-2 | | |
| 生产安全考核 | 15% | 考核标准参考《生产安全量化考核管理制度》进行 | | |
| 组织纪律考核 | 15% | 考核标准见表3-3 | | |
| 合　计 | | | | |

**表3-2　生产车间检查表（6S）**

| 项目 | 检查内容 | 配分 | 得分 | 缺点事项 |
|---|---|---|---|---|
| 整理 | 1. 是否定期实施红牌作战（清理不需要的物品）？ | 3 | | |
| | 2. 有无不用或不急用的夹具、工具、模具？ | 3 | | |
| | 3. 有无剩余料或近期不用的物品？ | 3 | | |
| | 4. 是否有“不必要的隔间”影响现场视野？ | 3 | | |
| | 5. 作业场所是否规划清楚？ | 3 | | |
| | 小计 | 15 | | |
| 整顿 | 1. 仓库、储物室中物品的摆放是否有规定？ | 3 | | |
| | 2. 料架是否定位化，物品是否依规定放置？ | 4 | | |
| | 3. 工具是否易于取用，不用找寻？ | 4 | | |
| | 4. 工具是否用颜色区分？ | 3 | | |
| | 5. 材料有无放置区域并加以管理？ | 4 | | |
| | 6. 废品或不良品放置有无规定并加以管理？ | 4 | | |
| | 小计 | 22 | | |
| 清扫 | 1. 作业场所是否杂乱？ | 3 | | |
| | 2. 作业台上是否杂乱？ | 3 | | |
| | 3. 各区域划分线是否明确？ | 3 | | |
| | 4. 作业间隙或下班前有无清扫？ | 3 | | |
| | 小计 | 12 | | |
| 清洁 | 1. 3S是否规则化？ | 3 | | |
| | 2. 机器设备有无定期检查？ | 3 | | |
| | 3. 是否对设备、物料通道进行打扫？ | 3 | | |
| | 4. 工作场所有无放置私人物品？ | 3 | | |
| | 5. 吸烟场所有无规定并被遵守？ | 3 | | |
| | 小计 | 15 | | |

（续）

| 项目 | 检查内容 | 配分 | 得分 | 缺点事项 |
|---|---|---|---|---|
| 素养 | 1. 有无培训日程管理表？ | 4 | | |
| | 2. 需要用的护具有无使用？ | 4 | | |
| | 3. 有无遵照标准作业？ | 4 | | |
| | 4. 有无异常发生时的应对规定？ | 4 | | |
| | 小计 | 16 | | |
| 安全 | 1. 是否对所有的机器设备制定安全作业书？ | 4 | | |
| | 2. 所有的电源开关是否安全？ | 4 | | |
| | 3. 所有的产品、物料在堆放时是否安全？易燃易爆品是否定点放置？ | 4 | | |
| | 4. 消防器材取用是否方便？ | 4 | | |
| | 5. 车间里的主、次通道是否畅通？ | 4 | | |
| | 小计 | 20 | | |
| 合计 | | 100 | | |
| 评语 | | | | |

**表3-3　生产车间组织纪律考核表**

| 考核项目 | 权重 | 考核标准 | 得分 |
|---|---|---|---|
| 个人考勤 | 30% | 1. 不迟到、早退，每天早上__________之前必须赶到车间办公室参加班前会（迟到或早退一次扣__________分）<br>2. 开会无迟到、缺席现象（迟到一次扣____分，缺席一次扣____分） | |
| 协作合作 | 30% | 1. 总是与本车间或相关部门人员紧密合作，在对生产进度控制或调整时能积极有效地告知相关人员，工作认真负责，从不互相推诿，得______分<br>2. 能与本车间或相关部门人员紧密合作，在对生产进度控制或调整时能有效告知相关人员，工作认真负责，从不互相推诿，得______分<br>3. 与本车间或相关部门人员缺乏合作，在对生产进度控制或调整时不能有效告知相关人员，工作不认真、不负责，有推诿或其他影响合作气氛的现象，扣______分 | |
| 工作纪律 | 40% | 1. 服从公司和车间领导安排的活动，无推诿现象（不服从或推诿的扣______分/次）<br>2. 不爱惜工具、机电设备等公司财产（发现一次扣______分）<br>3. 发现生产质量问题不报告、不制止、不检举（发现一次扣______分）<br>4. 故意涂改管理人员写在黑板上的通知或原料看板上的内容及其他记录（发现一次扣______分） | |

**2. 生产设备管理量化考核**

生产设备管理是生产车间管理的重要内容，在进行生产设备管理的考核制度设计时，可以从设备管理的主要工作内容方面着手考虑，主要包括生产设备的基础管理、生产设备的保养与维护、生产设备的定期修理与维护以及生产设备事故处理四部分内容，基本涵盖了生产设备管理的全部工作内容。主要解决以下问题：

1）规范车间生产设备的使用和维护，提高其利用率。

2）控制生产设备的损坏和维修费用，降低企业生产成本。

**3. 产品质量考核**

生产系统必须生产出达到质量标准的、合格与优质的产品，这是对生产系统绩效的一项基本评价。要保证生产出符合质量要求的产品绝不仅仅是某个部门的事，而是涉及设计、制造、管理、工人素质和质量控制体系等多方面。因此，对质量的评价实际上也是对生产系统的综合评价。产品质量考核项目包括产品直通率、产品一次交验合格率、成品率、成品抽查合格率（或成品合格率）、成品抽查一等品率（或成品一等品率）、成品抽查优等品率（或成品优等品率）及主要零部件和主要项目抽查合格率。对于产品性能、安全等有重大决定性作用的项目（节点）应列为关键项目，关键项目要选得准确且不宜过多。例如，对产品性能的考核项目，主要选用产品的主要技术、经济特性，如功率、压力等指标。同时，产品质量应符合各级标准，产品等级的评定按规定进行。产品质量考核适用于产品在企业加工、装配至售出后全过程中所发生质量问题的考核奖惩管理。

**4. 技术部量化考核**

为了对技术部工作绩效进行易操作化及客观的评估，主要从新产品开发、工艺改造、产品技术标准管理、技术支持、员工管理、技术资料共六个方面进行考核，规范企业对技术部考核事项，量化技术部的考核项目。在对考核内容设定评估标准时，做到“能量化的尽量量化，不能量化的尽量细化或可行为化”。

**5. 采购部量化考核**

为控制采购的质量，满足产品质量的要求，对供应商的管理是采购部的重要工作内容之一，采购部对现有供应商通过采用“供应商调查表”的形式对其进行调查，以了解供方质量保证能力，并作为评定的依据。首先，采购部在调查的基础上，组织技质部、生产部对供应商进行评定；其次，在评定的基础上选择合格供应商，报总经理审批；最后，采购部定期根据供应商的业绩进行评价。根据考核结果将供应商划分为不同的等级，实行分类管理，提高管理效率。对采购部的量化考核可从考核职责分配、考核程序、考核内容及供应商管理等方面进行设计。

**6. 仓储部量化考核**

以调动仓储人员的工作积极性和提高其工作效率为仓储部量化考核制度制订的出发点。鉴于仓储部门的工作多为事务性工作，对该部门工作的考核主要依据其基本职责的履行及工作目标的达成情况。主要考核项目有物资出入库管理、品质管理、账务管理、仓储安全管理等考核。

## 3.2 生产计划

### 3.2.1 生产计划的组成

计划是对未来行动的事先安排，是指导企业未来行动的蓝图，它规定了企业未来的目标以及从现实通向目标的道路。生产计划则是关于企业生产系统总体方面的计划，从生产领域规定企业在未来一定时间内的目标和任务，如品种、质量、产量、进度、产值等，指导企业的生产运作活动，以实现企业总体经营目标。生产活动是企业的主体活动，生产计划在一定程度上决定或影响其他职能（如市场营销、物资供应、设备维修、人力资源、财务成本）

部门的计划与活动，对企业的经营质量与发展前景有十分重要的作用。制造企业生产计划体系结构及其各组成部分的相互关系如图3-1所示。人们习惯称长期计划为生产战略计划或生产规划，称中期计划为生产计划，称短期计划为生产作业计划。

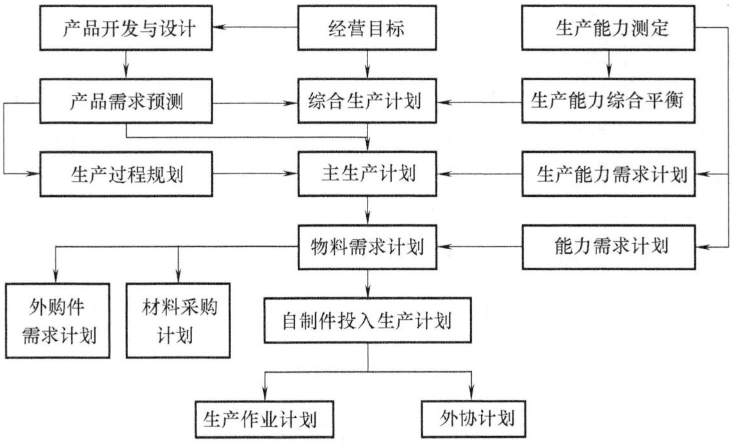


图3-1　制造企业生产计划体系结构及其各组成部分相互关系

短期生产计划是具体落实中长期计划的执行计划，又称生产作业计划，时间跨度在一年以内，如季计划、月计划、日计划等。短期计划的任务是根据用户的订单合理安排生产活动的每个细节，具体规定企业在什么时间、什么地方生产，产品的品种、数量、顺序、进度，以及与此有关的物料需求与供应、设备和人员的配备等，以充分发挥生产能力，完成订货合同，满足市场需求。由于时间跨度短，短期生产计划任务明确，影响生产的各种因素也比较清楚，其内容详细具体。各类计划的不同特点见表3-4。

**表3-4　各类计划的不同特点**

| 特点 \ 分类 | 长期（战略层）计划 | 中期（管理层）计划 | 短期（作业层）计划 |
|---|---|---|---|
| 计划层总任务 | 制定总目标及获取所需资源 | 有效利用现有资源满足市场需求 | 最适当地配置生产能力，执行厂级计划 |
| 管理层次 | 高层 | 中层 | 基层 |
| 时间期 | 3～5年或更长 | 1～1.5年 | 小于6个月 |
| 详细程度 | 非常概略 | 概略 | 具体详细 |
| 不确定程度 | 高 | 中 | 低 |
| 决策变量 | 1）产品线<br>2）工厂规模<br>3）设备选择<br>4）供应渠道<br>5）劳工培训<br>6）生产与库存管理系统类型 | 1）工厂工作时间<br>2）劳动力数量<br>3）库存水平<br>4）外包量<br>5）生产速率 | 1）生产品种<br>2）生产数量<br>3）生产顺序<br>4）何处生产<br>5）物料库存控制方式 |

## 3.2.2　生产计划的内容

多数企业的中期生产计划以年度计划形式出现，也有一些企业由于生产特点或其他原因而编制跨年度的中期计划。制造业的生产计划主要包括两种计划：综合生产计划与主生产计划。

综合生产计划又称年度生产大纲，它在对计划期内需求和资源进行平衡的基础上，规定企业在计划年度内总的生产目标，主要用产品品种、质量、产量、产值和主要技术经济指标表示。其中，产品的品种、质量、产量等指标表达企业生产满足市场需求的水平和能力；产值指标以价值形式综合反映企业生产的总成果；主要技术经济指标则说明了企业对各种资源的利用应达到的效率和水平。综合生产计划是比较概略的生产计划，它并不具体规定每个品种、每种规格产品的生产数量和生产时间，只是将产品按其特性、工艺过程、设备和人员的相似性分成几大类分别并规定其生产任务。综合生产计划的时间单位通常为年，并在年度内列出分季、分月数。

主生产计划是综合生产计划的具体化，表现为按产品品种、规格规定的年度分季、分月的产量计划，实际上是对企业产品生产进度的大致安排。由于它涉及生产进度，要考虑每个时间段内市场需求与生产能力和各种资源之间的平衡。主生产计划是编制生产作业计划的依据。

服务业的运作计划限于综合生产计划，通常没有相当于制造业中主生产计划的内容。一旦综合生产计划制订后，人们关心的是日常运作中服务人员、辅助资源与顾客之间的供需平衡，并转入具体的作业计划。

下面举个例子来具体说明综合生产计划与主生产计划的区别。

产品：以系列为单位，自行车分为24型和28型。

计划时间单位：月、双月、季。

人员：分组、加班以及聘用等。

某自行车厂生产24型和28型自行车，表3-5为自行车厂当年1~3月份的综合生产计划，表3-6为该厂本年度1月份24型自行车的主生产计划表，24型自行车主要有C型、D型、R型，并给出了不同型号1月份每周的具体产量。从表3-6可以看出，24型自行车主生产计划是根据表3-5的综合生产计划制定的，即先有综合生产计划，再有主生产计划，逐层递进。

**表3-5　某自行车厂综合生产计划**

| | 1月 | 2月 | 3月 |
|---|---|---|---|
| 24型产量/辆 | 10000 | 15000 | 20000 |
| 28型产量/辆 | 30000 | 30000 | 30000 |

**表3-6　某自行车厂24型自行车的主生产计划**

| | 1月 | | | |
|---|---|---|---|---|
| 周次 | 1 | 2 | 3 | 4 |
| C型产量/辆 | | 1600 | | 1600 |
| D型产量/辆 | 1500 | 1500 | 1500 | 1500 |
| R型产量/辆 | 400 | | 400 | |
| 月产量/辆 | 10000 | | | |

## 3.3 综合生产计划

### 1. 综合生产计划的任务

综合生产计划是衔接长期生产战略规划与短期生产作业计划的中间环节，它与主生产计划一起，同属中期生产计划的范畴，通常以年为计划期，又称生产大纲。图 3-2 显示了综合生产计划与主生产计划在生产计划体系中的位置。

由综合生产计划在生产计划体系中的地位不难看出，它的主要任务是对企业在计划期（通常是一年）资源和需求平衡的基础上做出总体生产安排。具体描述如下：

1）落实生产战略规定的长期目标，规定在计划年度内的实施要点。

2）根据计划年度市场需求和企业自身能力，合理安排、优化配置各种资源，最大限度地满足市场需求并取得良好的经济效益。

3）确定企业年度生产总任务，并与相关职能（如营销、采购、技术、成本、财务）等部门进行协调，求得一致。

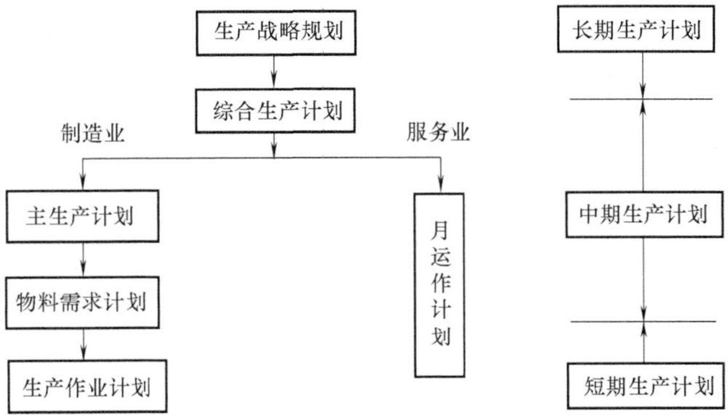


图 3-2　生产计划体系

**2. 对市场需求波动的响应**

在计划期内，如果市场需求相当平稳，或供求关系处于卖方市场，企业可以组织均匀生产，不会因生产波动发生额外费用。但实际上市场需求波动是不可避免的，这使企业的生产计划处于两难境地：如果生产不随市场需求而变动会引发时而库存增加，时而缺货；如果生产随市场需求变动，则会时而需寻求追加资源，时而使资源闲置。无论哪种情况，都会增加生产成本。在这种情况下，企业的能动性只限于选择一种比较好的方案，使生产成本增幅小些。

**3. 综合生产计划编制方法**

试算法是为适应计划期内市场需求波动来拟订若干调节生产的方案，包括均匀排产、跟踪排产与混合排产的方案，计算并比较各种方案的生产成本，直至选出一个满意的方案，编制综合生产计划。其具体步骤如下：

1）确定计划期内各时段市场需求量。

2）确定计划期内各时段企业正常生产能力。

3）列出调节生产的各种可供选择的方法，如加班加点、外协转包、临时增减生产资源（设备、工具、劳动力）、持有存货、延迟交货等，确定其可供调节的数量及单位相关成本。

4）拟订若干计划方案，并计算其各自的成本。

5）通过分析比较，选出满意的计划方案。

**【例 3-1】** 设已知计划年度各季对某产品的需求量为 200 件、300 件、400 件、300 件，总需求量为 1200 件，可供选择的调节生产能力的因素有加班加点、存货、延迟交货。正常生产时每件产品成本 10 元，加班生产时为 12 元，每件存货费用 1 元，延迟交货每件损失 5 元，加班生产最多 50 件，年初库存为 0。现提出三种计划方案：方案 1 采用均匀生产方式，每季正常产出 300 件，总量 1200 件；方案 2 采用跟踪生产方式，每季正常生产 250 件，不足部分在 3、4 季度加班加点生产；方案 3 采用混合生产方式，正常产出量 1、2 季为各 250 件，3、4 季各 300 件，不足部分在 3、4 季加班加点生产补足。分别计算各方案的总成本。

**【解】** 对方案 3 进行生产成本计算，见表 3-7。

**表 3-7 生产成本计算表**

| 季度 | | 1 | 2 | 3 | 4 | 合计 |
|---|---|---|---|---|---|---|
| 市场需求/件 | | 200 | 300 | 400 | 300 | 1200 |
| 产量/件 | 正常生产 | 250 | 250 | 300 | 300 | 1100 |
| | 加班生产 | 0 | 0 | 50 | 50 | 100 |
| | 余缺 | 50 | -50 | -50 | 50 | 0 |
| 存货/件 | 期初 | 0 | 50 | 0 | 0 | 50 |
| | 期末 | 50 | 0 | 0 | 0 | 50 |
| | 平均 | 25 | 25 | 0 | 0 | 50 |
| | 延迟交货 | 0 | 0 | 50 | 0 | 50 |
| 成本/元 | 正常生产 | 2500 | 2500 | 3000 | 3000 | 11000 |
| | 加班生产 | 0 | 0 | 600 | 600 | 1200 |
| | 存货费用 | 25 | 25 | 0 | 0 | 50 |
| | 延迟损失 | 0 | 0 | 250 | 0 | 250 |
| 总计/元 | | | | | | 12500 |

其他方案总成本的计算方法同上，得方案 1 总成本为 12200 元，方案 2 为 12700 元，方案 3 为 12500 元，从成本低的视角可取方案 1 编制综合生产计划。

用试算法编制综合生产计划，优点是简便易行，缺点是很难找到最佳计划方案，只能通过多种方案试算，得到满意计划方案。

## 3.4 主生产计划

主生产计划（Master Production Schedule，MPS）是对企业生产计划大纲的细化，是详细陈述在可用资源的条件下何时要生产出多少物品的计划，用以协调生产需求与可用资源之间的差距，使之成为展开物料需求计划（Material Requirement Planning，MRP）与能力需求计划（Capicity Requirement Planning，CRP）运算的主要依据，它起着承上启下，从宏观计划向微观计划过渡的作用。

主生产计划编制的优劣直接影响企业的生产资源能否得到有效利用，以及劳动生产率的高低，生产成本的高低和资金占用的多少，对企业的经济效益有很大的影响。因此，在编制主生产计划时，要注意掌握以下原则：

1）各种产品的产出时间和数量必须满足订货合同的要求，确保 100% 完成已有订货合同。在安排产品的顺序上，要分清轻重缓急，如先安排国家重点工程、重点客户订货、出口产品等的任务，再安排其他的一般性任务。

2）经常生产和产量较大的主导产品尽可能均衡安排，使生产相对稳定。

3）同类产品可安排在一起生产，合理安排生产批量，以简化生产组织，提高工作效率。

4）各种产品合理搭配，新产品试制均匀安排，力求劳动力与设备负荷均衡。

5）注意各时期生产的衔接、物资供应、生产技术准备与产品生产进度的协调，必要时以滚动计划方式加以调整。

不同生产类型企业的生产进度安排有不同的方法：

（1）成批生产企业的主生产进度安排　成批生产的特点是产品品种较多，各种产品轮番生产，可以按期初库存与本期需求量（预测需求或订货量）的差额安排生产，并根据本期产量扣除下期生产前已有合同订货量后的余额，确定可接受订货量，即可承诺存货。

**【例 3-2】**　设已知某产品 4、5 两月各周预测的需求量和已有合同订货量，见表 3-8，期初库存为 60 件，每批安排生产量为 90 件，则可安排主生产进度见表 3-9。

**表 3-8　某产品各周需求量**　（单位：件）

| 月份 | 4 月 | | | | 5 月 | | | |
|---|---|---|---|---|---|---|---|---|
| 周次 | 1 | 2 | 3 | 4 | 5 | 6 | 7 | 8 |
| 需求预测 | 40 | 40 | 40 | 40 | 50 | 50 | 50 | 50 |
| 已有合同订货量 | 45 | 20 | 10 | 6 | 2 | 0 | 0 | 0 |

**表 3-9　某产品主生产进度的计算**　（单位：件）

| 周次 | 期初库存 | 预测需求 | 已有合同订货量 | 扣除需求后剩余 | 本期安排生产 | 期末库存 | 可承诺存货 |
|---|---|---|---|---|---|---|---|
| 1 | 60 | 40 | 45 | 15 | — | 15 | 15 |
| 2 | 15 | 40 | 20 | -25 | 90 | 65 | 60 |
| 3 | 65 | 40 | 10 | 25 | — | 25 | — |
| 4 | 25 | 40 | 6 | -15 | 90 | 75 | 82 |
| 5 | 75 | 50 | 2 | 25 | — | 25 | — |
| 6 | 25 | 50 | 0 | -25 | 90 | 65 | 90 |
| 7 | 65 | 50 | 0 | 15 | — | 15 | — |
| 8 | 15 | 50 | 0 | -35 | 90 | 55 | 90 |

**【解】**　1）计算期末库存

期末库存 = 期初库存 -（预测需求量，已有合同订货量）max + 本期安排生产量

例如，第 1 周期末库存 = 60 件 - 45 件 + 0 件 = 15 件，即为下期期初库存。

2）当期初库存扣除本期需求后的剩余量为负数时即安排生产，按已知条件，每次安排生产批量为 90 件。本例中，第 1 周扣除需求后剩余 15 件，不安排生产；第二周扣除需求后剩余 -25 件，安排生产 90 件。

3）计算可承诺存货

可承诺存货 = 本期生产量 - 下次生产前已有合同的订货量

例 3-2 中，第 1 周期初库存 60 件，由于第 2 周即需安排生产，此前已有合同订货量为 45 件，故多余 15 件，所以可承诺存货为 15 件；第 2 周生产 90 件，下次生产（第 4 周）前已有合同订货量为[20 + 10]件 = 30 件，故可承诺存货为 60 件。

4）如果同期安排生产进度的产品不止一种，则除了考虑各种产品生产进度外，还要确定这些产品轮番生产的顺序。在其他条件相同时，原则上应按边际利润率由大到小排序，以改善企业的现金流。

（2）大批量生产企业的主生产进度安排　大批量生产的特点是产品品种少、同品种产量大，其生产进度的安排可分成两种情况：

1）如果市场需求相对稳定，可均匀安排生产，即在相等的时间段内生产量大致相等或逐步小幅递增，做到均衡生产。

2）如果市场需求波动较大，可在均匀、跟踪、混合三种方式中选择比较适合的方式安排生产进度。

（3）单件小批量生产企业的主生产进度安排　单件小批量生产的特点是产品品种繁多而很少重复生产，其生产进度的安排可按合同规定的交货期开始往前推算，交货期不仅要考虑产品从投料到产出之间的制造时间，还要包括设计、生产工艺准备、备料的时间。必要时，可根据合同规定的交货期适当考虑少量提前期。

## 3.5　MRP、MRPⅡ与ERP

### 3.5.1　物料需求计划（MRP）

物料需求计划（Material Requirement Planning，MRP）是以物料计划人员或存货管理人员为核心的物料需求计划体系，是一种保证既不出现短缺，也不积压库存的计划方法，是ERP系统的核心功能模块。MRP包含几个要素：原料、生产、销售、产品结构。它的涵盖范围仅仅为物料管理。

**1. MRP的流程**

MRP是依照最终产品的主生产计划，根据物料清单、现有库存量和预计库存量，计算需要哪些物料、在什么时候需要、需要多少的一系列方法。MRP适用于相关需求的计划与控制，其出发点就是根据对成品的需求，计算出对构成成品的原材料、零部件的相关需求，进而排出零部件的生产进度及采购日程。它将最终产品的计划转为零部件、原材料的生产订购计划。MRP系统能够根据产品的需求自动地推导出构成这些产品的零部件与原材料的需求量，根据产品的交货期确定企业自制零部件的生产日程和外购原材料与零部件的采购日期，将主生产计划转化为物料需求表的计算机信息处理系统。MRP的流程如图3-3所示。

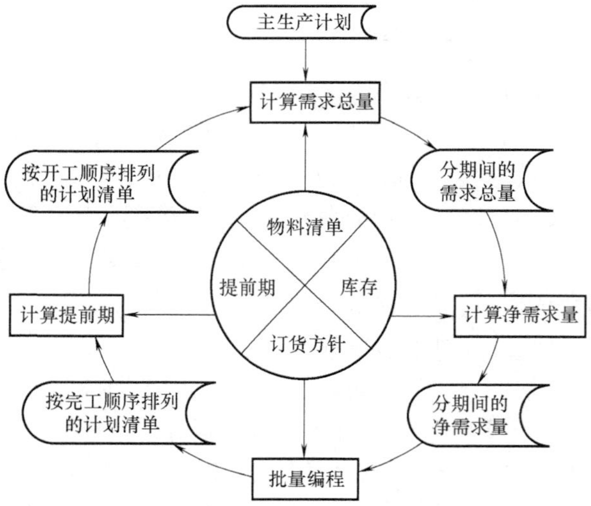


图3-3　MRP流程示意图

从图3-3中可以看出，MRP流程主要分为以下几个步骤：

（1）计算需求总量　根据主生产计划的每一最终产品数量和产品交货期，逐层分解出每一物料按时间分段的需求总量。

（2）计算净需求量 使需求总量与库存状态相匹配，确定按时间分段的物料净需求量。

（3）批量编程 根据订货方针，计算出分成批量、按到货时间排序的计划订单。

（4）计算提前期 考虑物料的进货、运输等时间，计算采购提前期，倒推出计划订单的订货时间。

**2. MRP 的关键要素**

从上面的介绍中可以看出，主生产计划、物料清单、提前期、订货方针及库存记录等信息在 MRP 的计算过程中起着关键性的作用。下面对这些关键要素分别做进一步的介绍。

（1）主生产计划 主生产计划（Master Production Schedula MPS）要确定每一个最终产品在每一具体时间段的生产数量。企业的物料需求计划、车间作业计划、采购计划等均来源于主生产计划，它详细规定生产什么、什么时间应该产出，即先由主生产计划驱动物料需求计划，再由物料需求计划生成车间作业计划与采购计划。所以，主生产计划在 MRP 系统中起着承上启下的作用，实现从宏观计划到微观计划的过渡与连接。主生产计划必须是可以执行的、可以实现的，它应该符合企业的实际情况，其制订与执行的周期视企业的情况而定。

（2）物料清单 物料清单（Bill Of Material，BOM）是产品结构的技术性描述文件，它表明了最终产品的组件、零件直到原材料之间的结构关系和数量关系。图 3-4 表示一个产品 A 的三级 BOM 结构，可以看出产品 A 由 4 个部件 B、1 个部件 C 和 2 个部件 D 组成。部件 B 又由 2 个部件 E 和 1 个部件 F 组成，部件 D 由 3 个部件 G 和 2 个部件 H 组成。物料清单是一种树形结构，通常称为产品结构树。

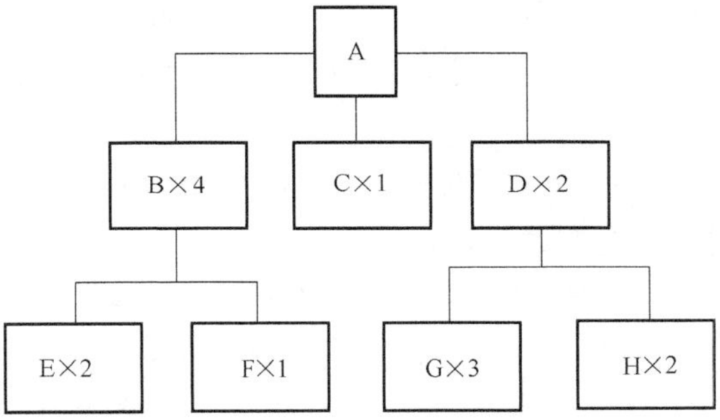


图 3-4 产品 A 的三级 BOM 结构

（3）提前期 在 MRP 中不但要考虑 BOM 各个层次中的零部件需求量，而且要考虑为了满足最终产品的交货期所需零部件的加工或采购提前期。图 3-5 所示为时间坐标系上的 BOM 结构，即产品结构在时间结构上的反映，以产品的应完工日期为起点倒排计划，可相应地求出各个零部件最晚应该开始加工的时间或采购订单发出的时间。

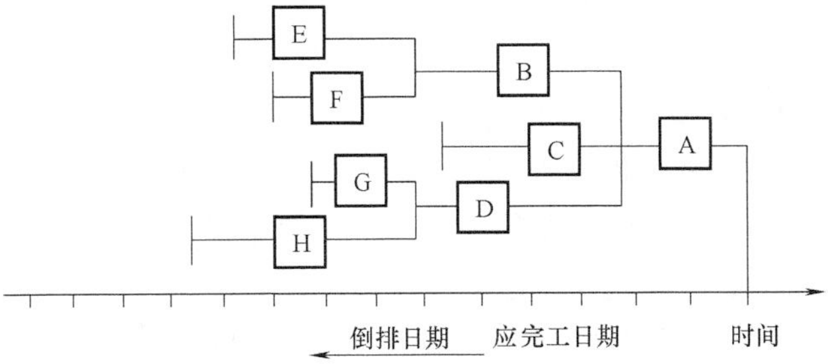


图 3-5 时间坐标上的 BOM 结构

（4）订货方针 在 MRP 的计算过程中，为了确定每次订货的批量，需要对每种物料预先确定批量规则。在 MRP 中，这些批量规则通常称为订货方针。订货方针有多种，大体上可分为以下两大类。

一类是静态批量规则，即每一批量的大小都相同。典型的静态批量规则之一是“固定订货量”。在这种情况下，批量大小预先确定。例如，订货量可以是由设备能力上限决定的量。对外购产品订货量，可以按价格折扣的最小量、整船量、被限定的最小购买量来确定。订货量也可以通过经济订货批量（Economic Order Quantity，EOQ）

公式来确定。

另一类是动态批量规则，该规则允许每次订货的批量大小不一样，但必须大到足以防止缺货发生。一种动态批量规则是“周期性批量规则”，在这种规则下，批量的大小等于未来 $P$ 周（从收到货的当周算起）的粗需求加安全库存量，再减去前一周的现有库存量。这样的批量可以保证安全库存量和充分保证 $P$ 周的粗需求，但并不意味着每隔 $P$ 周必须发放一次订单，而只是意味着当确定批量时，其大小必须满足 $P$ 周的需求。在实际操作中，可首先根据理想的批量（如 EOQ）除以每周的平均需求来确定 $P$，然后用 $P$ 周的需求表示目标批量，并取与之最接近的整数。

（5）库存记录　库存记录说明现在库存中有哪些物料，有多少，准备再进多少，从而在制定新的加工、采购计划时减掉相应的数量。库存记录通常被称为 MRP 表格，其计算过程构成了 MRP 的基本计算方法。下面将介绍其具体计算方法。

**3. MRP 的计算模型**

如上所述，MRP 可以根据主生产计划回答要生产什么，根据物料清单回答要用到什么，根据库存记录回答已经有了什么，MRP 运算后得出的结果可以回答还缺什么、何时生产或订购。这些结果都是以 MRP 表格为中心得到的。下面通过一个简单的例子来说明 MRP 的计算过程。

（1）MRP 的输入　在运行 MRP 时，所需的输入信息包括主生产计划、物料清单、提前期、订货方针、库存记录。

1）主生产计划。假定在第 2 周和第 7 周均要生产 75 单位产品 A，第 5 周和第 8 周均要生产 40 单位产品 B，主生产计划见表 3-10。

**表 3-10　主生产计划**

| 周次 | 1 | 2 | 3 | 4 | 5 | 6 | 7 | 8 |
|---|---|---|---|---|---|---|---|---|
| 产品 A | | 75 | | | | | 75 | |
| 产品 B | | | | | 40 | | | 40 |

2）物料清单。假定 A 和 B 都需要零部件 C，1 单位 A 需要 2 单位 C，1 单位 B 需要 3 单位 C，其需求关系如图 3-6 所示。

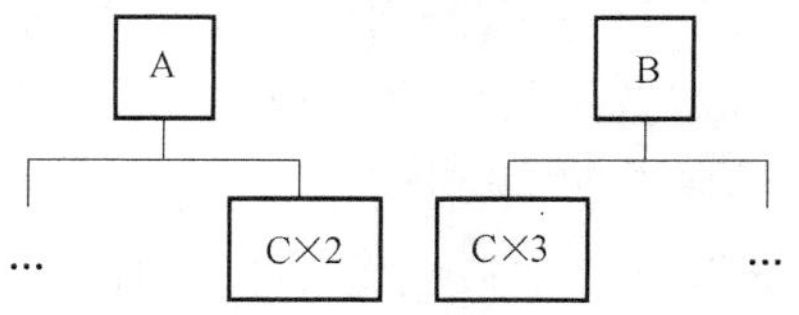

图 3-6　产品 A 和 B 对零部件 C 的需求

3）提前期。假定产品 A、B 的生产提前期均为 1 周，零部件 C 的生产周期为 2 周。

4）订货方针。采用固定批量（批量大小为 230 单位）的订货方针。

5）库存记录。假定零部件 C 的期初库存为 47 单位。

（2）计算需求总量　MRP 库存记录中粗需求量是指当周应准备好的量。本例中需求总量的计算见表 3-11。确定需求总量时应该考虑以下因素：

1）物料清单。需求总量的计算是从最终产品开始，层层向下推算直至采购原材料或外购件为止。这样建立的物料需求计划包括零部件的生产计划和原材料的物料计划。本例中，由于 1 单位产品 A 需要 2 单位零部件 C、1 单位产品 B 需要 3 单位零部件 C，因此，要将产品的量乘以物料清单中相应的系数，才能得到零部件的需求总量。

表 3-11 需求总量的计算

主生产计划

| 周次 | 1 | 2 | 3 | 4 | 5 | 6 | 7 | 8 |
|---|---|---|---|---|---|---|---|---|
| 产品 A | | 75 | | | | | 75 | |
| 产品 B | | | | | 40 | | | 40 |

生产开始时间

| 周次 | 1 | 2 | 3 | 4 | 5 | 6 | 7 | 8 |
|---|---|---|---|---|---|---|---|---|
| 产品 A | 75 | | | | | 75 | | |
| 产品 B | | | | 40 | | | 40 | |

物料项目：C　　批量：230 单位

名称：零部件　　生产周期：2 周

安全库存：50 单位

| 周次 | 1 | 2 | 3 | 4 | 5 | 6 | 7 | 8 |
|---|---|---|---|---|---|---|---|---|
| 需求总量 | 150 | | | 120 | | 150 | 120 | |

2）相关需求与独立需求。在相关需求与独立需求同时存在的情况下，计算需求总量时应将相关需求部分按产品结构树推算的结果加上独立需求部分的需求量。如果本例中的 C 既是 A 和 B 的零部件，又是具有独立需求的产品，那么计算其需求量的时候便要同时考虑其相关需求与独立需求。

3）提前期。在确定需求总量的需求时间时，提前期也是一个重要因素。本例中，产品 A、B 的生产提前期均为 1 周，即在计算各自的生产开始时间时，要用主生产计划中的时间减去生产提前期。这样，产品 A 的生产开始时间为第 1 周和第 6 周，产品 B 的生产开始时间为第 4 周和第 7 周。

（3）计算净需求量　在确定了需求总量以后，便可以根据现有库存和预计入库量来计算其净需求量。在某些情况下，计算净需求量还要考虑安全库存量。使用安全库存量是为了应付紧急情况，防止由于生产日程的变更而产生缺料现象，它是一种缓冲性的库存量。净需求量是根据零部件需求总量、现有库存状况所确定的实际需求量。计算净需求量，就是为了保证各周的现有库存量不低于安全库存量。对于那些不需要安全库存量的中间物料，净需求量的意义则是要保证现有库存量为非负值。在本例中，假定零部件 C 在第 1 周的期初库存为 47 单位，在第 1 周预计入库量为 230 单位，则零部件 C 的净需求量的计算过程见表 3-12。

**表 3-12　零部件 C 的净需求量**

| 周　次 | 1 | 2 | 3 | 4 | 5 | 6 | 7 | 8 |
|---|---|---|---|---|---|---|---|---|
| 需求总量 | 150 | 0 | 0 | 120 | 0 | 150 | 120 | 0 |
| 期初库存 | 47 | 127 | 127 | 127 | 50 | 50 | 50 | 50 |
| 预计入库量 | 230 | 0 | 0 | 0 | 0 | 0 | 0 | 0 |
| 是否缺货 | 否 | 否 | 否 | 是 | 否 | 是 | 是 | 否 |
| 净需求量 | 0 | 0 | 0 | 43 | 0 | 150 | 120 | 0 |

（4）批量编程　根据零部件的订货方针，确定各零部件按订货方针的组成批量、按完工顺序排列的计划订单。这里，零部件 C 的订货方针为每批 230 单位的固定批量，其计算过程和结构见表 3-13。

（5）计算提前期　把按完工顺序排列的计划订单减去提前期，就可以得到按开工顺序排列的计划订单。这里，零部件 C 的生产周期为 2 周，则其按开工顺序排列的计划订单的计算过程和结果见表 3-14。

表 3-13　零部件 C 的批量编程

| 周　　次 | 1 | 2 | 3 | 4 | 5 | 6 | 7 | 8 |
|---|---|---|---|---|---|---|---|---|
| 净需求量 | 0 | 0 | 0 | 43 | 0 | 150 | 120 | 0 |
| 库存新增 | | | | 187 | 187 | 37 | 147 | 147 |
| 按完工顺序排列的计划清单 | | | | 230 | | | 230 | |

表 3-14　零部件 C 的计算提前期

| 周　　次 | 1 | 2 | 3 | 4 | 5 | 6 | 7 | 8 |
|---|---|---|---|---|---|---|---|---|
| 按完工顺序排列的计划订单 | | | | 230 | | | 230 | |
| 按开工顺序排列的计划订单 | | 230 | | | 230 | | | |

（6）MRP 的输出　在上面的计算过程中，以主生产计划为依据，按 BOM 确定所需零部件的需求总量，用需求总量减去可用库存后得到净需求量，通过批量编程和计算提前期得到了各种物料的需求量和需求时间，并据此确定了订单的内容和订单的发出时间。这些结果便是 MRP 的输出，通常被称为措施提示信息。在上面的例子中，我们最终得到的是按开工顺序排列的计划订单，它告诉我们，为了满足生产计划的需求，在第 2 周和第 5 周要分别发出 230 单位的零部件 C 的订单。

## 3.5.2　制造资源计划（MRPⅡ）

**1. 从开环 MRP 到闭环 MRP**

20 世纪 60 年代，MRP 系统的功用是根据主生产计划的要求，输入库存记录及产品结构，由计算机进行物料需求计算，输出零部件的生产计划、原材料及外购件的采购计划以及辅助报告等。这种系统通常被称为开环 MRP。从输入信息、处理过程及输出信息中可以看出开环 MRP 有以下缺陷：

1）MRP 系统的运行首先假定已有主生产计划，并且主生产计划是可行的。

2）MRP 系统的运行是假定生产能力可行，即生产设备和人力能保证生产计划的实现。

3）MRP 系统的运行是假定物料采购计划可行，即供货能力和运输能力能保证完成物料的采购计划。

4）MRP 系统的运行结果需要人工介入进行判断，不具有反馈调节功能。

然而在复杂的现实生产环境中，这些假设是难以成立的。此外，MRP 系统的应用仅局限于物料管理，还不能满足企业生产管理的要求。

为了克服这些缺陷，开环 MRP 系统在 20 世纪 70 年代发展为闭环 MRP 系统。闭环 MRP 系统是一个集计划、执行、反馈为一体的综合性系统，除了包括物料需求计划外，还将生产能力需求计划、车间作业计划和采购作业计划全部纳入，它能对生产中的人力、设备和材料等各项资源进行计划与控制，它超越物料需求计划的范畴，成为生产管理系统。因此，闭环 MRP 是一个完整的生产计划与控制系统。

**2. 从闭环 MRP 到 MRPⅡ**

闭环 MRP 系统的出现，使生产活动方面的各种子系统得到了统一。但这还不够，因为在企业的管理中，生产管理只是一个方面，它所涉及的仅仅是物流，而与物流密切相关的还有资金流。这在许多企业中是由财会人员另行管理的，这就造成了数据的重复录入与存储，甚至造成数据的不一致性。于是，在 20 世纪 80 年代，人们把生产、财务、销售、工程技术、采购等各个子系统集成为一个一体化的系统，并称为制造资源计划（Manufacturing Resource Planning，MRPⅡ）。MRPⅡ是在MRP基础上进一步的扩充与发展，其功能范围扩展到整个企业的经营活动。在闭环MRP基础上，如果以MRP为中心建立一个生产活动的信息处理体系，则可以利用MRP的功能建立采购计划；生产部门将销售计划与生产计划紧密结合来制订主生产计划表，并将其不断地细化；设计部门不再孤立地设计产品，而是将改良设计与以上生产活动信息相联系；产品结构不再仅仅只有参考价值，而是成为控制生产计划的重要依据。更进一步，可以将以上一切活动均与财务系统结合起来；将库存记录、工作中心和物料清单用于成本核算；根据由MRP得到的采购及供应商情况，建立应付账、销售产生合同和应收账；建立应收账、应付账与总账的关联，根据总账又产生各种报表。

MRPⅡ的基本原理是把企业作为一个整体，从系统整体最优的角度出发，运用科学的方法，对企业各种资源和产、供、销、财务各个环节进行有效的计划、组织、控制，使企业内各部门的活动协调一致，提高企业整体效率。把生产活动和财务活动联系到一起，是MRPⅡ迈出的关键一步。

MRPⅡ的逻辑流程如图3-7所示，从图中可以看出，它包括决策层、计划层、执行层等企业经营计划、生产物料需求和生产能力需求的基础数据和主要财务信息。其中，连线表示MRPⅡ中信息流向和相互之间的信息集成关系。经营计划是MRPⅡ的起点，它根据市场需求和企业现有条件，确定企业的产量、品种、利润等指标，从而确定企业包括产品销售计划和各种物料、资金、人工等的需求计划，再在此基础上粗定出企业的具体生产计划，确定生产何种产品及产品产量和投产时间。在制订生产计划的同时还需对生产能力进行平衡，以保证生产计划能够实际完成。然后根据生产计划制订产品生产计划，规定每种产品的生产数量和生产时间，它也是营销和生产作业的根据。流程图中的业绩评价是对MRPⅡ系统的成效进行评定，以求进一步提高和改善业绩。

### 3.5.3 企业资源计划（ERP）

**1. 从MRPⅡ到ERP**

20世纪80年代后期，市场需求的时间效应与多样性日益突出，企业能否满足顾客的需求不仅与企业自身有关，而且与相应产业链的效率有关，这使得企业之间的联系更加紧密，供应链管理（Supply Chain Management，SCM）等概念也相继提出。供应链管理的核心思想是：企业应该从整个供应链的角度追求企业经营效果优化，而不是局部职能的优化。这种优化必须在充分整合企业内部和外部各种资源的情况下才能实现。为此，美国著名咨询公司Gartner Group在1990年提出了企业资源计划的概念。企业资源计划（Enterprise Resource Planning，ERP）是以供应链管理思想为基础，以现代化的计算机及网络通信技术为运行平台，将企业的各项管理集成化，并对供应链上所有资源进行有效控制的计算机管理系统。ERP的诞生可以看成是企业管理技术的一大进步。在MRP到MRPⅡ的发展过程中，制造业企业系统观念的发展基本上是沿着两个方向延伸：一是资源概念内涵的不断扩大，二是企业计划闭环的形成。但是，在这个发展的过程中却始终存在着两个局限——资源局限于企业内部，决策方法局限于结构化问题。ERP的发展则突破了这些局限。从计划的范围来讲，ERP的计划已经不局限在企业内部，而是把供应链内的供应商等外部资源也作为计划的对象。在决策方法方面，决策支持系统（Decision Support System，DSS）被看作是ERP中不可缺少的

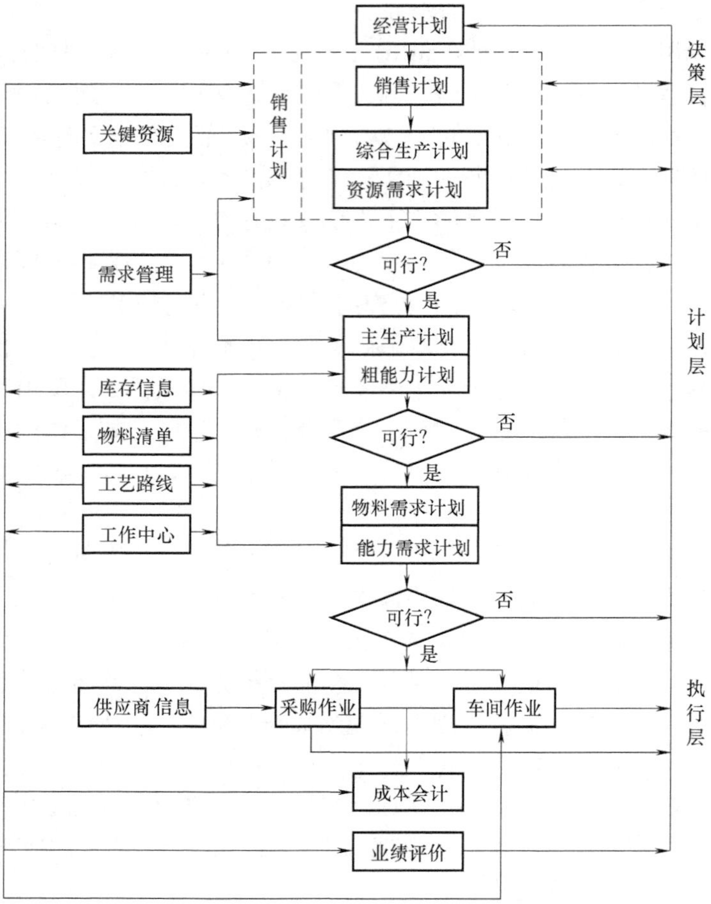


图 3-7　MRPⅡ的逻辑流程图

一部分，使 ERP 能够解决半结构化和非结构化的问题。

从总体上来看，ERP 的发展过程有两大类：一类是通过在 MRP/MRPⅡ的基础上增加会计、人事等功能而形成的 ERP 系统；另一类则是在某一特定领域（如会计、人事）的业务系统上增加了 MRP/MRPⅡ等功能而形成的 ERP 系统。但无论在哪一类 ERP 系统，MRPⅡ的基本功能都在系统中占有核心地位。

如图 3-8 所示，ERP 贯穿于企业各部门的采购、生产、销售、会计、人事等业务流程并组成价值链。它通过强化对信息资源的管理来综合利用人、财、物三方面的企业经营资源，使它们发挥出最大的效用。

ERP 由现实中的管理软件发展而来，而非一套完整的理论体系，目前也没有统一的定义。在概念上比较有影响力的是美国 Gartner Group 公司提出来的，用来界定 ERP 功能的标准如下：

1）超越了 MRPⅡ的范围和集成功能。

2）支持混合方式的制造环境。

3）支持动态的监控能力，提高业务绩效。

4）支持开放的客户机/服务器计算环境。

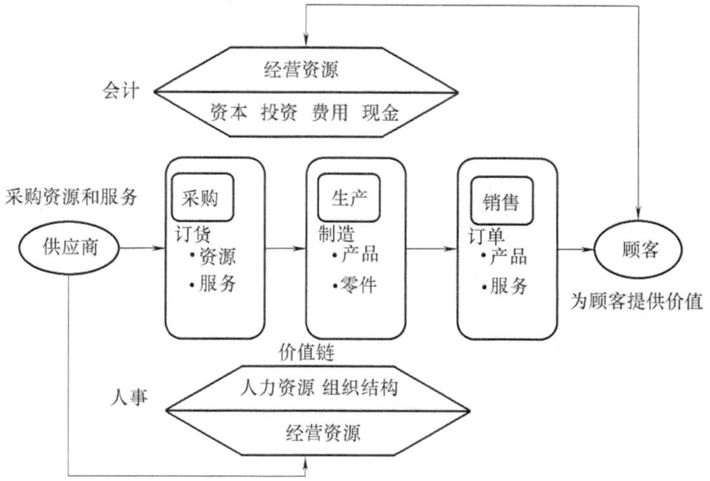


图 3-8 ERP 的概念示意图

**2. ERP 同 MRP Ⅱ 的主要区别**

（1）在资源管理范围方面的差别 MRP Ⅱ 主要侧重于对企业内部人、财、物等资源的管理，而 ERP 系统在 MRP Ⅱ 的基础上扩展了管理范围，它把客户需求和企业内部的制造活动及供应商的制造资源整合在一起，形成一个完整的供应链并对供应链上所有环节，如订单、采购、库存、计划、生产制造、质量控制、运输、分销、服务与维护、财务管理、人事管理、实验室管理、项目管理、配方管理等进行有效管理。

（2）在生产方式管理方面的差别 MRP Ⅱ 系统把企业归类为几种典型的生产方式进行管理，批量生产、按订单生产、按订单装配、按库存生产等，对每一种类型都提供一套管理方法。从 20 世纪 80 年代末开始，多品种、小批量生产以及看板式生产等逐渐被广泛采用，企业由单一生产方式向多种生产方式同在的混合型生产方式发展。ERP 能够很好地支持和管理混合型生产环境，比 MRP Ⅱ 系统能更好地满足企业的经营需求。

（3）在管理功能方面的差别 ERP 除了具有 MRP Ⅱ 系统的制造、分销、财务管理功能外，还支持整个供应链上物料流通体系中供、产、需各个环节之间的运输管理和仓库管理，支持生产保障体系的质量管理、实验室管理、设备维修和备品备件管理，支持对业务流程的管理。

## 3.6 生产作业计划

生产作业计划（Production Planning and Scheduling）是企业生产计划的具体执行计划。这种具体化表现在将生产计划规定的产品任务在规格、空间、时间等方面进行分解，即在产品方面具体规定到品种、质量、数量；在作业单位方面规定到车间、工段、班组乃至设备；在时间方面细化到月、旬、日、时，以保证企业生产计划得到切实可行的落实。因此，生产作业计划的任务是按照产品生产计划的时间、数量、期限及产品的工艺要求，将生产资源最适当地配置到各产品任务中，形成各作业单位在时间周期上的进度日程计划。这样，既完成了生产计划，又使资源得到充分、均衡的利用，如图 3-9 所示。为此，生产作业计划的主要工作内容应是明确企业各级生产单位所拥有的生产资源，即生产能力、分配任务负荷、平衡负荷与生产能力、编制日历进度计划、监督检查各种生产准备工作（技术、供应）以及生产作业控制调度。在编制生产作业计划过程中的主要决策问题包括：确定不同产品的生产顺序；确定某一产品的生产批量及确定生产进度日程。相应的决策目标包括：计划完成率、生产周期、设备利用率、生产成本等。

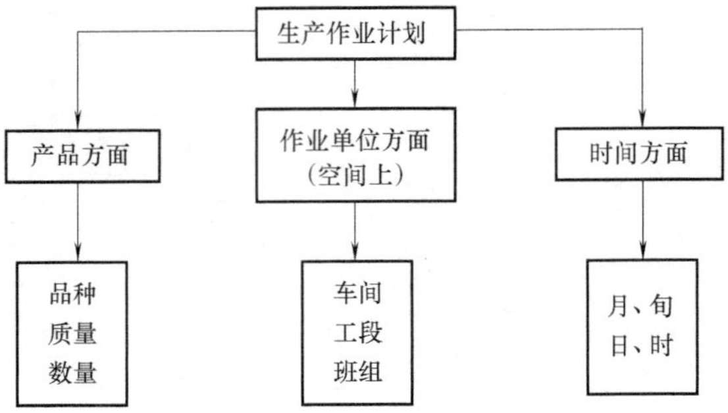


图 3-9　生产作业计划具体划分

### 3.6.1　大量流水生产的生产作业计划

**1. 大量流水生产的特点**

大量生产的主要生产组织方式为流水生产，其基础是由设备、工作地和传送装置构成的设施系统，即流水生产线。最典型的流水生产线是汽车装配生产线。流水生产线是为特定的产品及预定的生产大纲所设计的。生产作业计划的主要决策问题在流水生产线的设计阶段就已经做出规定。因此，大量流水生产的生产作业计划的关键在于合理地设计好流水线，这包括确定流水线的生产节拍、给流水线上的各工作地分配负荷、确定产品的生产顺序等。

流水生产是指生产对象按照一定的工艺路线顺序地通过各个工作地，并按照统一的生产速度完成工艺作业的生产过程。流水生产具有以下特点：专业化程度高，流水线固定生产一种或几种产品，每个工作地固定完成一道或几道工序；工艺过程是封闭的，生产对象在流水线上完成其全部或大部分工序；工作地按工艺过程的顺序排列，生产对象在工作地间单向移动；生产过程分解为许多独立的可在相等的时间间隔内完成的工序，生产对象按照统一的生产速度进行生产，具有明显的节奏性；各工作地之间由传送装置连接。流水生产具有高度的连续性、比例性、平行性，图 3-10 所示为这种流水线的示意图。

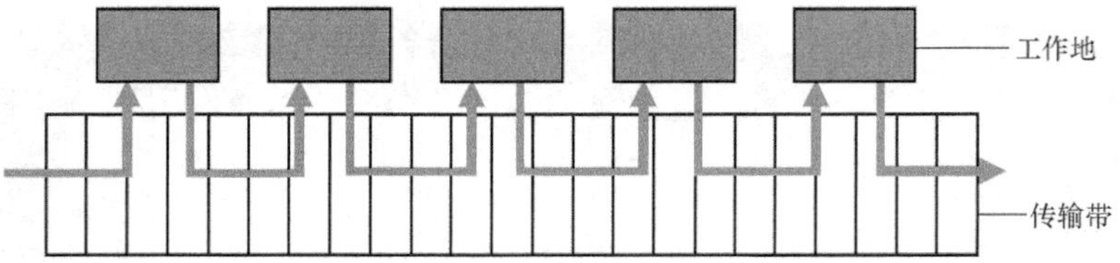


图 3-10　生产流水线示意图

**2. 大量流水生产的生产作业计划的编制**

（1）厂级生产作业计划的编制　大量生产类型的厂级月度生产作业计划是根据企业的季度生产计划编制的。编制时，先要确定合理的计划单位，然后再安排各车间的生产任务和进度，以保证车间之间在品种、数量和期限方面的衔接。

大量生产类型的企业，产品品种少，产量大，生产任务稳定，分工明确，车间的专业化程度高。各车间的联系表现为前车间提供在制品，保证后车间的加工与维持库存半成品，使生产协调和均衡地进行。因此，在大量生产条件下，生产作业计划的核心是解决各车间在生产数量上的衔接平衡。在制品定额法就是根据大量生产的特点，用在制品定额作为规定生产任务数量的标准，按照工艺过程逆向连续计算方法，依次确定车间的投入和出产任务。

（2）车间内部生产作业计划的编制　车间内部生产作业计划是进一步将生产任务落实到每个工作地和工人，使之在时间和数量上协调一致。编制车间内部生产作业计划的工作包括两个层次的内容：第一个层次是编制分工段的月度作业计划和周作业计划；第二个层次是编制工段分工作地的周作业计划，并下达到各个工作地。

在编制车间内部生产作业计划时，应认真核算车间的生产能力，根据生产任务的轻重缓急，安排零部件投入、加工和产出进度，特别注意最后工段、前后工序互相协调，紧密衔接，以确保厂级生产作业计划的落实。

### 3.6.2　成批生产的生产作业计划

**1. 成批生产的特点**

从生产作业计划的角度考虑，成批生产方式具有以下特点：

（1）从产品的角度分析　企业所生产的产品的品种较多，且多为系列化的定型产品；产品的结构与工艺有较好的相似性，因而可组织成批生产；各品种的产量不大；在同一计划期内，多种产品在各个生产单位成批轮番生产。

（2）从生产工艺的角度分析　各产品的工艺路线不尽相同，可有多种安排产品的工艺路线；加工设备既有专用设备又有通用设备；生产单位按照对象原则（如组成生产单元）或工艺原则组建。

（3）从需求的角度分析　生产任务来自用户订货或依据市场预测；一般对交货期有较严格的要求；一般有一定的成品、半成品和原材料库存。

（4）从组织生产的角度分析　在同一时间段内，存在生产任务在利用生产能力时发生冲突的现象，特别是在关键设备上；由于品种变换较多，导致设备准备时间占用有效工作时间的比重较大；生产作业计划的编制与大量生产相比具有较大的灵活性，因而具有较大的复杂性和难度。

**2. 成批生产的生产作业计划的编制**

（1）厂级生产作业计划的编制　成批生产的厂级生产作业计划，其内容包括安排各车间投入、产出的制品种类、时间与数量。成批生产的生产作业计划编制思路与大量生产类似，但在具体方法上又有不同。在大量生产的情况下，由于生产任务稳定，可以通过控制在制品的数量实现生产作业计划的编制。而在成批生产的情况下，由于生产任务不稳定，在制品的数量不易掌握，故无法采用在制品定额法编制生产作业计划。但是通过产品的交货日期可以逆向推算出各工艺阶段的提前期，再通过提前期与量之间的关系，将提前期转化为投入量与产出量。这种基于提前期的方法称为累计编号法。

采用累计编号法时，生产的产品必须实行累计编号。即从年初或开始生产该型号的产品起，按照成品出产的先后顺序，为每一个产品编一个累计号码。在同一个时间点，产品在某一生产工艺阶段上的累计号码，同成品出产的累计号码的差称为提前量，其大小与提前期成正比例。

（2）成批生产车间内部生产作业计划的编制　成批生产车间内部生产作业计划工作包括一系列的计划与控制工作。它将下达的通常为台份的厂级生产作业计划分解为零部件任务，再将零部件任务细化为工序任务，分配到有关的生产单位或工作地，编制生产进度计划，并做好生产技术准备工作，组织计划的实施。由于在成批生产方式下，生产任务不稳定，订货常有变化；车间的零部件任务众多，它们的工艺路线各不相同，多种工序共用生产设备。所有这些使得车间内生产作业计划工作变得比大量生产情况下复杂得多。因此，需将其分解为不同的层次进行计划与控制。一般分解为三个层次：作业进度计划、作业短期分配和作业的进度控制。

### 3.6.3　单件小批量生产的生产作业计划

**1. 单件小批量生产的特点**

在单件小批量生产方式下，企业所生产的产品的品种多，每个品种的产量很小，基本上按照用户的订货需要组织生产；产品的结构与工艺有较大的差异；生产的稳定性和专业化程度很低；生产设备采用通用设备，按照工艺原则组织生产单位；每个工作中心承担多种生产任务；产品的生产过程间断时间、工艺路线和生产周期均比较长。但是，单件小批量生产方式生产灵活，对外部市场环境具有较好的适应性等。

**2. 单件小批量生产作业计划的编制**

由于每一种产品的产量很小，重复生产的可能性很小，无周转用在制品，因此在安排生产作业计划时，主要考虑期限上的衔接、负荷与生产能力的均衡。编制单件小批量生产作业计划常用的方法有以下几种：

（1）生产周期进度表法　首先，依据订货合同，确定产品的生产阶段。其次，编制订货说明书，具体规定该产品在各车间的投入与出产期限。最后，编制生产周期进度表。

（2）生产进度百分比法　所谓生产进度百分比法就是对某产品规定在各个时间段应完成总任务的百分比的方法。用百分比规定并控制各车间在每个时间段应完成的工作量，可以防止因生产延误而影响交货日期。具体过程是：首先，根据产品的出产日期及它们在各车间的生产周期，确定各车间制造该产品的时间。其次，根据进度要求，下达完成计划任务的百分比。最后，车间根据百分比，计算出该产品在本车间的总工作量并编制车间日历进度计划。此方法适用于生产周期长的大型产品。

（3）网络计划技术　网络计划技术是指在网络模型的基础上，对工程项目进行规划及有效地控制，使资源发挥最大的作用，节省费用、缩短工期、提高工作效率的一种科学方法，广泛用于项目管理、单件小批量生产的生产作业计划。网络计划技术应用于生产作业计划工作的主要过程分为以下三个阶段：

1）计划阶段。根据产品的结构、工艺路线、工序间的逻辑关系，绘制生产过程网络图。

2）进度安排阶段。依据网络图，确定生产过程的关键工序，利用非关键工序的时差，通过调整工序的起讫日期对制造资源进行合理分配，编制出各工序的开工与完工时间进度表。

3）控制阶段。应用网络图与时间进度表，定期对生产实际进展情况做出报告和分析，必要时修改网络图与进度表。

## 3.7　生产控制

### 3.7.1　生产控制的任务

生产控制是生产管理的重要职能，是实现生产计划和生产作业计划的重要手段。虽然生产计划和生产作业计划对日常生产活动已做了比较周密而具体的安排，但随着时间的推移，市场需求往往会发生变化。此外，由于各种生产准备工作不周全或生产现场偶然因素的影响，也会使计划产量和实际产量之间产生差距。因此，必须及时监督和检查，发现偏差，进行调节和校正工作，这就是生产控制。

企业从接到用户订单到把产品送到用户手中，需要各个部门配合行动。产品生产过程，实际上也是各个部门协调活动的过程。生产控制活动不是孤立进行的，各项生产活动，包括采购活动、材料验收、库存、生产技术准备活动（如图样、工艺过程卡准备等）、零件加工与装配活动等，都由生产计划与控制系统协调。计划的功能在于预先安排各项活动的内容，而生产控制的功能则在于实时调度各项与产品生产相关联的作业活动。生产控制根据各种活动过程反馈回来的信息，通过对生产系统状态的评价，决定调整各项活动的内容，确保计划目标的实现。生产计划能否完成，除了计划本身要合理外，生产过程中的执行与控制是另一个重要方面。生产计划工作完成之后，生产管理的任务就是如何保证计划得到贯彻执行的一致性，这就是生产控制的问题。生产计划与控制是生产管理同一个问题的两个方面，它们之间形成一个闭合的回路，如图 3-11 所示。

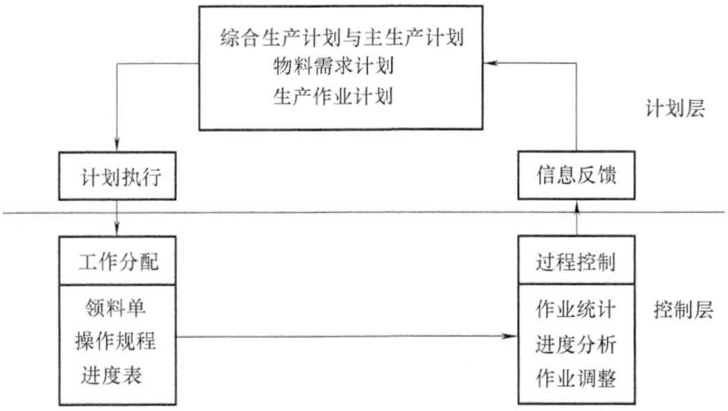


图 3-11　生产计划与控制系统

**1. 生产控制的定义及内容**

生产控制是指按照生产计划的要求，组织生产作业计划的实施，在实施中及时了解计划与实际之间的偏差，分析其原因，通过生产进度调整、劳动力的合理调配、生产能力的合理利用、准确控制物料供应等措施，以达到如期完成计划所规定的各项生产任务。

生产控制有广义和狭义之分。广义的生产控制是指从生产准备开始到进行生产，直至成品产出入库为止的全过程的全面控制。它包括计划安排、生产进度控制及调度、库存控制、质量控制、成本控制等内容。狭义的生产控制主要指的是对生产活动中生产进度控制，又称生产作业控制。

**2. 生产控制的作用与特性**

生产控制是保证生产计划、生产作业计划完成的有效手段，是协调各项生产活动的有力工具，是保证产品质量、降低生产成本、提高经济效益的重要环节。生产控制具有层次性与集成性两个特性。

**3. 生产控制的方式**

根据生产控制的自身特点，常把生产控制方式划分为以下三种。

（1）事后控制方式　事后控制是指将本期生产结果与期初所制定的计划相比较，找出差距，提出措施，在下一期的生产活动中实施控制的一种方式，属于反馈控制，控制的重点是下一期的生产活动。

事后控制方式的优点是方法简便、控制工作量小、费用低。其缺点是在“事后”，本期的损失无法挽回。

（2）事中控制方式　事中控制是通过对作业现场获取信息，实时地进行作业核算，并把结果与作业计划有关的指标进行对比分析。若有偏差，及时提出措施并实时地对生产活动实施控制，以确保生产活动沿着当期的计划目标而展开，控制的对象是当前的生产过程。

事中控制方式的优点是“实时”控制，保证本期计划如期准确完成。缺点是控制费用较高。这种控制方式在全面质量管理中得到广泛应用。

（3）事前控制方式　事前控制是在本期生产活动展开前，根据上期生产的实际成果及对影响本期生产的各种因素所做的预测，制订出各种控制方案（控制设想），在生产活动展开之前就进行针对有关影响因素的可能变化而调整“输入参数”，实行调节控制的一种方式。它可以确保最后完成计划，属于前馈控制。这种控制方式的重点是在事前的计划与执行中对有关影响因素的预测。

### 3.7.2　生产进度控制

**1. 定义**

生产进度控制是生产控制的中心任务之一，是指依据生产计划的要求对原材料投入生产到成品入库为止的全过程的进度进行控制，是生产作业控制的关键。生产进度控制贯穿于作业准备开始到作业结束为止的全部生产过程。生产进度控制的主要任务是依照预先制定的作业计划，检查各种零部件的投入和出产时间、数量以及配套性，保证产品能准时装配出厂。生产进度控制的目标应是准时产出，即只在需要的时间，按需要的品种生产需要的数量，各种零部件既不延期出产，以免影响产品的总装工作，也不提前出产，以免造成在制品过多积压，引起生产费用上升。企业常把成品产出进度的控制作为生产进度控制的主要对象。

**2. 影响生产进度的因素**

影响企业生产进度的主要因素有两大类。一类是企业的外部因素，如因运输不畅造成原材料未能如期到厂、意外的停电造成生产的中断等，这是企业的不可控因素。另一类是企业可以控制的内部因素，归纳起来，有以下几个方面：

（1）设备故障　在生产过程中，如设备出现故障的时间超出了计划允许的上限，则就会给生产造成“延迟”，特别是一些关键设备出现故障，则更会严重影响生产进度和按时交货。

（2）物资供应中断及组织不力造成供应中断　如果物资供应中断时间较长，而且加工计划未能做及时调整，就会严重影响生产进度。另外，由于组织不力引起前后道工序衔接不好，会造成后工序生产中断，如库存控制不合理、废品率过高等。

（3）废品率过高　一旦废品率超过计划上限，就会影响到生产进度。造成废品率过高的原因有许多，如设备加工精度下降、原材料有问题、人为因素等。

（4）员工缺勤率过高 员工缺勤率过高也会影响生产进度，特别是在流水线操作中，员工缺勤率过高，甚至会导致整条流水线的中断。

**3. 常用的生产进度控制措施**

1）备有足够库存量。这种措施简单、有效，但需要占用大量资金、承担库存损耗，而且还会掩盖管理中所存在的问题。

2）设法降低设备故障率。一方面通过建立一套严格的设备检修保养制度，做好设备维护保养工作；另一方面要提高抢修技术，缩短抢修时间。

3）加班赶工。通过加班赶工来弥补因各种原因造成损失的时间，以保证生产作业计划如期完成。

4）培养一专多能工人。通过培养一专多能工人，可在某些工作岗位上工人缺勤时，派其他工人顶上去，以减小因人员缺勤率过高对生产进度的影响。

### 3.7.3 生产成本控制

生产系统的目标是以最低的成本，在适当的时候提供适当数量、适当质量的产品。为了达到上述目标，除了控制数量、时间、质量之外，还必须监测实际生产成本的变化。评估企业绩效的基本准则是成本，整个组织都必须实施成本控制。

成本控制的目的是不断降低成本，在成本形成过程中影响成本的各因素都是成本控制的内容，如投产前的设计成本控制，投产后的制造成本和期间费用的控制、产品质量成本的控制及产品使用成本的控制等。

制造成本控制主要是对形成产品制造成本的变动成本和固定成本的控制。变动成本的控制包括对原材料、辅助材料、动力、燃料、包装物、备品备件、外购件、工器具等与产品产量变化有直接关系的物资消耗以及直接人工费用的控制。固定成本的控制是指与产品产量变化无直接关系的制造费用（如固定资产折旧费、租赁费、修理费等）的控制。

### 3.7.4 生产率控制

生产率控制同质量控制一样，也是一种现代企业管理方法，它是在工业发达国家兴起的一个十分热门的研究和应用领域。如果人们对质量控制（Quality Control，QC）很熟悉，就不难理解什么是生产率控制，因为生产率和质量一样是衡量生产系统绩效的重要指标。所不同的是生产率包含的内容更为广泛，影响因素更为复杂。

生产率控制是一个动态过程，通过对生产率的测定、评价、规划和改善，不断推动生产率的提高，实现生产过程的良性循环。在生产率循环中，“生产率改善”是关键。

生产率控制系统的运行过程是一个以提高生产率为目标，以生产率测定和评价为手段，对生产系统进行能动地控制的过程。由于生产率的提高是一个永无止境的目标，生产率控制成为促进生产系统改善和发展、不断提高生产率的重要因素。

## 3.8 案例分析1

2000年8月15日，联想集团正式对外宣布由联想、德国SAP公司和德勤企业咨询公司合作的联想集团ERP项目实施成功。联想集团ERP项目的成功不但创造了中国IT行业在

ERP 项目中的第一，也创造了一个新的传奇。

**1. 公司简介**

联想集团成立于 1984 年，是一家在信息产业内多元化发展的大型企业集团，是富有创新性的国际化的科技公司。从 1996 年开始，联想集团的计算机销量一直位居中国国内市场首位。2004 年，联想集团收购 IBM PC 事业部。2013 年，联想集团的计算机销售量升居世界第一，联想集团也成为全球最大的 PC 生产厂商。2014 年 10 月，联想集团宣布该公司已经完成对摩托罗拉移动业务的收购。自 2014 年 4 月 1 日起，联想集团成立了 4 个新的、相对独立的业务集团，分别是 PC 业务集团、移动业务集团、企业级业务集团、云服务业务集团。

**2. 联想项目实施背景介绍**

联想集团作为中国 IT 行业的“领头羊”，自 1984 年成立至今，由几个人投资十几万元人民币的小公司发展成为拥有员工近万人、年营业额 340 亿美元（2013 年）的集团性企业，所取得的成绩是惊人的。但是公司的“惊人效益”却是在管理严重滞后的情况下达到的。一方面，公司需要引进更新、更好的管理思想和管理模式，使企业保持不断前进的动力；另一方面，联想集团的业务范围也相当广泛，从计算机/网络产品代理、系统集成业务到联想自有计算机品牌业务，需要有与之相当的技术实现手段来帮助企业做好内部规范化管理。而企业内部当时使用的自行开发的管理信息系统（Management Information System，MIS）难以完成上述使命。在这样的背景下，联想集团开始寻找外部合作伙伴，考虑采用先进的 ERP 管理系统，并通过 ERP 管理系统的实施帮助企业搭建起内部管理的信息平台，提高管理水平。在经过一系列的选型调研活动之后，联想集团在 1998 年的 11 月 24 日正式与 SAP 公司签约。SAP 公司提供 ERP 应用软件（即 SAP R/3 系统），同时 SAP 中国公司提供部分咨询力量，参与联想集团 ERP 项目实施。

**3. 联想在实施 ERP 过程中遇到的问题和解决方案**

问题 1：实施 ERP 不仅是一个技术问题，同时还是一个管理问题，选择怎样的合作伙伴才能提高成功的概率？

解决方案：联想集团考虑到自身正面临强大的业务经营方面的压力，无法投入大量人力进行大规模的开发，因此决定购买成熟的 ERP 产品，采用国外企业实施 ERP 等信息系统时常采用的合作方式，即由软件供应商、咨询顾问公司共同为客户完成系统实施服务。SAP 公司是世界 500 强背后的管理大师，全球最大的企业管理和协同化电子商务解决方案供应商，其产品功能成熟，特别在财务管理和库存管理方面是国内产品所无法比拟的；德勤企业咨询公司在 EPR 方面有深厚的经验，而且该公司在国际范围内拥有为众多行业服务的经验和知识累积，拥有很好的 ERP 实施方法论。

问题 2：1998 年 11 月，联想集团开始实施 ERP 一期，4 个月后没有成效。危机一：联想集团内部认为 ERP 只是一个软件系统，当作 IT 项目来做，项目组以技术部门为主导，业务部门没有介入。由技术部门推动业务部门做，后者不积极，业务流程的设计优化根本没有办法深入，项目也无法推进。危机二：1999 年 1 月，德勤公司咨询顾问离开项目组，ERP 项目被迫终止。

解决方案一：1999 年 4 月，联想集团毅然重组 ERP 项目组，改为以业务部门为主、技术部门为辅的团队，由掌管财务和人力的助理总裁王晓岩出任项目总监，直接对柳传志负责。

解决方案二：业务部门梳理现有的业务流程，在技术项目组的全面支持下把业务流程系统化、集成化，然后把优化之后的流程在 ERP 系统中实现，实现流程电子化。联想集团从最初的依赖顾问转为“以我为主”，学习了德勤公司的知识和诀窍，进行“知识转移”。

问题3：SAP 软件集成了国际上许多先进企业的优秀经验，它本身包含着许多优秀的管理流程。SAP 公司也花了半年的时间，对联想集团的需求做了总体分析，并将其现有成熟管理方法有机地与现有系统进行了整合。但是联想集团本身已有一套很成熟的财务管理系统，如果全部照搬 SAP 流程，可能不适应现行业务特点。

解决方案一：强化沟通。

解决方案二：创造性地解决实际业务流程与 ERP 业务流程的矛盾，先按照 ERP 流程去做，再逐步优化。首先，SAP 对联想结合中国特色原有做法进行二次开』发，用来配置现有业务模式，如代理商政策；其次，业务调整，如财务部门；再次，全新引入 R/3 系统中极富特色的部分，如信用管理；最后，保留原有联想集团并非完全采用 R/3 的做法，如财务模块。

**4. 实施效果**

衡量 ERP 成功实施的标准是把企业所有的资源通过 ERP 系统紧密地结合起来，以达到资源利用的协调；通过整合使业务各环节资源的利用率得到提高。按照这个标准可以认为联想集团的 ERP 项目是成功的，因为通过 ERP，联想集团整合了业务各环节的资源并提高了效率。据统计，ERP 系统正常运营后，联想集团为客户的平均交货时间从 11 天缩短到 5.7 天，应收账周转天数从 23 天缩短到 15 天，订单人均日处理量从 13 件增加到 314 件，集团结账天数从 30 天缩短到 6 天，平均打款时间由 11.7 天缩短到 10.4 天，订单周期由 75h 缩短到 58h，结账天数由 20 天缩短到 1 天，加班人次从 70 人削减为 7 人，财务报表周期从 30 天缩至 12 天。

**5. 实施成功的关键**

1）联想集团高层领导的重视。

2）战略目标的制定与调整也是项目成功实施的关键。

3）充分证明了联想文化的力量。

4）得益于 SAP 公司、德勤顾问咨询公司的通力合作。

5）归功于联想集团成熟的管理机制和基础，特别是在人才和资金方面的雄厚积累。

**6. 案例总结**

（1）使财务管理真正成为企业管理的核心　信息化可实现企业运作过程中所有环节的人、财、物变化都通过财务绩效体现。ERP 系统中的财务信息化具有集成、共享、实时、精准四项特点。一是采用财务信息管理软件后，一般可在以下几个方面取得明显的效果：库存资金降低 15% ~40%；资金周转次数提高 50% ~200%；库存盘点误差率降低到 1% ~2%；短缺件减少 60% ~80%；劳动生产率提高 5% ~15%；加班工作量减少 10% ~30%；按期交货率达 90% ~98%；成本下降 7% ~12%；采购费用降低 5% 左右；利润增加 5% ~10% 等。二是可使管理人员从复杂的事务中解脱出来，真正把精力放在提高管理水平上，去解决管理中的实质性问题。三是可防范风险，保证给库存提供真实的信息，避免库存积压，决策失误。四是资金流动性加强。

（2）推动服务创新，提高客户满意度　通过构建客户信息数据库，用户每次访问都被记录下来，客户的每次购买行为也被记录下来，企业在接到客户咨询电话时，随时可调阅该名客户购买及被服务的记录，以便于向客户解答；企业也可以运用系统主动向客户了解购买需求及对产品和服务的满意度。

（3）提高企业效率，营造新型的企业文化　通过信息化、无纸化办公，可简化流程，节约成本，提高工作效率；通过信息化搭建网络交流平台，增强了员工凝聚力。

（4）提升风险防范能力，提高企业核心竞争力　信息化建设的效果不仅仅是提高效率，更重要的是能够降低决策中的不确定性和风险，支持组织结构和管理模式的变革，为企业大规模运作提供有力保障，大大提高企业的核心竞争力。

## 3.9　案例分析 2

下面主要介绍 M 奶业集团在系统中待解决的问题：日订单预测准确率低，无法 100% 满足日订单的供应，具体情况如图 3-12 所示。

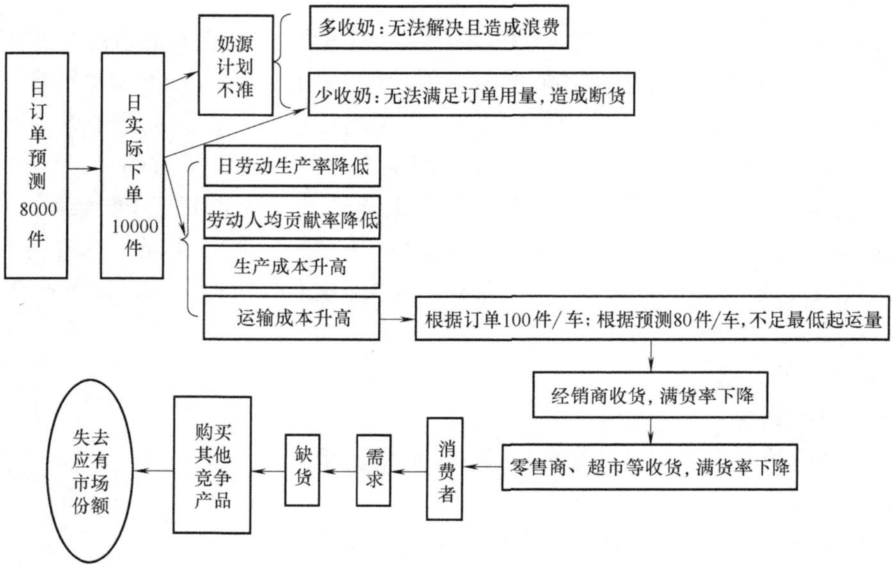


图 3-12　M 奶业集团订单问题分析

**1. 解决方案**

（1）从生产、仓储运输等环节（供应链内链）考虑解决方案

1）做出相匹配的最佳供应链成本结构（对生产、运输成本提出其匹配需求），预测人员需清楚最小生产量和最低起运量的成本，即市场订单需达到多少可使成本均衡，或达到多少收益最大。

2）预测人员和市场部人员沟通区域产品目标，如有偏差，如何调整市场计划，之后再与销售人员沟通目标情况，要求销售人员从市场终端需求的角度，找到调整后的目标差距，确定解决方案后执行。

3）销售业务人员与终端零售商一起下单，安排促销活动，和经销商一起制定方案来增加铺市率，以及对渠道拓展来增加销售量。

4）沟通后决定是否符合销售目标及是否能达成，确定方案后执行，并确定时间和地点，这是内链，无论如何生产，均可调整。

（2）预测人员根据公司生产的产品结构变化来调整生产和物流　例如：在某个区域内多生产能够增加附加值的销售产品，即每吨生产成本和每吨公里的运输成本就会降低，但要根据市场计划（产品目标）来进行相应调整。

（3）从增加安全库存的角度来考虑解决方案

1）安全库存量约占每日销售订单量的10%左右。

2）要求生产厂按照每日订单量的10%进行进货预留，库存周期为1天。

3）同时要求经销商每日也要有基础库存10%，以防止断货，并作当日二次补货的要求满足。例如，销售量大的商场超市，除了每天早上补货，下午也可进行补货，增加库存的同时，可有效调节生产和物流，也可有效调控销售终端，控制竞争对手的临时性促销活动。

**2. 调整后的评估**

1）库存周转天数：1天。

2）日订单满足率：98%。

3）订单计划预测准确率：90%。

## 思　考　题

1. 试分析综合生产计划与主生产计划的关系。

2. 已知某产品1~8周的需求预测和已有订货量见表3-15，期初库存为100件，每批安排生产批量为120件，试安排主生产进度。

**表3-15　产品各周需求量**　　（单位：件）

| 周次 | 1 | 2 | 3 | 4 | 5 | 6 | 7 | 8 |
|---|---|---|---|---|---|---|---|---|
| 需求预测 | 60 | 60 | 60 | 60 | 80 | 80 | 80 | 80 |
| 已订货量 | 40 | 40 | 30 | 20 | 10 | 5 | 0 | 0 |

3. MRP的关键因素有哪些？

4. 简述MRPⅡ与ERP的区别。

5. 生产控制的作用是什么？

# 第4章 人因工程学

## 4.1 人因工程学的定义及发展历程

早在远古人类祖先使用简单工具之初就出现了人因工程现象，可是直至近百年才被人类所关注，而系统地研究人因工程则是最近五十多年来的事，即1960年以后，人因工程才逐渐快速发展起来，并广受发达国家的重视。当今社会，科学技术作为第一生产力发挥着至关重要的作用。然而，科学技术发展与人的因素是不可分割的，研究工具设备及生产体系中的人的因素正是人因工程研究与发展的起因。随着生产技术的发展和人类对自身研究的深入，人因工程学不仅更深入地和技术融合在一起，同时也更深入地融入产品和人们的现实生活（如桌椅、浴盆、鼠标）之中。

### 4.1.1 人因工程学的命名

人因工程学在美国多称为“人类工程学”（Human Engineering）或“人类因素学”（Human Factors），也称“生物工艺学”（Biotechnology）、“工程心理学”（Engineering Psychology）或“应用实验心理学”（Applied Experimental Psychology）等，在西欧国家多称为“工效学”（Ergonomics）。“Ergonomics”一词是由希腊词根“ergon”（即工作、劳动）和“nomos”（即规律、规则）复合而成的，其本义为人的劳动规律。由于该词能够较全面地反映该学科的本质，又源自希腊文，便于翻译成各国语言时的统一，而且词义保持中立，因此，目前较多国家采用“Ergonomics”一词作为该学科的命名。

人因工程学在我国起步较晚，目前该学科在国内还没有统一的名称。除人因工程学外，还称之为人类工程学、人机工程学、人体工程学、人类工效学、宜人学、人-机-环境系统工程等。名称的不同，其研究的重点略有差别。

### 4.1.2 人因工程学的定义

与该学科的命名一样，对该学科的定义也没有统一，且随着科学技术的发展，其定义也在不断发生变化。美国人因工程学专家W·B·伍德森（W. B. Woodson）认为：人因工程学研究的是人与机器相互关系的合理方案，即对人的知觉显示、操纵控制、人机系统的设计及其布置和作业系统的组合等进行有效的研究，其目的在于获得最高的效率及在作业时感到安全和舒适。

苏联学者将人因工程学定义为：人因工程学研究人在生产过程中的可能性、劳动活动方式、劳动组织安排，从而提高人的工作效率，同时创造舒适和安全的劳动环境，以保障劳动者的健康，使人从生理和心理上都得到全面发展。

国际人类工效学学会（International Ergonomics Association，IEA）将人因工程学定义为：人因工程学是研究人在某种工作环境中的解剖学、生理学和心理学等方面的因素，研究人和机器及环境的相互作用，研究在工作、生活和休假时怎样统一考虑以提高工作效率，并保障人的健康、安全和舒适等的学科。该定义目前是最具权威性、最全面的定义。

《中国企业管理百科全书》中对人因工程学的定义为：人因工程学是研究人和机器、环境的相互作用及其合理结合，使设计的机器和环境系统适合人的生理、心理特点，以达到在生产中提高效率、安全、健康和舒适的目的的学科。

人因工程学可以简单定义为：按照人的特性设计和改善“人-机-环境”系统的科学。

人因工程学的特点是学科边界模糊，学科内容综合性强，涉及面广；人因工程学的研究对象是“人-机-环境”系统的整体状态和过程；其任务是使机器的设计和环境条件的设计适合于人，以保证人的操作简便省力、迅速准确及安全舒适，充分发挥人和机器的效能，使整个系统获得最佳的经济效益和社会效益。

### 4.1.3 人因工程学的研究内容与应用领域

**1. 研究内容**

人因工程学的研究包括理论研究和应用研究两个方面，但学科研究的总趋势还是侧重于应用。其主要内容可概括为以下 8 个方面：

（1）研究人的生理与心理特性　人因工程学系统地研究人体特性，如人的感知特性、信息加工能力、传递反应特性；人的工作负荷与效能、疲劳；人体尺寸、人体力量、人体活动范围；人的决策过程、影响效率和人为失误的因素等。

（2）研究人机系统总体设计　人机系统的效能取决于它的总体设计。系统设计的基本问题是人与机器之间的分工以及人与机器之间如何有效地进行信息交流等问题。

（3）研究人机界面设计　在人机系统中，人与机器相互作用的过程就是利用人机界面上的显示器与控制器，实现人与机器的信息交换的过程。研究人机界面的组成并使其优化匹配，产品就会在功能、质量、可靠性、造型及外观等方面得到改进和提高，也会增加产品的技术含量和附加值。

（4）研究工作场所设计和改善　工作场所设计包括工作场所总体布置、工作台或操作台与座椅设计、工作条件设计等。

（5）研究工作环境及其改善　作业环境包括一般工作环境，如照明、颜色、噪声、振动、温度、湿度、空气粉尘和有害气体等，也包括高空、深水、地下、加速、减速、高温、低温及辐射等特殊工作环境。

（6）研究作业方法及其改善　人因工程学主要研究人从事体力作业、技能作业和脑力作业时的生理与心理反应、工作能力及信息处理特点；研究作业时合理的负荷及能量消耗、工作与休息制度、作业条件、作业程序和方法；研究适宜作业的人机界面等。

（7）研究系统的安全性和可靠性　人因工程学研究人为失误的特征和规律、人的可靠性和安全性，找出导致人为失误的各种因素，以改进“人-机-环境”系统，通过主观因素和客观因素的相互补充和协调，克服不安全因素，搞好系统安全管理工作。

（8）研究组织与管理的效率　人因工程学研究人的决策行为模式；研究如何改进生产或服务流程；研究组织形式与组织界面，以便于员工参与管理和决策，使员工行为与组织目标相适应等。

**2. 应用领域**

人因工程学的应用涉及非常广泛的领域，我们把与人有直接关系的应用领域概括为机具、作业、环境和管理等几大类别。在机具类中按对象又分为机械、器具、设备与设施、被服等几种，为人因工程中具体研究人机匹配与人机界面的设计和改进。表4-1为人因工程学在各个应用领域里的示例。

**表4-1　人因工程学应用领域及示例**

| 设计与改进的范围 | 对　象 | 示　　例 |
|---|---|---|
| 机具 | 机械 | 机床、汽车、火车、飞机、宇宙飞船、船舶、起重机、农用机械、工作机械、计算机、仪器仪表、医疗器械、家用电器、运动与健身器械、摩托车、自行车、售货机、取款机、检票机等 |
| | 器具 | 工具、电话、电传、办公用具、软件、家具、清扫工具、卫生用具、厨房用具、防护用具、文具、玩具、书刊、广告、媒体、标志、标牌、包装用品、说明书等 |
| | 设备与设施 | 工厂、车间、成套设备、监控中心、军事系统、机场、码头、车站、道路系统、城市设施、住宅设施、无障碍设施、旅游与休闲设施、安全与防火设施、核能设施、场馆等 |
| | 被服 | 服装、鞋、帽、被褥、工作服、安全帽、工作靴等 |
| 作业 | 作业条件、作业方法、作业量、作业姿势、工具选择与放置等 | 生产作业、服务作业、驾驶作业、检验作业、监视作业、维修作业、计算机操作、办公室作业、体力作业、技能作业、脑力劳动、危险作业、女工作业、高龄人与残疾人作业，以及学习、训练、运动、康复等活动 |
| 环境 | 照明、颜色、音响、噪声、微气候、空气污染等 | 工厂、车间、控制中心、计算机室、操纵室、驾驶室、检验室、办公室、车厢、船舱、机舱、住宅、医院、学校、商店、地铁、候车室、会议室、业务与交易厅、餐厅、各种场馆及公共场所等 |
| 管理 | 人与组织、设备、信息、技术、职能、模式等 | 业务流程再造、生产与服务过程优化、组织结构与部门界面管理、管理运作模式、决策行为模式、参与管理制度、企业文化建设、管理信息系统、计算机集成制造系统、企业网络、模拟企业、程序与标准、沟通方式、人事制度、激励机制、人员选拔与培训、安全管理、技术创新、CI策划等 |

## 4.2　人的劳动形态特征

### 4.2.1　人体的形态测量

**1. 人体测量学的定义**

人体测量学是一门新兴的学科，它是通过测量人体各部位尺寸来确定个体之间和群体之间在人体尺寸上的差别，用以研究人的形态特征，从而为各种工业设计和工程设计提供人体测量数据。这些数据参数对工作空间设计，机器、设备设计以及操纵装置等的设计具有重要意义，并直接关系到合理地布置工作地，保证合理的工作姿势，使操作者能安全、舒适、准确地工作，减少疲劳和提高工作效率。

**2. 人体测量的基本术语**

GB/T 5703—2010《用于技术设计的人体基础项目》规定了人因工程学使用的人体测量

术语和人体测量方法，适用于成年人和青少年用仪器进行的测量。

（1）被测者姿势

1）立姿：身体挺直，头部以法兰克福平面定位，眼睛平视前方，肩部放松，上肢自然下垂，手伸直，掌心向内，手指轻贴大腿侧面，左、右足后跟并拢，前端分开大致呈 45°夹角，体重均匀分布于两足。为确保立姿正确，被测者应使足后跟、臀部和背部在同一铅垂面上。

2）坐姿：躯干挺直，头部以法兰克福平面定位，眼睛平视前方，膝弯曲大致成直角，足平放在地面上。为确保坐姿正确，被测者臀部、背部应在同一铅垂面上。

（2）测量基准面

人体测量基准面的定位是由三个互为垂直的轴（垂直轴、纵轴和横轴）来决定的。人体测量中设定的基准面有矢状面、正中矢状面、冠状面、水平面和眼耳平面，如图 4-1 所示。

1）矢状面。通过铅垂轴和纵轴的平面及与其平行的所有平面都称为矢状面。

2）正中矢状面。在矢状面中，把通过人体正中线的矢状面称为正中矢状平面。正中矢状平面将人体分成左、右对称的两个部分。

3）冠状面。通过铅垂轴和横轴的平面及与其平行的所有平面都称为冠状面。冠状面将人体分成前、后两个部分。

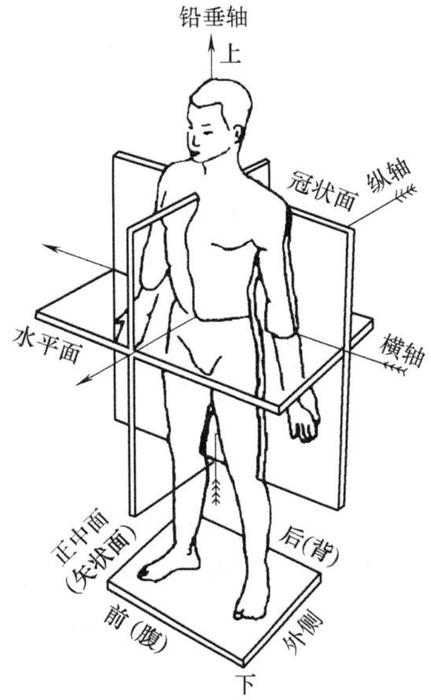


图 4-1　人体测量基准面和基准轴承

4）水平面。与矢状面及冠状面同时垂直的所有平面都称为水平面。水平面将人体分为上、下两个部分。

5）眼耳平面。当头的正中矢状面保持垂直时，通过左、右耳屏点及右眼眶下点的标准水平面称为法兰克福平面（OAE）或眼耳平面。

（3）测量方向

1）在人体上下方向上，将上方称为头侧端，将下方称为足侧端。

2）在人体左右方向上，将靠近正中矢状面的方向称为内侧，将远离正中矢状面的方向称为外侧。

3）在四肢上，将靠近四肢附着部位的称为近位，将远离四肢附着部位的称为远位。

4）对于上肢，将桡骨侧称为桡侧，将尺骨侧称为尺侧。

5）对于下肢，将胫骨侧称为胫侧，将腓骨侧称为腓侧。

（4）支撑面、衣着和测量精确度

1）支撑面。立姿时站立的地面或平台以及坐姿时的椅平面应是水平的、稳固的、不可压缩的。

2）衣着。要求被测者裸体或尽可能少着装，且免冠赤足。

3）测量值读数精确度。线性测量项目测量值读数精确度为 1mm，体重读数精确度为 0. 5kg。

**3. 人体测量数据的类型**

（1）静态测量数据　静态测量数据是人体处于固定的标准状态下测量的尺寸，可以测量许多不同的标准状态和不同部位。包括立姿、坐姿的人体各个部分的高度、长度、宽度、围径及体重、体积等。主要为人体各种装具设备提供数据，是人机系统不可缺少的参数，也是动态测量的基础。目前，我国成年人静态测量项目，国家标准中规定立姿有 12 项，坐姿 17 项。由于正常成年人的身体各部分之间都有一定的比例关系，因此，可根据这种比例关系推算其他形体参数。表 4-2 给出了静态测量数据的相关用途。

**表 4-2　静态测量数据的用途**

| 测量数据 | 用　　途 |
|---|---|
| 身高 | 确定设备、建筑物、车厢、船舱、护栏高度，服装尺寸 |
| 坐、立姿眼高 | 确定显示器高度，重要视看对象的位置 |
| 坐、立姿的肩高、肘高、肩宽、上臂长、手长 | 确定作业空间、最大作业范围、正常作业范围、最佳作业范围、工作面布置 |
| 大腿厚度、坐姿膝高 | 确定工作台的容膝空间 |
| 大腿小腿长、坐姿下肢长 | 确定脚控制装置的位置、尺寸 |
| 坐深、坐姿臀宽 | 确定工作椅、沙发尺寸 |
| 头、手、足尺寸 | 确定头盔、手柄、踏板、楼梯深度和鞋袜尺寸 |

（2）动态测量数据　动态测量数据是人在进行某种功能活动时肢体所能达到的空间范围，它是在动态的人体状态下测得的，是由关节的活动、转动所产生的角度与肢体的长度协调产生的范围尺寸，如：在某一活动时所测得的尺寸、活动角度、眼高的变化范围、手臂所及范围、手的活动范围、下肢所及范围、上下肢各关节合理伸屈范围等。

这些数据会受身体其他部位的牵制，还会受动作强度和精度要求、用力情况及身体有无支撑和衣着、装备的影响，所以很复杂，但对确定工作最方便的正常所及区，保证肢体活动符合生理规律是非常重要的。

**4. 人体测量中的统计术语**

（1）总体　统计学中，把所要研究的全体对象的集合称为“总体”。人体尺寸测量中，总体是按一定特征被划分的人群。因此，设计产品时必须了解总体的特性，并且对该总体命名，例如，中国成年人、中国 3 岁以下儿童等。

（2）样本　把从总体中取出的许多个体的全部称为“样本”。各种人体尺寸手册中的数据就是来自这些样本，因此，设计人员必须了解样本的特点及其表达的总体。

（3）均值　均值表示分布的集中趋势，是样本测量数据集中地趋向某一个值，可用来衡量一定条件下的测量水平和概括地表现测量数据的集中情况。它是描述测量数据位置特征的值。

（4）标准差　它表示一系列测量值对平均值的波动情况，标准差大，表示数据分布广，远离平均数；标准差小，表示数据接近平均数。通过标准差的数值可以衡量变量值的变异程度和离散程度，也可以概括地估计变量值的频数分布。

（5）百分位　人体测量数据常以百分位数 $P_k$ 表示，其含义为某一人体尺寸和小于该尺寸的人占统计对象总人数的百分比。在设计中最常用的是 $P_5$，$P_{50}$，$P_{95}$ 三种百分位数。如以身高为例：第 5 百分位数是代表“小”身材，表示有 5% 的人身高等于或小于这个尺寸。换句话说就是有 95% 的人身高大于这个尺寸。第 50 百分位数表示“中”身材，指大于和小于此人群身高尺寸的人数各占50%。第95百分位数代表“大”身材，表示有95%的人身高等于或小于这个尺寸，5%的人具有更高的身高。例如，身高分布的第5百分位数为1.543 m，则表示有5%的人的身高低于这个高度。我国成年男、女常用人体主要尺寸的部位如图4-2所示，主要尺寸见表4-3。

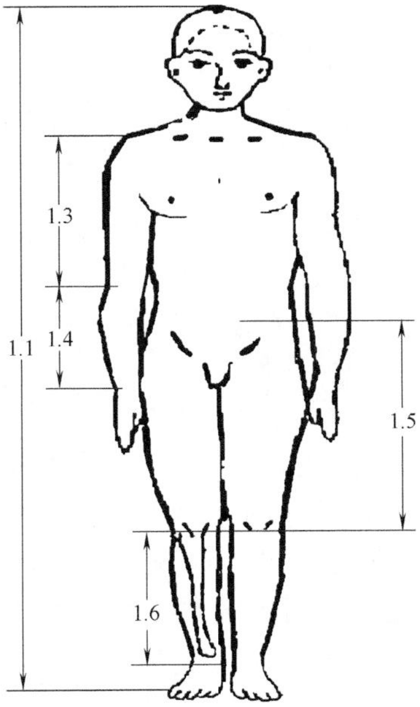

图4-2 人体主要尺寸

**5. 坐姿人体尺寸**

标准中的成年人坐姿人体尺寸包括：坐高、坐姿颈椎点高、坐姿眼高、坐姿肩高、坐姿肘高、坐姿大腿厚、坐姿膝高、小腿加足高、坐深、臀膝距、坐姿下肢长等，坐姿尺寸部位如图4-3所示，表4-4为我国成年人的坐姿人体尺寸。

**6. 人体测量数据的影响因素**

（1）性别

1）对于大多数人体尺寸，男性比女性大些。

2）同整个身体相比，女性的手臂和腿较短，躯干和头占的比例较大，肩较窄，骨盆较宽。

**表4-3 人体主要尺寸**

| 测量项目 | 男(18~60岁) | | | 女(18~55岁) | | |
|---|---|---|---|---|---|---|
| | $P_5$ | $P_{50}$ | $P_{95}$ | $P_5$ | $P_{50}$ | $P_{95}$ |
| 1.1 身高/mm | 1583 | 1678 | 1775 | 1484 | 1570 | 1659 |
| 1.2 体重/kg | 48 | 59 | 75 | 42 | 52 | 66 |
| 1.3 上臂长/mm | 289 | 313 | 338 | 262 | 284 | 308 |
| 1.4 前臂长/mm | 216 | 237 | 258 | 193 | 213 | 234 |
| 1.5 大腿长/mm | 428 | 465 | 505 | 402 | 438 | 476 |
| 1.6 小腿长/mm | 338 | 369 | 403 | 313 | 344 | 376 |

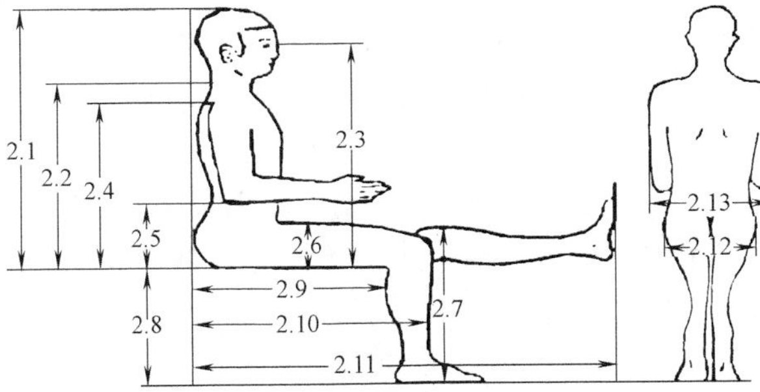

图4-3 坐姿人体尺寸

**表4-4 坐姿人体尺寸** （单位：mm）

| 测量项目 | 男(18~60岁) | | | | | | | 女(18~55岁) | | | | | | |
|---|---|---|---|---|---|---|---|---|---|---|---|---|---|---|
| | $P_1$ | $P_5$ | $P_{10}$ | $P_{50}$ | $P_{90}$ | $P_{95}$ | $P_{99}$ | $P_1$ | $P_5$ | $P_{10}$ | $P_{50}$ | $P_{90}$ | $P_{95}$ | $P_{99}$ |
| 2.1 坐高 | 836 | 858 | 870 | 908 | 947 | 958 | 979 | 789 | 809 | 819 | 855 | 891 | 901 | 920 |
| 2.2 坐姿颈椎点高 | 599 | 615 | 624 | 657 | 691 | 701 | 719 | 563 | 579 | 587 | 617 | 648 | 657 | 675 |
| 2.3 坐姿眼高 | 729 | 749 | 761 | 798 | 836 | 847 | 868 | 678 | 695 | 704 | 739 | 773 | 783 | 803 |
| 2.4 坐姿肩高 | 539 | 557 | 566 | 598 | 631 | 641 | 659 | 504 | 518 | 526 | 556 | 585 | 594 | 609 |
| 2.5 坐姿肘高 | 214 | 228 | 235 | 263 | 291 | 298 | 312 | 201 | 215 | 223 | 251 | 277 | 284 | 299 |

（续）

| 测量项目 | 男(18～60岁) | | | | | | | 女(18～55岁) | | | | | | |
|---|---|---|---|---|---|---|---|---|---|---|---|---|---|---|
| | $P_1$ | $P_5$ | $P_{10}$ | $P_{50}$ | $P_{90}$ | $P_{95}$ | $P_{99}$ | $P_1$ | $P_5$ | $P_{10}$ | $P_{50}$ | $P_{90}$ | $P_{95}$ | $P_{99}$ |
| 2.6 坐姿大腿厚 | 103 | 112 | 116 | 130 | 146 | 151 | 160 | 107 | 113 | 117 | 130 | 146 | 151 | 160 |
| 2.7 坐姿膝高 | 441 | 456 | 461 | 493 | 523 | 532 | 549 | 410 | 424 | 431 | 458 | 485 | 493 | 507 |
| 2.8 小腿加足高 | 372 | 383 | 389 | 413 | 439 | 448 | 463 | 331 | 342 | 350 | 382 | 399 | 405 | 417 |
| 2.9 坐深 | 407 | 421 | 429 | 457 | 486 | 494 | 510 | 388 | 401 | 408 | 433 | 461 | 469 | 485 |
| 2.10 臀膝距 | 499 | 515 | 524 | 554 | 585 | 595 | 613 | 481 | 495 | 502 | 529 | 561 | 570 | 587 |
| 2.11 坐姿下肢长 | 892 | 921 | 937 | 992 | 1046 | 1063 | 1069 | 826 | 851 | 865 | 912 | 960 | 975 | 1005 |
| 2.12 坐姿臀宽 | 284 | 295 | 300 | 321 | 347 | 355 | 369 | 295 | 310 | 318 | 344 | 374 | 382 | 400 |
| 2.13 坐姿两肘间宽 | 353 | 371 | 381 | 422 | 473 | 489 | 518 | 326 | 348 | 360 | 404 | 460 | 478 | 509 |

3）皮下脂肪厚度及脂肪层在身体上的分布，男女也有明显差别。

4）在腿的长度尺寸起重要作用的场所，考虑女性的人体尺寸至关重要。

（2）年龄　人在未成年之前，身体逐渐长高，成年后变得基本稳定，进入中老年后开始萎缩。对于未成年人来说，年龄对人的尺寸有很大的影响，对成年人来讲，这个影响就很小。一般来说，年龄对人的力量的影响比对身体尺寸的影响要大得多。

（3）地区与种族　不同的国家，不同的种族，因地理环境、生活习惯、遗传特质的不同，人体尺寸的差异是十分明显的，即使是同一国家，不同地区的人体尺寸也有差异。因此，在设计中要考虑产品的多民族的通用性。

（4）世代差异　进行一次人体测量需耗费大量的人力、物力和时间，制定一次标准必须使用若干年，但人体的尺寸却随着年代变化。例如，欧洲的居民预计每10年身高增长10～14mm。据统计，过去30年，日本人的平均身高增长了8cm之多。因此，在使用数据时，必须考虑测量的年代，进行必要的修正。

**7. 人体测量尺寸的修正**

首先，有关人体尺寸标准中所列的数据是在裸体或穿单薄内衣条件下测得的，测量时不穿鞋或穿着纸拖鞋。而设计中所涉及的人体尺寸应该是在穿衣、穿鞋等条件下的人体尺寸。因此，考虑有关人体尺寸时，必须给衣服、鞋子等留下适当的余量，也就是在人体尺寸上增加适当的着装修正量。其次，在人体测量时要求躯干为挺直姿势，而人在正常作业时，躯干为自然放松姿势，因此要考虑姿势不同而引起的变化量。此外，还需要考虑实现产品不同操作功能所需的修正量。

（1）着装修正量　由于在实际中用到的一般都是人体着装时的尺寸，所以对前面所说的人体结构尺寸在实际应用中要根据研究对象的不同进行修正，获得人体着装以后的结构尺寸。着装和穿鞋后人体尺寸修正量见表4-5。

（2）功能修正量　功能修正量是考虑了人的姿势不同和实现产品不同操作功能所需的修正量，可通过实验或统计数据得到。立姿时身高、眼高减10mm，坐姿时坐高、眼高减44mm。

（3）心理修正量　心理修正量是为了克服人们心理上产生的空间压抑感、高度恐惧感等感受，或者为了满足人们求美、求奇等心理需要，在产品最小功能尺寸上附加的一项增量。心理修正量一般由实验方法求得，通过被试者主观评价表的评分结果进行统计分析，据此求得心理修正量。

**8. 产品功能尺寸的设定**

产品功能尺寸是指为确保实现产品某一功能而在设计时规定的产品尺寸。该尺寸通常以设计界限值确定的人体尺寸为依据，再加上为确保产品某项功能实现所需的修正量。产品功能尺寸有最小功能尺寸和最佳功能尺寸两种，具体设定的公式如下：

表 4-5 着装和穿鞋后人体尺寸修正量 （单位：mm）

| 测量项目 | 尺寸修正量 | 修正原因 |
|---|---|---|
| 立姿高 | 25～38 | 鞋高 |
| 坐姿高 | 3 | 裤厚 |
| 立姿眼高 | 36 | 鞋高 |
| 坐姿眼高 | 3 | 裤厚 |
| 肩宽 | 13 | 衣 |
| 胸宽 | 8 | 衣 |
| 胸厚 | 18 | 衣 |
| 腹厚 | 23 | 衣 |
| 立姿臀宽 | 13 | 衣 |
| 坐姿臀宽 | 13 | 衣 |
| 肩高 | 10 | 衣（包括坐高3及肩7） |
| 两肘间宽 | 20 | |
| 肩-肘 | 8 | 手臂弯曲时，肩肘部衣物压紧 |
| 臂-手 | 5 | |
| Akunbo 叉腰 | 8 | |
| 大腿厚 | 13 | |
| 膝宽 | 8 | |
| 膝高 | 33 | |
| 臀-膝 | 5 | |
| 脚宽 | 13～20 | |
| 脚长 | 30～38 | |
| 脚后跟 | 25～38 | |

$$S_{min} = S_{\alpha} + \Delta f \tag{4-1}$$

$$S_{opm} = S_{\alpha} + \Delta f + \Delta \rho \tag{4-2}$$

式中 $S_{min}$——最小功能尺寸；

$S_{opm}$——最佳功能尺寸；

$S_{\alpha}$——第 $\alpha$ 百分位人体尺寸数据；

$\Delta f$——功能修正量；

$\Delta \rho$——心理修正量。

### 4.2.2 人的劳动心理特征

劳动心理学是心理学的一个分支，其特点是结合劳动过程，研究劳动者的心理反应、心理活动及心理规律。它以普通心理学、社会心理学、管理心理学等研究成果为理论基础，结合劳动过程和劳动组织的实际，围绕劳动者的需要、动机、行为，劳动者的个体心理素质，劳动者的群体心理现象，劳动者心理保健及安全生产等内容，讨论劳动管理中如何运用心理学知识，激发劳动者的积极性问题。

**1. 感觉**

人通过自己的感觉器官获得关于周围环境的各种信息，因此感觉器官是人的信息处理系统的输入子系统。人的感觉有视觉、听觉、触觉、嗅觉、味觉、动觉等多种，其中视觉和听觉是信息输入的主要感觉通道。每种感觉通道都有其特殊的功能和作用，但也都有其局限性。这种局限性可能直接影响信息输入，进而可能影响更高水平的信息处理。感觉器官可接受外界刺激的范围被称为感觉阈限，感觉阈限有绝对阈限和相对阈限两个概念。

**2. 知觉**

感觉的第二个阶段是把感受到的外界刺激与储存在大脑中的信息进行比较，也即对外界刺激进行编码，使它成为人的信息中心能够识别的形式。心理学把这一阶段的感觉称为知觉。知觉是作用于感觉器官的客观事物的各个部分和属性的整体在头脑中的反映。

（1）知觉与感觉的关系

1）联系：知觉与感觉一样，是事物直接作用于感觉器官产生的，同属于对现实的感性反映形式；知觉以感觉为基础。

2）区别：知觉以感觉为基础，但它不是个别感觉信息的简单相加。它比个别感觉的简单相加要复杂得多。

（2）知觉的基本特性

1）知觉的整体性：把知觉对象的各种属性、各个部分知觉形成一个统一的有机整体，这种特性称为知觉的整体性，如图 4-4 所示。

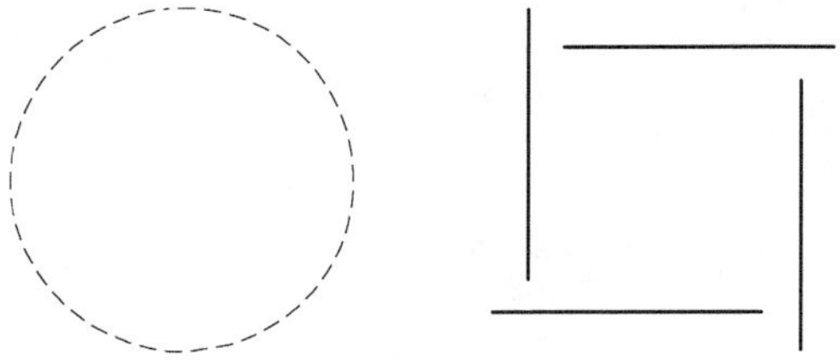

图 4-4　知觉的整体性

2）知觉的理解性：根据已有的知识经验去理解当前的感知对象，这种特性称为知觉的理解性。

3）知觉的恒常性：人们总是根据以往的印象、知识、经验去知觉当前的知觉对象，当知觉的条件在一定范围内改变时，知觉映像仍然保持相对不变，这种特性称为知觉的恒常性。包括亮度恒常性、大小恒常性、颜色恒常性、形状恒常性、听觉恒常性等。

4）知觉的选择性：作用于感官的事物是很多的，但人不能同时知觉作用于感官的所有事物或清楚地知觉事物的全部。人们总是按照某种需要或目的主动地、有意识地选择其中少数事物作为知觉对象，对它产生突出清晰的知觉映像，而对同时作用于感官的周围其他事物则呈现隐退模糊的知觉映像，从而成为烘托知觉对象的背景，这种特性称为知觉的选择性，如图 4-5 所示。

图 4-5　知觉的选择性

**3. 记忆**

记忆是人脑对经验过事物的识记、保持、再现或再认，它是进行思维、想象等高级心理活动的基础。大量心理学研究的结果表明，人有三种不同的记忆。

（1）瞬时记忆　瞬时记忆是在各感觉器官的后面，储存人感觉到的信息，所以也被称为感觉信息存储。

（2）短期记忆　这种记忆只有很小的容量和很短的寿命。但它的容量对于存储单元的长度并不太敏感。显然，这不是前面所说的感觉信息存储，因为那种记忆只保持几分之一秒，但这也不是长期记忆，因为长期记忆可使信息无限期保存，短期记忆只持续很短时间，所以被称为短期记忆。

（3）长期记忆　长期记忆是保持1min以上到几年，甚至更长时间的记忆。人的知识经验就是保持在长期记忆中的信息。长期记忆的内容是以往信息加工的结果，比较稳定，具有备用的作用，对人的活动不会增加过多的负担。人的长期记忆的容量很大，几乎是无限的。

**4. 思维**

思维最初是人脑借助于语言对客观事物的概括和间接的反应过程。思维以感知为基础又超越感知的界限。它探索与发现事物的内部本质联系和规律性，是认识过程的高级阶段。

### 4.2.3　人的劳动生理特征

**1. 体力工作负荷及其测定**

体力工作负荷测定的目的是通过运用一些生理指标和生化指标的变化来测定人体工作负荷水平。体力工作负荷可以从生理变化、生化变化、主观感觉三个方面进行测定。

**2. 体力劳动时人体的调节与适应**

（1）神经系统的调节与适应　作业时的每一个有目的的动作，既取决于中枢神经系统的调节作用，又取决于从机体内外感受器所传入的各种神经冲动，形成一时性共济联系，在大脑皮层内进行综合分析，调节各器官适应作业活动的需要，维持机体与环境的平衡。

当长期在同一劳动环境中从事某一项作业活动时，通过复合条件反射逐渐形成该项作业的动力定型，使从事该作业时各器官系统相互配合得更协调、反应更迅速、能耗更节省、作业更轻松。

（2）心血管系统的调节与适应　成人安静时的心率平均为每分钟75次，一般女子的心率较男子稍快，经常参加体育锻炼的人安静时的心率较慢。人的心率在作业开始30～40s内迅速增加，然后缓慢上升，一般经过5min后达到与劳动强度相适应的稳定水平。停止作业后，在15s内迅速减少，然后再缓慢减少至正常水平。一般认为，男性作业时心率为每分钟110～115次，停止作业后15min恢复到安静心率时，则为体力劳动负荷的最佳范围，可连续工作8h。

（3）呼吸系统的调节与适应　平静呼吸时，正常成年人呼吸频率为每分钟12～18次，呼吸深度为500mL，则每分钟的通气量6～9L。呼吸的频率随作业强度的增加而增加，重强度作业时约每分钟30次，极大强度作业时可达每分钟60次，但恢复较快。

**3. 劳动强度**

（1）劳动强度的概念　劳动强度是指作业者在作业过程中体力消耗及紧张程度，即劳动量（肌肉能量和神经能量）的支出和劳动时间的比率。劳动强度是用来计量单位时间劳动消耗的一个指标。劳动强度不同，单位时间人体所消耗的能量也不同。通常单位时间内劳动量消耗越多，劳动强度越大。

（2）体力劳动强度分级　体力劳动强度分级是中国制定的劳动保护工作科学管理的一项基础标准，是确定体力劳动强度大小的根据。应用这一标准，可以明确工人体力劳动强度的重点工种或工序，以便有重点、有计划地减轻工人的体力劳动强度，提高劳动生产率。以能量消耗为指标划分劳动强度时，耗氧量、心率、直肠温度、排汗率具有相同的意义。劳动强度分级见表4-6。

**4. 作业能力及作业疲劳**

（1）作业能力的动态分析　作业能力是指作业者完成某项作业所具备的生理、心理特征，综合体现的个体所蕴藏的内部潜力。生理、心理特征，可以从作业者单位时间内生产的产品产量和质量间接体现出来。实际中，生产成果除受作业能力的影响之外，还受到作业动机等因素的影响。影响作业能力的主要因素包括生理因素、环境因素、工作条件与性质、锻炼与熟练程度等。

**表 4-6　劳动强度分级**

| 劳动强度等级 | 很轻 | 轻 | 中等 | 重 | 很重 | 极重 |
|---|---|---|---|---|---|---|
| 耗氧量/(L/min) | ≤0.5 | 0.5~1.0 | 1.0~1.5 | 1.5~2.0 | 2.0~2.5 | >2.5 |
| 能量消耗/(kJ/min) | ≤10.5 | 10.5~20.9 | 20.9~31.4 | 31.4~41.9 | 41.9~52.3 | >52.3 |
| 心率/(beats/min) | | 75~100 | 100~125 | 125~150 | 150~175 | >175 |
| 直肠温度/℃ | | | 37.5~38 | 38~38.5 | 38.5~39 | >39 |
| 排汗率/(mL/h) | | | 200~400 | 400~600 | 600~800 | >800 |

（2）作业疲劳及其测定

1）作业疲劳的概念。作业疲劳是指劳动者在劳动过程中，出现的劳动机能衰退，作业能力下降，有时伴有疲倦感等自觉症状的现象。

2）作业疲劳的测定方法。疲劳表现出的特征有身体的生理状态变化、进行特定作业时的作业能力下降等，常用的检测作业疲劳的方法有两种：工作业绩测量法和生理心理测试法。

① 工作业绩测量法。当人的工作效率或工作质量开始下降时，疲劳也产生了。因此通过人的工作效率的下降程度，可以判断人的疲劳程度。但是仅依靠工作业绩法测量疲劳是不够的，必须与测量疲劳的其他方法结合使用。这种方法不够准确，但简单易行，而且比较客观。测量指标包括：完成产品的数量、次品率以及出现错误或发生事故的概率等。

② 生理心理测试法。

a. 膝跳反射机能检查法：用小硬橡胶锤，按照规定的冲击力敲击被测者的膝部，依据小锤落下使膝盖腱反射的最小落下角度的变化来评价疲劳程度。被测者疲劳程度不同，反射运动钝化程度也不同。膝跳反射阈值随疲劳程度的增大而增大。

b. 心率血压测定法：轻作业中，人的心率增加不多；重作业时心率能上升到每分钟150~200次，这时，心脏每搏输出血液量由安静时的40~70mL可增大到150mL，每分钟输出血液量可达15~25L，经常锻炼的人可达每分钟35L。作业停止后，心率可在几秒至十几秒内迅速减少，然后缓慢地降到原来水平。其恢复时间的长短可作为疲劳程度的鉴定依据。

c. 两点刺激敏感阈值检查法：采用两个近距离的针状物同时刺激皮肤表面，当两个刺激点间的距离小到刚刚使被测者感到是“一点”时的距离，称为两点刺激敏感阈限。作业机体疲劳使感觉机能迟钝，两点刺激敏感阈限增大。

d. 闪光融合值检查法：利用视觉对光源闪变频率的辨别程度判断机体的疲劳程度。当光源闪变频率提高到使人眼对光源闪变感觉消失时，称为“融合现象”，此时的闪变频率称为“融合度”。相反，在融合状态下，降低光源的闪变频率使人眼产生闪变感觉的临界闪变频率，称为“闪变度”。融合度与闪变度的均值称为闪光融合值。人体疲劳后闪光融合值降低，说明视觉神经出现钝化。

e. 连续色名呼叫检查法：通过检查作业者识别各种颜色，并能正确地叫出各种颜色色名的能力，判别作业者是否疲劳。一般准备 4 种颜色板若干块，以较快的速度抽取颜色板，同时让作业者以最快的速度回答。作业者在疲劳状态下，回答速度慢且错误率高。

f. 反应时间测定法：反应时间的变化也同样能够表征中枢系统机能的迟钝化程度。测定作业者的反应时间，依据其反应时间的快慢判断作业者中枢系统机能迟钝化程度与大脑兴奋水平。

## 4.3　人的系统功能特征

### 4.3.1　人的神经系统

神经系统是机体的主导系统，全身各器官、系统均在神经系统的统一控制和调节下，互相影响、互相协调，保证机体的整体统一及其与外界环境的相对平衡。神经系统是心理现象的物质基础，从心理学角度看，人的一切心理和意识活动都是通过神经系统的活动来实现的。神经系统可分为中枢神经系统和末梢神经系统，中枢神经系统包括大脑半球、小脑、间脑、中脑、后脑、延髓和脊髓，末梢神经系统包括传入神经、传出神经和植物神经。神经系统的作用是协调人体对外部信息做出反应，维持人体内外平衡。

### 4.3.2　人的视觉信息接收系统

**1. 视觉器官**

视觉器官是人体感受光刺激的结构，能感受光波的刺激，经视神经传导至大脑皮质视觉中枢而引起视觉。眼球是视觉器官。它类似于照相机的功能，晶状体就相当于镜头，视网膜就相当于胶片，感光并引起兴奋的是视网膜上的视细胞。产生视感的视细胞又可分为杆状细胞和锥状细胞。杆状细胞分布在视网膜的周围，能感受明暗，只在低照度下（如夜间）起作用，不能感受颜色。锥状细胞密集在视网膜的中心，离中心越远，数量越少，它除感受明暗外，还能感受颜色，比杆状细胞有较高的视觉敏感性，能在较高照度下（如白天）起作用。光线通过瞳孔进入眼中，瞳孔的直径大小是由虹膜控制的，这使眼睛可在更大范围内适应光强的变化。视觉的适宜刺激是光，光是一种电磁辐射波。电磁波的波谱范围极广，其中人眼所能感受到的电磁波长为 380 ~ 780nm，此范围内的光叫可见光。波长大于 780nm 的红外线，或波长小于 380nm 的紫外线等都不能引起视觉的反应。如图 4-6 所示，人眼能感觉到不同的颜色的波长范围。

**2. 视觉机能**

（1）视角　视角是由瞳孔中心到被观察物体两端所张开的角度。眼睛能分辨被看物体最近两点光线投入眼球时的交角，称为最小视角。

（2）视力　视力是眼睛分辨物体细节能力的一个生理尺度，用最小视角的倒数来表示，即：视力 = 1/最小视角。

（3）色觉　人辨别颜色的能力称为色觉，以反映视网膜对不同波长光的感受特性。人眼视锥感光细胞内有红、绿、蓝三种不同的感光色素，根据红、绿、蓝三种光混合比例不同，就可形成不同的颜色，从而产生各种色觉。红、绿、蓝三种颜色称为三原色。当视锥细

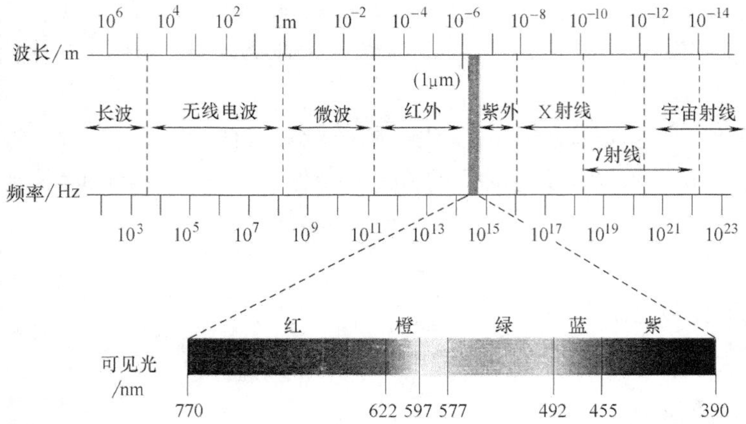


图 4-6 电磁波长范围及可见光谱

胞出现异常时，人的眼睛辨别颜色的能力就要打折扣，即通常所说的色盲或色弱。若视锥细胞什么颜色都不能感受，则是全色盲。色盲会妨碍我们的生活和工作。

（4）视野　一般视野是指当人的头部和眼球不动时，人眼能看到的空间范围，通常以角度表示。色觉视野是指不同的颜色对人眼的刺激不同，所以视野也不同。白色的视野最大，黄、蓝、绿色的视野依次减小。

（5）视距　视距是人在操作中正常的观察距离。视距一般根据观察目标的大小和形状以及工作要求来确定。通常，观察目标在 56cm 处为适宜，低于 38cm 时会引起目眩，超过 76cm 时目标细节看不清楚。

（6）视觉适应　视觉适应是人眼随视觉环境中光量变化而感受性发生变化的过程。视觉适应分为暗适应和明适应。

1）人从明亮的环境转入暗环境，在暗环境中视网膜上的视杆细胞感受光的刺激，使视觉感受性逐步提高的过程称为暗适应。暗适应过程的时间较长，最初为 5min，适应的速度很快，以后逐渐减慢。获得 80% 的暗适应约需 25min，完全适应则需 1h。人在暗环境中可以看到大的物体、运动物体，但不能看清细节，也不能辨别颜色。

2）人从暗环境转入明亮的环境，视杆细胞失去感光作用而视网膜上的视锥细胞感受强光的刺激，使视觉阈限由很低提高到正常水平的过程称为明适应。明适应在最初 30s 内进行得很快，然后渐慢，1 ~2min 即可完全适应。人在明亮的环境中，不仅可以辨认细节而且可以辨别颜色。

（7）视觉运动规律

1）人眼的水平运动比垂直运动要快。

2）视线习惯于从左到右和从上到下看。

3）看圆形物体总是习惯沿顺时针方向看。

4）眼睛朝上下方向运动比按水平方向运动容易疲劳。

5）对水平方向尺寸的估计要正确得多。

6）两眼运动协调一致同步。

7）对直线轮廓比曲线轮廓更易接受。

### 4.3.3　人的听觉信息接收系统

耳朵是听觉器官，它是由外耳、中耳和内耳三个部分组成的。外耳受到声音刺激，声波的交变压力经外耳推动鼓膜；由鼓膜接收到振动在中耳的三块听小骨中放大，再传至内耳；内耳是声音受纳器细胞的所在地，振动通过内耳传递到神经末梢，即把机械性的声能转变成神经能，传至大脑，形成人对声音的感觉。声音是听觉的刺激，它是由物体振动所产生的。振动以波的方式进行传播，称为声波，一定频率范围的声波作用于人耳就产生了声音的感觉。人耳的可听范围是频率为20～20000Hz的声波，低于20Hz的次声波和高于20000Hz的超声波人耳都听不见。一般音乐的频率范围为40～15000Hz，人说话的频率范围为100～8000Hz。

频率是指发声物体每秒振动的次数，单位是Hz。它决定着音调的高低。

振幅是指振动物体偏离起始位置的大小。发声体振幅大，对空气压力大，听到的声音就强；振幅小，压力小，听到的声音就弱。

波形决定音色。声波最简单的形状是正弦波，由正弦波得到的声音叫纯音。在日常生活中，人们听到的大部分声音不是纯音，而是复合音。

**1. 声音的度量**

（1）声压　声波在对空气介质扰动的过程中，对正常大气压附加了一定的压力，该附加的压力称为声压，以 $p$ 表示，单位为帕（Pa）。声压的大小反映了声音音响程度的强弱。正常人耳能够听到的最低声音的声压为 $2\times10^{-5}$Pa，称此声压称为“听阈声压”（也称基准声压），而声压达20Pa时会使人耳产生疼痛感，该声压称为“痛阈声压”。

（2）声压级　声压与基准声压之比的以10为底的对数的20倍称为声压级，用 $L_p$ 表示，单位为分贝（dB）。

$$L_p = 20\lg\frac{p}{p_0} \tag{4-3}$$

式中　$p$——声压（Pa）；

$p_0$——基准声压，$p_0 = 2\times10^{-5}$ Pa。

这样，从听阈声压0.00002Pa到痛阈声压20Pa，就可相应地用声压级0～120dB来表示。

**2. 人耳对声音的主观感觉**

（1）响度级　响度级（$L_N$）是声音响度的相对量，将1000Hz纯音的声压级的分贝值定为响度级的基准值，单位为方。以1000Hz的纯音为基准音，其他音与其相比较。如67dB、100Hz的声音与60dB、1000Hz的基准音同响，则67dB、100Hz声音的响度级为60方。

（2）响度　响度是人耳对声音强度所产生的主观量，以 $N$ 表示，单位为宋，1宋=40方。响度与响度级的关系为

$$N = 2^{0.1(L_N-40)} \tag{4-4}$$

$$L_N = 40 + 33.22\lg N \tag{4-5}$$

**3. 听觉特性**

（1）听觉感受性　人对不同频率的声音的感受性是不同的，人对1000～4000Hz范围的中高频声音特别敏感，对频率非常低和非常高的声音的感受性则大大降低。

（2）听阈和痛阈　声音还必须具有一定的强度才能被听到，这个最小可听强度就是听觉的绝对阈限。而音强超过一定值后便在耳膜引起压痛觉。1000Hz 声音的听阈是 0dB，痛阈是 120dB。

（3）声波的三种物理特性　声波的三种物理特性即振动频率、振幅和波形；在心理学上听觉与此相应，也有三种特性，即音调、响度和音色。

音调：主要由声波每秒振动的次数，即声音的频率决定。频率越大，音调越高。

响度：主要由声音振幅大小决定。人们主观上感觉到声音的强弱程度，就是响度。响度是声波强度的心理反应。

音色：指复合音的一种主观属性。人们根据它可以把具有相同的音调和响度的复合音区分开来。

（4）掩蔽　一个声音被另一个声音所掩盖的现象称为掩蔽。一个声音的听阈因为另一个声音的掩蔽作用而提高的效应称为掩蔽效应。

（5）方位判断　确定声源位置的能力主要是依靠双耳听觉，由于声源发出的声音到达双耳的距离不同、传播途中屏障条件不同，因此，传入双耳的声波强度和时间先后也不同。利用这种差别即可判断声源的方位。

（6）听觉适应和疲劳　声音较长时间作用于听觉器官时，听觉感受性会降低，这种生理现象称为听觉适应。一般在声音停止刺激 10～20s 后，听觉器官的感受性即恢复正常。

强度大大超过感受器正常生理反应限度，长时间作用的声刺激，会造成听觉疲劳。听觉疲劳的大小与声刺激的强度、持续的时间、刺激的频率以及声刺激停止后测量听阈的时间等多种因素有关。

听觉疲劳由于不断地累加而长时期得不到恢复，最终将会导致永久性的听力损失，即职业性的听力损失。

### 4.3.4　人的其他感觉系统

**1. 本体感觉**

（1）平衡觉　反映头部位置和身体平衡状态的感觉称为平衡觉。引起平衡觉的适宜刺激是身体运动时速度和方向的变化，以及旋转、震颤等。平衡觉的感受器是指位于内耳的前庭器官。它包括半规管和前庭两部分，前庭是反映直线加速或减速的器官，半规管是反映身体旋转运动的器官，前庭器官的感受细胞称为毛细胞。平衡觉的作用在于调节机体运动、维持身体的平衡。平衡觉与视觉、机体状态有联系，当前庭器官受到过度刺激时，传入冲动会引起前庭器官和小脑等有关部位的过强反应，人们会产生眩晕、恶心、呕吐等症状。影响平衡觉的因素有酒、年龄、恐惧、突然的运动、热紧迫、不常用的姿势等。

（2）运动觉　运动觉是人对自己身体各部位的位置及其运动状态的一种感觉。它反映身体各部分的位置、运动以及肌肉的紧张程度。运动觉涉及人体的每一个动作，是仅次于视觉、听觉的感觉。运动觉感受器存在于肌肉组织、肌腱、韧带和关节中，分别为肌梭、腱梭和关节小体。当人体运动时，上述感受器接受来自肌肉、关节的刺激发放神经冲动，经传入神经传入大脑皮质的相应区域，使人感知自己在空间的位置、姿势以及身体各部位的运动状况。

**2. 触压觉**

由非均匀的压力在皮肤上引起的感觉称为触压觉。触压觉包括触觉和压觉。当机械刺激作用于皮肤表面而未引起皮肤变形时产生的感觉是触觉；当机械刺激使皮肤表面变形但未达到疼痛时产生的感觉是压觉。相同的机械刺激在皮肤的不同部位引起的触压觉的敏感性是不同的，额头、眼皮、舌尖、指尖较敏感，手臂、腿次之，胸腹部、躯干的敏感性较低。

**3. 温度觉**

温度觉是指皮肤对冷、热刺激的感觉。温度觉包括冷觉和热觉两种。冷觉和热觉的划分以生理零度为界限。生理零度指皮肤的温度，随环境温度的变化而变化。温度刺激高于生理零度，会引起热觉；温度刺激低于生理零度，会引起冷觉；温度刺激与生理零度相同，则不引起冷觉和热觉。人体不同部位的生理零度不同，面部为33℃，舌下为37℃，前额为35℃。当温度刺激超过45℃时，人会产生热甚至烫的感觉。这种感觉是热觉和痛觉的复合。

**4. 痛觉**

痛觉是对伤害有机体的刺激所产生的感觉。引起痛觉的刺激很多，包括机械的、物理的、化学的、温度的及电的刺激。痛觉对有机体具有保护作用，不仅是皮肤，全身各处的损伤或不适都会产生痛觉。因此，痛觉既可以是外部感觉，也可以是内部感觉。人的痛觉受许多因素的影响，可以通过药物、电刺激、按摩、催眠、放松训练、分散注意力等方法减轻痛觉。

**5. 嗅觉**

某些物质的气体分子作用于鼻腔黏膜时产生的感觉称为嗅觉。引起嗅觉的适宜刺激是有气味的挥发性物质，这种物质作用于鼻腔黏膜的嗅细胞，细胞产生兴奋，经嗅束传至嗅觉的皮层部位，因而产生嗅觉。嗅觉感受性受许多因素的影响：嗅觉对不同性质的刺激物有不同的感受性；嗅觉和环境因素、机体的状态有关；适应会使嗅觉感受性明显下降。

**6. 味觉**

可溶性物质作用于味蕾产生的感觉称为味觉。味觉的适宜刺激是溶于水的化学物质。味觉的感受器是分布在舌面各种乳突内的味蕾。一个味蕾有几十个味细胞，它们与有味物质进行直接反应。脑神经将味觉细胞的兴奋传递给神经中枢。用于传递味觉的脑神经很少，味觉信息由这些神经传送到延髓，再转到间脑，最后进入大脑皮层的味觉区。人的味觉有甜、苦、酸、咸四种，负责它们的味蕾在舌面的分布是不一样的。舌尖对甜味最敏感，舌中、舌的两侧和舌后分别对咸、酸和苦最敏感。当一种有味物质进入口腔后，需要1s才能有感觉，而恢复原状则需要10～60s，甚至更长的时间。这一特征给品尝工作造成很大困难。温度对味觉感受性和感觉阈限有明显的影响。在20～30℃时，味觉最灵敏。一般来说，味觉的适应和对比作用都很明显。

## 4.4 作业环境

### 4.4.1 微气候环境

**1. 微气候的要素及其相互关系**

微气候的要素包括气温、湿度、气流速度（风速）和热辐射这四种物理因素。在作业过程中，不适当的微气候条件会直接影响人的工作情绪、疲劳程度与健康，从而降低工作效率，造成工作失误和发生事故。

气温、湿度、风速、热辐射四种因素对人体的散热，不是各个因素孤立地起作用，而是相互联系、相互制约地综合对人体产生作用。人体只有在一定气象因素组合下，产热量和散热量基本平衡时，才会感到舒适。气温、湿度、风速和热辐射对人体的影响可以相互替代。如低温对人的影响可由人体经热辐射所获得的热量来抵消，湿度增高所带来的影响可由风速的增大来抵消等。因此构成微气候环境对人体的影响是由这些因素共同作用的结果，所以必须综合地评价微气候的若干条件。

**2. 微气候环境的综合评价**

心理上感到是否满意即是否觉得舒适，是人体对微气候环境的主观感觉。它是进行微气候环境评价的重要指标之一。舒适温度是指某一温度“范围”而言。生理学上常用的规定是：人坐着休息，穿着薄衣服，无强迫热对流，未经热习服的人所感到的舒适温度。按照这一标准测定的舒适温度一般是21℃ ±3℃。影响舒适温度的因素有季节，劳动条件，人的性别、年龄、热习服。

1）季节。例如，在夏秋与冬季，人们感觉舒适的环境就不同，大多数人在冬季感觉舒适的微气候条件是相对湿度为30% ~70%，有效温度为16.8 ~21.7℃；大多数人夏季感到舒适的条件是相对湿度为30% ~70%，有效温度为18.8 ~23.9℃。

2）劳动条件。表4-7表示在室内湿度为50%时，某些劳动的舒适温度指标。

**表4-7　某些劳动的舒适温度指标**

| 作业姿势 | 作业性质 | 工作举例 | 舒适温度/℃ |
|---|---|---|---|
| 坐姿 | 脑力劳动 | 办公室、调度台的工作 | 18 ~24 |
| | 轻体力劳动 | 给小零件分类的工作 | 18 ~23 |
| 站姿 | 轻体力劳动 | 车削、铣削的工作 | 17 ~22 |
| | 重体力劳动 | 沉重零件安装的工作 | 15 ~21 |
| | 很重体力劳动 | 伐木的工作 | 14 ~20 |

3）性别、年龄等。女性的舒适温度比男性高0.55℃，40岁以上的人比青年人约高0.55℃。

4）热习服。人长期在高温下生活和工作，相应地习惯热环境的特性称为热习服。舒适的湿度一般为40% ~ 60%。不同的空气湿度下，人的感觉不同，特别是高温、高湿的工作条件下对人的感觉和工作效率的消极影响极大。室内空气湿度 $\Phi$(%) 与室内气温 $t$（℃）的关系应为 $\Phi=188-7.2t$（$12.2<t<26$）。例如，室温为20℃时，湿度最好是 $\Phi=188-7.2\times20=44$，即44%。

**3. 微气候环境对人体的影响**

（1）高温作业环境对人体的影响　一般将热源散热量大于84kJ/($m^2\cdot h$)的环境称为高温作业环境。高温作业环境有三种类型：①高温、强热辐射作业，其特点是气温高，热辐射强度大，相对湿度较低；②高温、高湿作业，其特点是气温高、湿度大，如果通风不良就会形成湿热环境；③夏季露天作业，如农民劳动、建筑等露天作业。

（2）低温作业环境对人体的影响　人体具有一定的冷适应能力，但对低温的适应能力远远不如对高温的适应能力。气温降低时，人体的不舒适感迅速上升，机能迅速下降；在低温适应初期，代谢率增高，心率加快，心脏搏出量增加；当人体核心温度降低之后，心率也随之减慢，心脏搏出量减少，这实际上是人体不能适应低温环境的信号。人体长期处于低温条件，会导致循环血量、白细胞、血小板等减少，血糖降低，血管痉挛，营养障碍等症状。

低温环境对工作效率的影响体现在低温对手操作的影响，最明显的表现是手部动作的准确性和灵活性方面。低温特别影响手的精细运动和双手的协调动作。手的触觉敏感性的临界皮肤温度是10℃左右，操作灵巧度的临界皮肤温度是12～16℃，手长时间暴露于10℃以下的环境中，手的操作效率就会明显降低。

**4. 改善微气候条件的措施**

（1）高温作业环境的改善　作业者在高温环境中的反应及耐受时间受气温、湿度、风速、热辐射、作业负荷、衣服的阻热值等因素的影响。高温作业环境应该从生产工艺、保健措施、生产组织措施等方面入手加以改善。

（2）低温作业环境的改善

1）设置必要的采暖设备，调节后的温度要均匀恒定。有的作业需要和外界发生联系，外界的冷风吹在作业者身上很不舒适，应设置挡风板，以减小冷风的影响。

2）适当提高作业负荷。增加作业负荷，可以使作业者降低寒冷感。但由于作业时出汗，使衣服的热阻值减小，在休息时会更感到寒冷。因此工作负荷的增加，应以不使作业者出汗为限。

3）进行个体保护。低温作业车间或冬季室外作业者，应穿御寒服装，御寒服装应采用热阻值大、吸汗和透气性强的衣料。

4）采用热辐射取暖。室外作业，若用提高外界温度的方法来消除寒冷是不可能的；若采用个体防护方法，厚厚的衣服又会影响作业者操作的灵活性，而且有些部位又不能被保护起来。因此，采用热辐射的方法御寒最为有效。

## 4.4.2　照明环境

在作业过程中，视觉的应用是最为重要和普遍的，80%以上的信息是由视觉得到的，通过视觉获得信息的效率和质量与视觉特性和光环境有直接关系。室内的光环境则主要依靠于照明条件，因此，照明环境设计是作业场所设计的重要组成部分之一。

**1. 光的度量**

（1）光通量　光通量为单位时间内通过某一面积的光量，是用国际照明组织规定的标准人眼视觉特性来评价的辐射通量，单位为流明（lm）。1lm（波长 = 555nm）= 0.00155W，即在人眼最敏感的波段内，1lm 的光通量相当于 0.00155W 的功率。

（2）发光强度（光强）　光强指光源的明亮程度，定义为光源在单位立体角内发出的光通量。光强的单位是国际单位制的基本单位之一，为坎德拉（cd），公式为

$$I = \frac{\Phi}{\Omega} \tag{4-6}$$

式中　$I$——光强（cd）；

$\Phi$——光通量（lm）；

$\Omega$——立体角（球面度，sr）。

（3）照度　照度是被照面单位面积上所接受的光通量，单位为勒克斯（lx）。照度的定义式为

$$E=\frac{\Phi}{S}\text{或}E=\frac{I\cos\theta}{r^2} \tag{4-7}$$

式中　$E$——照度（lx）；

$\Phi$——光通量（lm）；

$S$——受照物体表面面积（$m^2$）；

$I$——点光源发光强度（cd）；

$r$——光源到被照物的距离（m）；

$\theta$——点光源与被照物之间的夹角（°）。

式（4-7）表明，受点光源照明的物体垂直面上的照度与光源和受照面之间的距离的平方成反比，与光源的发光强度成正比。

（4）亮度　亮度表示发光面的明亮程度。亮度作为一种主观的评价和感觉，它表示由被照面的单位面积所反射出来的光通量，因此与被照面的反射率有关。亮度的单位为尼特（nt，$1\text{nt}=1\text{cd/m}^2$）。亮度的定义式为

$$L=\frac{I}{S\cos\theta} \tag{4-8}$$

式中　$L$——亮度（$cd/m^2$）；

$S$——发光面面积（$m^2$）；

$I$——取定方向发光强度（cd）；

$\theta$——取定方向与发光面法线方向的夹角（°）。

**2. 照明环境对作业的影响**

（1）适当提高照度值可以减少视觉疲劳　照度自10lx增加到1000lx时，视力可提高70%。因为亮光下瞳孔会缩小，视网膜上成像更清晰。在照明条件不好的情况下，由于反复努力辨认，易造成视觉疲劳。眼睛疲劳的感觉症状有：眼睛乏累、怕光刺眼、眼痛、视力模糊、眼充血以及流泪等。眼睛疲劳还会引起视力下降、眼球发胀、头痛以及其他疾病而影响身体健康。

（2）提高照度可以提高识别速度和立体感觉　增加照明并非总是与劳动生产率的增长相联系。照度提高到一定程度，可能引起目眩，从而对工作效率产生消极影响。研究表明，随着照度增加到临界水平（1200lx），工作效率迅速得到提高；在临界水平上，工作效率平稳，超过这个水平，增加照度对工作效率变化的影响很小，甚至会加重视觉疲劳，降低工作效率。过高的照明水平除了浪费能源外，还会产生负效应，如刺眼、反应时间增加、容易使人兴奋等，反而使视觉功能下降。

（3）适当提高照度值可以防止错误和工伤事故的发生　错误与工伤事故的数量与工作环境的照明条件也有关系。在适当的照度下，可以增加眼睛的辨色能力，从而降低识别物体色彩的错误率；可以增强物体的轮廓立体视觉，有利于辨认物体的高低、深浅 、前后、远近及相对位置，使工作失误率降低；可以扩大视野，防止错误或工伤事故的发生。

（4）照明与情绪　据生理和心理方面的研究表明，照明会影响人的情绪，影响人的兴奋性和积极性。明亮的房间是令人愉快的，如果让被试者在不同照度的房间中选择工作场所

的话，一般都选择比较明亮的地方。在做无需很大视觉努力的工作时，改善照明也可以提高劳动生产率。

总之，改善工作环境的照明，可以改善视觉条件，节省工作时间；提高工作质量，减少废品；保护视力，减轻疲劳，提高工作效率；减少差错，避免或减少事故，有助于提高工作兴趣，改进工作环境。

**3. 作业场所的照明环境要求**

（1）照度要求　不同的视看对象要求不同的照度。提高照度，不仅能减少视觉疲劳，而且对提高劳动生产率也起着很大作用。但当照度超过 1200lx 时，将造成反光干扰，此时阴影深暗，对比过于强烈，而这些都对作业不利。所以，作业环境的照度要适当。

（2）照明的均匀性　视觉是否舒适愉快在很大程度上取决于照明的均匀性，如果照度不均匀，会增加眼睛的疲劳。工作场所照度均匀的标志是被照场内最大、最小照度与平均照度之差分别等于平均照度的 1/3。

（3）照明的稳定性　照明的稳定性是指照度保持标准的一定值，不产生波动，光源不产生频闪效应。照度稳定与否直接影响照明的质量。因此，在设计上要保证在使用过程中照度不低于标准值，就要考虑到光源老化、房间和灯具受到污染等因素，适当增加光源功率，采取避免光源闪烁的措施等 。

（4）亮度分布　舒适的照明环境应该有着合理的亮度分布，做到明暗结合、生动实用。亮度对比过小会使环境显得平淡、枯燥乏味；亮度对比过大则容易产生不舒适眩光，影响人的正常视觉活动。两者都会引起视觉疲劳，应该尽量避免。

### 4.4.3　噪声环境

声音是一种波动现象，由于声源的振动而引起附近空气分子的移动，将能量向外扩散传送形成压力波。声源单位时间振动的次数称为频率。人耳可听到的频率为 20～20000Hz，以 1000～4000Hz 比较敏感。噪声通常是指一切对人们生活和工作有妨碍的声音，或者说凡是使人烦恼的、讨厌的、不愉快的、不需要的声音都称为噪声。噪声与人们的心理状态有关，不单独由声音的物理性质决定。同样的声音有时是需要的，而有时便为噪声。

**1. 噪声的度量**

声压是声波压力超过大气静压的部分，是衡量声音大小的尺度，通常用 $p$ 来表示，单位是 Pa。声压越大，声音越响。声压级是用对数标度来量度声压称为声压级，其单位为 dB。

$$L_P = 20\lg \frac{P}{P_0} \tag{4-9}$$

式中　$P_0$——基准声压，在空气中取 $2\times10^{-5}$Pa，是人耳刚能感觉到的声压，对应的声压级为 0dB，即听阈。

**2. 噪声的危害**

（1）噪声的分类　噪声按照随时间变化的特性，可分为稳定噪声、周期性噪声、无规律噪声和脉冲噪声；按照噪声源的特点，可分为工业噪声、交通噪声和社会噪声；按照人们对噪声的主观评价，可分为过响声、妨碍声、刺激声和无形声。

（2）噪声对听力的损伤　听力损伤是指由于接触噪声而引起的听力损失。噪声对听力的损伤有以下几种情况：

1）听觉疲劳。在噪声作用下，人们听觉敏感性降低，变得迟钝，表现为听阈提高，当离开噪声环境几分钟后又可恢复，这种现象称为听觉适应。听觉适应有一定的限度，在强噪声长期作用下，听力减弱，听觉敏感性进一步降低，听阈提高 15dB 以上，离开噪声后需要较长时间才能恢复，这种现象称为听觉疲劳，属于病理前期状态。

2）噪声性耳聋。长期在噪声环境中工作产生的听觉疲劳不能及时恢复，出现永久性听阈位移，当听阈位移超过一定限度时，将导致噪声性耳聋。依据 ISO 1964 规定，500Hz、1000Hz、2000Hz 三个频率的平均听力损失超过 25dB 称为噪声性耳聋。通常，当听阈位移达到 25～40dB 为轻度耳聋；当听阈位移提高到 40～60dB 为中度耳聋，此时，一般讲话已不能听清；当听阈位移超过 60～80dB，低、中、高频都严重下降，称为重度耳聋。

3）爆发性耳聋。当听觉器官遭受巨大声压且伴有强烈的冲击波作用时，鼓膜内外产生较大压差，导致鼓膜破裂，双耳完全失聪。

（3）影响听力损伤的因素

1）噪声强度。55dB 以下的噪声对人的听力没有损伤。55～65dB 是产生听力损失的临界强度，人在噪声强度超过此值的环境中，暴露时间超过一定限度就会产生听力损失。

2）暴露时间。一般每一频率的听力损失都会有自己的临界暴露年限。超过此年限，这个频率的听力随暴露年限的延长而下降。4000～6000Hz 出现听力损伤的时间最早，即该频段听力损伤的临界暴露时间最短。下降速度由快至慢，直到相对稳定。

3）噪声频率。不同频率的噪声对听力影响的程度不同，3000Hz 附近的噪声伤害效应最大，其次是 4000Hz，而后是 2000Hz 和 7000Hz，最后是 1000Hz 以下和 8000Hz 以上。

对噪声的敏感性有很大的个体差异，即使工厂的噪声非常强烈，也并非所有工人都会丧失听觉。

（4）噪声对作业能力和工作效率的影响　噪声大的环境，直接影响工作效率和工作质量，特别是对精细的、非重复性的工作。噪声环境下，人心情烦躁，易疲劳，反应迟钝，注意力不易集中，遗漏和错误增加，使工作效率、质量和安全性下降。噪声对信号的掩蔽效应，常会导致作业者不能分清报警信号，从而引发事故。

**3. 噪声的控制措施**

（1）制定噪声标准　工业噪声卫生标准是控制噪声危害的重要依据，卫生部门必须监督工业企业采取各种措施，达到标准所提的要求。因此，需要制定评价方法、指标和允许接受的噪声标准。

（2）控制和消除噪声源　控制和消除噪声源是防止噪声危害的根本措施。由于噪声源的多样性及其与生产条件的密切性，应根据具体情况采取各种不同的方式解决。如鼓风机、电动机可采取隔离或移出室外等措施；纺织机、风动工具可采用改进工艺等技术措施解决，此外，加强维修可降低由不必要的或松动的附件撞击产生的噪声；还用弹性材料代替钢件等。

（3）控制噪声的传播　全面考虑工厂的总体布局，调整声源方向，利用地形，采用吸声材料和吸声结构，采用隔声和声屏装置。

（4）个人防护　使用防护用具，如耳塞、耳罩、防噪声帽、防声棉等，可降低噪声 20～30dB。

（5）音乐调节　音乐调节利用的是听觉的掩蔽效应。音乐调节时的音量与噪声强度有关：如果环境噪声低于 80dB，则音乐比环境噪声高 3～5dB；如果环境噪声大于 80dB，则应使音乐的声压级比环境噪声低 3 ~ 5dB。选用音乐时要注意接受音乐的对象的文化背景、年龄、欣赏水平等因素。

## 4.5 人机系统

### 4.5.1 人机系统概述

所谓系统是指由具有相互联系、相互制约的事物，以某种形式结合在一起并具有特定功能的有机整体。把整体系统的组成部分称为子系统。整体系统与子系统之间既有相对性也有统一性。人机系统是由相互作用、相互联系的人和机器两个子系统构成的，且能完成特定目标的一个整体系统。人机系统中的人是指机器的操作者或使用者；机器的含义是广义的，是指人所操纵或使用的各种机器、设备、工具等的总称。研究人机系统时，既要研究子系统各自的特点和功能，又要研究它们之间形成的有机整体的功能。研究人机系统的设计和改进，都是以具体的人机系统为对象的。例如，由人与汽车、人与机床、人与计算机、人与家电、人与工具等构成特定的人机系统。

人机系统基本模式由人的子系统、机器的子系统和人机界面所组成。图 4-7 所示为人机系统基本模式图。人的子系统可概括为 S-O-R（感受刺激—大脑信息加工—做出反应），机器的子系统可概括为 C-M-D（控制装置—机器运转—显示装置）。在人机系统中，人与机器之间存在着信息环路，人机相互具有信息传递的性质。系统能否正常工作，取决于信息传递过程能否持续有效地进行。

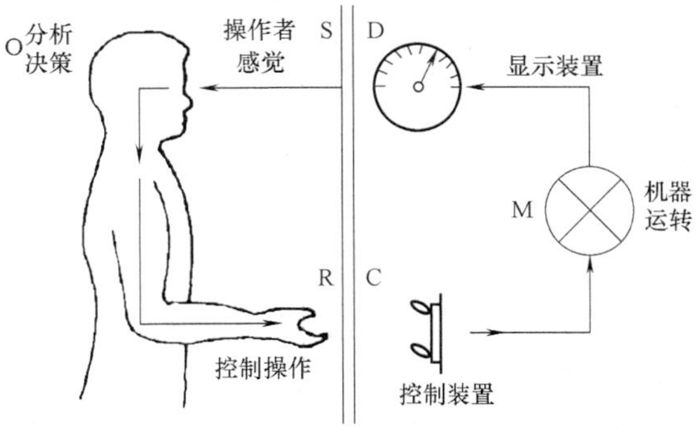


图 4-7 人机系统基本模式图

### 4.5.2 人机系统设计

人机系统设计包括非常广泛的领域，凡是人与机器、器具、设备等相结合的设计，小至一个按钮、一件工具，大至一个大型复杂生产过程、一个现代化系统的设计，均为人机系统设计。

人机系统设计的根本目的是：根据人的特性，设计出最符合人操作的机器、设备、器具，最醒目的显示器，最方便使用的控制器，最舒适的环境、条件、座椅和工作姿势，最合理的操作程序、标准和作业方法等，使整个人机系统保持安全可靠、高效率和高效益。

首先，在系统设计阶段，功能分配要充分考虑人的因素。在考虑信息处理的可靠性时，既要提高机器、设备及计算机等的可靠性，又要提高操纵机器的人的可靠性，以保证整个人机系统的可靠性得到提高。其次是对机器进行人因工程学设计，使机器适应人的特性，保证人使用时得心应手。主要包括显示器和控制器的选择与设计、作业空间设计、作业辅助设计等，并要为提高人机系统的可靠性采取具体对策。必要时，还要制定操作人员的选择和培训计划。最后是对系统进行评价，试验该系统是否具备完成既定目标的功能，并进行安全性、舒适性及社会性因素的分析、评价。对系统评价时具体应注意：人与机器的功能分配和组合是否正确；人的特性是否充分考虑和得到满足；能适用的人员占人群的多大百分位；作业是否舒适；是否采取了防止人为失误的措施等。综上所述，人机系统设计过程的主要工作是：明确系统的目的和条件（必要条件、制约条件、环境条件等）；进行人和机器的功能分配；进行人与机器的组合；对系统及人机界面上的机器进行设计；对系统进行分析评价。

## 4.6 案例分析

椅子设计的原理是从人们使用的健康角度进行分析的，根据人的生理状况、疲劳测定等设计椅子的外形曲线。椅子的曲线主要是看椅垫和靠背的曲线是否和人的生理曲线相符。下面以学生座椅为例，试给出座椅设计的相关参数。图 4-8 所示为学生座椅图。座椅设计的相关参考数据（座椅尺寸设计均忽略心理修正量）可查表得出。

**1. 座高**

座高是指地面至就坐座面上坐骨支承处的高度。合适的座高应使大腿保持水平，并与小腿垂直，双脚平放在地面上。座面过高会造成小腿悬空，大腿受椅面前缘压迫，血液循环受阻，小腿麻木肿胀。座面太低会造成腿长的人盆骨后倾，腰椎曲线拉直，腰酸不适。故座高一般按低身材的人群设计。以男性坐姿时“小腿加足高”的人体尺寸为计算依据，计算第 5 百分位数时产品最小功能尺寸 $S_{min}$。查表 4-4 可得，$S_5 = 383$mm，功能修正量主要应考虑两方面：一方面是鞋跟高的修正量，一般为 25 ~ 38mm，取 25mm；另一方面是着装修正量，一般为 3mm。即 $\Delta f = 25\text{mm} + 3\text{mm} = 28\text{mm}$。则可得出计算结果，$S_{min} = S_5 + \Delta f = 411$mm。建议座面前缘应比人体膝窝高度低 30 ~ 50mm，且有半径为 25 ~ 35mm 弧度。

**2. 座宽**

座宽应满足就坐后臀部所需的尺寸，使人能自如地调整坐姿。座宽太小，则拥挤压迫；座宽太大，则肘部须向两侧伸展以寻求支承，引起肩部疲劳。参考尺寸为“坐姿臀宽”，以女性群体尺寸上限为设计依据，以满足最宽人体的需要。计算第 99 百分位数时产品最小功能尺寸 $S_{min}$。查表 4-4 可得，$S_{99} = 400$mm，功能修正量主要应考虑着装修正量以及大腿厚，查表 4-5 得 $\Delta f = 13\text{mm} + 3\text{mm} = 16\text{mm}$，则可得出计算结果，$S_{min} = S_{99} + \Delta f = 416$mm。

**3. 座深**

座深是指座面前后距离。正确的设计应使臀部得到全面的支承。腰部得到靠背的支持，座面前缘与小腿间留有适当的距离，保证小腿可自由活动。就学生座椅来讲，座深应按较大百分位数的群体来设计。参考尺寸为“坐深”，计算男性第 99 百分位数时产品

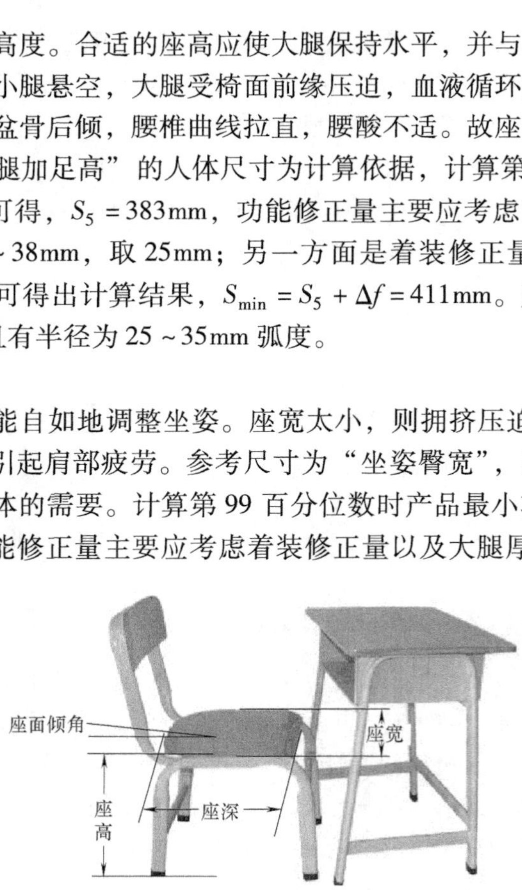

图 4-8　学生座椅图

最小功能尺寸 $S_{\min}$。查表 4-4 可得，$S_{99}=510\text{mm}$，功能修正主要应考虑臀-膝，查表4-5可得，$\Delta f=5\text{mm}$。则可得出计算结果，$S_{\min}=S_{99}+\Delta f=515\text{mm}$。

**4. 座面倾角**

座面与水平面的夹角称为座面倾角。座面应向后倾，这样既可防止坐者从座面滑出，又可由于重力后移使得腰背获得较大面积支承，减轻疲劳。学生座椅倾角一般小于 3°～4°。若倾角过大会因身体前倾而使脊柱拉直，破坏正常的腰椎曲线。

## 思 考 题

1. 什么是人因工程学？
2. 什么是人体测量中的百分位数？举例说明如何运用。
3. 为什么要进行人体测量的修正？

# 第 5 章 设施规划与物流分析

## 5.1 设施规划概论

### 5.1.1 设施规划的意义和作用

设施规划与设计（Facility Planning and Design）是工厂总体设计的一个重要组成部分，其任务是对系统的各类设施、人员、投资进行系统的规划与设计，用以优化人流、物流和信息流，从而有效、经济、安全地实现系统的预期目标。

据资料统计分析，在现有的工厂企业中，产品制造费用的20%～50%是用于物料搬运的，而物料搬运工作量直接与工厂布置情况有关，有效的布置大约能减少搬运费用的30%。工厂布置的优劣不仅直接影响整个生产系统的运转，而且通过对物料搬运成本的影响，成为决定产品生产成本高低的关键因素之一。也就是说，在满足生产工艺流程的前提下，减少物料搬运工作量是工厂布置设计中最为重要的目标之一。因此，在实现工厂布置之前必须就生产系统各作业单位之间的物流状态做深入的分析。其作用是在已确定的空间场所内，按照从原材料的接收、零件和产品的制造，到产品的包装、配送的全过程，将人员、设备、物料所需的空间做最合适的分配和最有效的组合以获得最大的生产经济效益。

### 5.1.2 设施规划的目标

设施规划的目标是使设施能够满足特定产能要求、成本要求、质量要求以及符合下列辅助目标：

1）使产品的单位成本最小化。

2）达到最佳的质量。

3）提高人员、设备、空间及能源的利用率。

4）为员工提供便利、安全及舒适的工作场所。

5）控制设施规划成本。

6）在规划预定日期完工。

7）其他相关目标。

## 5.2 设施选址及评价

### 5.2.1 设施选址的意义

无论对于制造业还是服务业，设施选址都是企业生产运营战略的重要决策，进行科学的选址非常重要。设施选址影响企业的运营成本，从而影响企业的竞争优势，并且还将影响企业的后续经营策略。不好的选址将会导致成本过高、劳动力缺乏、原材料供应不足、丧失竞争优势等后果。

大型设施的选址对一个国家或地区经济全局有着重大的影响，它不仅是政治、经济、文化、科技相互交叉的一个问题，而且一项大型设施的场址选择还会影响地区甚至国家生产能力的布局、城市建设规划、基建投资、环境保护等问题。

因此，企业在选址时，应具体分析本企业的产品特点、资源需求和市场，运用科学的方法决定设施的地理位置，使之与企业的整体经营运作系统有机结合，以便有效、经济地达到组织的经营目标。

### 5.2.2 设施选址的内容

设施选址的主要内容总体上包括：对国家或地区的选择和对具体地点的选择。具体分三个阶段：

**1. 准备阶段**

根据企业经营战略，对选址目标提出要求，并提出选址所需要的技术经济指标，如产品、生产规模、运输条件、需要的物料和人力资源、供电量、运输量、用水量等。

**2. 国家或地区选择阶段**

本阶段的工作主要为调查研究收集资料，走访主管部门和地区规划部门，征询选址意见，在可供选择的国家或地区内调查社会、文化、经济、市场、资源、气候、运输、环境等条件，对候选国家或地区做分析比较，提出选择的初步意见。

**3. 具体地点的选择阶段**

对国家或地区内若干候选地址进行深入调查和勘测，查阅和研究当地有关气象、地质、地震、水文、供电、通信、给排水、交通运输等资料，研究运输路线及公用管线的连接问题，收集当地有关建筑施工费用、地方税制、运输费用等各种经济资料，经研究和比较后提出数个候选场址。

各阶段都要提出相应的研究报告，尤其在最后阶段要有翔实的调查资料，并采用科学的方法做选址项目可行性论证，以便科学决策。

### 5.2.3 设施选址的一般程序与基本原则

**1. 设施选址的一般程序**

设施选址的一般程序如图 5-1 所示。

设施选址是包括政治、经济和技术的综合性的工作，选址时不仅要考虑企业自身的利益，还要考虑所在国家或地区对企业和企业对国家或地区的影响。因此，设施选址还要经过

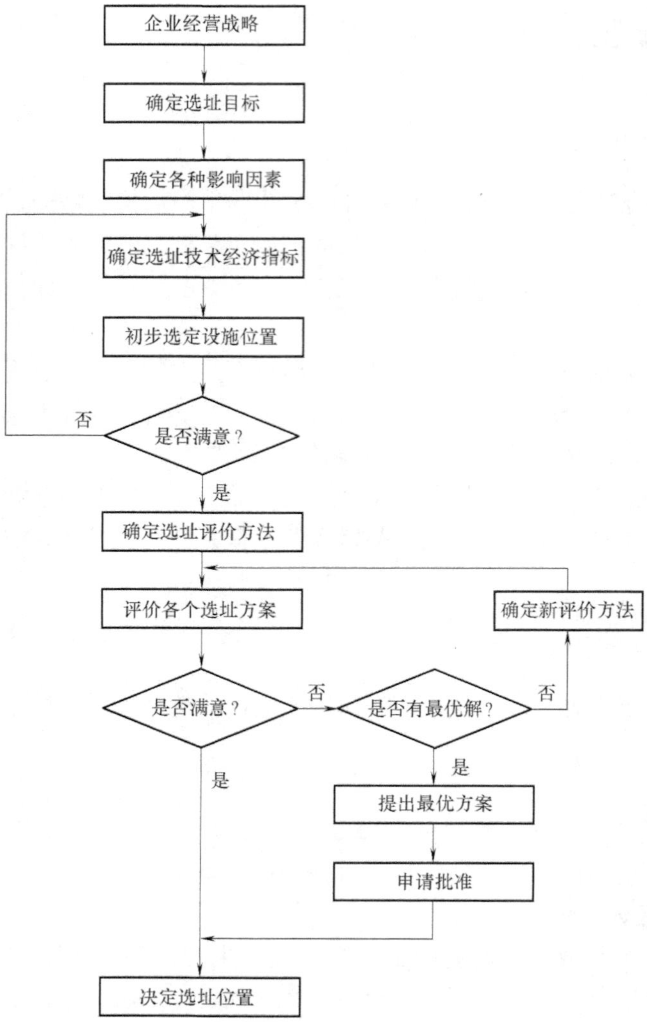


图 5-1　设施选址程序图

有关方面审批。

**2. 设施选址的基本原则**

（1）工业生产力布局原则　工业生产力布局是工业企业在全国各地区的地理分布。国家通过产业政策和生产力布局规划指导项目布局和投资的空间投向。设施选址应符合国家生产力布局和有关政策，才能既满足国民经济发展的总体需要，又有利于企业自身的生存与发展。同时，设施选址也要考虑所在地的总体规划布局。生产力合理布局原则包括：最低成本原则、专业化分工协作原则、分散与集中相结合原则、重点开发原则、吸引外资合理投向原则。

（2）费用原则　选址时要以项目寿命周期费用最低为原则。

（3）集聚人才原则　人才是企业最宝贵的资源，企业地址选得合适有利于吸引人才。

（4）接近用户原则　对于服务业企业，几乎无一例外都需遵循这条原则；对于制造业企业，为了降低物流成本，提高快速反应能力，也应将配送中心或仓库建在消费地附近。

另外，选址时还要考虑便于利用当地自然条件、资源条件、运输条件及公共设施；有利于保护环境与景观，不污染水源，符合环境保护的规定；节约用地，符合土地管理、水土保持等法规的规定等原则。

### 5.2.4　设施选址的评价方法

进行初步设施选址以后，为了从数个候选地址中选出最优方案，进行科学决策，其关键问题就是确定评价指标，选择评价方法。目前常用的评价方法可分为成本因素评价和综合因素评价两大类。

**1. 成本因素评价方法**

（1）盈亏点平衡法

1）问题描述。在选址评价中可在确定特定产量规模的情况下，比较各个设施选址方案的成本，选择成本最低的方案为最优方案，如图5-2所示。

2）模型建立。用盈亏平衡模型对两个或多个方案进行分析和评价时，使对比方案的总成本费用相等，求得临界点产量。

$C_1 = Q_0 V_1 + B_1$　　　$C_2 = Q_0 V_2 + B_2$

令 $C_1 = C_2$，则得到临界点产量 $Q_0$：

$$Q_0 = \frac{B_2 - B_1}{V_1 - V_2}$$

式中　$C_1$——方案1的总成本费用；

$C_2$——方案2的总成本费用；

$V_1$——方案1的单位变动成本；

$V_2$——方案2的单位变动成本；

$B_1$——方案1的固定成本；

$B_2$——方案2的固定成本；

$Q_0$——方案1和方案2的总成本相等时的临界点产量。

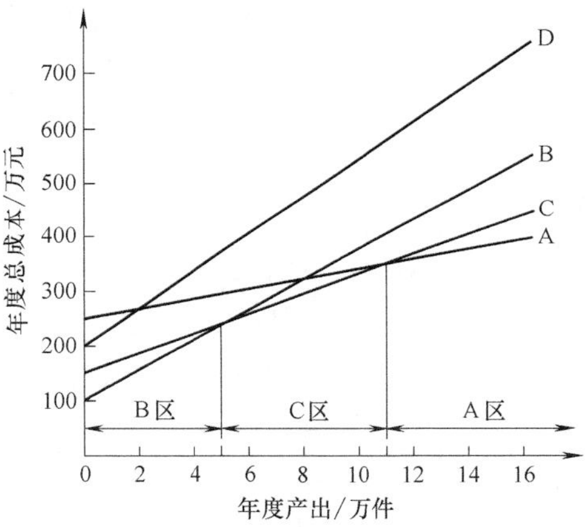

图5-2　方案的年度成本和产出关系曲线

3）评价标准。在实际产量 $Q$ 大于或小于 $Q_0$ 时均选总成本最低的方案为最优方案。

4）求解方法。求解方案的最低成本可用图解法和计算法。

**【例5-1】**　某公司有三个不同建厂方案，三个选址的固定费用和单位变动费用见表5-1，试决定不同生产规模下的最优选址方案。

**表5-1　某公司三个选址的固定费用和单位变动费用**

| | 方案A | 方案B | 方案C |
|---|---|---|---|
| 固定费用/元 | 600000 | 1200000 | 2400000 |
| 可变费用/元/件 | 48 | 25 | 12 |

**【解】**　方法一：图解法

（1）画平面直角坐标系：以产量为横坐标，费用金额为纵坐标。

（2）根据已知条件，画出方案A、方案B和方案C的总费用曲线如图5-3所示。

（3）得到方案A和方案B总费用曲线的交点 $M$，方案B和方案C总费用曲线的交点 $N$，方案A和方案C总费用曲线的交点 $P$，$M$、$N$ 和 $P$ 点对应的产量就是临界点产量，具体数值可以从图中求得。即 $M$ 点对应的产量为2.61万件，$N$ 点对应的产量为9.23万件，$P$ 点对应的产量为5万件。

（4）根据评价标准判断：当产量低于2.61万件时，选方案A；当产量在2.61万件和9.23万件之间时选方案B；当产量大于9.23万件时选方案C。

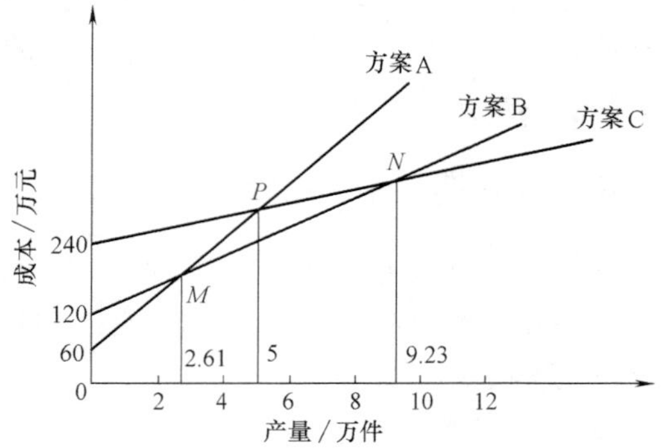


图5-3　方案A、方案B、方案C的总费用曲线

方法二：计算法

设：方案A、B、C的单位变动费用分别为 $V_A$、$V_B$、$V_C$；固定费用分别为 $B_A$、$B_B$、$B_C$，方案A和方案B的临界点产量为 $Q_{01}$，方案B和方案C的临界点产量为 $Q_{02}$，则

$$Q_{01}=\frac{B_B-B_A}{V_A-V_B}=\frac{(1200000-600000)\text{元}}{(48-25)\text{元/件}}=2.61\text{万件}$$

$$Q_{02}=\frac{B_C-B_B}{V_B-V_C}=\frac{(2400000-1200000)\text{元}}{(25-12)\text{元/件}}=9.23\text{万件}$$

根据评价标准判断：当产量低于2.61万件时，选方案A；当产量在2.61万件和9.23万件之间时，选方案B；当产量大于9.23万件时，选方案C。

（2）重心法　当产品成本中运输费用所占比重较大，企业的原材料由多个供应地提供或其产品运往多个销售点时，可以考虑采用重心法选择运输总费用最低的场址，重心法选址坐标图如图5-4所示。一般适用于工厂、车站、仓库、零售或服务设施选址。

运输总费用 = 各作业单位之间的货物运输量 × 运输距离 × 运输费率之和

模型建立：目标使运输总成本最小。

$$\min Z=\sum_{i=1}^{n}r_iq_id_i \qquad (i=1,2,\cdots,n)$$

式中　$Z$——待选址设施点到 $n$ 个节点的运输总成本；

$r_i$——待选址设施到节点 $i$ 的运输费率；

$q_i$——待选址设施点到节点 $i$ 的运输总量；

$d_i$——待选址设施点到节点 $i$ 的距离。

设（$x_i$，$y_i$）为已知的供给点和需求点坐标；点（$x$，$y$）为待选址设施的坐标。则

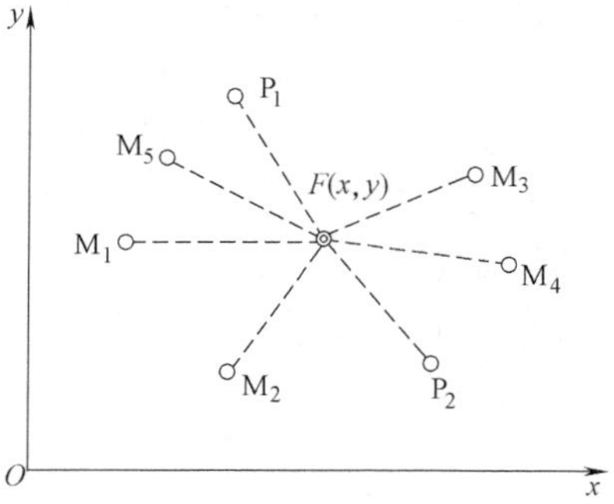


图5-4　重心法选址坐标图

$$d_i=\sqrt{(x-x_i)^2+(y-y_i)^2}$$

工厂到各处总运输费用为

$$Z=\sum_{i=1}^{n}r_iq_id_i=\sum_{i=1}^{n}r_iq_i\sqrt{(x-x_i)^2+(y-y_i)^2}$$

则新建场址的最佳地点为

$$x^* = \frac{\sum_{i=1}^{n} r_i q_i x_i}{\sum_{i=1}^{n} r_i q_i} \qquad y^* = \frac{\sum_{i=1}^{n} r_i q_i y_i}{\sum_{i=1}^{n} r_i q_i}$$

**【例5-2】** 设某企业的两个工厂（$P_1$、$P_2$）分别生产A、B两种产品，供应五个市场（$M_1$，$M_2$，$M_3$，$M_4$，$M_5$），已知条件见表5-2。现需设置一个中转仓库，A、B两种产品通过该仓库间接向五个市场供货。请使用重心法求出仓库的最优选址。

**表5-2　某企业中转仓库选址的已知条件**

| 节点 | 产品 | 运输总量/t | 运输费率/(元/t) | $x_i$ | $y_i$ |
|---|---|---|---|---|---|
| $P_1$ | A | 10 | 5 | 4 | 14 |
| $P_2$ | B | 5 | 5 | 3 | 9 |
| $M_1$ | A、B | 15 | 5 | 7 | 11 |
| $M_2$ | A、B | 20 | 5 | 7 | 6 |
| $M_3$ | A、B | 10 | 5 | 11 | 4 |
| $M_4$ | A、B | 5 | 5 | 13 | 8 |
| $M_5$ | A、B | 15 | 5 | 3 | 4 |

**【解】** 根据重心公式可得：

$$x^* = \frac{\sum_{i=1}^{n} r_i q_i x_i}{\sum_{i=1}^{n} r_i q_i} = \frac{10\times5\times4+5\times5\times3+15\times5\times7+20\times5\times7+10\times5\times11+5\times5\times13+15\times5\times3}{10\times5+5\times5+15\times5+20\times5+10\times5+5\times5+15\times5} = 6.5$$

$$y^* = \frac{\sum_{i=1}^{n} r_i q_i y_i}{\sum_{i=1}^{n} r_i q_i} = \frac{10\times5\times14+5\times5\times9+15\times5\times11+20\times5\times6+10\times5\times4+5\times5\times8+15\times5\times4}{10\times5+5\times5+15\times5+20\times5+10\times5+5\times5+15\times5} = 7.625$$

所以最佳仓库位置坐标为（6.5，7.625）。

（3）线性规划法　线性规划法适用于多设施布置，目标是使所有设施的生产运输成本最低。

1）问题描述　有多个供应点供应多个工厂或多个工厂（仓库等）供应多个需求点等，问题是需要设立哪些供应点较合适。可采用线性规划中的运输问题求解方法，计算选择不同供应点时的最低总成本。

2）模型建立。设某物资有 $m$ 个产地，产量分别是 $a_i$（$i=1，2，\cdots，m$），有 $n$ 个销售地，销量分别是 $b_j$（$j=1，2，\cdots，n$），且产销平衡，即

$$\sum_{i=1}^{m} a_i = \sum_{j=1}^{n} b_j$$

若从产地 $i$ 运到销售地 $j$ 的单位产品生产运输成本为 $c_{ij}$（$i=1，2，\cdots，m$；$j=1，2，\cdots，n$），应如何安排产地 $i$ 运到销售地 $j$ 的运输量 $x_{ij}$ 以使总费用最少？

运输问题的模型示意图如图5-5所示。

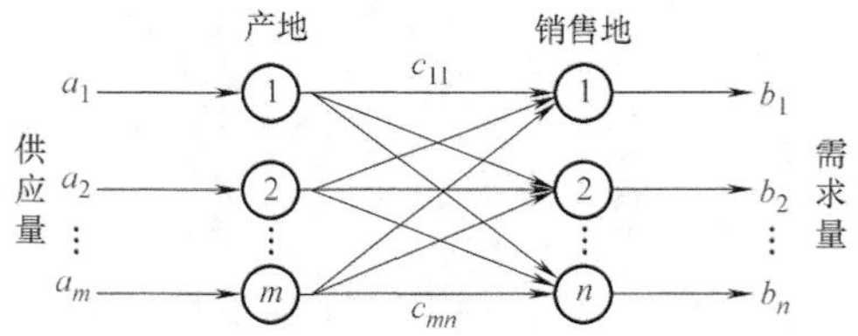


图 5-5　运输问题的模型示意图

目标函数：　$\min Z = \sum_{i=1}^{m}\sum_{j=1}^{n} c_{ij}x_{ij}$

$$s.t:\begin{cases}\sum_{j=1}^{n} x_{ij} = a_i(i = 1,2,\cdots,m)\\ \sum_{i=1}^{m} x_{ij} = b_j(j = 1,2,\cdots,n)\\ x_{ij} \geqslant 0(i = 1,2,\cdots,m;j = 1,2,\cdots,n)\\ \sum_{i=1}^{m} a_i = \sum_{j=1}^{n} b_j\end{cases}$$

3）评价标准。生产运输总成本最低的为最优选择方案。

4）模型求解。具体方法有单纯型法、最小元素法、Excel 电子表格法、Matlab 软件等。下面举例介绍用最小元素法求解模型。

**【例 5-3】**　某公司由两家工厂向三个销售点配货，单位运价及产需量见表 5-3，求最佳配货方案。

**表 5-3　单位运价及产需量**

| 工厂＼销售点 | | A | B | C |
|---|---|---|---|---|
| | | 6 | 8 | 6 |
| 工厂 1 | 13 | ③　31　(5) | ①　28　(8) | 50　(0) |
| 工厂 2 | 7 | ④　39　(1) | 45　(0) | ② 29　(6) |

**【解】**　最小元素法的基本思想是将产品优先分配给运输费用最少的销售点，见表 3-4。

第①步，选择最小运价为 28（工厂 1 至销售点 B），将工厂 1 的 13 个产品分配 8 个到销售点 B，还剩 5 个，B 的需求量已得到满足，不需要工厂 2 提供，则同列对应于工厂 2 的位置补 0 将销售点 B 划去，不需要再讨论了。

第②步，选择剩下的运价中最小的为 29（工厂 2 至销售点 C）。将工厂 2 的 7 个产品分配 6 个到销售点 C，同列对应于工厂 1 的位置补 0。工厂 2 还剩 1 个产品。将 C 列划去，不再讨论。

第③步，在剩下的运价中选最小的为 31（工厂 1 至销售点 A）。将工厂 1 剩下的 5 个产品分给销售点 A，A 需 6 个产品，还缺 1 个。

第④步，将工厂 2 剩下的一个产品分给销售点 A，至此所有产品分配完毕。

则最小运费为 $Z = 5\times31 + 8\times28 + 0\times50 + 1\times39 + 0\times45 + 6\times29 = 592$。

**【例 5-4】** 某企业通过两家工厂 F1、F2 向 A、B、C、D 四个售货点供货。现欲设另一工厂，可供选择的地点为 F3、F4，产品的生产成本与运输费用见表 5-4，试确定最佳场址。

**表 5-4　生产成本与运输费用表**

| 售货点 / 工厂 | 运输费用/万元 | | | | 年产量/箱 | 生产成本/万元 |
|---|---|---|---|---|---|---|
| | A | B | C | D | | |
| F1 | 0.48 | 0.29 | 0.41 | 0.33 | 6000 | 7.7 |
| F2 | 0.39 | 0.44 | 0.39 | 0.19 | 6500 | 7.2 |
| F3 | 0.22 | 0.65 | 0.25 | 0.62 | 10500 | 7.4 |
| F4 | 0.56 | 0.37 | 0.8 | 0.77 | 10500 | 7.5 |
| 年需求量/箱 | 3000 | 7000 | 8000 | 5000 | — | — |

**【解】** 总费用 = 生产费用 + 运输费用，见表 5-5。

**表 5-5　总费用表**

| 售货点 / 工厂 | 生产与运输费用/万元 | | | | 年产量/箱 |
|---|---|---|---|---|---|
| | A | B | C | D | |
| F1 | 8.18 | 7.99 | 8.11 | 8.03 | 6000 |
| F2 | 7.59 | 7.64 | 7.59 | 7.39 | 6500 |
| F3 | 7.62 | 8.05 | 7.65 | 8.02 | 10500 |
| F4 | 8.06 | 7.87 | 8.30 | 8.27 | 10500 |
| 年需求量/箱 | 3000 | 7000 | 8000 | 5000 | — |

将表 5-5 分成两个表：表 5-6 和表 5-7。

**表 5-6　F1、F2、F3 生产与运输总费用表**

| 售货点 / 工厂 | 生产与运输费用/万元 | | | | 年产量/箱 |
|---|---|---|---|---|---|
| | A | B | C | D | |
| F1 | 8.18 | 7.99 | 8.11 | 8.03 | 6000 |
| F2 | 7.59 | 7.64 | 7.59 | 7.39 | 6500 |
| F3 | 7.62 | 8.05 | 7.65 | 8.02 | 10500 |
| 年需求量/箱 | 3000 | 7000 | 8000 | 5000 | — |

**表 5-7　F1、F2、F4 生产与运输总费用表**

| 售货点 / 工厂 | 生产与运输费用/万元 | | | | 年产量/箱 |
|---|---|---|---|---|---|
| | A | B | C | D | |
| F1 | 8.18 | 7.99 | 8.11 | 8.03 | 6000 |
| F2 | 7.59 | 7.64 | 7.59 | 7.39 | 6500 |
| F4 | 8.06 | 7.87 | 8.30 | 8.27 | 10500 |
| 年需求量/箱 | 3000 | 7000 | 8000 | 5000 | — |

分别用表上作业法求解 F1 + F2 + F3、F1 + F2 + F4 生产的总费用，少者为佳。

**2. 综合因素评价方法**

（1）加权因素法　加权因素法适合于比较非成本因素，由于各种因素的重要程度不同，需要采取加权方法，并按以下步骤进行：

1）针对场址选择的基本要求和特点，列出要考虑的各种因素。

2）按照各因素相对重要程度，分别规定各因素相应的权重。

3）对各因素分级定分，即将每个因素分等级，如 A、E、I、O、U，各个等级分别对应不同的分数，如 A＝4 分、E＝3 分、I＝2 分、O＝1 分、U＝0 分。

4）将每个因素的评分值与其权重相乘，计算出每个因素的加权分值。

5）累计每个备选地址的所有因素的加权分值，计算出每个备选地址的总得分，选择总得分最高的备选地址作为最优决策方案。

此方法的关键是确定合理的权重和等级评定，可以采用专家或决策者打分，求平均值的办法。

**【例 5-5】** 对某设施的选址有 A、B、C、D 四种方案，影响选址的主要因素有位置、面积、运输条件等 8 项，并设每个因素在方案中的排队等级为 A、E、I、O、U 五个等级，现规定 A＝4 分，E＝3 分，I＝2 分，O＝1 分，U＝0 分。各原始数据及评分结果见表 5-8。试确定选址方案。

**表 5-8　加权因素法选址举例**

| 序号 | 考虑因素 | 权重 | 各方案的各因素等级及得分 | | | |
|---|---|---|---|---|---|---|
| | | | A | B | C | D |
| 1 | 位置 | 7 | E/21 | A/28 | I/14 | I/14 |
| 2 | 面积 | 6 | A/24 | E/18 | U/0 | A/24 |
| 3 | 地形 | 3 | E/9 | E/9 | I/6 | E/9 |
| 4 | 地质条件 | 2 | A/8 | E/6 | I/4 | U/0 |
| 5 | 运输条件 | 9 | E/27 | A/36 | I/18 | A/36 |
| 6 | 原材料供应 | 10 | I/20 | A/40 | A/40 | O/10 |
| 7 | 公用设施条件 | 5 | E/15 | E/15 | E/15 | E/15 |
| 8 | 扩展可能性 | 8 | I/16 | A/32 | I/16 | E/24 |
| 9 | 合计 | | 140 | 184 | 113 | 132 |

由以上评价结果可知，选址的优先顺序为 B、A、D、C，其中 B 方案为最优选址方案。

（2）因次分析法　因次分析法是指将经济因素（成本因素）和非经济因素（非成本因素）按照相对重要程度统一起来。设经济因素和非经济因素重要程度之比为 $m:n$，经济因素的相对重要性为 $M$，则 $M=m/(m+n)$，相应非经济因素的相对重要性为 $N$，则 $N=n/(m+n)$，且有 $M+N=1$。

1）确定经济因素的重要性因子 $T_{\mathrm{j}}$

$$T_{\mathrm{j}} = \frac{\dfrac{1}{c_i}}{\displaystyle\sum_{i=1}^{k} \frac{1}{c_i}}$$

2）非经济因素的重要性因子 $T_f$ 的计算分三个步骤。

①确定单一非经济因素对于不同候选场址的重要性。将各方案的比重除以所有方案所得比重之和，得到单一因素相对于不同场址的重要性因子 $T_d$，用公式表示为

$$T_d = \frac{W_j}{\sum_{j=1}^{k} W_j}$$

② 确定各个因素的权重比率。对于不同的因素，确定其权重比率 $G_i$。$G_i$ 的确定可以用各因素两两相比的方法，也可以由专家根据经验确定，所有因素的权重比率之和为 1。

③ 将单一因素的重要性因子乘以其权重比率，将各种因素的乘积相加，得到非经济因素对各个候选场址的重要性因子 $T_f$。公式为

$$T_f = \sum_{i=1}^{k} G_i T_{di}$$

3）将经济因素的重要性因子和非经济因素的重要性因子按重要程度叠加，得到该场址的重要性指标 $C_t$，即

$$C_t = MT_j + NT_f$$

**【例 5-6】** 某公司拟建一木材加工厂，待选的三个场址为 A、B、C，其经济成本见表 5-9，非经济因素主要考虑政策法规、气候条件和安全因素。就政策而言，A 好于 B，B 好于 C；就气候而言，A、B 相平，C 次之；就安全而言，C 最好，A 最差。据专家评估，三种非经济因素比重为 0.5、0.4 和 0.1。假如经济因素和非经济因素同等重要，试用因次分析法确定最佳场址。

**表 5-9 不同经济因素的生成成本**

| 场址 / 经济因素 | 成本/万元 | | |
|---|---|---|---|
| | A | B | C |
| 原材料 | 300 | 260 | 200 |
| 劳动力 | 60 | 40 | 30 |
| 运输费 | 25 | 22 | 15 |
| 其他费用 | 15 | 11 | 5 |
| 总成本 | 400 | 333 | 250 |

**【解】**

（1）首先确定经济因素的重要性因子 $T_j$

$$\frac{1}{C_1} = \frac{1}{400} = 2.5 \times 10^{-3} \qquad \frac{1}{C_2} = \frac{1}{333} = 3 \times 10^{-3} \qquad \frac{1}{C_3} = \frac{1}{250} = 4 \times 10^{-3}$$

$$\sum_{i=1}^{n} \frac{1}{C_i} = (2.5 + 3 + 4) \times 10^{-3} = 9.5 \times 10^{-3}$$

$$T_{jA} = \frac{2.5 \times 10^{-3}}{9.5 \times 10^{-3}} = 0.263 \qquad T_{jB} = \frac{3 \times 10^{-3}}{9.5 \times 10^{-3}} = 0.316 \qquad T_{jC} = \frac{4 \times 10^{-3}}{9.5 \times 10^{-3}} = 0.421$$

（2）确定非经济因素重要性因子 $T_{fj}$ 见表 5-10 ~ 表 5-13。

表 5-10　各方案在政策法规方面的比较表

| 场址 | 政策因素两两相比 | | | 比重和 | $T_d$ |
| --- | --- | --- | --- | --- | --- |
| | A-B | A-C | B-C | | |
| A | 1 | 1 | — | 2 | 2/3 |
| B | 0 | — | 1 | 1 | 1/3 |
| C | — | 0 | 0 | 0 | 0 |

表 5-11　各方案在气候方面的比较表

| 场址 | 气候因素两两相比 | | | 比重和 | $T_d$ |
| --- | --- | --- | --- | --- | --- |
| | A-B | A-C | B-C | | |
| A | 1 | 1 | — | 2 | 2/4 |
| B | 1 | — | 1 | 2 | 2/4 |
| C | — | 0 | 0 | 0 | 0 |

表 5-12　各方案在安全方面的比较表

| 场址 | 安全因素两两相比 | | | 比重和 | $T_d$ |
| --- | --- | --- | --- | --- | --- |
| | A-B | A-C | B-C | | |
| A | 0 | 0 | — | 0 | 0 |
| B | 1 | — | 0 | 1 | 1/3 |
| C | — | 1 | 1 | 2 | 2/3 |

表 5-13　各方案影响因素汇总比较表

| | A | B | C | 权重 |
| --- | --- | --- | --- | --- |
| 政策法规 | 2/3 | 1/3 | 0 | 0.5 |
| 气候 | 2/4 | 2/4 | 0 | 0.4 |
| 安全 | 0 | 1/3 | 2/3 | 0.1 |

所以非经济因素重要性因子分别为

$$T_{fA}=\frac{2}{3}\times0.5+\frac{2}{4}\times0.4=0.533$$

$$T_{fB}=\frac{1}{3}\times0.5+\frac{2}{4}\times0.4+\frac{1}{3}\times0.1=0.4$$

$$T_{fC}=\frac{2}{3}\times0.1=0.067$$

（3）求综合重要性因子

$$C_t=0.5T_{jA}+0.5T_{fA}$$

$$C_{tA}=0.5T_{jA}+0.5T_{fA}=0.5\times0.263+0.5\times0.533=0.398$$

$$C_{tB}=0.5T_{jB}+0.5T_{fB}=0.5\times0.316+0.5\times0.4=0.358$$

$$C_{tC}=0.5T_{jC}+0.5T_{fC}=0.5\times0.421+0.5\times0.067=0.244$$

因为 $C_{tA}>C_{tB}>C_{tC}$，

所以 A 场址最佳。

（4）优缺点比较法 可用以对布置方案进行初步评价，舍弃那些存在明显缺陷的布置方案，见表5-14。

**表5-14 方案的优缺点举例表**

| 序号 | 因 素 | 点检记号 | 重要性 |
|---|---|---|---|
| 1 | 投资 | | |
| 2 | 年经营费 | | |
| 3 | 投资收益率 | | |
| 4 | 投资回收期 | | |
| 5 | 对生产波动的适应性 | | |
| 6 | 调整生产柔性 | | |
| 7 | 发展的可能性 | | |
| 8 | 工艺过程的合理性 | | |
| 9 | 物料搬运的合理性 | | |
| 10 | 机械自动化水平 | | |
| 11 | 控制检查的便利程度 | | |
| 12 | 辅助服务的适应性 | | |
| 13 | 维修方便程度 | | |
| 14 | 空间利用程度 | | |
| 15 | 需要存储的物料数量 | | |

## 5.3 工业设施布置的方法

### 5.3.1 工业设施布置的内容

工业设施布置主要包括工厂总平面布置和车间布置两个方面。

工厂总平面布置要对工厂的生产车间、物料储运部门、管理部门和生产服务部门的建筑物、场地和道路等，按照各部门之间相互关系的密切程度做出合理的安排。车间布置主要是考虑工艺过程、物流量等因素，对机器设备、运输通道等做出合理的布局。

### 5.3.2 系统化设施布置方法

系统布置设计（Systematic Layout Planning，SLP）是由美国R. Muther提出的。它提供了一整套具有清晰条理性和严密逻辑性的分析方法。SLP法采用作业单位间关系密级与相互关系表、图来研究各种因素对布置设计的影响，使布置设计由定性阶段发展到了定量阶段，受到广大设计人员的欢迎，在许多领域都得到了广泛应用。

**1. 系统布置设计的基本要素**

工厂布置设计就是在根据社会需要确定出某些待生产的产品及其产量以及确定场址的前提下，完成工厂总平面布置和车间布置，提供布置方案。

产品及产量由决策部门在设计纲领中做出规定；场址的确定主要由经营决策人员根据某

些社会因素、经济因素及自然条件做出决策；建厂工作则主要由土建施工人员来完成。与设施布置设计人员直接相关的任务是总平面布置和车间布置。

为了完成工厂总平面布置和车间布置，需要从产品 P 及产量 Q 出发，首先对产品组成进行分析，确定各零部件的生产类型，制订出各个零部件的加工、装配工艺流程；根据工艺流程各阶段的特点划分出生产车间，并根据生产需要设置必要的职能管理部门及附属生产与生活服务部门。整个工厂就是由生产车间、职能管理部门、附属生产及生活服务部门以及为使生产连续进行而设置的仓储部门这几类作业单位所构成的。然后，由工厂布置设计人员来完成工厂总平面布置及车间布置，如图 5-6 所示。

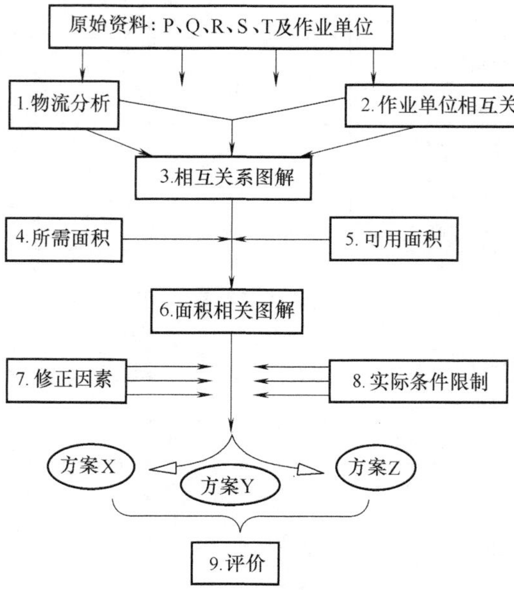


图 5-6　设施布置设计程序图

在 R. Muther 提出的系统布置设计（SLP）中，把产品 P、产量 Q、生产路线 R、辅助服务部门 S 及生产时间安排 T 作为给定的基本要素（原始资料），成为布置设计工作的基本出发点。

（1）产品 P　产品 P 是指待布置工厂所生产的产品、原材料、加工的零件和成品等。这些资料由生产纲领和产品设计提供，包括项目的品种、类型，材料、产品特性等。产品这一要素影响着生产系统的组成及其各作业单位间的相互关系、生产设备的类型、物料搬运方式等。

（2）产量 Q　产量指所生产的产品的数量，也由生产纲领和产品设计提供，可用件数、重量、体积等来表示。产量 Q 这一要素影响着生产系统的规模、设备的数量、运输量、建筑物面积等。

（3）生产路线 R　为了完成产品的加工，必须制订加工工艺流程，形成生产路线，可用工艺过程表（卡）、工艺过程图、设备表等表示，它影响着各作业单位之间的关系、物料搬运路线、仓库及堆放地的位置等。

（4）辅助服务部门 S　在实施系统布置工作以前，必须对生产系统的组成情况有一个总体的规划。生产系统大体上可以分为生产车间、职能管理部门、辅助生产部门、生活服务部门及仓储部门等。可以把除生产车间以外的所有作业单位统称为辅助服务部门 S，包括工具、维修、动力、收货、发运、铁路专用路线、办公室、食堂等，这些作业单位构成生产系统的生产支持系统部分，在某种意义上提高了生产能力。有时，辅助服务部门的占地总面积接近甚至大于生产车间所占面积，所以布置设计时应给予足够的重视。

（5）时间 T　时间要素是指在什么时候，用多少时间生产出产品，包括各工序的操作时间及更换批量的次数。在工艺过程设计中，根据时间因素确定生产所需各类设备的数量、占地面积和操作人员数量来平衡各工序的生产时间。

**2. 设施布置类型**

设施布置有三种基本类型：产品原则布置、工艺原则布置和固定工位布置。

（1）产品原则布置　产品原则布置又称流水线布置或对象原则布置，当生产产品品种少、批量大时，应当按照产品的加工工艺过程顺序来配置设备，形成流水生产线或装配线布置。产品原则布置示意图如图 5-7 所示。

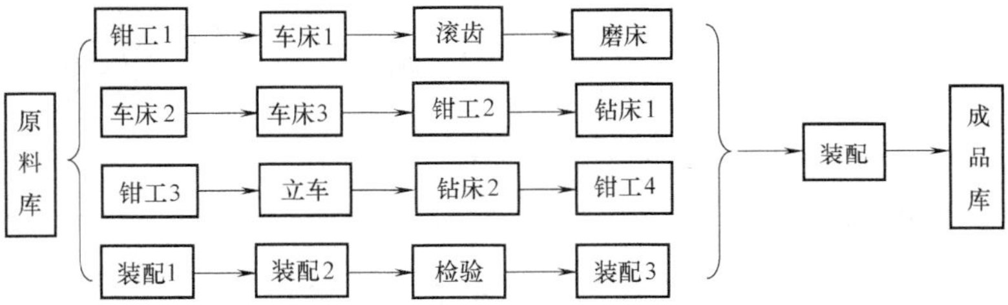


图 5-7　产品原则布置示意图

产品原则布置的基础是标准化及作业分工。整个产品被分解成一系列标准化的作业，由专门的人员及加工设备来完成。

以汽车装配线为例，对于一条装配线而言，其车型基本不变或变化不大，整个装配顺序固定不变，这样，通过作业分工将汽车装配分解为若干标准化的装配作业，各个工作站配备专用的装配设备来完成固定的装配作业，不同工作站间的运输采用专用的、路径固定的运送设备。

产品原则布置的优缺点见表 5-15。

**表 5-15　产品原则布置的优缺点**

| | |
|---|---|
| 优点 | 产品产出率高，单位产品成本低 |
| | 每一产品都按自己的工艺流程布置设备，因此加工件经过的路程最直接、最短，无用的停滞时间也最少 |
| | 操作人员只做一种产品的一个工序，效率高且所需培训少 |
| | 管理和采购、库存控制等工作因变化少而相对简单 |
| 缺点 | 要求较多的设备，而设备的利用率相对较低 |
| | 对产品种类及产量变化、设备故障等情况的响应较差 |
| | 工作重复、单调、乏味，缺乏提升机会，可能会导致工人的心理问题或职业伤害 |
| | 为了避免停产，设备备用件的库存量可能比较大 |

（2）工艺原则布置　工艺原则布置又称功能布置，适合于产品品种多、批量小的情况，

将功能相同或相似的一组设施布置在一起。

例如：在机械加工车间中，数台车床被排列在一起组成车床组，钻床排列在一起组成钻床组，铣床组成铣床组、磨床组成磨床组等，因此，工艺原则布置在机加工车间中还被称为机群式布置。加工工艺需要这些设备的工件按工艺路线成批进入这些班组。不同的产品需要不同的工艺路线。为了适应多种加工对象及工艺路线，需要采用可变运输路线的物料搬运设备，如叉车、手推车等。工艺原则布置示意图如图5-8所示。

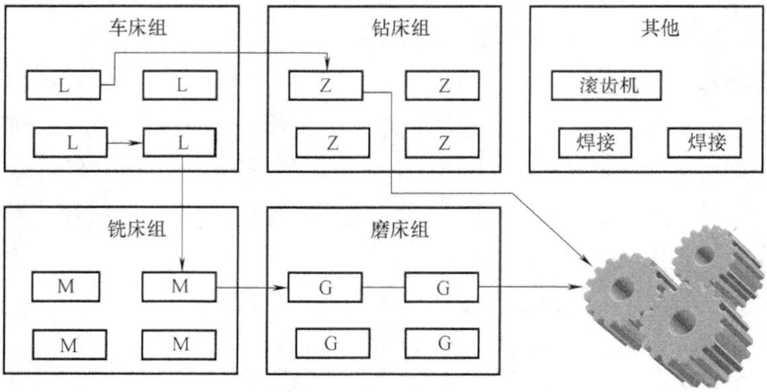


图5-8　工艺原则布置示意图

工艺原则布置的优缺点见表5-16。

**表5-16　工艺原则布置的优缺点**

| | |
|---|---|
| 优点 | 具有较高的柔性，对产品品种、数量的变化和加工设备的故障响应快 |
| | 由于批量加工及闲置设备的存在，个别设备的故障或人员的缺勤不会对生产系统造成大的影响 |
| 缺点 | 机器及工人的利用率较低、在制品的数量较多 |
| | 运输效率低，单位运输费用较高，单位产品的成本较高，整个生产时间较长，且整个车间的物流比较混乱 |
| | 对操作人员的技术水平要求较高，组织和管理工作也较困难 |

（3）固定工位布置　固定式布置也称项目布置，它主要是工程项目和大型产品生产所采用的一种布置形式。它的加工对象位置固定，生产工人和设备都随加工产品所在的某一位置而转移。之所以要固定，是因为加工对象大而重，不易移动，如工程建设、飞机厂、造船厂、重型机器厂等。固定工位布置示意图如图5-9所示。

固定式布置存在的问题是：场地空间有限；不同的工作时期，物料和人员需求不一样，这给生产组织和管理带来较大困难；物料需求量是动态的。

因此，一般不采用固定式布置，即使采用，也尽量将大的加工对象先期分割，将零部件标准化，并尽可能分散在其他位置和车间批量生产，以降低生产组织管理难度。例如，工程建设的预制件生产和大型机器设备的部件生产。

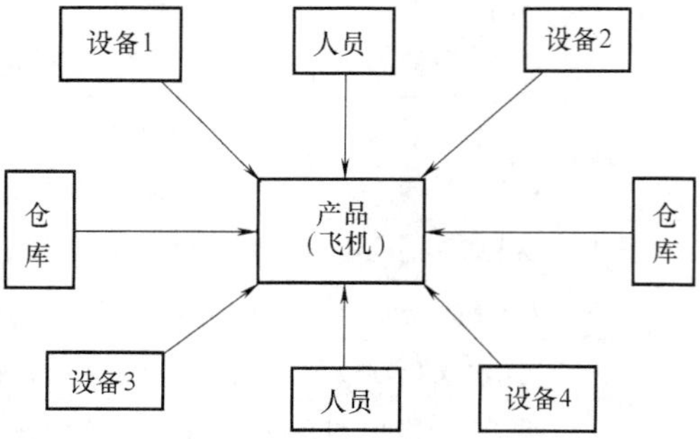


图5-9　固定工位布置示意图

**3. 系统布置设计的设计步骤**

1）准备原始资料。

2）工艺过程分析。

3）物流分析与作业单位相互关系分析。

4）绘制作业单位位置相关图。

5）作业单位占地面积计算。

6）绘制作业单位面积相关图。

7）修正。

8）方案评价与择优。

**【例 5-7】** 某工厂有六个主要组成部分 $A_1 \sim A_6$，其中 $A_1$ 为进料，$A_2$ 为毛坯零件库，$A_3$ 为制造与装配，$A_4$ 为维修、检验，$A_5$ 为成品库，$A_6$ 为试车车间，各作业单位的面积及各作业单位之间的搬运工作量从至表见表 5-17、表 5-18，各作业单位间的非物流相关图如图 5-10 所示，请进行工厂布置设计。

**表 5-17 各作业单位面积**

| 作业单位 | 面积/$m^2$ | 作业单位 | 面积/$m^2$ |
|---|---|---|---|
| $A_1$ | 1000 | $A_4$ | 3000 |
| $A_2$ | 1000 | $A_5$ | 2000 |
| $A_3$ | 2000 | $A_6$ | 1000 |

**表 5-18 各单位之间搬运工作量从至表** （单位：托盘）

| 从＼至 | $A_1$ | $A_2$ | $A_3$ | $A_4$ | $A_5$ | $A_6$ | 合计 |
|---|---|---|---|---|---|---|---|
| $A_1$ | | 6 | | 2 | 2 | 4 | 14 |
| $A_2$ | | | 6 | 4 | 3 | | 13 |
| $A_3$ | | 6 | | 6 | 4 | 4 | 20 |
| $A_4$ | | | 6 | | 2 | 4 | 12 |
| $A_5$ | | | | 1 | | | 1 |
| $A_6$ | | 3 | 4 | | | | 7 |
| 合计 | | 15 | 16 | 13 | 11 | 12 | 67 |

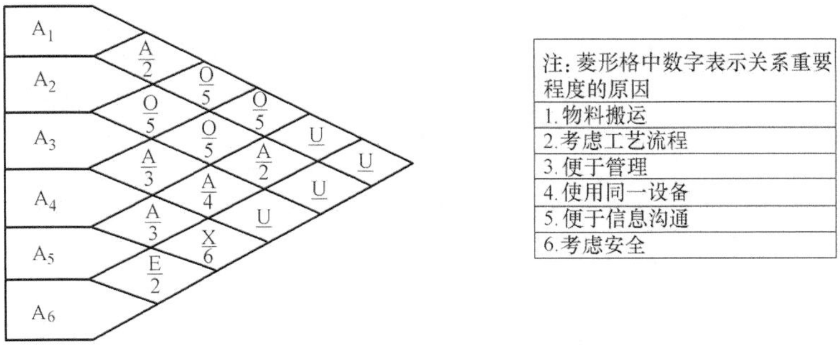


图 5-10 各作业单位之间的非物流相关图

【解】（1）绘制出对流物流量表　见表5-19。

**表5-19　作业单位对流物流量表**　　（单位：托盘）

| 从＼至 | $A_1$ | $A_2$ | $A_3$ | $A_4$ | $A_5$ | $A_6$ | 合计 |
|---|---|---|---|---|---|---|---|
| $A_1$ | | 6 | | 2 | 2 | 4 | 14 |
| $A_2$ | | | 12 | 4 | 3 | 3 | 22 |
| $A_3$ | | | | 12 | 4 | 8 | 24 |
| $A_4$ | | | | | 3 | 4 | 7 |
| $A_5$ | | | | | | | |
| $A_6$ | | | | | | | |
| 合计 | | 6 | 12 | 18 | 12 | 19 | 67 |

从表5-19中可以看到有物流量的单位对数是13。

（2）进行物流强度等级划分　例5-7中，物流强度等级A占10%，即13×10%＝1.3，取2对作业单位；物流强度等级E占20%，即13×20%＝2.6，取2对作业单位；物流强度等级I占30%，即13×30%＝3.9，取4对作业单位；物流强度等级O占40%，即13×40%＝5.2，取5对作业单位。物流强度等级分配表见表5-20。

**表5-20　物流强度等级分配表**

| 物流强度等级 | 符号 | 物流路线比例(%) | 承担的物流量比例(%) |
|---|---|---|---|
| 超高物流强度 | A | 10 | 40 |
| 特高物流强度 | E | 20 | 30 |
| 较大物流强度 | I | 30 | 20 |
| 一般物流强度 | O | 40 | 10 |
| 可忽略搬运 | U | | |

本例中物流强度等级划分如图5-11所示。

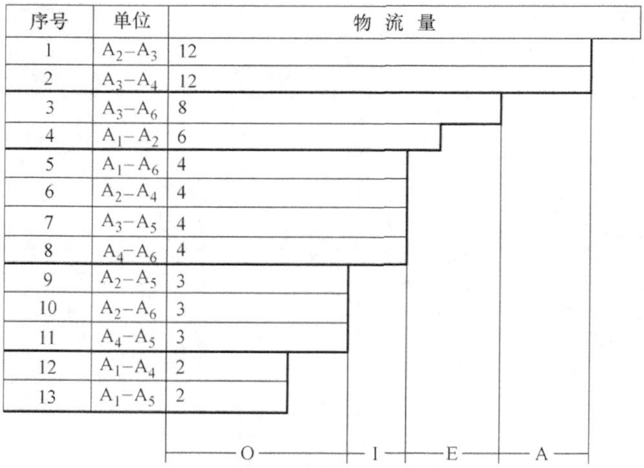


图5-11　物流强度等级划分图

（3）根据物流强度作物流相关图　如图 5-12 所示。

（4）结合物流相关图与已知的非物流相关图作出作业单位综合相关图　如果认为非物流因素与物流因素同等重要，则可将物流相关图与已知的非物流相关图的对应项合成分数相加，再将数字转化成重要程度等级，最后作出作业单位综合相关图。其中，A =4 分，E =3 分，I =2 分，O =1 分，U =0 分，X = −1 分 。

作业单位综合相关图如图 5-13 所示。

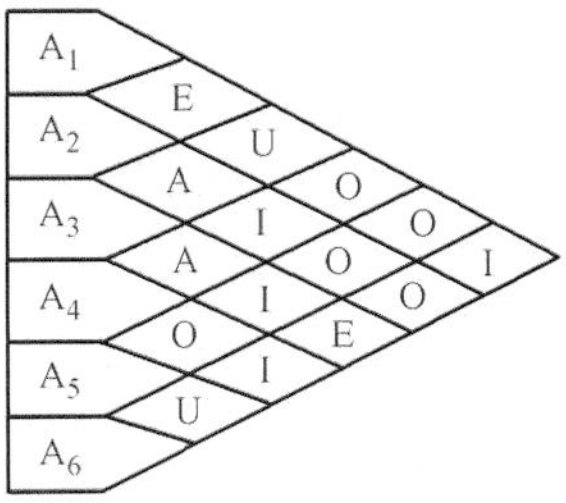


图 5-12　物流相关图

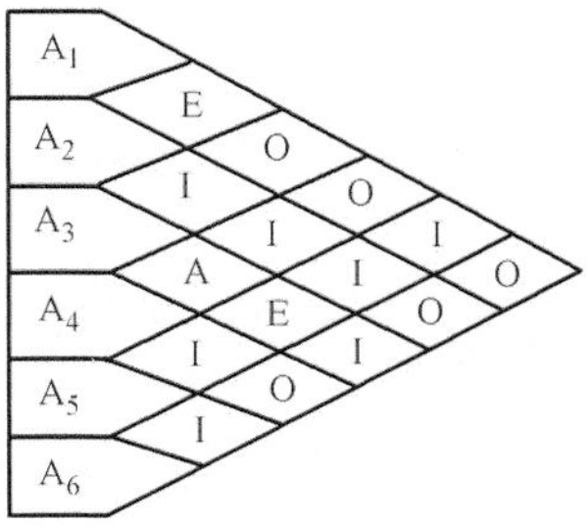


图 5-13　作业单位综合相关图

（5）绘制作业单位位置相关图

1）综合接近程度排序见表 5-21。

**表 5-21　综合接近程度排序表**

| 作业单位 | $A_1$ | $A_2$ | $A_3$ | $A_4$ | $A_5$ | $A_6$ |
|---|---|---|---|---|---|---|
| $A_1$ | | E | O | O | I | O |
| $A_2$ | E | | I | I | I | O |
| $A_3$ | O | I | | A | E | I |
| $A_4$ | O | I | A | | I | O |
| $A_5$ | I | I | E | I | | I |
| $A_6$ | O | O | I | O | I | |
| 综合接近程度 | 8 | 10 | 12 | 10 | 11 | 7 |
| 排序 | 5 | 4 | 1 | 3 | 2 | 6 |

2）按图幅大小，选择单位距离长度，并规定关系密级为 A 级的作业单位之间距离为一个单位距离长度，E 级为两个单位距离长度，依此类推。

3）从作业单位综合相关图中取出关系密级为 A 级的作业单位对，有 3-4，共涉及两个作业单位，按综合接近程度排序为 3、4。将综合接近程度分数最高的作业单位 3 布置在位置相关图的中心位置。随后处理作业单位对 3-4，将作业单位 4 布置到图中与作业单位 3 距离为单位距离长度（如 10mm）的位置上，将 3、4 两个单位用四条线连接，如图 5-14a 所示。

4）处理相互关系为 E 的作业单位对，用三条线连接。从作业单位综合相关图中取出关系密级为 E 级的作业单位对，有 1-2 和 3-5，共涉及四个单位，按综合接近程度排序为 3、5、2、1。首先处理与作业单位 3 有关的作业单位 5，作业单位 5 与图中作业单位 3、4 的关系密级分别为 E、I 级，重点处理较高级的关系，将作业单位 5 布置到图中。随后处理作业单位2，作业单位2与图中已有的作业单位3、5、4的关系密级为I、I、I，将作业单位2布置到图中。随后处理与作业单位2有关的作业单位1，作业单位1与图中已存在的作业单位3、5、4、2的关系为O、I、O，E，重点处理较高级的关系，将作业单位1布置到图中，如图5-14b所示。

5）处理相互关系为I的作业单位对，从作业单位综合相关图中取出关系密级为I级的作业单位对，有1-5、2-3、2-4、2-5、3-6、4-5、5-6，共涉及六个单位，按综合接近程度排序为3、5、4、2、1、6，首先处理与作业单位3有关的作业单位2、6，由于2的位置已经确定，考虑处理作业单位6。作业单位6与图中已有的作业单位3、5、4、2、1的关系密级为I、I、O、O、O，将作业单位6布置到图中。随后处理图中仍未出现的O级作业对，如图5-14c所示。

（6）绘制工厂布置图　如图5-15所示。

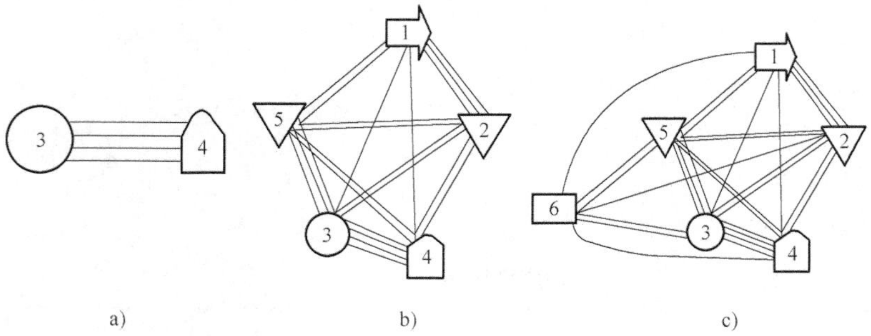


图5-14　作业单位相关图的绘制步骤

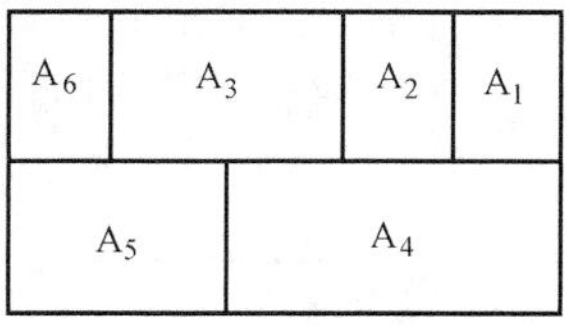


图5-15　工厂布置图

## 5.4　物料搬运系统分析

物料搬运分析过程分为四个阶段，即外部衔接、总体搬运方案、详细搬运方案和方案的实施过程。物料搬运分析程序图如图5-16所示。

**1. 物料搬运路线与设备决策**

物料搬运方法是物料、搬运路线、设备和容器（搬运单元）的总和。一个物流设施的搬运活动可以采用同一种搬运方法，也可以采用不同的方法。一般情况下，几种不同搬运方法的组合就形成了搬运方案。

因此，搬运方案的分析设计，不仅需要了解物料搬运路线类型，而且要根据物料特征对物料搬运路线及其设备和容器（搬运单元）做出合理的选择。

（1）搬运路线系统

1）直接型路线系统。各种物料各自从起点移动到终点，如图5-17a所示。

2）间接型路线系统。把几个搬运活动组合在一起，在相同的路线上用同样的设备，把物料从一个区域移到其他区域，包括渠道型、中心型、环型三种方式，分别如图5-17b、c、d所示 。

（2）搬运路线的选择　一般可根据距离与物流量指示图来选择其路线形式，如图5-18a所示。

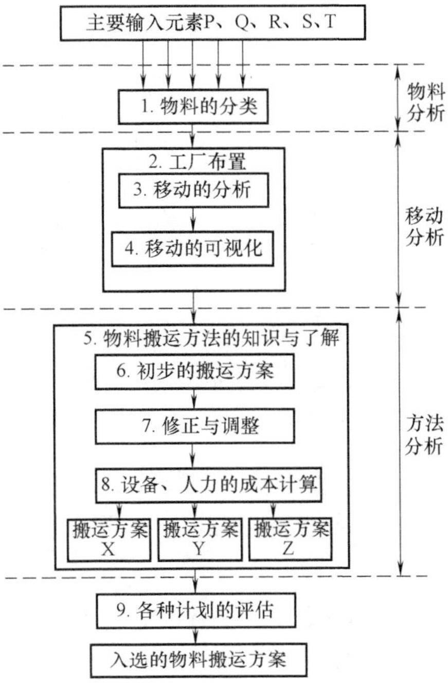


图 5-16　物料搬运分析程序图

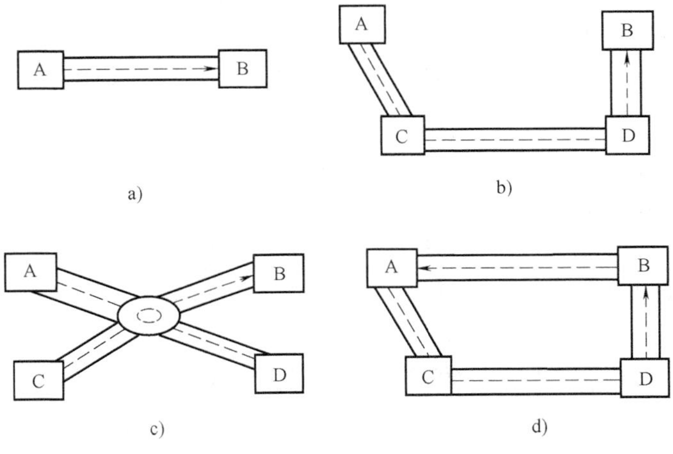


图 5-17　搬运路线示意图

a）直接型　b）渠道型　c）中心型　d）环型

（3）物料搬运设备的选择

1）原则。可根据距离与物流量指示图，选择不同类型的搬运设备，如图 5-18b 所示。距离短，物流量小：简单的搬运设备；距离长，物流量小：简单的运输设备；距离短，物流量大：复杂的搬运设备；距离长，物流量大：复杂的运输设备。

2）搬运设备选择应考虑的因素。

① 技术因素。技术因素包括设备的技术性能、设备的可靠性、工作环境的配合和适应

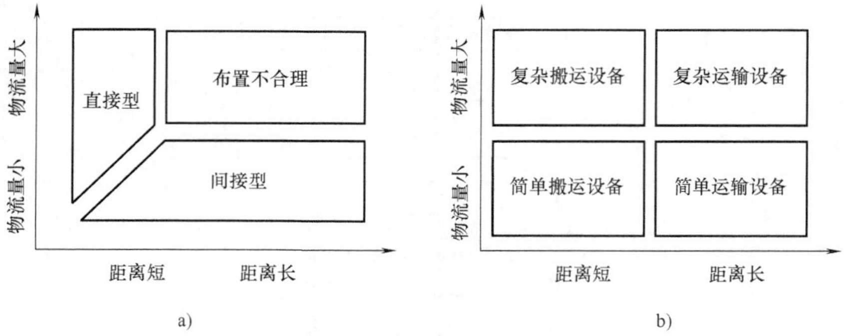


图 5-18 搬运路线的选择

a）物料搬运路线类型 b）物料搬运设备

性、可操作性和使用的方便性、备件及维修、与物料的适配程度、物料的运动方式等。

② 经济因素。经济因素包括设备投资回收期、性能价格比、运行使用费用、能耗等。

（4）运输单元的选择

1）散装搬运。在散装搬运中必须使物料不被破坏，不受损失或不对周围环境引起任何危险，散装搬运通常要求物流量很大。

2）单件搬运。单件搬运常用于尺寸大、外形复杂、容易损坏和易于抓取或用架子支起的物品。

3）容器或托架搬运。用托盘、托架、袋、箱子或板条箱堆垛和用带绑扎盘、箱、网兜等物品都是单元化搬运的形式。

标准化的集装单元，其尺寸、外形和设计都彼此一致，这就能节省在每个搬运终端（即起点和终点）的费用。而且标准化还能简化物料分类，从而减少搬运设备的数量及种类。

**2. 初步的搬运方案制定**

在对物料进行了分类，对布置方案中的各项搬运活动进行了分析和图表化，并对搬运系统分析（System Handing Analysis，SHA）中所用的各种搬运方法具备了一定的知识和理解之后，就可以初步确定具体的搬运方案。

初步的搬运方案制订，就是将物料搬运方法做“系统化方案汇总”，即将所确定搬运的路线系统、搬运设备及运输单元（容器）的组合用图例符号或用工作表表达出来。

1）用图例符号绘制搬运方案。在 SHA 中，除了各个区域、物料和物流量用的符号外，还有一些字母符号用于搬运路线系统、搬运设备和运输单元。例如：D 代表直接型路线系统；K 代表渠道型路线系统；G 代表中心型路线系统，另外还可用一些符号或图例来表示搬运设备和运输单元。

值得注意的是，这些图例都要求形象化，能不言自明。它们很像实际设备，并且通用部件是标准化了的。但图例只表示设备的总的类型，必要时可以加注其他字母或号码来说明。

利用这些搬运设备和运输单元的符号，连同代表路线形式的三个字母，就可以用简明的“符号语言”来表达每种搬运方案。

2）在普通工作表格上编制搬运方案，见表 5-22。

**表 5-22　在普通工作表格上编制搬运方案**

| 路线 | | 物料类别 | | 建议方法 | | | 备注 |
|---|---|---|---|---|---|---|---|
| 从 | 至 | 集装单位 | 符号 | 路线系统 | 搬运设备 | 运输单元 | |
| 进厂 | 原材料库 | 桶 | a | 直接型 | 叉车 | 托盘 | 建议重建卸货站台 |
| 进厂 | 原材料库 | 袋 | b | 直接型 | 叉车 | 托盘 | |
| 进厂 | 原材料库 | 贵重物料 | d | 直接型 | 人工 | 纸箱 | |
| 原材料库 | 造粒 | 袋 | b | 直接型 | 叉车 | 托盘 | 由主管人搬运 |
| 原材料库 | 造粒 | 贵重物料 | d | 直接型 | 人工 | 盒 | |
| 原材料库 | 造粒 | 桶 | a | 直接型 | 叉车 | 托盘 | |
| 造粒 | 制成片剂 | 桶 | a | 渠道型 | 手推车 | 桶 | |
| 造粒 | 药水车间 | 桶 | a | 渠道型 | 手推车 | 桶 | |
| 装瓶装箱 | 成品库 | 纸箱 | c | 直接型 | 叉车 | 托盘 | 堆放在货架上 |
| 成品库 | 发运 | 纸箱 | c | 直接型 | 叉车 | 托盘 | |

3）在汇总工作表格上编制搬运方案，见表 5-23。

**表 5-23　在汇总工作表格上编制搬运方案**

| 物料类别 | 类别号__ | | | | 类别号__ | | | | 类别号__ | | | | 类别号__ | | | |
|---|---|---|---|---|---|---|---|---|---|---|---|---|---|---|---|---|
| 路线 | 说明____ | | | | 说明____ | | | | 说明____ | | | | 说明____ | | | |
| □从-至<br>□双向 | Q | | E | T | Q | | E | T | Q | | E | T | Q | | E | T |
| | 代用 | S | | | 代用 | S | | | 代用 | S | | | 代用 | S | | |
| 1 | | | | | | | | | | | | | | | | |
| | □ | | | | □ | | | | □ | | | | □ | | | |
| 2 | | | | | | | | | | | | | | | | |
| | □ | | | | □ | | | | □ | | | | □ | | | |
| … | | | | | | | | | | | | | | | | |
| | □ | | | | □ | | | | □ | | | | □ | | | |
| 搬运方案的代用方案 | | | | | | | | | | | | | | | | |
| | a | | | | b | | | | c | | | | d | | | |

填表说明：□栏表示第二代用方案；S 栏表示路线系统形式；E 栏填搬运设备；T 栏填运输单元

**3. 方案修改和限制**

1）在前面各阶段中已确定的同外部衔接的搬运方法。

2）既满足目前生产需要，又能适应长期的发展和变化。

3）和生产流程或流程设备保持一致。

4）可以利用现有公用设施和辅助设施保证搬运计划的实现。

5）布置或建议的初步布置方案，以及它们的面积，空间的限制条件（数量、种类和外廓形状）。

6）建筑物及其结构的特征。

7）库存制度及存放物料的方法和设备。

8）投资的限制。

9）设计进度和允许的期限。

10）原有搬运设备和容器的数量、适用程度及其价值。

11）影响工人安全的搬运方法。

**4. 说明并测算可行方案的各项需求**

对几个初步搬运方案进行修改以后，就开始逐一说明和计算那些被认为是最有现实意义的方案。

对每一个方案需做的说明有：每条路线上每种物料的搬运方法；其他必要的变动，如更改布置、作业计划、生产流程、建筑物、公用设施、道路等。

测算可行方案的各项需求，主要包括计算搬运设备和人员的需求量；计算投资数和预期的经营费用等。

**5. 方案的评价**

1）成本费用或财务比较法：

① 需要的投资。

② 经营费用：固定费用和可变费用。

2）优缺点比较法。

3）因素加权分析法。

**6. 详细搬运方案的设计**

总体搬运方案设计确定了整个工厂的总的搬运路线系统、搬运设备、运输单元。搬运方案详细设计，是在此基础上制订一个车间内部从工作地到工作地，或从具体取货点到具体卸货点之间的搬运方法。详细搬运方案必须与总体搬运方案协调一致。

## 5.5 仓储规划与设计

### 5.5.1 库容量

**1. 库容量的确定**

库容量是仓库的主要参数之一，是规划仓库首先要确定的问题。库容量的大小，首先取决于仓库对生产经营缓冲平衡的需要；其次，仓库建设投资费用和建成后的经营费用是库容量经济性的评价指标；再次，出入库频率（仓库另一主要参数）与库容量密切相关，当出库与入库频率一致时，库容量可为极小值。此外，库容量还与库内货物存放形式、装卸搬运机械类型及通道有关。

**2. 库容量的计算**（以无货架仓库为例）

示例如图 5-19 所示，通道两侧各有两排货物（即货堆深度为两个货位），每排货物有若干列，每列堆码四层。

（1）蜂窝型空缺系数的计算（概率论）　无货架堆放时，必须将同一种物品存放在一堆，如果在一列货堆上取走一层或几层，所产生的空缺不能用别的货物填补，从而影响了库容量的充分利用，这就是蜂窝空缺。

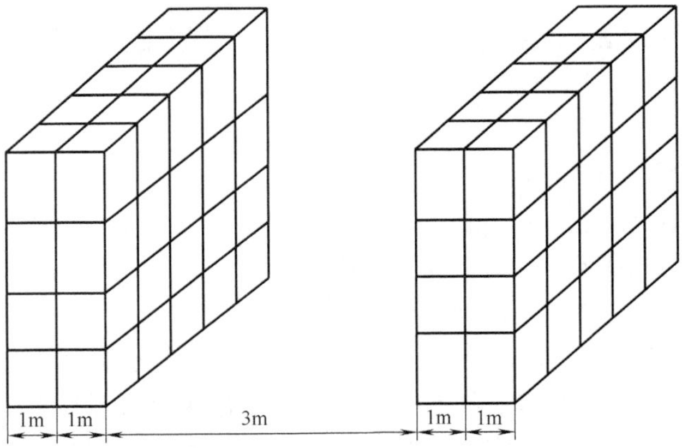


图 5-19 无货架仓库两排货物堆放

空缺系数期望值为

$$E(H) = \frac{1}{n}\sum_{i=0}^{n-1}\frac{i}{n}$$

式中 $n$——一列货位堆码货物的件数。

例中：

$$E(H) = \frac{1}{8}\sum_{i=0}^{7}\frac{i}{8} = \frac{7}{16}$$

（2）通道损失计算（设叉车通道宽 3m）

$$总面积 = 1 + 1 + 3 + 1 + 1 = 7$$

$$可利用面积 = 1 + 1 + 1 + 1 = 4$$

则：

$$损失 = 3/7$$

（3）空缺损失

$$G = E(H) \times 可利用面积$$

例中：

$$G = E(H)\frac{4}{7} = \frac{7}{16} \times \frac{4}{7} = \frac{1}{4}$$

（4）总损失

$$A = 通道损失 + 空缺损失$$

$$= \frac{1}{4} + \frac{3}{7} = 0.68$$

（5）库存容量计算（设实际需求库容量为 1000 个货位）

$$库容量 = \frac{实际库容量}{1 - 总损失} = \frac{1000}{1 - 0.68} \approx 3115(货位)$$

（6）仓容利用率（库存评价）

$$R = \frac{存储货物实际数量或容积}{库存数量或容积} \times 100\% = \frac{1000}{3115} \times 100\% = 32.1\%$$

示例结论：仓库利用率很低。

更复杂的设计计算，需要重新设计库存物资种类和堆码，装卸搬运设备和出入库频率，但基本原理都是比较损失的大小。

一般地，货堆越深（例中深度为两个货位），空缺损失越大，但总库存损失越小。

应该注意，不要一味追求存储效率（仓容利用率），否则会造成货场混乱、作业混乱。

## 5.5.2 库房设计

**1. 库房设计的主要内容和原则**

1）库房设计主要是指仓库内部的合理布局，其具体原则有：

① 要根据仓库作业程度，有利于提高作业效率。

② 要尽可能减少储存物料及仓储人员的运动距离。

③ 要有利于仓库作业时间的有效利用，尽量减少人员、设备窝工，防止物资堵塞。

④ 要充分利用仓库面积和建筑物空间，但需注意存储数量要易于读取，便于检查。

⑤ 有利于物资、人员、设施安全，要符合“三防”（防水、防火、防爆）。

2）库房设计的具体内容包括：确定仓库形式和作业形式；确定货位尺寸和库房总体尺寸；物资堆码设计；通道设计；设备配置；存取模式和管理模式；建筑和公用工程设计。主要设计参数包括：静态的库容量、物品物理特征、库房辅助工具（托盘）尺寸等，动态的出入库时间、批次、作业时间等。

**2. 设计参数**

（1）静态参数　库房容量；存放物品数量；物品的物理性质（外形、尺寸、重量）；库房存放物品的价值、危险性、敏感性（如对气候、光线、压力等）；库房辅助工具（如托盘、箱等）的尺寸；库房可供使用的情况及服务程度等。

（2）动态参数　入库时间和数量（物品入口）；出库时间和数量（物品出口）；物品的调度情况（如每天进出库的次数，每次的批量，每批的品种、数量，每一品种每天的数量等）；进行作业的时间（如装卸搬运作业时间等）；最短的库存时间等。

（3）限制条件　库房面积（长×宽）；库房高度；地面负载能力等。

**3. 设计步骤**

库房设计的一般步骤是：

1）建立初始方案（一般是多个方案）。

2）参数计算（包括库房的建筑面积、出口和入口通道、货位、库房内机械设备的配备等）。

3）各种费用核算和经济技术评价。

4）确定最佳方案。

**4. 仓库及作业形式的确定**

（1）需求分析　提出问题（如需建立适合什么情况的库房），确定目标；通过调研找出各种限制条件；研究实施工作的可行性、组织措施等。

（2）确定货物单元形式和规格　这一步不一定花很长时间，却是企业库房设计中不易控制和容易忽略的一步。一些企业由于缺乏对企业产品自身的长远了解，因此只注重了眼前的货物形式。

（3）确定库房和作业形式　在上述工作基础上可以确定库房形式。一般采用单元货格式仓库。对品种不多且批量较大的仓库，也可以采用重力式货架（流动式）仓库。同时，根据出入库的工艺要求（整单元或零散货出入库）来决定是否需要拣选作业等作业活动。

**5. 货位和堆码的确定**

（1）货位尺寸的确定　货位尺寸是库房设计中一项极其重要的内容，它直接关系到仓库面积和空间利用率，也关系到能否顺利地存取货物。货位尺寸取决于在货物单元四周需要留出的净空尺寸。对自动化仓库而言，这些净空尺寸的确定应考虑货架、起重设备轨道施工精度和停车精度。

（2）货位布局　一般应按入库、验收、储存、分拣、出库流程安排；根据作业频率确定堆垛机数量（一般一个巷道配备一台堆垛机）；确定高层货架和作业区的衔接方式。

（3）堆码　按物资性质、品种、重量、外形尺寸设计堆码位置。堆码形式有平面堆码、立体堆码和悬挂堆码，常用堆码形式为立体堆码。

**6. 通道设计**

通道设计也是仓库规划中很重要的内容之一。通道的布置合理与否，将影响仓库作业和物流合理化，以及生产率的提高。通道设计不合理，会造成作业场地的拥挤、阻塞、生产不安全，甚至影响机械作业率。

（1）仓库通道　仓库通道指出入库区的通道及库内连接各库房、货场之间的通道。

有铁路专线的入库区，铁路专线的长度应根据出入库物资的数量和频率来确定，线路的宽度及两边的留量应根据铁路有关规定执行。汽车通道，应根据运输量、日出入库的车辆数量、机动车辆的载重量和型号等进行设计道路的宽度、地面承载能力等。库区的出入口应按作业流程设置，做到物流合理化。

（2）库房通道　一般库房设有纵向（或横向）出入库通道，大型库房还应同时设纵向和横向出入库通道。在库房内货位之间应留有作业通道，通道的宽窄应根据装卸搬运机械的类型确定，同时应考虑库房面积的利用率和各种作业的方便、安全。汽车进库房，其通道宽度不应小于4m，并应设有进、出口（不同道）。叉车作业时，其最小作业宽度分别为：直叉平衡重式叉车3.6m，前移式叉车2.7m，插腿式叉车2.1m。

**7. 仓储机械的合理配置**

仓储机械设备的配置应能满足仓库现代化作业的需要，降低劳动强度，同时使仓储设备有较高的作业率及良好的经济效益。在配备机械设备时应做到系列化、规范化、标准化，使用方便和安全可靠。

仓储机械设备包括起重机械、装卸搬运机械、输送机械、分拣机械等几大类。在具体选用时，应根据仓库的类型、存放物品的物理特性（形状、尺寸、重量等）、存放方式（单件、托盘、箱装）和出入库的频率等进行机械设备的类型、型号、数量的合理配置。

（1）仓储机械设备配置系数$K$　仓储机械设备配置系数是衡量仓库机械化作业程度高低的一个参数。

$K>0.7$，表明机械化程度高；$0.5<K<0.7$，表明机械化程度中等；$K<0.5$，表明机械化程度低。

**【例5-8】**　某物资仓库年吞吐量（$H$）为30万t，其仓储过程总物流量（$Q_t$）为45万t，仓库现有各种机械设备能完成的物流量（$Q_c$）为30万t，则该仓库机械设备配置系数$K=Q_c/Q_t=30$万t/45万t$=0.67$。该仓库的机械化程度中等。

在为仓库配置机械设备时，可预先设定$K$的值，来计算机械设备所需完成的物流量，从而进行设备的配置计算。

（2）仓储过程总物流量 $Q_t$　仓储过程总物流量是由仓库年吞吐量计算出来的，它与重复搬运系数 $a$ 有关。如果仓库年吞吐量为 40 万 t，需要二次搬运的物资占 10 万 t，则重复搬运系数 $a=1+10$ 万 t/40 万 t $=1.25$（$a=1\sim2$，如无二次搬运，则 $a=1$）。

则仓储过程总物流量为 $Q_t=40$ 万 t $\times1.25=50$ 万 t。

（3）仓储机械设备能力 $Q_c$　仓储机械设备能力是指仓储机械设备所能完成的物流量。在设计仓库或改造仓库配备机械设备时，可以用它来计算所需的机械设备数量。

设备数量选择的时候要考虑设备以下几个参数：额定起重量、工作运行速度、跨度、起重量系数、单位时间的起重或搬运次数、时间利用系数。

**8. 存取和管理模式**

（1）存取模式

1）单作业模式。堆垛机从通道口取一个货物单元送到选定的货位，然后返回通道口。

2）复合作业模式。堆垛机从通道口取一个货物单元送到选定的货位 A，然后直接转移到另一个给定货位 B，取出其中的货物单元，送到通道口出库。

（2）管理模式。大中型仓库普遍采用计算机管理，并在线调度运输设备。

（3）评价指标

$$面积利用率=\frac{存储物资面积}{库房有效面积}\times100\%$$

$$存取率=\frac{所存数量}{总数量}\times100\%$$

$$转运频率=\frac{每年运出总量}{平均库存量}\times100\%$$

$$投资费用比=\frac{消耗费用}{单元仓库数量/单位时间}\times100\%$$

## 5.6　案例分析

**1. 案例背景**

（1）某机械厂简介　某机械厂成立于 1996 年，主要从事小型建筑机械、路面施工机械设备的生产。公司自创建以来，始终坚持“诚信第一，用户至上”的原则，全心全意为广大客户服务。经过多年坚持不懈的努力，赢得了广大商家和用户的信任和良好的口碑，企业不断发展壮大。如今，该厂的销售网点已遍及全省，部分产品出口东南亚市场。

（2）设施布置与物流现状分析　该机械厂主要生产 18 型路面切缝机，其年产量达 100 多台。每台 18 型路面切缝机由 22 种零部件构成，包括自制零部件 14 种，外购零部件 8 种。从自制零部件与外购零部件的数量比例可看出，该厂生产的 18 型路面切缝机的零部件以自制为主。自制零部件的物流量达 20819.6kg，其中，单件重量为 0.7～7.8kg 不等，所需数量也不尽相同，从而导致该厂出现了物料搬运问题。该机械厂原工厂平面布置图如图 5-20 所示。

从该厂的平面布置图能够看出：机加工车间、半成品库、组装车间之间存在着许多隐性的成本和物料搬运的问题。例如：半成品库与组装车间之间的物料搬运，其流程为购入外购件—入库—搬运至组装车间，由于各部门的布置不合理，导致其中的搬运路线加长，从而加

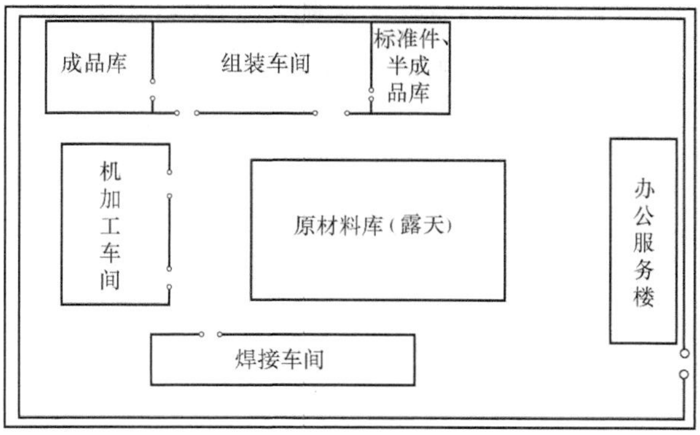


图 5-20　原工厂平面布置图

大了搬运成本；还有就是自制件，在机加工车间里，堆满了原材料、半成品、废品等物料，占用了大部分的车间面积，致使机加工车间的工作环境受到了严重的影响。上述的不合理，加之从原材料的投入到最终产品的形成，中间的物料搬运几乎全部靠人力来完成，这样不仅加大了工人的工作强度，而且容易使人过早地产生疲劳，从而降低了工人的工作效率。因此，需要对该机械厂的物流进行科学合理的分析，最终达到各部门的合理布置。

**2. 应用系统分析方法（SLP）改善的相关过程**

（1）作业单位物流关系分析　从原料进厂至各生产车间进行加工，由组装到成品出厂，始终都离不开物料的流动，厂内各生产车间形成了物流网络，生产过程依赖于物料的流动进行。一方面企业物流要按照生产工艺流程来组织，与生产同步；另一方面，其范围又超出生产过程。物料流畅是生产过程连续进行的前提，而且企业的物流关系的改善可以带来巨大的经济效益，提高企业的整体素质。

已知该机械厂的生产过程的物流强度从至表见表 5-24。

**表 5-24　物流强度从至表**

| 从＼至 | 1. 原材料库 | 2. 机加工车间 | 3. 标准件、半成品库 | 4. 组装车间 | 5. 成品库 | 6. 焊接车间 |
|---|---|---|---|---|---|---|
| 1. 原材料库 | | 6000 | | | | |
| 2. 机加工车间 | | | 4050 | | | 890 |
| 3. 标准件、半成品库 | | | | 4940 | | |
| 4. 组装车间 | | | | | 4940 | |
| 5. 成品库 | | | | | | |
| 6. 焊接车间 | | | 890 | | | |
| 总计 | | 6000 | 4940 | 4940 | 4940 | 890 |

该机械厂物流强度汇总表见表 5-25。

根据物流强度汇总表各作业单位之间的物流量，按物流路线所占的比例，把物流量从大到小依次划分为 A、E、I、O、U 五个等级。列出物流强度分析表，见表 5-26。

**表 5-25　物流强度汇总表**

| 序号 | 作业单位对(路线) | 物流强度 |
|---|---|---|
| 1 | 1—2 | 6000 |
| 2 | 2—3 | 4050 |
| 3 | 2—6 | 890 |
| 4 | 3—4 | 4940 |
| 5 | 4—5 | 4940 |
| 6 | 6—3 | 890 |

**表 5-26　物流强度分析表**

| 序号 | 作业单位对（路线） | 物　流　强　度<br>1000　2000　3000　4000　5000　6000 | 物流强度等级 |
|---|---|---|---|
| 1 | 1—2 | | A |
| 2 | 3—4 | | E |
| 3 | 4—5 | | E |
| 4 | 2—3 | | I |
| 5 | 2—6 | | O |
| 6 | 6—3 | | O |

根据物流强度从至表和分析表，对于表中没有列出的作业单位对设为 U 级，构造物流相关表见表 5-27。

**表 5-27　物流相关表**

| 作业单位名称 | 1. 原材料库 | 2. 机加工车间 | 3. 标准件、半成品库 | 4. 组装车间 | 5. 成品库 | 6. 焊接车间 | 7. 办公服务楼 |
|---|---|---|---|---|---|---|---|
| 1. 原材料库 | | A | U | U | U | U | U |
| 2. 机加工车间 | A | | I | U | U | O | U |
| 3. 标准件、半成品库 | U | I | | E | U | O | U |
| 4. 组装车间 | U | U | E | | E | U | U |
| 5. 成品库 | U | U | U | E | | U | U |
| 6. 焊接车间 | U | O | O | U | U | | U |
| 7. 办公服务楼 | U | U | U | U | U | U | |

根据表 5-27 绘制该厂的作业单位物流关系图如图 5-21 所示。

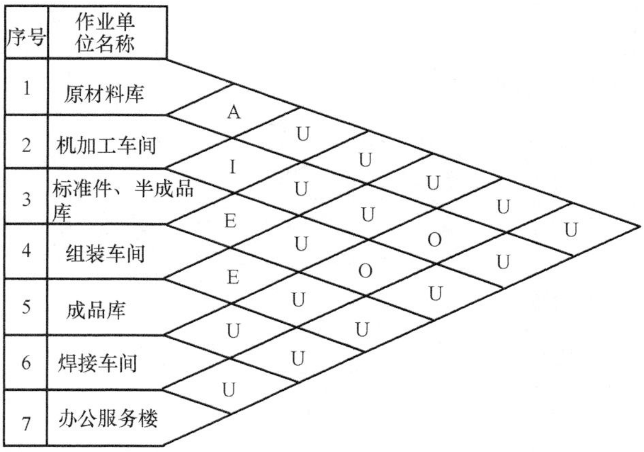


图 5-21 作业单位物流关系图

作业单位物流关系分析对该厂的影响很重要。该厂要考虑的因素见表 5-28，作业单位相互等级表见表 5-29。

**表 5-28 作业单位物流关系影响因素表**

| 编号 | 理由 | 编号 | 理由 |
|---|---|---|---|
| 1 | 工作流程的连续性 | 5 | 联系频繁程度 |
| 2 | 生产服务 | 6 | 噪声、振动 |
| 3 | 物料搬运 | 7 | 监督与管理 |
| 4 | 使用相同文件 | | |

**表 5-29 作业单位相互等级表**

| 符号 | 含义 | 说明 | 比例(%) |
|---|---|---|---|
| A | 绝对重要 | | 3～5 |
| E | 特别重要 | | 3～10 |
| I | 重要 | | 5～15 |
| O | 一般密切程度 | | 10～35 |
| U | 不重要 | | 45～80 |
| X | 负的密切程度 | 不希望接近 | 酌情而定 |

根据表 5-28、表 5-29 绘制该厂的作业单位非物流关系图，如图 5-22 所示。

(2) 作业单位之间综合相互关系计算表 把作业单位物流关系表和非物流关系表加权合并。假定物流与非物流同等重要，则可取加权值为 1:1。由此可得作业单位之间综合相互关系计算表见表 5-30。

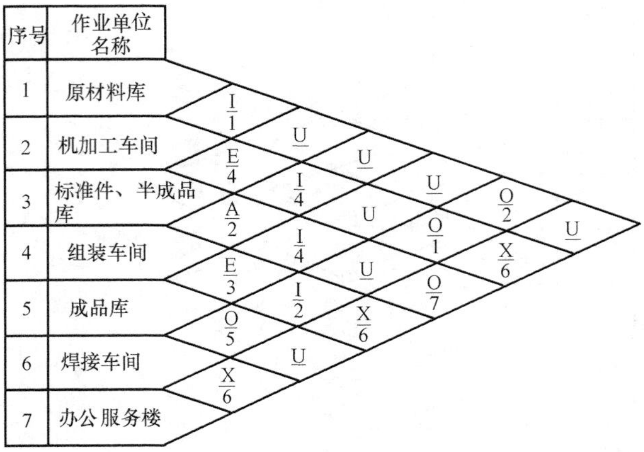


图 5-22　作业单位非物流关系图

**表 5-30　作业单位之间综合相互关系计算表**

| 序号 | 作业单位对 | 物流关系 | | 非物流关系 | | 综合关系 | |
|---|---|---|---|---|---|---|---|
| | | 等级 | 分数 | 等级 | 分数 | 等级 | 分数 |
| 1 | 1—2 | A | 4 | I | 2 | E | 6 |
| 2 | 1—3 | U | 0 | U | 0 | U | 0 |
| 3 | 1—4 | U | 0 | U | 0 | U | 0 |
| 4 | 1—5 | U | 0 | U | 0 | U | 0 |
| 5 | 1—6 | U | 0 | O | 1 | O | 1 |
| 6 | 1—7 | U | 0 | U | 0 | U | 0 |
| 7 | 2—3 | I | 2 | E | 3 | E | 5 |
| 8 | 2—4 | U | 0 | I | 2 | I | 2 |
| 9 | 2—5 | U | 0 | U | 0 | U | 0 |
| 10 | 2—6 | O | 1 | O | 1 | I | 2 |
| 11 | 2—7 | U | 0 | X | -1 | X | -1 |
| 12 | 3—4 | E | 3 | A | 4 | A | 7 |
| 13 | 3—5 | U | 0 | I | 2 | I | 2 |
| 14 | 3—6 | O | 1 | U | 0 | O | 1 |
| 15 | 3—7 | U | 0 | O | 1 | O | 1 |
| 16 | 4—5 | E | 3 | E | 3 | E | 6 |
| 17 | 4—6 | U | 0 | I | 2 | I | 2 |
| 18 | 4—7 | U | 0 | X | -1 | X | -1 |
| 19 | 5—6 | U | 0 | O | 1 | O | 1 |
| 20 | 5—7 | U | 0 | U | 0 | U | 0 |
| 21 | 6—7 | U | 0 | X | -1 | X | -1 |

其作业单位对综合关系等级见表 5-31。

**表 5-31 综合关系等级表**

| 总分 | 关系等级 | 作业单位对数 | 比例(%) |
|---|---|---|---|
| 7 | A(绝对重要靠近) | 1 | 4.8 |
| 5～6 | E(特别重要靠近) | 3 | 14.3 |
| 2～4 | I(重要) | 4 | 19.0 |
| 1 | O(一般) | 4 | 19.0 |
| 0 | U(不重要) | 6 | 28.6 |
| -1 | X(不希望靠近) | 3 | 14.3 |
| 合计 | | 21 | 100 |

该机械厂的作业单位综合相互关系图如图 5-23 所示。

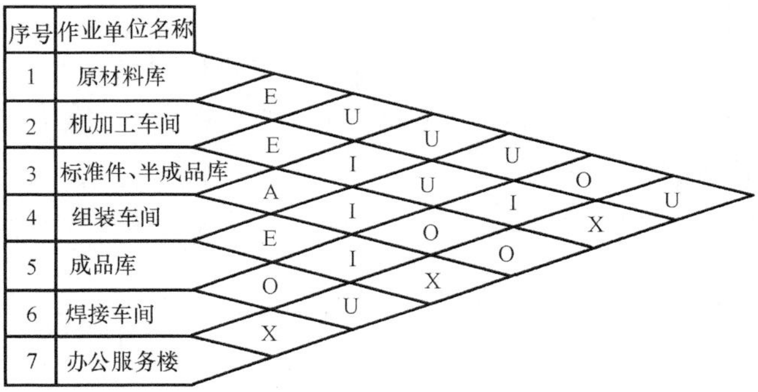


图 5-23 作业单位综合相互关系图

(3) 作业单位位置相关图

根据作业单位综合相关表可以绘制该机械厂综合接近程度排序表，见表 5-32。

**表 5-32 综合接近程度排序表**

| 序号 | 1 | 2 | 3 | 4 | 5 | 6 | 7 |
|---|---|---|---|---|---|---|---|
| 1 | | E/3 | U/0 | U/0 | U/0 | O/1 | U/0 |
| 2 | E/3 | | E/3 | I/2 | U/0 | I/2 | X/-1 |
| 3 | U/0 | E/3 | | A/4 | O/1 | U/0 | O/1 |
| 4 | U/0 | I/2 | A/4 | | E/3 | I/2 | X/-1 |
| 5 | U/0 | U/0 | O/1 | E/3 | | O/1 | U/0 |
| 6 | O/1 | I/2 | U/0 | I/2 | O/1 | | X/-1 |
| 7 | U/0 | X/-1 | O/1 | X/-1 | U/0 | X/-1 | |
| 程度 | 4 | 9 | 9 | 10 | 5 | 5 | -2 |
| 排序 | 6 | 2 | 3 | 1 | 4 | 5 | 7 |

(4) 作业单位面积相关图

1) 根据综合接近程度排序表，做出作业单位位置相关线性图，如图 5-24 所示。

2) 对每一个作业单位做一个同样大小的方块，称为无面积拼块。在拼块上，将作业单位代号写在正中央，名称写在代号上面，“X =”写在代号的下面。做成拼块，并进行横布置摆放。

摆放规则是：A 级关系要边靠边放，E 级关系至少角靠角，X 级关系不能靠边也不能靠角，图 5-25 和图 5-26 是两种布置方案。

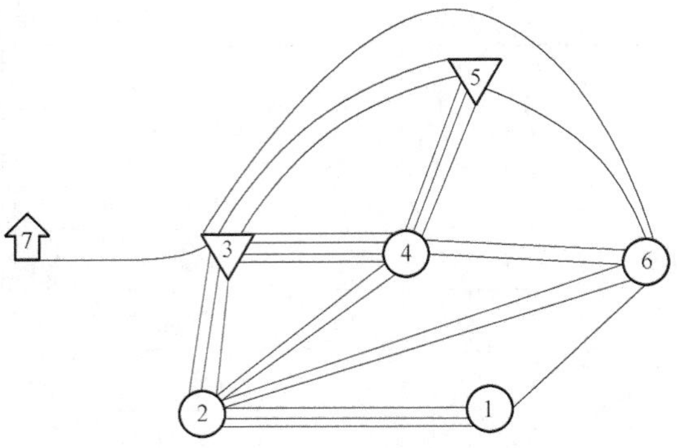

图 5-24　作业单位位置相关线性图

3）对两个方案作好坏评价，方法是：如果 A 级的没有靠近，则罚 2 分；X 级的边靠边也罚 2 分；A 级的只角靠角，罚 1 分；X 级角靠角，E 级没有角靠角也罚 1 分。因为方案 b 的 4 与 7 靠角，罚 1 分，而方案 a 没有出现需要罚分的情况，所以方案 a 比方案 b 好，所以采用方案 a。

4）面积图。作业单位建筑汇总表，见表 5-33。

可以计算出总需求为 1990$m^2$，圆整为 2000$m^2$，按照长宽比为 5:4 得厂房尺寸为 50m × 40m，以 5m × 5m = 25$m^2$ 为基本单元格，则总共有 80 个单元格，各作业单位圆整后的单元格数见表 5-34 中“单元格数”列。

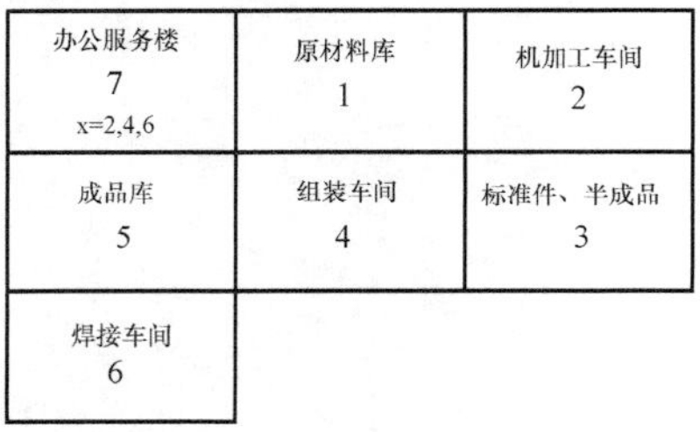

图 5-25　拼块图 a

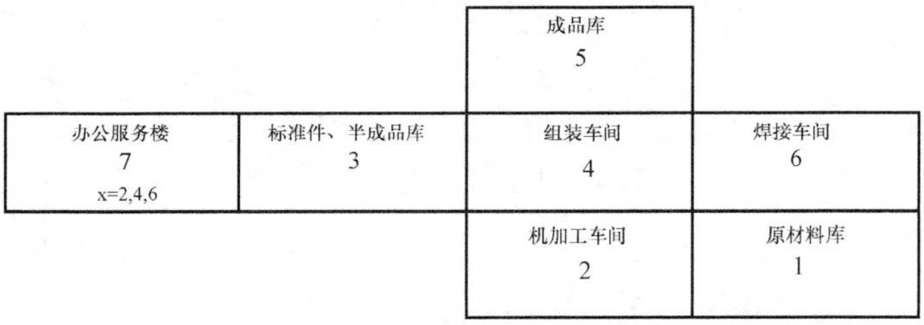

图 5-26　拼块图 b

**表 5-33　作业单位建筑汇总表**

| 序号 | 作业单位名称 | 用途 | 建筑面积/(m × m) | 结构形式 | 备注 |
|---|---|---|---|---|---|
| 1 | 原材料库 | 储存钢材、铸锭 | 25 × 15 | | 露天 |
| 2 | 机加工车间 | 车、铣、钻削 | 25 × 15 | | |
| 3 | 标准件、半成品库 | 储存外购件、半成品 | 16 × 15 | | |
| 4 | 组装车间 | 组装 | 25 × 10 | | |
| 5 | 成品库 | 储存成品 | 25 × 10 | | |
| 6 | 焊接车间 | 储存外购件、半成品 | 25 × 10 | | |
| 7 | 办公服务楼 | 办公室、食堂等 | 25 × 10 | | |

**表 5-34　各作业单位的面积需求表**

| 序号 | 作业单位名称 | 单元格数 | 建筑面积/(m × m) |
|---|---|---|---|
| 1 | 原材料库 | 15 | 25 × 15 |
| 2 | 机加工车间 | 15 | 25 × 15 |
| 3 | 标准件、半成品库 | 10 | 16 × 15 |
| 4 | 组装车间 | 10 | 25 × 10 |
| 5 | 成品库 | 10 | 25 × 10 |
| 6 | 焊接车间 | 10 | 25 × 10 |
| 7 | 办公服务楼 | 10 | 25 × 10 |

这样，面积块状布置就是在此 80 个格子上分配各作业单位。以图 5-25 所示的拼块图为基础，可以得到不同的格子布置图，如图 5-27 所示。这里尽量保持各单位的完整性和物流系统的通畅。

| | | | | | | | | | |
|---|---|---|---|---|---|---|---|---|---|
| 7 | 7 | 7 | 1 | 1 | 1 | 2 | 2 | 2 | 2 |
| 7 | 7 | 7 | 1 | 1 | 1 | 1 | 2 | 2 | 2 |
| 7 | 7 | 7 | 1 | 1 | 1 | 1 | 2 | 2 | 2 |
| 3 | 3 | 7 | 1 | 1 | 1 | 1 | 2 | 2 | 2 |
| 3 | 3 | 4 | 4 | 4 | 4 | 4 | 2 | 2 | 6 |
| 3 | 3 | 4 | 4 | 4 | 4 | 4 | 6 | 6 | 6 |
| 3 | 3 | | 5 | 5 | 5 | 5 | 6 | 6 | 6 |
| 3 | 3 | | 5 | 5 | 5 | 5 | 6 | 6 | 6 |

图 5-27 格子状的布置图

## 思 考 题

1. 设施规划的目标是什么？
2. 设施选址的基本原则是什么？
3. 设施选址的评价方法有哪些？
4. 设施布置类型有哪些？
5. 试述场址选择的步骤及主要内容。
6. 某市要为废品处理总站选择一个最适合的地点，现有废品处理分站坐落在下列坐标（$x$，$y$）上：一分站（40，120），二分站（65，40），三分站（110，90），四分站（10，130）。每月从各分站运往总站的废品数量将为：一分站 300 车，二分站 200 车，三分站 350 车，四分站 400 车。试用重心法找出总站最好的坐落地点。
7. 某鞋业公司有两个工厂 $F_1$、$F_2$，生产运动鞋供应四个销售点 $S_1$、$S_2$、$S_3$、$S_4$，相关数据见表 5-35。由于需求量不断增加，必须另设一个工厂，可供选择的地点是 $F_3$、$F_4$，产品的生产费用与运输费用见表 5-35，试在其中选择一个最佳场址。

**表 5-35 生产费用与运输费用表**

| 从 \ 至 | 运输费用/万元 | | | | 年产量/万箱 | 生产成本/万元 |
|---|---|---|---|---|---|---|
| | $S_1$ | $S_2$ | $S_3$ | $S_4$ | | |
| $F_1$ | 5 | 3 | 2 | 3 | 0.7 | 75 |
| $F_2$ | 6.5 | 5 | 3.5 | 1.5 | 0.55 | 70 |
| $F_3$ | 1.5 | 0.5 | 1.8 | 6.5 | 1.25 | 70 |
| $F_4$ | 3.8 | 5 | 8 | 7.5 | 1.25 | 67 |
| 年需求量/万箱 | 0.4 | 0.8 | 0.7 | 0.6 | | |

# 第 6 章 质量管理

在当今企业环境因素越来越复杂多变，竞争越来越激烈的时代，质量管理越来越凸显出它在企业管理中的重要性。质量管理是工程与管理相交叉的技术领域，是工业工程学科研究的主要方向之一，其核心是利用科学的方法控制、保证和改进产品与服务的质量。随着全球经济的不断发展，质量成为影响国家和企业生存与发展的核心要素之一，是国民经济发展的战略因素。本章全面介绍了质量管理的基本理念和背景知识，概括了全面质量管理的基础理念与架构，阐述了不同组织中的全面质量管理体系所涉及的若干方面，并讨论了如何建立并保持全面质量管理的组织。

## 6.1 质量概论

质量是质量管理的对象，正确、全面地理解质量的概念，对于开展质量管理工作是十分重要的。在生产发展的不同历史时期，人们对质量的理解，随着科学技术的发展和社会经济的变化而有所变化。

美国著名的质量管理学家约瑟夫·莫西·朱兰（Joseph M. Juran）博士曾指出："21 世纪将是质量的世纪，质量将成为和平占领市场最有效的武器。"他给出了关于质量的基本定义：质量是一种适用性，即产品在使用期间能满足使用者的要求。这种定义反映了基于顾客需求的质量观，要求生产者把顾客的需求转化为具体的产品特性和过程规范，以此来夯实企业成为高绩效组织的基础。

朱兰的定义超越了以往关于"质量就是符合性"的概念，从使用者的角度来界定和评价产品的优劣，更能体现出该质量定义的客观性和合理性。

### 6.1.1 质量发展

工业革命之后，生产作业逐渐倾向于分工，也就是每位员工只负责部分的生产作业，故最终产品为整体团队合作的成果，于是质量管理通常由领班负责。那时候，通常是对完成品进行粗略的检验，只有极少的情况会采用 100% 检验。

质量管理的发展历程概述见表 6-1。

### 6.1.2 质量基本概念

所谓质量，是指产品或服务持续符合甚至超过顾客期望的能力。在 20 世纪 80 年代以前，大多数的企业将生产的重心集中在价格与产量方面，直到日本的公司实行质量策略获得竞争优势后，才使越来越多的企业认识到质量的重要性，并了解质量是产品和服务相当重要的一部分。

**表 6-1 质量管理的发展历程概述**

| 年代 | 关键人物 | 发展历程 |
|---|---|---|
| 1924 年 | 沃尔特·休哈特 | 发明统计过程控制图，用于监控生产过程 |
| 1930 年 | 道奇、罗米格 | 导入验收抽样表 |
| 20 世纪 40 年代末期 | 美国质量管理学会 | 美国陆军、贝尔实验室及各大学等参与训练和指导各种企业工程师运用统计抽样检验技术 |
| 20 世纪 50 年代 | 戴明、朱兰 | 质量运动发展为质量保证，鼓励制造业采用统计质量管理方法；精确地衡量质量成本，以预防性质量管理来降低成本，并实施质量管理技术 |
| 20 世纪 60 年代 | 阿曼德·费根堡姆 | 提出全面质量管理，将活动领域从产品制造延伸到与产品质量相关的各个部门 |
| 20 世纪 60 年代 | 菲科普·克罗斯比 | 提出零缺陷的概念，并激励各个员工期望完美意识 |
| 20 世纪 70 年代 | 戴明、朱兰 | 质量保证方法在服务业受到广泛的重视，改善所制造的产品质量以符合顾客需求，提升了产品的市场占有率 |
| 20 世纪 70 年代 | 石川馨、田口玄一 | 提出了质量功能展开等新的管理工具和管理方法 |

首先，国际标准化组织所制定的 ISO 8402—1994《质量术语》标准中，对质量做了如下定义："质量是反映实体满足明确或隐含需要能力的特征和特性的总和。"

定义中的"实体"可以是某项活动或过程，某个产品，某个组织、体系或个人，也可以是它们的任何组合。其中的产品，可以是有形产品，如机器设备、零部件、日用商品或流程性材料；也可以是无形产品，如计算机程序等的软件或服务产品。

定义中的"需要"一般是指顾客的需要，但从经济法规以及环境保护、防止公害等法规的角度看，也包含社会需要。若在合同环境下提出的"需要"，它们是受约束的、被规定的需要，属于规定需要。而在非合同环境下，"需要"则是隐含的，为潜在需要。例如，引进新技术或新发明来进行新产品开发时，就要考虑顾客对这些新技术或新发明会有哪些需要。在新产品开发中，应将这些新技术转化为能满足顾客潜在需要的质量特性，使新产品成为能引导市场消费的成功产品。

根据国际标准的定义，下面就从质量范围、质量不合格的结果及质量成本三方面探讨质量的基本概念。

（1）质量范围　质量范围通常视顾客对产品或服务价值观点的不同而定，主要包括以下八个方面。

1）功能。

2）审美观。

3）特性。

4）产品或服务设计的规格符合顾客期望的程度。

5）安全性。

6）可靠性。

7）信誉等质量的间接评价。

8）售后服务。

（2）质量不合格的结果　不合格的质量对企业的影响如下。

1）导致顾客使用到不合格品或接受到不满意的服务，从而损失日后的销售机会。

2）降低生产率。质量不合格的零件，导致制造时必须经常更换零件；质量不合格的工具与设备，会造成员工伤害与低劣的产品质量。若持续改善或维持优良质量，则可提高生产率。

（3）质量成本　质量成本可分为运行质量成本和外部质量保证成本，运行质量成本又可分为四项，即预防成本、鉴定成本、内部损失成本和外部损失成本。质量成本构成如图 6-1 所示。

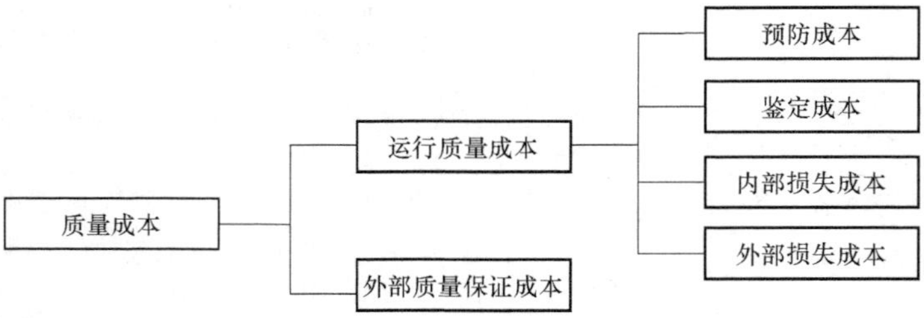


图 6-1　质量成本构成

1）运行质量成本。

① 预防成本。预防成本是指用于预防产生不合格品与故障等所需的各种费用。一般包括：质量计划工作费用、质量教育培训费用、新产品评审费用、工序控制费用、质量改进措施费用、质量审核费用、质量管理活动费用、质量奖励费用以及专职质量管理人员的工资及其附加费用等。

② 鉴定成本。鉴定成本是评定产品是否满足规定的质量水平所需要的费用。一般包括：进货检验费用、工序检验费用、成品检验费用、保持检验及试验设备精确性的费用、试验及检验损耗费用、存货复试复验费用、质量分级费用、检验仪器折旧费用和计量工具购置费用等。

③ 内部损失成本。内部损失成本又称内部故障成本，是指产品出厂前因不满足规定的质量要求而支付的费用。一般包括以下项目：废品损失费用、返修损失费用、复试复验费用、停工损失费用、处理质量缺陷费用、减产损失和产品降级损失费用等。

④ 外部损失成本。外部损失成本又称外部故障成本，是指成品出厂后因不满足规定的质量要求，导致索赔、修理、更换或信誉损失等而支付的费用。一般包括以下几项费用：申诉受理费用、保修费用、退换产品的损失费用、折价损失费用和产品责任损失费用等。

2）外部质量保证成本。外部质量保证成本是为用户提供所要求的客观证据所支付的费用，其费用项目有：

① 为提供特殊附加的质量保证措施、程序、数据所支付的费用。

② 产品的验证试验和评定的费用，如经认可的独立试验机构对特殊的安全性能进行试验所发生的费用。

③ 为满足用户要求，进行质量体系认证所发生的费用。

### 6.1.3　ISO 质量认证

许多跨国企业都了解质量认证在全球性竞争中所扮演的角色及其重要性。国际标准化组织（ISO）的目标是通过提升全球企业的质量标准，来提高生产率、降低成本。ISO 由来自 91 个国家的国家标准化团体组成，由 180 多位技术性委员掌管。ISO9000 系列的作业归质量管理与质量保证委员会所属，是一套质量管理与质量保证的国际标准。这套标准对于国际性企业非常重要，尤其是欧洲。

企业申请 ISO 质量认证必须通过书面申请与现场的审查，大约要经过一年多的时间。如果通过了 ISO 质量认证，则会将企业的名称注册在 ISO 数据库中。ISO 核准注册的一个重要条件就是企业自我评价、改善以及详细规划关于进度控制、检验、采购、教育培训、包装与交货等功能。已注册的企业要经过持续的核查，也就是每三年必须审查后再重新注册。

目前，全球有 40000 多家企业已取得 ISO 质量认证，主要分布在欧洲。ISO 9000 系列包括七种标准。

1）ISO 9000 帮助企业决定采用 ISO 9000、ISO 9002 或 ISO 9003 标准。

2）ISO 9001 列出企业在各方面采用的指导准则，包含设计、开发、生产、安装和服务等。

3）ISO 9002 与 ISO 9001 类似，但范围小。

4）ISO 9003 适用于包括最后检验与测试的企业。

5）ISO 9004 应用质量管理和质量体系要素的指导准则。

获得 ISO 质量认证的好处之一，是企业能够较方便接洽欧洲共同市场的业务。但是，也有人批评此认证过度着重规范化及烦冗的程序。此外，ISO 标准于 2000 年 12 月将 ISO 9001、ISO 9002、ISO 9003 合并为 ISO 9001：2000 标准。增加了 ISO 19011 质量和环境管理体系指南。

## 6.2　质量管理概述

### 6.2.1　质量管理的定义与任务

**1. 质量管理的定义**

质量管理是企业为了保证和提高产品与服务质量而开展的各项管理活动的总称。国际标准化组织质量管理和质量保证技术委员会在总结各国质量管理实践经验的基础上，对质量管理提出了如下定义：质量管理是指确定质量方针、目标和职责，并通过质量体系中的质量策划、质量控制、质量保证和质量改进来使其实现的所有管理职能的全部活动。

**2. 质量管理的任务**

对于一个企业来说，质量管理具有以下六项基本任务。

（1）制定质量方针　质量方针是指由组织的最高管理者正式发布的该组织中的质量宗旨和方向。质量方针是组织关于质量的统一的、综合的、一体化的活动准则，为质量目标的制定提供了框架和方向。

（2）制定质量目标　质量目标即组织在质量方面所追求的目的。通常组织的质量目标依据组织的质量方针制定，是质量方针的展开，体现了组织在执行其使命时所期望达到的成果。

（3）质量策划　质量策划是质量管理的一部分，致力于制定质量目标并规定必要的运行过程和相关资源以实现质量目标。质量策划是为了实现组织质量目标而展开的一系列活动，它在质量目标所确立的框架内，进一步细化质量目标，分析及确定为实现目标所需的必要的运行过程和相关资源。其内容之一是编制质量计划，质量计划是质量策划的结果之一，是质量策划活动所产生的一种书面文件。

（4）实施质量保证　质量保证是为使人们确信企业能满足质量要求而开展的并按需要进行证实的有计划和有系统的活动。它一方面是向用户证实企业有能力保证质量，并对其产品及服务质量负责到底的一系列活动。例如，对产品质量实行“三包”；向用户提供满足合同要求的质量凭证；通过第三方的质量认证提供企业质量体系保证质量的能力的证据等。另一方面，对企业内部各部门的工作加强管理，使各项工作处于受控状态，从而确保企业具备满足质量要求的一系列活动。例如，开展质量审核、质量评价、工序质量验证等。前者称为外部质量保证，后者则为内部质量保证。外部质量保证是对用户的质量保证，使用户能信赖企业的产品，相信企业具有保证质量的能力；内部质量保证可以说是对企业领导层的担保，使他们相信本企业具备满足质量要求的能力。

（5）实施质量控制　质量控制是对质量形成的过程进行监视、检测，并排除过程中影响质量的各种原因，以达到质量要求所采取的作业技术活动。其具体工作有下面几项：

1）确定控制计划与标准。

2）实施控制计划与标准。

3）发现质量问题并分析造成质量问题的原因。

4）采取纠正措施，使过程处于正常状态。

质量控制是企业最基本和最经常的质量管理活动，是企业用来保证产品与服务质量的重要手段。

（6）质量改进　质量改进是质量管理的一部分，致力于增强在满足质量要求方面的能力。这里的要求是多方面的，如有效性、效率和可追溯性。质量改进活动是为了显著地改进企业的质量问题而进行的循环活动。其特点是强调过程管理，将持续改进的理念渗透到工作周期的每个环节，同时将领导者的集中管理转化为各个层面的自觉管理，动员全员参与，在过程管理中不断改进，以期达到更高的工作质量。

### 6.2.2　质量管理过程和产品

**1. 过程**

过程是指一组将输入转化为输出的相互关联或相互作用的活动。企业的任何一项活动都可以作为过程来管理，过程是质量活动的基本单元，过程由三个基本要素组成，即输入、输出和活动组。

**2. 产品**

产品是指过程的结果。产品可分为四种通用的类别：服务、软件、硬件和流程性材料。许多产品由不同类别的产品构成，服务、软件、硬件或流程性材料的区分取决于其主导成分。

服务通常是无形的，并且是在供方和顾客接触面上至少需要完成一项活动的结果。服务的提供可涉及以下四方面：

1）在顾客提供的有形产品上所完成的活动（如维修发动机）。

2）在顾客提供的无形产品（如申报纳税所需的个人收入表）上所完成的活动。

3）无形产品的交付（如知识传授方面的信息提供）。

4）为顾客创造氛围（如在宾馆和饭店）。

软件由信息组成，通常是无形产品，并以方法、论文或程序的形式存在。硬件通常是有形产品，其量具有计数的特性。流程性材料通常是有形产品，其量具有连续的特性。硬件和流程性材料被称为货物。

### 6.2.3 质量管理的发展历程

质量管理作为管理科学的重要组成内容，有着丰富的历史概念。

在工业革命之前的人类历史长河里，虽然很难找到最初的质量管理方法和工具，但是可以确信的是，人们在生产、生活的很多方面面临着质量问题。在手工工业阶段，人们对质量的感知，主要来自于实践活动中有关质量知识的代代相传。对质量的控制主要依靠手工操作者本人依据自己的手艺和经验来把关，制作者竭尽全力来保证最终产品的质量。这个阶段一般称为“操作者的质量管理”阶段。

18 世纪中叶，欧洲工业革命产生了工厂，伴随着批量生产的出现，带来了许多新的技术问题，如测量的精度和检验的准确程度等，这些问题的提出和解决，催促着质量管理科学的诞生。

质量管理满足了经济发展本身对质量的要求，适应了组织结构的发展需求，进一步促进了组织效益系统化和合理化。

于是在 20 世纪初，质量管理的概念被提出来，它是伴随着企业管理与实践的发展而不断完善起来的，到现在已形成一门独立的学科。这门学科也是随着资本主义现代化工业生产的发展，而逐步形成、充实和发展的，它经历了一个长期的发展过程。同时，它又是同资本主义的竞争分不开的，是随着竞争而发展起来的。

从质量管理的发展历程可以看出，对于不同时期，质量管理的理论、技术和方法都在不断地发展和变化，并且有着不同的发展特点。从一些工业比较发达的国家来看，质量管理的发展大致经历了三个阶段，如图 6-2 所示。

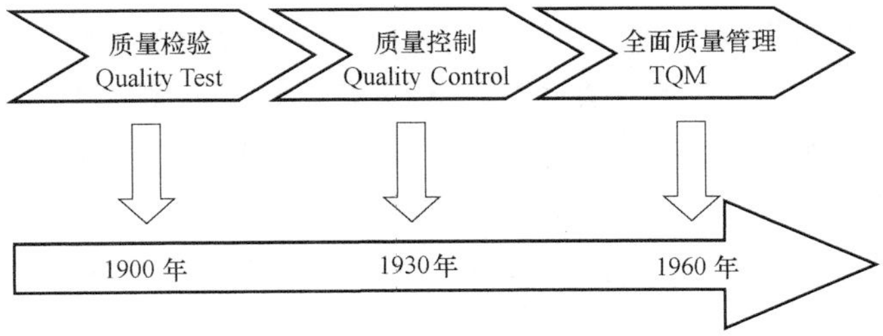


图 6-2 质量管理的发展过程

### 6.2.4 统计制造过程管理

将数理统计方法运用到质量管理中可追溯到 19 世纪 30 年代，当时的贝尔实验室将统计抽样运用到试验中，有力推动了控制图的发展。

**1. 质量变异**

组织的管理层应该学会用统计方法进行思考，而统计思考的重要原则就是了解质量变异。只有明确“变异存在于所有环节中”这个观念，才能采取措施减少变异，提高质量。

（1）质量变异的概念　在质量控制中，产品实际达到的质量特性值与规定的质量特性值之间发生的偏离称为质量变异或质量波动，在统计技术中常用“变异系数”，即标准差与平均值之比来表示变量之间的变异程度。

（2）质量变异的原因　发生变异的原因应该从影响质量的基本因素和质量变异性质的类型两方面分析。

1）影响质量的6个基本因素：人（Man）、机器（Machine）、材料（Material）、方法（Method）、测量（Measurement）、环境（Environment）。

2）质量变异分为正常变异和异常变异。正常变异又称随机变异，变异的出现是随机的、无规律的，是由偶然因素引起的，这些因素在过程中始终存在，其原因不易识别，测量十分困难，因而是不可消除的变异。

异常变异又称系统变异，变异的出现是有规律的，可以追溯变异原因的，它是由特殊原因引起的，这些因素数目不多，对产品质量不经常起作用，但一旦出现了这类因素，就会使质量特性发生显著变化，这类因素是质量控制的主要对象。异常变异通常可以被解释和纠正。

（3）质量管理中的数据　质量管理强调一切用数据说话，数据是质量管理活动的基础。

1）质量控制测量指标有两大类：计量值和计数值。其中，计数值数据观测的是产品和服务的绩效特性，用于说明具体质量特性是否符合规范。计数值可进一步分为计件值和计点值。计量值体现的是符合规范的程度。

2）产品质量数据的变异一般表现为分散性和集中性两种基本特性。

3）质量数据有两类常用的统计特征：一类是表示数据集中性的特征数，如平均值、中位数、众数等；另一类是表示数据分散程度的特征数，如极差、方差、标准差等。

**2. 制造过程管理的统计工具**

制造过程管理常用的统计工具有两种。一种为控制图（Control Chart），另一种为连串检验（Run Test）。

（1）控制图　控制图用来区别随机变异与系统变异，以抽样检验为基础，其主要说明随机变异。控制图用两条界限来区分随机变异与系统变异；数值较大者为控制上限（Upper Control Limit，UCL），而较小者为控制下限（Lower Control Limit，LCL）。若样本统计值落在两者之间，则说明其为随机变异；否则为系统变异。

常用的控制图有下列四种：均值控制图、极差控制图、不合格品率控制图和缺陷数控制图。

（2）连串检验　所谓连串，就是一系列有某种特性的观测值，其后跟随着一个或多个不同特性的观测值，而任何可观测的事物即可为特性。有两种连串检验方式用来检查连串的向上与向下、中位数上方与下方的连串数目。

当某制造过程稳定或在控制之中时，其产出在某时段内将出现随机变异性，而模式的呈现能指出变异的原因是随机性或系统性。因此，有这种模式的制造过程就不是在统计性控制之中，故必须谨慎对控制图上的数据进行连串检验，以确定是否能够检测出模式。

### 6.2.5　制造过程能力分析

所谓制造过程能力分析，是决定制造过程产出的变量是否落于设计规格容许的验收变量范围内的一种方法。若在规格内，则说明制造过程“有能力”；否则必须采取措施加以纠正。

**1. 工序能力**

工序能力是指工序在一定时间内，处于控制状态（稳定状态）下的实际加工能力。它是工序固有的能力，或者说它是工序保证质量的能力。这里所指的工序，是指操作者、机器、原材料、工艺方法和环境五个基本质量因素综合作用的过程，也就是产品质量的生产过程。工序能力是工序控制的基础和重要标志。

通常用产品质量特性值的实际波动幅度来描述工序能力的大小，一般用 $B=6\sigma$ 来描述，如图 6-3 所示。其中，$B$ 表示工序能力，$\sigma$ 为标准偏差。显然 $B$ 的数值越小，工序能力越强。用 $6\sigma$ 表示工序能力的大小是因为当生产过程处于控制状态时，在 $\mu\pm3\sigma$ 范围内的产品占总产品的 99.73%，即几乎包括了所有的产品。如果范围扩大一些，如取 $\mu\pm4\sigma$ 或 $\mu\pm5\sigma$，在此范围内可分别包括总产品的 99.994% 或 99.99996%，这样会更全面一些，但从 $\mu\pm3\sigma$（即 $6\sigma$）到 $\mu\pm4\sigma$（即 $8\sigma$）或 $\mu\pm5\sigma$（即 $10\sigma$），其波动范围增大了 $2\sigma$ 或 $4\sigma$，而包括的产品比例增大得并不多，这从经济上看效果是不好的。因此，工序能力取 $6\sigma$ 表示较为合适。这样确定的工序能力，可以兼顾全面性和经济性两个方面。

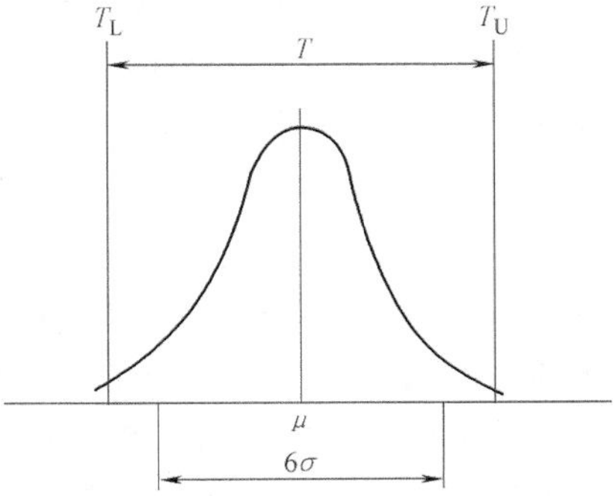

图 6-3　工序能力的概念

由此可知，工序能力 $B=6\sigma$ 是有前提条件的，首先，质量特性值必须服从正态分布；其次，控制的结果，产品的合格率可以达到 99.73%。因此，上述工序能力的概念只能应用于一般质量控制中。对于粗加工或精密加工等特殊工序，不看前提条件，机械地套用 $B=6\sigma$ 来衡量工序能力，将会有较大的误差。

**2. 工序能力指数**

工序能力只表示一种工序固有的实际加工能力，即工序能达到的质量水平，而与产品的技术要求无关。产品的技术要求是指产品质量指标的允许波动范围或公差范围，它是制定产品质量的标准和依据。为了反映和衡量工序能力满足技术要求的程度，引入了工序能力指数的概念。

工序能力指数是表示工序能力满足工序质量标准要求程度的量值，它用工序质量标准的范围（公差）和工序能力的比值来表示，即

$$C_p=\frac{T}{6\sigma} \tag{6-1}$$

式中　$C_p$——工序能力指数；

$T$——公差（技术要求或质量标准）；

$6\sigma$——工序能力。

由式（6-1）可知，工序能力指数 $C_p$ 与工序能力 $6\sigma$ 是不同的。工序能力在一定工序条件下是一个相对稳定的数值，而工序能力指数则是一个相对的概念。工序能力相同的两个工序，若工序质量要求范围不同，则会有不同的工序能力指数。工序能力指数的计算，对于不同情况具有不同的形式，其主要有以下几种。

（1）工序分布中心与标准（公差）中心重合的情况　如图 6-4 所示，这种情况的工序能力指数为

$$C_P = \frac{T}{6\sigma} = \frac{T_U - T_L}{6\sigma} \approx \frac{T_U - T_L}{6s} \tag{6-2}$$

式中　$\sigma$——总体标准偏差；

$s$——样本标准偏差；

$T_U$——质量标准的上限值；

$T_L$——质量标准的下限值。

从式（6-2）中可以看出，$C_P$ 值与质量标准的范围（公差）的大小成正比，与标准偏差成反比。

总体标准偏差，包括已经生产出来的产品的标准偏差和未生产出来的产品的标准偏差。未生产出来的产品的标准偏差无法计算。$s$ 表示从已生产出来的产品中抽取一部分样品计算出来的标准偏差。如果生产过程处于稳定状态，一般可以用 $s$ 来估计 $\sigma$。

（2）工序分布中心与标准中心不重合的情况　在实际生产过程中，质量特性值的实际分布中心往往与质量标准的中心不重合，而产生一定的偏离，如图 6-5 所示。在这种情况下要计算工序能力指数，首先需要设法将实际分布中心（$\bar{x}$）与质量标准的中心（$T_M$）重合，再计算工序能力指数。如调整有困难或无必要时，则应对 $C_P$ 值加以修正。这时的工序能力指数用 $C_{Pk}$ 表示，其计算公式为

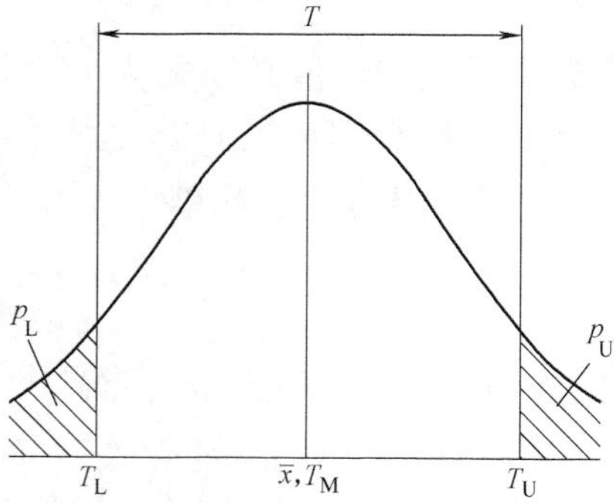


图 6-4　工序分布中心与标准中心重合的情况

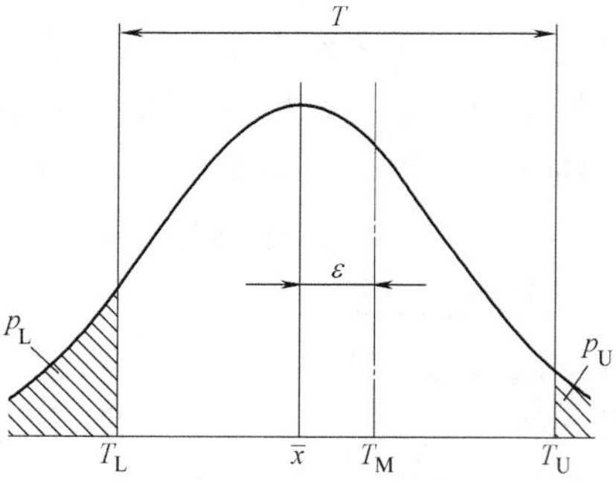


图 6-5　工序分布中心与标准中心不重合的情况

$$C_{Pk} = (1 - k)C_P = \frac{T - 2\varepsilon}{6s} \tag{6-3}$$

式中　$\varepsilon$——绝对偏移量，$\varepsilon = |T_M - \bar{x}|$；

$T_M$——标准中心，$T_M = \dfrac{T_U + T_L}{2}$；

$\bar{x}$——工序实际分布中心；

$k$——相对偏移量，$k=\varepsilon/\frac{T}{2}$。

（3）只有单侧标准的情况　某些工序只要求控制单向公差，如清洁度、噪声、杂质含量等，仅需控制公差上限，其下限为零。而材料的强度、零件的寿命则要求控制公差下限，上限可认为是无限大。当质量特性值仅有单向标准时，$C_P$ 值的计算可分为下述两种情况：

1）当只要求公差上限时，则 $C_P$ 值的计算公式为

$$C_P=\frac{T_U-\mu}{3\sigma}\approx\frac{T_U-\bar{x}}{3s} \tag{6-4}$$

当 $\bar{x}\geqslant T_U$ 时，规定 $C_P=0$。

2）当只要求公差下限时，则 $C_P$ 值的计算公式为

$$C_P=\frac{\mu-T_L}{3\sigma}\approx\frac{\bar{x}-T_L}{3s} \tag{6-5}$$

当 $\bar{x}\leqslant T_L$ 时，规定 $C_P=0$。

# 6.3 质量改善

质量改善是为了显著地改善企业的质量问题而进行的循环活动。其特点是强调过程管理，将持续改善的理念渗透到工作周期的每个环节，同时将领导者的集中管理转化为各个层面的自觉管理，动员全员参与，在过程管理中不断改进，以期达到更高的工作质量。企业改善并维持产品质量，可从全面质量管理和制造过程改善两方面着手解决。

## 6.3.1 全面质量管理

全面质量管理作为质量管理学科发展到现阶段的核心内容，既继承了统计质量管理的基本原理，又具有其创新性。

**1. 全面质量管理的定义**

全面质量管理（Total Quality Management，TQM）是指企业单位开展以质量为中心，全员参与为基础的一种管理途径，其目标是通过使顾客满意，本单位成员和社会受益，而达到长期成功。

定义中的“全员”，指的是组织结构中所有部门和所有层次的人员。定义中的“社会受益”，意味着满足社会的要求，取得好的效益。也就是说，“全面质量管理”是指经营管理某一组织的一种方式，其目的是使全体成员持续地参加和协作，在符合社会需要的条件下，使用户满意，本组织长期盈利，成员也受益。

最早提出全面质量管理概念的是美国通用电气公司质量总经理费根堡姆，他在 1961 年出版的《全面质量管理》一书中对 TQM 是这样定义的：“为了能够在最经济的水平上，并考虑到充分满足顾客要求的条件下进行市场研究、设计和制造以及售后服务，把企业内各部门的研制质量、维持质量和提高质量的活动构成一体的一种有效的体系。”全面质量管理的理念提出以后，以其科学性和实用性成为质量管理学科的主体内容。

中国质量管理协会在《质量管理名词术语》（1982）中，对全面质量管理的内涵有如下表述：全面质量管理是指“企业全体职工及有关部门同心协力，综合运用管理技术、专业

技术和科学方法，经济地开发、研制、生产和销售用户满意产品的管理活动”。显然，它与国际标准的说法在本质上是一致的。

全面质量管理是一项复杂的系统工程，要求企业在充分满足用户要求的条件下，动员全体员工同心协力，综合运用管理技术和科学方法，把专业技术、经营管理和数理统计结合起来，经济地开发、研制、生产和销售用户满意的产品。

**2. 全面质量管理的特点**

全面质量管理是一种组织内的每个成员都持续努力改善质量与达成顾客满意的哲学。概括起来，全面质量管理具有以下特点。

（1）强化“质量第一”的管理理念　要让组织中的所有成员都意识到质量是企业生存与发展的基石，质量管理是企业的核心管理活动。

（2）“三全”“一多样”的特点　即全面质量管理、全过程的管理、全员参与的管理和质量管理方法的多样化。

（3）强调充分发挥人的积极因素　人的因素是企业各项活动中最重要、最积极的因素。全面质量管理理念格外强调调动人的积极因素的重要性。实现全面质量管理必须调动人的积极因素，发挥人的主观能动性。

（4）综合运用各种科学的、系统的方法和工具　全面质量管理体系建立在科学的基础上，强调用数据说话，广泛地应用了各种统计方法和工具，具体的方法应用，在下一节中会做详细介绍。

（5）以预防性的事先控制为主要控制手段　全面质量管理阶段与之前的管理阶段相比，更注重设计和制造阶段的质量控制，强调防患于未然，在设计环节消除隐患，为企业节省更多的资源和成本，充分体现经济性和合理性原则。

（6）致力于在卓越领导下建立高绩效组织，获得长期的成功　全面质量管理强调企业放眼未来，以长期的、不断进取的企业精神，不断地完善质量体系，永无止境地持续改进，而不是着眼于短期的效益或哗众取宠的市场效应。

**3. 全面质量管理的原则**

（1）以顾客为中心　企业必须依赖于顾客才能得以生存和发展，顾客的需求是企业存在的源头和动力。全面质量管理强调以顾客为关注焦点，以顾客满意为宗旨，根据顾客的需求来确定质量标准，在最经济的水平上最大限度地向顾客提供满意的产品和服务。

在竞争日益残酷的当今社会，要想在竞争中立于不败之地，唯有从顾客的角度来分析需求，以顾客的观点来评价产品，使顾客完全满意，进一步促进顾客忠诚度的培养和巩固。

顾客所购买的不是产品和服务本身，而是其效用和价值，企业所能做的就是达到并且超越顾客的需求。如果在一次交易中，顾客的需求没有得到满足，那么，企业就增加了一个不满意顾客。不满意顾客有可能成为对企业产品或服务不满意的扩散源，影响企业的声誉和效益。

（2）领导的作用　全面质量管理实施的重要前提是企业的决策层必须对质量管理给予足够的重视。企业最高管理层所做的决策关系到企业的生死存亡，决策层所做的努力对于建立和完善质量体系至关重要。他们要为企业树立一个长期的质量目标，确定质量战略和质量保证模式，为员工树立一个核心质量观，制定有助于质量管理能力开发和增强的方针政策，有效地协调各部门的工作，努力推动持续改进。

（3）全员参与 人力资本是企业资源与能力的共生体，他们拥有的知识和技能是进行企业管理活动的重要财富。全面质量管理强调全员参与，要求充分授权给员工，在组织内部发扬团队精神，共同承担起质量责任。

20世纪70年代，日本的QC小组（质量控制小组）达到了70万个，到目前为止我国已注册的QC小组已经超过了1500万个，这些QC小组每年给我国带来的收益超过2500亿元人民币。因此，全员参与是全面质量管理思想的核心。

（4）过程方法 全面质量管理将所有相关资源和活动都作为一个过程来进行管理。PDCA循环实际上就体现了一个完整的质量管理过程。这里，P指计划（Plan），D指执行计划（Do），C指检查计划（Check），A指采取措施（Action）。

（5）系统管理 全面质量管理认为质量管理是一个系统工程，它贯穿于产品价值创造、管理、支持等过程，每一个环节对于质量的产生、形成和实现都是不可或缺的。企业应通过建立体系，运用有效的过程方法全方位、全过程进行管理和监控，并且能够确保具体操作的可行性。

（6）持续改进 为了追求卓越，建立“基业长青”的企业，许多企业把“持续改进”作为自己的信条。只有坚持持续改进，才能满足不断变化的顾客需求，确保企业核心竞争力的领先地位。

（7）以事实为基础 有效的决策必须建立在对数据和信息进行合乎逻辑和直观分析的基础上，因此，为了实行全面质量管理，也必须以事实为依据，如果背离了事实依据，单纯依靠主观判断，那么管理就失去了意义。

（8）互利的供方关系 全面质量管理向前延伸到供应商，确保其生产过程中能够用到符合企业要求的零部件或原材料。通过企业和供方之间良好的互利关系，增进两个组织创造价值的能力，从而为双方的进一步合作提供基础，谋取更大的共同利益。

**4. 全面质量管理的实施方法和关键要素**

（1）实施TQM的方法 一般认为实施TQM的方法包括以下四个方面。

1）找出顾客所希望要的。

2）设计符合顾客需要的产品或服务。

3）预防容易发生错误之处，这可称为“防呆”。

4）持续追踪结果。

（2）实施TQM的关键要素 全面质量管理涉及要素众多，较为关键的要素包括以下八个方面。

1）持续改善。设法持续改善所有与生产过程有关的因素，包括设备、方法、物料与人员等方面。

2）建立标杆。找出其他在某方面表现最好的组织，研究和学习其方法，以改善自己的作业。

3）授权。充分赋予员工改善的责任及进行改变的权力。

4）团队。让员工参与和合作，采用团队来解决问题。

5）搜集和分析数据来做决策。

6）供应商质量。将供应商纳入质量保证与质量改善之中。

7）源头质量。使每位员工负责自己的工作质量，即每位员工是自己工作的质量检验者。

8）和供应商维持一种长期的伙伴关系。期望供应商提供源头质量，以减少或去除供应商的交货检验。

### 6.3.2 制造过程改善

所谓制造过程改善，是以系统化方法来改善制造过程，其包括对改善制造过程运作的规范化、衡量与分析。

**1. 制造过程改善的目标**

企业经营者进行制造过程改善，常有下列目标：

1）增加顾客满意度。

2）获得更高的质量。

3）减少浪费。

4）降低成本。

5）提高生产率。

6）提高制造过程速率。

**2. 制造过程改善的步骤**

为达到制造过程改善的目标，常采取下列四个步骤进行改善活动。

1）搜集制造过程信息，确认每个制造过程步骤。接着，决定各步骤的投入与产出、涉及人员、所有决策、文件（如时间、成本、空间、浪费、员工士气、员工离职率、意外事件、工作环境、质量及顾客满意度等）。

2）制作流程图，以准确描述企业流程中信息流所传递的信息项目、处理信息的人员与方法、信息传递的方式等。

3）运用下列问题分析制造过程，找出可以进行改善的地方。

① 分析以下有关制造过程的问题：流程是否合理？是否有遗漏步骤或活动？是否有重复？

② 分析以下关于各步骤的问题：此步骤是否有必要？可以删除吗？是否有两个（或两个以上）的步骤可以合并？此步骤的时间能否缩短？此步骤是否能增加附加价值？此步骤是否会导致浪费？此步骤的实施成本是否可降低？

4）重新设计制造过程：用以上分析的结果来重新设计制造过程。将改善活动规范化，其衡量标准可包括下列各项：

① 所减少者为时间、成本、空间、浪费及员工离职率等。

② 所改善者为工作环境、员工士气、质量与顾客满意度等。

### 6.3.3 全面质量管理基本质量工具

全面质量管理的工具有多种，按照不同的分类标准，又会得到不同的分类组合。在此，主要介绍以下七种基本的质量工具。

**1. 分层法**（Stratification）

分层法又称分类法或分组法，是按照一定的标志，把收集到的数据加以分类整理的一种方法。

在实际工作中经常会发现产品质量因人、机、料、法、环、检测等不同而存在差异。当不合格品产生时，很可能是其中的一种或几种因素有问题，如数据未能适当分层，往往在调查上会浪费大量的人力、物力、时间，有时甚至最终还是无法寻找到真正的原因。同样在质量较优时，也可从分层的数据中寻找规律获得改善。

（1）分层的目的　分层的目的在于把杂乱无章的数据加以整理，使之能确切地反映数据所代表的客观事实。分层的原则是使同一层次内的数据波动幅度尽可能小，而层与层之间的差别尽可能大。

（2）分层法的实施步骤

1）确定调查对象。

2）设计收集数据所使用的表单。

3）设定资料的收集点并培训员工如何填写表单。

4）记录及观察所收集的数值。

5）整理数据，分类绘制图表。

6）比较分析并做出最终推论。

（3）分层法使用时的注意事项

1）使用前，首先确定分层的目的——不合格率分析，提高效率，作业条件确认等。

2）检查表的设计应针对所怀疑的对象。

3）数据的性质分类应清晰详细记载。

4）依照各类可能原因加以分层，以找出真正的原因。

5）分层所得的结果应与对策相连接，并付诸实际行动。

（4）通常有以下几种分层方法

1）部门层别、单位层别：生产部门、测试部门、采购部门等。

2）过程区域层别：下料区、裁剪区、折弯区、加工区等。

3）操作员层别：班别、线别、组别、性别、年龄别、教育程度别等。

4）机械、设备层别：机台、场所、机型、工具等。

5）作业条件层别：温度、湿度、压力等。

6）时间层别：日期、昼夜等。

7）原材料层别：供方、材质、成分、储存时间等。

8）测量层别：人员、方法、设备、环境等。

9）环境、气候层别：气温、晴雨、照明等。

10）地区层别：沿海、内陆、国内、国外等。

11）其他：合格与不合格、包装等。

**【例6-1】**　某型号气缸体毛坯完成金属切削后发现的不合格品按其不同供应商进行分层，分层情况见表6-2。

**表6-2　某型号气缸体金属切削后不合格品按供应商分层情况**

| 供应商 | 产品缺陷数 | 产品缺陷率 |
|---|---|---|
| 哈尔滨××铸造厂 | 6 | 6% |
| 成都××铸造厂 | 2 | 2% |
| 四平××铸造厂 | 12 | 12% |
| 昆山××铸造厂 | 9 | 9% |

例 6-1 中，只针对供应商一类指标进行了分层分析，从表 6-2 中不仅可以看出不合格问题与供应商有关，而且还能看出哪一个供应商的影响程度最大。例 6－2 给出了多影响因素的情况，请读者自行分层分析。

**【例 6-2】** 某公司 2015 年 6 月份的总生产量为 8000 台，成品合格率为 95%，四台设备生产，共有 A、B、C 三个班次运行。如果对本月份的生产量和合格率进行分层分析，请问可以有几种分层方法？能从层别数据中得到什么启示？

**2. 核查表**（Check Sheet）

核查表常用于确认问题，其提供一种简单核查符号的格式，以方便收集与分析的方式，让使用者记录与整理数据。使用者只需填入规定的核查表记号，再加以统计汇总，即可提供量化分析或比对核查，有时也称为点检表或检查表。

（1）核查表的分类　一般将核查表分为两类。

1）点检用核查表。在设计时就已定义，使用时只做是非或选择的标记，其主要功能在于确认作业的执行。

2）记录用核查表。用于收集数据资料，对不合格原因或项目进行统计，由于常用于作业缺点、质量差异等记录，也称为改善用核查表。

（2）核查表制作步骤

1）明确制作核查表的目的。

2）确定检查的项目。

3）确定检查的频率。

4）确定检查的人员及方法。

5）确定相关条件的记录方式，如作业场所、日期、工程等。

6）确定核查表格式（图形或表格）。

7）确定核查记录的符号。

（3）核查表制作要点

1）核查表制作并非一开始就要求完美，可先参考他人的示例，使用时如不理想，再加以改善。

2）核查表越简单越好，容易记录、看图，以最短的时间将现场的资料记录下来。

3）核查表要一目了然，核查的事项应陈述清楚，使记录者在记录问题的同时，即能明了所记录的内容。

4）以团队的方式进行，大家集思广益，切记不可遗漏重要项目。

5）核查表要正确填写，以免影响日后统计分析的真实性。

**【例 6-3】** 以白领工作者每天上班出门前的准备工作为例，制作核查表见表 6-3。

**表 6-3　出门上班前的核查表**

| 内容 | | 周一 | 周二 | 周三 | 周四 | 周五 |
|---|---|---|---|---|---|---|
| 服饰 | 头发 | √ | √ | | | |
| | 衬衣 | √ | √ | | | |
| | 领带 | √ | √ | | | |
| | 皮鞋 | √ | √ | | | |

（续）

| 内容 | | 周一 | 周二 | 周三 | 周四 | 周五 |
|---|---|---|---|---|---|---|
| 携带 | 钱包 | √ | √ | | | |
| | 手机 | √ | √ | | | |
| | 手表 | √ | √ | | | |
| | 笔记本 | √ | √ | | | |
| | 公文包 | √ | √ | | | |
| | 前一天晚上看的资料 | √ | √ | | | |

**【例6-4】** 在磨床上加工某零件外圆，由甲、乙两工人各磨100个零件，共产生废品45件，其核查表见表6-4，试分析废品产生的原因。

**表6-4 原因分析核查表** （单位：个）

| 原因分类 | 甲 | 乙 | 合计 |
|---|---|---|---|
| | 100 | 100 | 200 |
| 表面粗糙度不合格 | 2 | 1 | 3 |
| 圆柱度超出规范 | 1 | 2 | 3 |
| 锥度不合格 | 3 | 18 | 21 |
| 碰伤 | 17 | 1 | 18 |
| 小计 | 23 | 22 | 45 |

**【解】** 若只对工人，不对不合格原因进行分层，两工人的废品率相差无几，找不出重点。若只对不合格原因，不对工人进行分层，则会得到主要因素为锥度不合格、碰伤两原因。对工人及不合格原因分层后，可以得到甲工人主要因素为碰伤；乙工人主要因素为锥度不合格。

**3. 直方图**（Histogram）

现场工作人员经常要面对许多数据，如果应用统计绘图的方法，将这些数据加以整理，则生产过程中的质量分布的情形、问题点所在及过程能力等，均可呈现在眼前，进而可利用这些信息来掌握问题点并采取对策。直方图为生产现场最常用的图表之一。

直方图是根据从生产现场收集来的质量数据分布情况，画成以组距为底边、以频数为高度的一系列连接起来的直方型矩形图，用以了解产品在规格标准下的分布形态、工序中心值及差异的大小等情形。

（1）直方图的目的

1）了解分布的形态。

2）研究过程能力。

3）过程分析与控制。

4）观察数据的真伪。

5）计算产品的不合格率。

6）求平均值与标准差。

7）用以制定规格界限。

8）与规格或标准值比较。

9）调查是否混入两个以上的不同群体。

10）了解设计控制是否合乎过程控制。

（2）常见直方图形态

1）正常形。中间高、两边低，有集中趋势，如图 6-6 所示。

结论：呈正态分布，显示过程正常。

2）缺齿形。高低不一，有缺齿情形。

结论：测量值有误、换算方法有偏差、次数分配不当、测量人员对数据有偏好现象或存在假数据、测量仪器不精密。

3）切边形。有一端被切断。

结论：数据经过全检。

4）离岛形。在右端或左端形成小岛。

结论：测量有错误、不同原料等，一定有异常原因存在。

5）高原形。形状似高原状。

结论：不同平均值的分布混在一起，应分层后再做直方图。

6）双峰形。有两个高峰出现。

结论：两种分布混在一起，如两台机器、两家供方，应先分层再做直方图。

7）偏态形。高处偏向一边，另一边低，拖长尾巴，如图 6-7 所示。可分为右偏形和左偏形。

结论：工具磨损或松动。应检查在技术上能否接受。

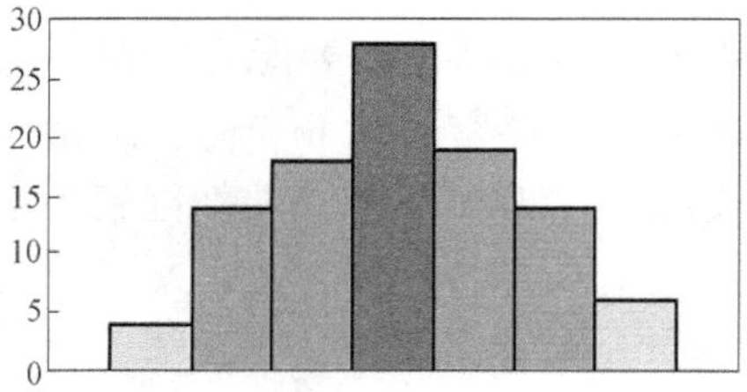


图 6-6　正常形直方图示例

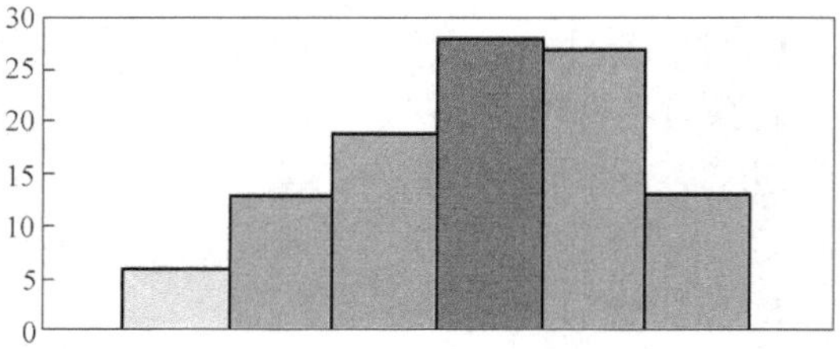


图 6-7　偏态形直方图示例

（3）直方图使用注意事项

1）应去除异常值后再分组。

2）由样本测量值推测总体的分布形态，直方图是最简单有效的方法。

3）应取得详细的数据资料（如时间、原料、测量人员、设备、环境等）。

4）进行过程管理及分析改善时，利用分层法，将更容易找出问题所在，对于质量改进，有事半功倍的效果。

（4）直方图制作过程

1）采集数据，一般要求数据至少要 50 个以上，并记录数据总数（$N$）。

2）将数据分组，确定组数（$K=1+3.32\lg N$），可采用表 6-5 中的经验数值。

**表 6-5　数据分组数经验数据值**

| 数据总数 $N$ | 组数 $K$ |
| --- | --- |
| 0 ~ 50 | 5 ~ 7 |
| 50 ~ 100 | 6 ~ 10 |
| 100 ~ 250 | 7 ~ 12 |
| 250 以上 | 10 ~ 20 |

3）找出最大值（$L$）和最小值（$S$），计算出全距（$R$）。

4）确定组距（$H$）。全距/组数（通常为2.5或10的倍数）。

5）确定各组的边界值。

① 最小一组的下边界值 = $S$ − 测量值的最小位数/2。

② 最小一组的上边界值 = 最小一组的下边界值 + 组距。

③ 第二组的下边界值 = 最小组的上边界值。

6）确定组的中心值。(上边界值 + 下边界值)/2 = 组的中心值。

7）做次数分配表。依照数值的大小记入各组内，然后计算各组出现的次数。

8）绘制直方图。横轴表示数值的变化，纵轴表示出现的次数。

9）对绘制出的直方图进行分析。

（5）直方图的作用

1）评估和检查工序能力。

2）指出采取措施的必要。

3）检查纠正措施是否有效。

4）比较设备、物料、人员及供应商。

**【例6-5】** 某钢管厂生产钢管，钢管尺寸规格为310±5mm，今抽验50根，数据见表6-6。

**表6-6　例6-5数据表**　（单位：mm）

| | | | | | | | | | |
|---|---|---|---|---|---|---|---|---|---|
| 308 | 317 | 306 | 314 | 308 | 315 | 306 | 302 | 311 | 307 |
| 305 | 310 | 309 | 305 | 304 | 310 | 316 | 307 | 303 | 318 |
| 309 | 312 | 307 | 305 | 317 | 312 | 315 | 305 | 316 | 309 |
| 313 | 307 | 317 | 315 | 320 | 311 | 308 | 310 | 311 | 314 |
| 304 | 311 | 309 | 309 | 310 | 309 | 312 | 316 | 312 | 318 |

1）确定数据总数，$N=50$。

2）组数 $K=7$（参考经验数值）。

3）最大值 $L=320$，最小值 $S=302$，全距 $R=320-302=18$。

4）计算组距 $H$。$H=R/K$，$18\div7=2.6$，取 $H$ 为3（为测定值最小单位的整数倍）。

5）第一组的下边界值 = $S$ − 测定值最小位数/2 = 302 − 0.5 = 301.5。

6）第一组的上边界值 = 第一组的下边界值 + 组距。

7）各组中心值 =(上边界值 + 下边界值)/2。

8）做次数分配表，见表6-7。

**表6-7　例6-5数据分配表**

| 组号 | 组界 | 中心值 | 频数 |
|---|---|---|---|
| 1 | 301.5～304.5 | 303 | 4 |
| 2 | 304.5～307.5 | 306 | 10 |
| 3 | 307.5～310.5 | 309 | 13 |
| 4 | 310.5～313.5 | 312 | 9 |
| 5 | 313.5～316.5 | 315 | 8 |
| 6 | 316.5～319.5 | 318 | 5 |
| 7 | 319.5～322.5 | 321 | 1 |

9）绘制直方图，如图 6-8 所示。

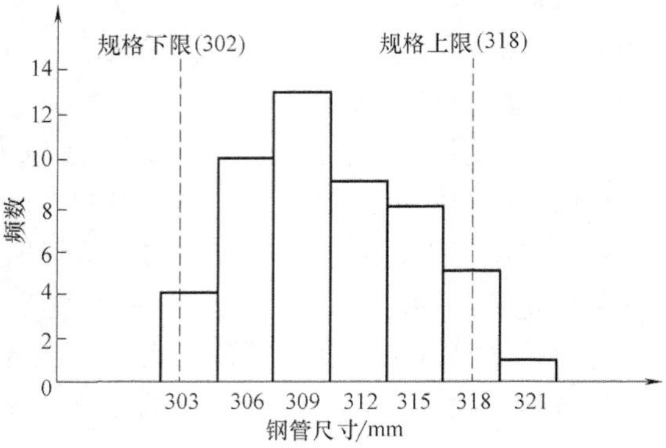


图 6-8　例 6-5 直方图

**4. 排列图**（Pareto chart）

排列图是一种将注意力集中在最主要问题上的方法，其观念来自 19 世纪意大利经济学家帕累托（V. Pareto），是指少数因素占了全部事件的多数百分比，又称为 80/20 原则，表示约 80% 的问题是来自 20% 的原因项目。

（1）排列图方法的产生

1）1897 年意大利经济学家帕累托对社会经济结构进行分析时，赫然发现国民所得的大部分均集中在少数人身上，于是将所得的大小与拥有所得的关系加以整理，发现有一定的方程式可以表示，称为“帕累托法则”。

2）1907 年美国经济学者 M. O. Lorenz 使用累积分配曲线来描绘“帕累托法则”，即经济学上的“洛伦兹曲线”。

3）美国质量管理专家朱兰将洛伦兹曲线应用于质量管理，同时提出“重要的少数，次要的多数”的见解，并借用 Pareto 的名字，将此现象称为“帕累托原理”。

4）品管圈的创始人石川馨将帕累托原理介绍到品管圈活动中使用，从而成为质量管理七大工具之一。

（2）排列图的定义　根据收集的数据，以不良原因、不良状况发生的现象，有系统地加以项目别（层别）分类，计算出各项目别所产生数据（如不良率、损失金额）及所占的比例，再依照大小和顺序排列并进行累加计值而形成的图形。又称为柏拉图，帕累托图或主次因素分析图。

（3）排列图的作用　产品质量的影响因素的主次位置，可以从排列图上一目了然。从而明确改进方向和改进措施。采取措施后的效果，还可用排列图进行对比确认。排列图不仅应用于质量管理，还广泛地应用于其他领域。

（4）排列图的分类

1）分析现象用排列图。与不合格结果有关，用来发现主要问题。

① 质量：不合格、故障、顾客抱怨、退货、维修等。

② 成本：损失总数、费用等。

③ 交货期：存货短缺、付款违约、交货期拖延等。

④ 安全：发生事故、出现差错等。

2）分析原因用排列图。这类排列图与过程因素有关，用来发现主要问题。

① 操作者：班次、组别、年龄、经验、熟练情况及个人本身因素。

② 机器：机器、设备、工具等。

③ 材料：制造商、工厂、批次、种类等。

④ 作业方法：作业环境、工序先后、作业安排、作业方法等。

（5）应用排列图应注意的事项

1）排列图按所选取的项目来分析，因此只能对所选项目加以比较，不能进行所选项目以外的分析。

2）若发现各项目的分配比例相差不多时，则不符合排列图法则，应从其他角度再做分析。

3）排列图适用于计数型数值统计，计量型数值统计用直方图。

4）一般而言，排列图的前三项往往累计达 70% ~80%，如能针对前三项做改善，便可得到 70% 以上的成效。

5）其他项若大于最大的几项，则必须再细分。

6）把排列图上的项目当作质量特性加以要因分析，再用排列图整理重新分类，可以找出改善的方案。

（6）排列图的绘制方法

1）确定数据的分类项目并进行分层：

① 从结果分类：不合格项目别、场所别、工序别。

②从原因分类：人、机、料、法、工序等。

2）收集数据并计算数据汇表（可考虑与其他手法配合使用）。

3）坐标轴：横轴表示层别项目，左纵轴表示项目发生的数量，右侧纵轴表示对应的百分比。

4）计算各项目的比率，并由大至小排列在横轴上。

5）绘制柱状图。

6）连接累计曲线，如图 6-9 所示。

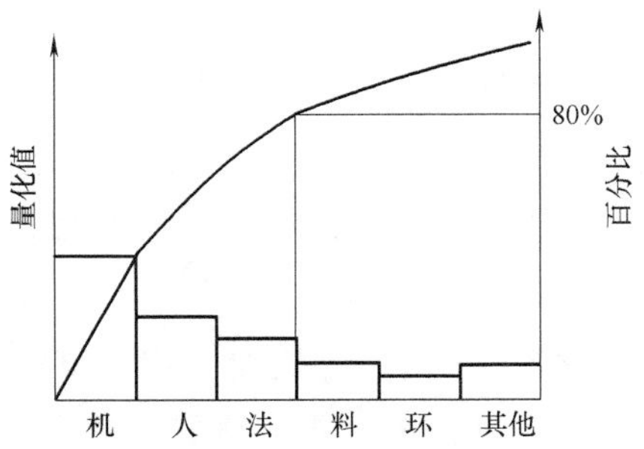

图 6-9　排列图示例

**【例 6-6】** 某食品公司质量部统计一月至七月消费者的投诉情况见表 6-8。

**表 6-8　某食品公司质量部统计消费者的投诉情况**

| 项目＼月份 | 一 | 二 | 三 | 四 | 五 | 六 | 七 |
|---|---|---|---|---|---|---|---|
| 口感不好 | 2 | 2 | 1 | 4 | 3 | 1 | 1 |
| 包装不良 | 4 | 9 | 7 | 8 | 10 | 6 | 6 |
| 重量轻 | 2 | 2 | 2 | 1 | 1 | 6 | 4 |
| 少餐具 | 10 | 13 | 7 | 10 | 12 | 13 | 15 |
| 料包破口 | 3 | 4 | 2 | 2 | 1 | 6 | 4 |
| 其他 | 2 | 3 | 0 | 2 | 2 | 4 | 3 |

请按照排列图绘制方法，绘制排列图，从图中能否发现造成顾客投诉的主要原因是哪些？能否找出主要原因？

**【解】** 步骤 1：按发生次数的顺序由大到小将项目及次数记入不合格分析表中，见表 6-9。其他项目无论是否为最小，一律放于最后。

步骤 2：计算累计不合格数（累计次数、累计损失额）、百分比及累计百分比，见表 6-10。

**表 6-9　不合格分析表**

| 项目 | 不合格数 |
|---|---|
| 少餐具 | 80 |
| 包装不良 | 50 |
| 料包破口 | 22 |
| 重量轻 | 18 |
| 口感不好 | 14 |
| 其他 | 16 |
| 合计 | 200 |

**表 6-10　不合格数累计分析表**

| 项目 | 不合格数 | 累计不合格数 | 百分比(%) | 累计百分比(%) |
|---|---|---|---|---|
| 少餐具 | 80 | 80 | 40 | 40 |
| 包装不良 | 50 | 130 | 25 | 65 |
| 料包破口 | 22 | 152 | 11 | 76 |
| 重量轻 | 18 | 170 | 9 | 85 |
| 口感不好 | 14 | 184 | 7 | 92 |
| 其他 | 16 | 200 | 8 | 100 |
| 合计 | 200 | | 100 | |

步骤 3：建立坐标轴，以左纵轴表示不合格数，右纵轴表示百分比，横坐标轴表示不合格项目，根据累计不合格数绘制成柱形图，将累计的不合格数或百分率用直线连接。以上即绘制成排列图。

步骤 4：绘制排列图，如图 6-10 所示。

**5. 散布图**（Scatter Diagram）

散布图可用来研究两变量之间的相关性，找出问题发生的原因。一般以横坐标轴表示原因或因素，纵坐标轴表示结果或特性值。散布图的绘制步骤：①收集成对数据，一般 30 组以上；②画出坐标轴，将数据对在坐标轴上标出；③若有两组数据相同时，做出特别标记，如双圈◎。

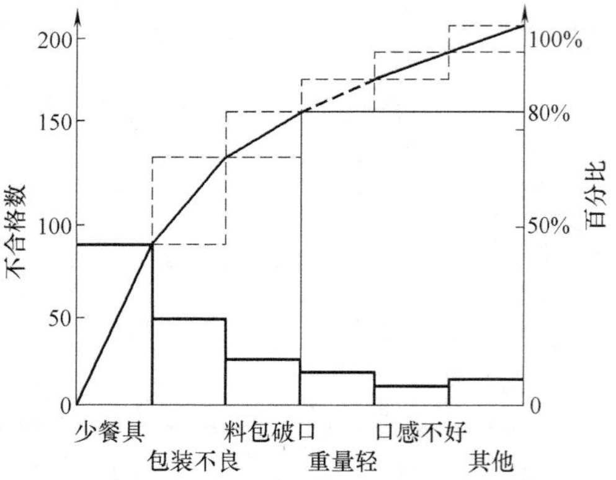


图 6-10　例 6-6 排列图

（1）散布图的作用

1）能大概掌握原因与结果之间是否有关联及关联的程度如何。

2）能检查是否存在离岛现象。

3）原因与结果关联性高时，两者可互为替代函数。对于过程和产品特性的监测，可从原因或结果中选择一较经济的参数予以监测，并可通过监测这一参数知道另一参数的变化。

（2）散布图的制作方法

1）收集成对的数据（$x_1$，$y_1$）、（$x_2$，$y_2$）、…，整理成数据表。

2）分别找出 $x$，$y$ 的最大值与最小值。

3）根据 $x$，$y$ 的最大值及最小值建立 $x$-$y$ 坐标系，并确定适当的刻度以便于绘点。

4）将数据对依次在 $x$-$y$ 坐标系中绘出，两组数据重复时用◎表示，三组数据重复时用×表示。必要时，可将相关资料记在散布图上。

（3）散布图的注意事项

1）是否有异常点，有异常点时不可任意删除，除非异常原因已确实掌握。

2）数据的获得常因操作者、方法、材料、设备或时间等的不同，使数据的关联性受到影响，应注意数据的分层。

3）散布图若与原有技术、经验不相符时，应追查原因与结果是否受到其他因素干涉。

（4）散布图的判读

1）完全正（负）关联：点散布在一条直线上。

2）高度正（负）关联：原因 $x$ 与结果 $y$ 的变化近于等比例。

3）中度正（负）关联。

4）低度正（负）关联。

5）无关联。

6）曲线关联。

（5）常见散布图的典型形状（图6-11）

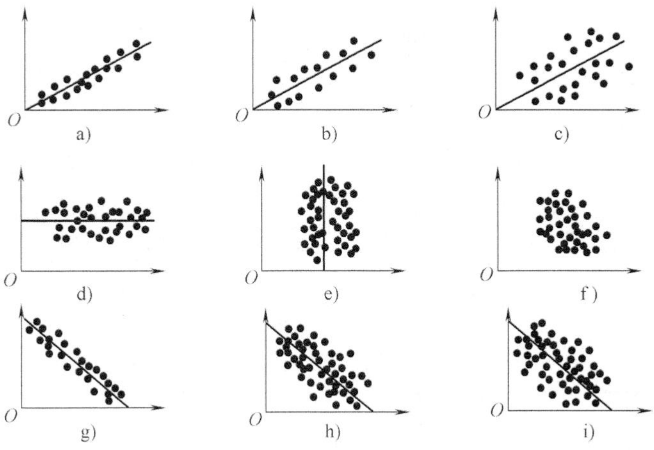


图6-11　常见散布图的典型形状

a）正相关（强）　b）正相关（中）　c）正相关（弱）　d）无相关　e）无相关　f）无相关　g）负相关（强）　h）负相关（中）　i）负相关（弱）

**【例6-7】**　在真空电镀作业中，电子束强度 $x$ 影响电镀产品的镀膜厚度 $y$，收集的数据见表6-11，请找出两者间的相互关系。

**表6-11　例6-7数据表**

| No. | 1 | 2 | 3 | 4 | 5 | 6 | 7 | 8 | 9 | 10 |
|---|---|---|---|---|---|---|---|---|---|---|
| $x$ | 50 | 70 | 100 | 80 | 60 | 50 | 90 | 90 | 70 | 70 |
| $y$ | 3.2 | 4.7 | 5.4 | 4.9 | 3.8 | 3.4 | 5.1 | 5.0 | 4.5 | 4.3 |

【解】 绘制散布图如图 6-12 所示。

电子束强度 $x$ 与电镀产品的镀膜厚度 $y$ 成正相关。

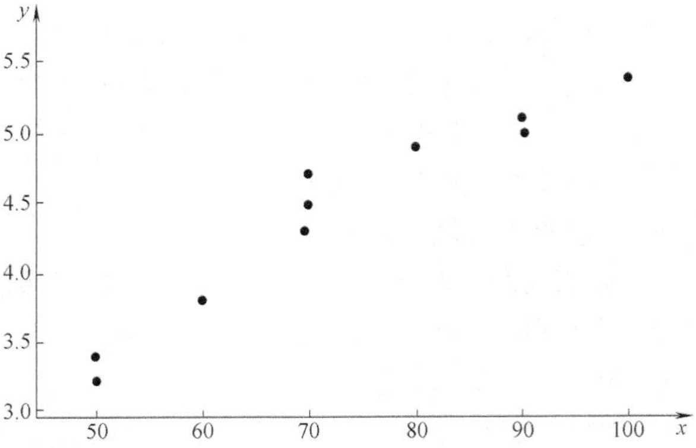

图 6-12 例 6-7 散布图

**6. 控制图**（Control Chart）

控制图又称管制图，它是用于分析和判断工序是否处于控制状态所使用的带有控制界线的图，如图 6-13 所示。控制图可用来追踪制造过程，以了解制造过程产出是否为随机，其有助于检查变异原因是否可修正。

控制图通常采用 $3\sigma$ 原理进行监控，计量值包括长度、时间、温度等，计数值包括不合格品件数、合格品件数、瑕疵点数等。

计量值控制图一般采用 $\bar{x}$-$R$ 控制图（均值-极差控制图），计数值控制图常采用 P 控制图（不合格品率控制图）和 C 控制图（缺陷数控制图）。

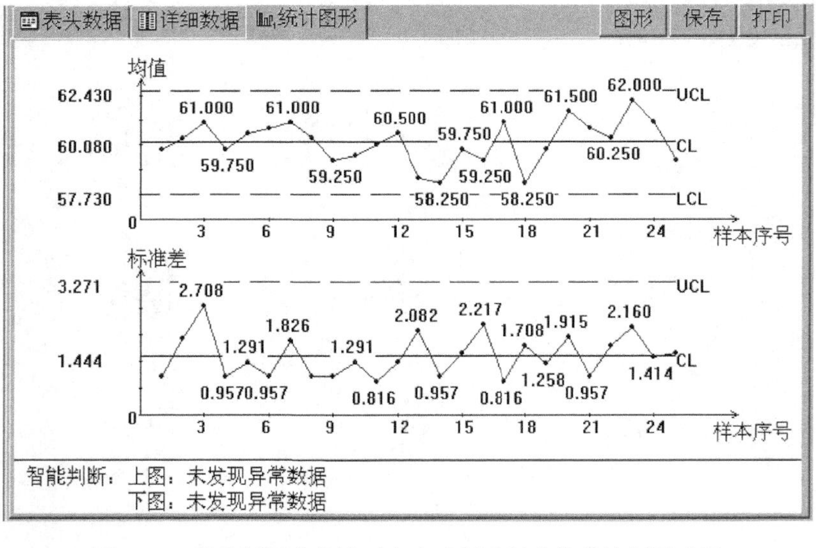

图 6-13 某控制图监控端对生产过程进行监控的控制图示例

**7. 因果图**（Cause and Effect Diagram）

因果图运用结构性的方法来研究发生问题可能的原因，也称为鱼骨图（Fishbone Diagram）或石川图（Ishikawa Diagram）。这种方法帮助人员在解决问题时，理清所有可能的原因。它通常用于“头脑风暴”会议后，以整理产生的构想。

通常，将这一方法定义为：一个问题的特性（结果）受到一些要因（原因）的影响时，需将这些要因加以整理，成为相互有关系而又有条理的图形，这种图形称为因果图，由于该图形形状如同鱼骨，又称鱼骨图。

“某项结果的形成，必有其原因，应设法利用图解的方法找出原因。”最早提出这种原因与结果的对应关系理论的是日本品管大师石川馨博士，因此又称“石川图”。

（1）因果图使用方法

1）明确决定问题点和期望效果的特性。

问题点：不合格率、返修率、客户投诉、尺寸不符、外观不合格等。

期望效果：工作场所洁净、安全、生产率高、品质提升等。

2）组成小组及绘图工具。

小组成员：由4～10人组成，成员不受级别限制。

绘图工具：图纸一张、彩笔两支。

3）绘制鱼骨图的骨架（大骨），在纸的中央自左向右绘制一条箭头图，在箭头处标明特性，如图6-14所示。

图6-14 鱼骨图骨架示例

4）将大的原因画于中骨上，并用“□”圈起，一般可将大原因列为：人（Man）、机（Machine）、料（Material）、法（Method）、环境（Environment）和测量（Measurement）。绘制中骨时，一般与大骨成60°夹角。

中骨大致分为两类：一类为原因追求型，列出可能会影响过程（或流程）的相关因子，以便进一步由其中找出主要原因，并以此图形表示结果与原因之间的关系，如图6-15所示；另一类为对策追求型，将鱼骨图反转成鱼头向左的图形，目的在于追求问题点应该如何防止、目标结果应如何达成的对策，如图6-16所示。

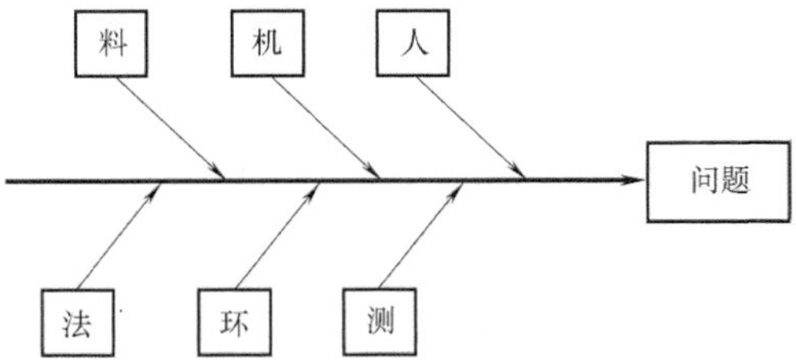

图6-15 原因追求型鱼骨图中骨绘制示例

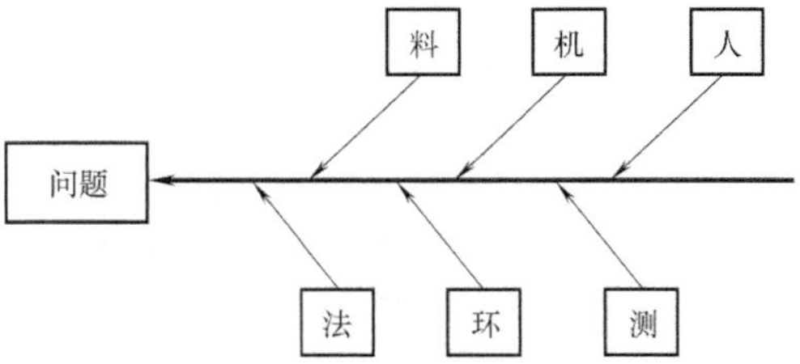

图6-16 对策追求型鱼骨图中骨绘制示例

5）运用头脑风暴法，寻找中小要因，如图6-17所示。

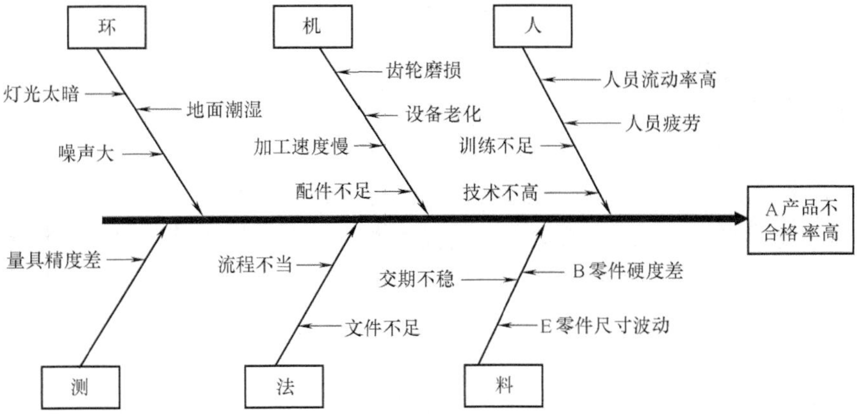

图6-17 鱼骨图示例

6）要因的讨论。对所收集的要因进行讨论，由参加讨论人员确定哪个要因影响重大，并对影响重大的各个要因做出标记，画单圈。

7）对上述讨论确定的要因再进行依次讨论，以确定出最重要的最大要因，同时再做出标记，画双圈。

8）再做出一张特性要因图，将未列入重要等级的要因去除，画圈数越多的要因越优先处理。

（2）头脑风暴法

1）实施头脑风暴的目的：运用集体的智慧，发挥集体的力量。

2）实施头脑风暴的四原则：① 禁止批评他人；② 容许异想天开；③ 意见越多越好；④ 摒弃尊卑贵贱的观念。

3）头脑风暴实施方法（如何做好头脑风暴）：① 不要“一言堂”；② 不要延迟会议时间；③ 指定专人记录；④ 不比较两人意见孰好孰坏；⑤ 留意不讲话的人，让其发表意见；⑥ 随时烘托气氛。

4）参与头脑风暴人员应注意的事项：① 准时参加会议；② 不做人身攻击；③ 不提出抽象的理论，④ 不能不听别人的发言，只顾自己发言；⑤ 不能有不实在的说辞；⑥ 意见不能违背整体目标。

**【例 6-8】** 以活塞销孔孔径尺寸超差为例，绘制原因追求型鱼骨图。绘制结果如图 6-18 所示。

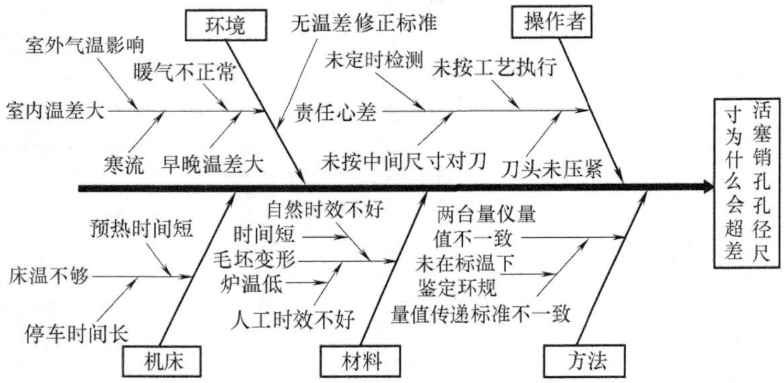


图 6-18　活塞销孔孔径尺寸超差原因追求型鱼骨图

## 6.4　案例分析

**1. 存在的问题**　　　　　电线电缆企业的全面质量管理

电线电缆的生产很容易，只要知道方法很多人都可以办厂生产，但在这种情况下生产出来的产品质量得不到保证。产品质量监督抽查合格率低，这就需要对企业的生产质量进行管理。目前在我国大部分电缆企业质量检验过程使用原始手工记录方式，企业质量管理仍然是采用以传统的检验把关为主，信息孤岛现象严重，总的来说，存在以下三个方面的问题：

（1）质量信息采集与管理　企业质量检验信息是质量管理的记录和过程受控的重要凭证。目前企业质量记录普遍采用纸质记录的方式，检验部门分散管理各自检验站的质量记录。这就给质量信息的共享、查询和追溯造成不便。质量信息的不规范记录给统计分析带来困难。

（2）质量过程控制　企业原材料检验、产成品检验、中间控制过程质量信息的流转仍然采用表单传递、人工流转的方式，信息传递缓慢，工作效率低下。这种方式使得许多质量信息，尤其是对产品检测信息的处理过程无法进行有效的监控和追踪。

（3）质量分析与决策　质量信息采集与管理过程中的问题严重影响了质量数据的分析，数据的缺失直接导致分析结果的失真。对质量信息的统计分析和深度挖掘能够准确识别质量问题和改进点，有效提高产品质量，大大降低质量成本。对数据缺乏有效的统计分析是质量管理存在的重要问题。

**2. 改进措施及思路**

采用ERP质量管理系统对企业生产进行全面质量管理，对生产过程进行质量控制，对过程工艺进行监管，从而保证产品质量。

ERP质量管理系统模块全面运用信息化技术，科学地管理和记录检验数据，建立健全企业质量管理数据库，可有效解决上述问题。

在整个电缆生产质量管理中，重点是对原材料进厂检验、生产过程检验、产成品检验的质量数据进行管理。过程质量管理主要实现质量检验请求管理、质量检验样本管理、检验记录、质量检验缺陷记录和分析、检测设备数据采集、生产过程质量统计分析等功能。

ERP质量管理系统从生产全过程的角度，关注生产过程中工艺标准的执行情况。按照质量检验规范，收集生产过程中的在线和离线质量信息，记录、分析生产过程中各工序、工段的工艺标准执行情况，跟踪、追溯生产全过程的产品质量。

通过全面质量管理，制定质量管理计划与质量标准，在生产电线电缆过程中，对每一道程序进行详细的管理检验才能实现对产品质量的有效监控和有效管理，保证最终的产品质量。

## 思　考　题

1. 阐述质量、质量管理的含义。
2. 简述质量管理发展各个阶段的特点。
3. 简述全面质量管理理论的特点及原则。
4. 阐述制造系统中各个环节对质量的关注。
5. 讨论如何建立并保持全面质量管理的组织。

# 第7章 工程经济

工程师的工作是运用工程技术把自然资源转变为有益于人类的产品或服务，满足人们的物质文化生活需要。但因为资源是有限的，不能永远满足人们的需求，因此，工程师们在运用工程技术改造世界的同时，还必须树立经济意识，懂得如何对工程技术方案进行经济分析与评价，选择技术上先进、经济上合理的最佳方案。工程经济学正是一门工程技术科学与经济科学相结合的交叉学科，研究的是工程技术的经济效果问题。

## 7.1 工程经济学概述

工程经济学是一门应用性经济类学科，由于本门课程的学习者多是工程类专业的学生，没有系统学习过经济学方面的基础知识，所以本章首先介绍工程经济学的一些基本概念。

### 7.1.1 工程经济学基本概念

**1. 工程的含义**

工程是指投入一定资源的计划、规划和方案等可以进行分析和评价的独立系统，如土木工程、机械工程、化学工程、水利工程等。

工程经济学中的“工程”涵盖了一般概念中的工程和技术，即不仅包括相应的生产工具、物资设备、生产的工艺过程或作业程序方法，同时也包括相应的劳动生产经验、知识和技巧。工程是技术的载体，技术是工程的核心。

**2. 科学与技术的含义**

科学与技术的关系是一个古老的话题。从一般意义上来说，科学是对大自然最基础的探索和研究，而技术则是在科学的基础上将其利用来改造自然界和人类社会的手段。从本质上来说，科学属于认识世界的范畴，而技术则属于改造世界的范畴，两者是不同的概念，但又是联系密切的。现代工程是人们运用科学知识和技术手段创造的。

**3. 经济的含义**

经济是一个多义词，在西方源于希腊文，原意是家计管理。近代和现代“经济”一词，大致有以下几种含义：其一，经世济民，治理国家；其二，指一个国家国民经济的总称，或指国民经济的各部门，如工业经济、农业经济等；其三，指社会生产关系的总和，是上层建筑树立起来的经济基础；其四，指物质资料的生产、交换、分配和消费等活动；其五，节约或节省，含效益之意。依其活动范畴与运行机制，经济又可划分为宏观经济与微观经济。

工程经济学中的“经济”包括了相应的社会经济体制、社会生产和再生产过程及社会资源的有效利用与节约。

**4. 经济效果**

经济效果的科学概念可以这样表述：经济效果是对各种社会实践活动在经济上合乎目的性程度的评价。社会主义条件下的经济效果就是从各种社会实践所取得的效果和社会劳动消耗相互间量的关系的角度，对人们的实践活动进行评价的。根据不同的评价领域和评价对象，还有诸如产出和投入的比较、所得和所费的比较、满足社会需要和劳动消耗的比较等其他方式的表述。

经济效益是指实现了的经济效果，即有用的效果。也就是说，所产生的效果是被社会所承认和需要的，而且，为产生这一效果所消耗的劳动也是节约的。

**5. 工程经济学的含义**

概括起来说，工程经济学是运用工程学和经济学有关知识相互交融而形成的工程经济分析原理与方法，能够完成工程项目预定目标的各种可行技术方案的技术经济论证、比较、计算和评价，选出技术上先进、经济上合理的方案，从而为实现正确的投资决策提供科学依据的一门应用型经济学科。

### 7.1.2　工程经济学的研究对象、性质与特点

由于技术与经济既具有相互促进的一面，又有相互制约、矛盾的一面，为了正确处理技术和经济的矛盾，求得彼此协调的发展，工程经济学应运而生。

**1. 工程经济学的研究对象**

工程经济学是研究工程技术在一定社会、自然条件下的经济效果的科学；它是研究工程技术各种可行方案未来经济效果差异的分析理论与计算方法的科学；它通过经济分析、对比、评价选优等过程，达到确定最适合于实现工程技术所在的客观环境（包括经济与自然环境）的技术政策、技术措施和技术方案的目的。

**2. 工程经济学的性质与特点**

工程经济学是一门工程技术与经济交叉的学科或边缘学科。其实质是，揭示技术创新发展过程的经济活动规律，寻找其在经济领域最适应的条件，实现技术资源的最优开发利用，并取得最大的经济效益。

工程经济学是一门决策性科学，它具有系统性、综合性、预测性和实践性的特点。

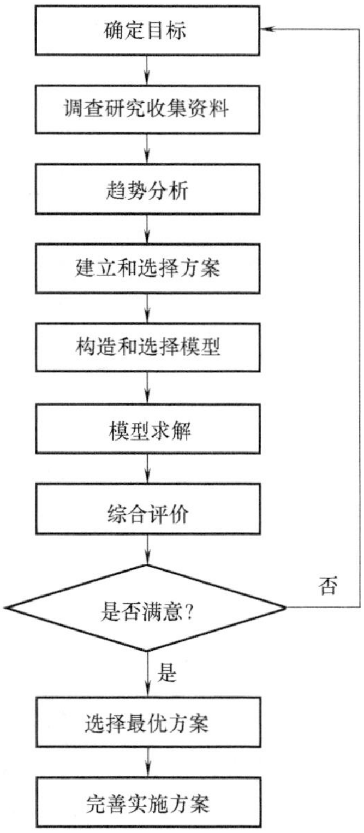


图 7-1　工程经济分析的一般程序

### 7.1.3　工程经济分析的一般过程

工程经济分析工作应遵循科学的程序。一般程序的流程图如图 7-1 所示。

## 7.2　工程经济分析的基本要素

各种技术活动都需要投入。以最少的投入取得尽可能多的产出，是各种经济活动追求的

经济目标。在对工程项目进行技术经济分析时，必然要考察它们的投入和产出。因此，要涉及许多投入和产出的经济要素。投入的经济要素主要包括投资、成本及费用等；产出的经济要素主要包括收入、利润及税费等。投入和产出的这些经济要素就构成了工程项目的基本经济要素。

在工程项目经济分析中，投资、成本、收入、税费和利润是进行项目经济评价和比选的基本要素。进行工程项目经济分析必须首先清楚投资、成本、收入、税费和利润的概念、构成及相互关系，如图7-2所示。

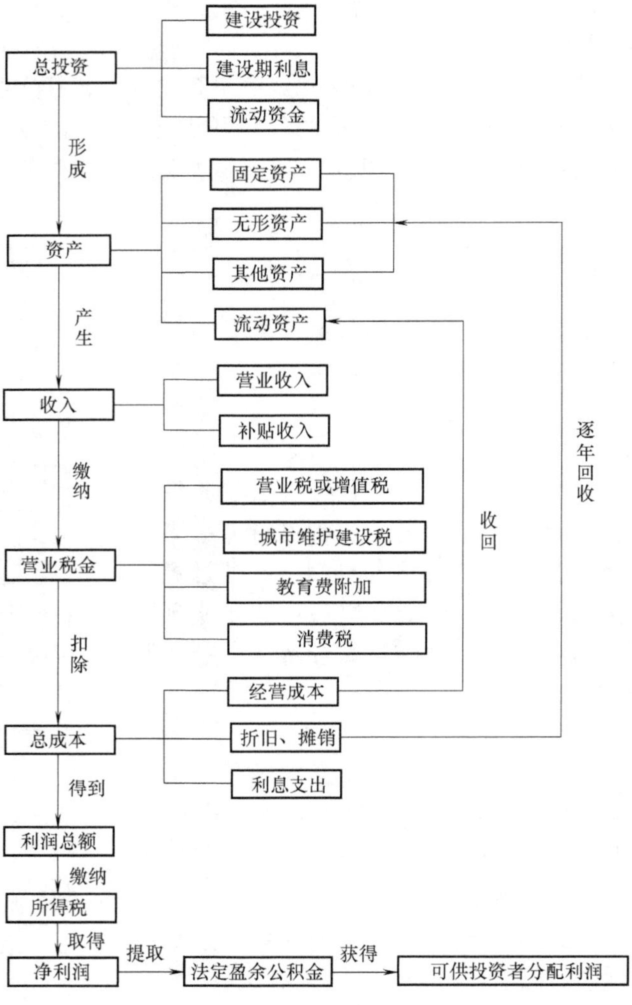


图7-2 投资、成本、收入、税费、利润相互关系图

## 7.2.1 项目投资的构成

投资是指投资主体为了实现盈利或规避风险，通过各种途径投放资金的活动。换句话说，是指以一定的资源（资金、人力、技术、信息等）投入某项计划或工程，以获取所期望的报酬。投资是人类一种有目的的经济行为。

对于工程建设项目来说，项目总投资是指项目建设和投入运营所需的全部投资，包括建设投资、建设期利息和全部流动资金。其具体构成如图 7-3 所示。

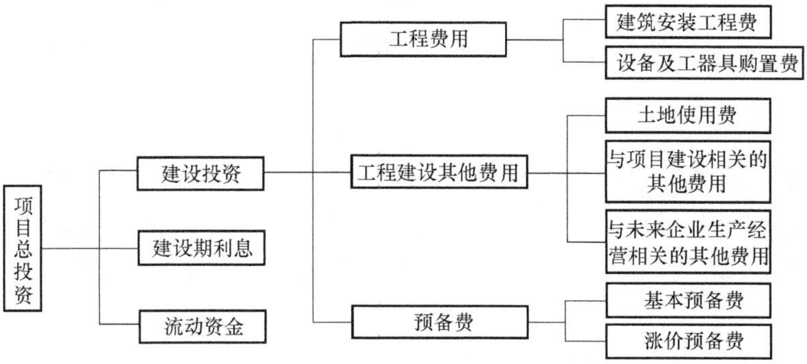


图 7-3　项目总投资的构成

项目总投资投入项目建设，开始运营后分别形成固定资产、无形资产、其他资产和流动资产四部分。固定资产、无形资产和其他资产的价值通过逐期从产品营业收入中提取折旧（或摊销）予以回收；流动资产通过当期从产品营业收入中提取经营成本予以收回。

固定资产是指同时具有下列特征的有形资产：①为生产商品、提供劳务、出租或经营管理而持有的；②使用年限超过一个会计年度。

无形资产是指企业拥有或者控制的没有实物形态的可辨认的非货币资产，由工程建设其他费用中的专利和专用技术使用费、商标权和商誉等构成。

流动资产是指可以在 1 年或者超过 1 年的一个营业周期内变现或耗用的资产，包括存货、现金、银行存款、应收及预付款项、短期投资等，由总投资中的流动资金与流动负债共同构成。

其他资产，以前称为递延资产，是指除流动资产、长期投资、固定资产、无形资产以外的其他资产。其他资产由工程建设其他费用中的生产准备费、办公及生活家具购置费等构成。

## 7.2.2　产品成本和费用的构成

要了解产品成本首先要弄清生产成本的概念和构成。工程项目投入使用后，即进入生产经营期。在生产经营期内，各年的成本费用由生产成本和期间费用两部分组成。

**1. 生产成本**

生产成本又称制造成本或生产费用，是指企业为生产产品、提供劳务而发生的各种耗费。将生产成本要素按其经济用途可划分为直接材料、直接工资、其他直接支出和制造费用。

（1）直接材料　直接材料指企业生产经营过程中实际消耗的原材料、辅助材料、设备配件、外购半成品、燃料、动力、包装物、低值易耗品及其他直接材料。

（2）直接工资　直接工资指企业直接从事产品生产人员的工资、奖金、津贴和补贴等。

（3）其他直接支出　其他直接支出指直接从事产品生产人员的职工福利等。

（4）制造费用　制造费用是指直接用于产品生产但不能直接计入产品成本，待按一定的标准分摊后才能计入产品成本的那部分费用。具体指企业各个生产单位（分厂、车间）为组织和管理生产所发生的各项费用，包括生产单位管理人员工资、职工福利、折旧费、维简费、修理费、物料消耗、低值易耗品摊销、劳动保护费、水电费、办公费、差旅费、运输费、保险费、租赁费（不含融资租赁费）、设计制图费、试验检验费、环境保护费及其他制造费用。

**2. 期间费用**

期间费用是指本期发生的、与生产经营没有直接关系或关系不密切的管理费用、财务费用和营业费用。期间费用不能直接或间接归属于某种产品成本，它容易确定其发生的时间，而难以判断其所应归属的产品，因此在发生的当期便从当期的损益中扣除，即直接计入当期损益。

**3. 工程经济学中常用的其他成本概念**

（1）经营成本　经营成本是工程经济学中经济评价的专用术语，是工程经济学特有的概念，在财务会计中没有经营成本的概念。经营成本涉及产品生产销售、企业管理过程中的物料、人力和能源的投入费用，它反映企业的生产和管理水平。在工程项目的经济分析中，经营成本被应用于现金流量的分析。

经营成本具体是指项目总成本费用扣除固定资产折旧费、维简费、无形资产及其他资产摊销费和利息支出以后的成本费用。

$$经营成本=总成本费用-折旧费-维简费-摊销费-利息支出$$

$$总成本费用=生产成本+经营费用+管理费用+财务费用$$

或

$$\begin{gathered}总成本费用=外购原材料+外购燃料动力+工资及福利+\\修理费+折旧费+维简费+摊销费+利息支出\end{gathered}$$

（2）固定成本和变动成本　理论上，成本与业务量有着一定的依存关系，这种成本对业务量的依存关系通常被称为成本性态。在这里，业务量是指企业的生产经营活动水平的标志量。它可以是产出量，也可以是投入量；可以使用实物度量、时间度量，也可以使用货币度量。例如，产品生产量、人工工时、销售额、主要材料处理量、生产能力利用率、生产工人工资、机器运转时数等，都可以作为业务量大小的标志。当业务量变化后，各项成本有不同的形态，大体上可以分为三种：固定成本、变动成本和混合成本。

### 7.2.3　主要税金的构成与利润

税收是国家凭借其政治权力参与国民收入分配，取得供其支配的财政收入的一种特殊分配形式，它具有强制性、无偿性和固定性三个特征。对于纳税义务人而言，税收是其财务上的一种支出与费用。我国现行税制共有 24 个税种，按其性质和作用大致分为七类。

**1. 流转税类**

流转税类包括营业税，增值税和消费税，主要是对生产、流通或服务行业征收。

（1）营业税　营业税是对商业、服务性行业营业收入征收的一种流转税。凡在我国境内提供应税劳务、转让无形资产或销售不动产的单位和个人，均是营业税的纳税人。营业税涉及的行业共有 9 个，即交通运输业、建筑业、金融保险业、邮电通信业、文化体育业、娱乐业、服务业、转让无形资产、销售不动产。一般营业税税率为 3% ~6%。

营业税的计算公式为

$$应纳税额 = 计税营业额 \times 适用税率 \tag{7-1}$$

(2) 增值税 增值税是以商品生产和流通中各环节的新增价值和商品附加值作为征收对象的一种流转税。凡在国内销售货物、进口货物及提供加工、修理修配劳务的单位和个人，均是增值税的纳税人。加工、修理修配劳务和销售或进口货物的增值税税率为17%。

增值税是按增值额计税的，其计算公式为

$$应纳税额 = 销项税额 - 进项税额 \tag{7-2}$$

(3) 消费税 消费税是在对国内销售货物、进口货物及提供加工、修理修配劳务普遍征收增值税的基础上，根据国家消费政策、产业政策要求，对部分特定消费品征收的税种。征收消费税的有烟、酒、化妆品等，税率从3%到45%不等。

采用从价定率计征的计算公式为

$$应纳税额 = 应税消费品销售额 \times 适用税率 \tag{7-3}$$

$$应税消费品销售额 = 含增值税销售额 \div (1 + 增值税税率) = 不含增值税销售额$$

采用从量定额计征的计算公式为

$$应纳税额 = 应税消费品销售量 \times 单位税率 \tag{7-4}$$

**2. 资源税类**

资源税类包括资源税、城镇土地使用税。主要对因开发和利用自然资源差异而形成的级差收入发挥调节作用。

资源税是国家对在我国境内开采矿产品和生产盐的单位和个人征收的一种税。目前我国的资源税目共包括七大类，分别是原油、天然气、煤炭、其他非金属原矿、钢铁金属原矿、非铁金属原矿和盐。

根据应税产品的课税数量和规定的单位税额可以计算应纳税额，计算公式为

$$应纳税额 = 课税数量 \times 单位税额 \tag{7-5}$$

**3. 特定目的税类**

特定目的税类包括固定资产投资方向调节税（现已停征）、筵席税、城市维护建设税、土地增值税、车辆购置税、耕地占用税，主要是为了达到特定目的，对特定对象和特定行为发挥调节作用。本书主要介绍城市维护建设税。

城市维护建设税以实际缴纳的营业税、增值税和消费税为计税依据。城市维护建设税按纳税人所在地区实行差别税率，项目所在地为市区的，税率为7%；项目所在地为县、镇的，税率为5%；项目所在地为乡村的，税率为1%。城市维护建设税应纳税额的计算公式为

$$应纳税额 = (营业税 + 增值税 + 消费税)的实纳税额 \times 适用税率 \tag{7-6}$$

**4. 所得税类**

所得税类包括企业所得税、外商投资企业和外国企业所得税、个人所得税。征收所得税主要是为在国民收入形成后，对生产经营者的利润和个人的纯收入发挥调节作用。本书主要介绍企业所得税。

根据税法的规定，企业取得利润后，先向国家缴纳所得税，即凡在我国境内实行独立经营核算的各类企业或组织者，来源于我国境内境外的生产、经营所得和其他所得，均应依法缴纳企业所得税。企业的所得税率都是法定的，所得税率越高，净利润就越少。

从 2008 年 1 月 1 日起至今，现行税制中的企业所得税基本税率为 25%；非居民企业适用税率为 20%；符合条件的小型微利企业适用税率为 20%；国家需要重点扶持的高新技术企业适用税率为 15%。

企业所得税的纳税人分为两类，居民企业和非居民企业。其中，居民企业是指依法在中国境内成立，或依照外国（地区）法律成立但实际管理机构在中国境内的企业。非居民企业，是指依照外国（地区）法律成立且实际管理机构不在中国境内，但在中国境内设立机构、场所的，或在中国境内未设立机构、场所，但有来源于中国境内所得的企业。

企业所得税应纳税额的计算公式为

$$应纳税所得额 = 收入总额 - 不征税收入 - 免税收入 - 抵扣项目 - 允许弥补的以前年度的亏损$$

$$应纳税额 = 应纳税所得额 \times 适用税率 - 减免税额 - 抵免税额 \tag{7-7}$$

**5. 财产和行为税类**

财产和行为税类包括房产税、车船使用税、车船使用牌照税、印花税、屠宰税、契税，主要对某些财产和行为发挥调节作用。在此主要介绍房产税。

房产税是以房产为征收对象，根据房产价格或房产租金收入向房产所有人或经营人征收的一种税。

房产税的计税依据有两种，与之相适应的应纳税额的计算方法也分两种：一是从价计征的计算；二是从租计征的计算。

从价计征按房产的原值一次减除 10% ~30% 比例后的余额乘以适用的税率计算缴纳，其计算公式为

$$应纳税额 = 应税房产原值 \times (1 - 扣除比例) \times 适用税率 \tag{7-8}$$

从租计征按房产的租金收入与适用税率计算征收，其计算公式为

$$应纳税额 = 租金收入 \times 适用税率 \tag{7-9}$$

**6. 关税**

关税主要对进、出口我国国境的货物、物品征收。

**7. 其他税类**

国家为了加快地方教育事业的发展，扩大地方教育事业经费的资金来源，允许地方征收教育费附加。根据有关规定，教育费附加是以实际缴纳的营业税、增值税和消费税为计税依据的，教育费附加同营业税、增值税、消费税同时缴纳。教育费附加税率一般为 3%。

教育费附加应纳税额的计算公式为

$$应纳税额 = (营业税 + 增值税 + 消费税)的实纳税额 \times 教育费附加税率 \tag{7-10}$$

**8. 利润**

（1）利润的计算　利润是企业在一定时期内的经营成果，集中反映企业生产经营各方面的效益。按照现行会计制度规定，利润总额等于营业利润、投资净收益、补贴收入及营业外收支净额的代数和。在工程项目经济分析时，为简化计算，假定不发生其他业务利润、投资净收益、营业外收支净额，而只考虑营业收入和补贴收入，则利润的估算公式为

$$利润总额 = 营业收入 + 补贴收入 - 营业税金及附加 - 总成本费用 \tag{7-11}$$

根据税法规定，企业取得的利润须向国家缴纳所得税。其计算公式为

$$净利润 = 利润总额 - 企业所得税 \tag{7-12}$$

$$所得税应纳税额 = 应纳税所得额 \times 所得税税率 \tag{7-13}$$

应纳税所得额 = 利润总额 - 不征税收入 - 免税收入 - 弥补以前年度亏损 (7-14)

（2）利润的分配 利润分配是指企业按照国家的有关规定，对当年实现的净利润和以前年度未分配的利润所进行的分配。在工程项目经济分析中，可按照下列顺序分配：

1）弥补以前年度的亏损。

2）提取盈余公积金，包括法定盈余公积金和法定公益金。

3）向投资者分配利润或股利。

4）未分配利润，转入下期。

## 7.3 资金的时间价值

资金在周转过程中，随着时间的变化会产生价值。凡存在商品生产和商品交换，其资金的时间因素就客观存在。学习研究资金的时间价值观念，掌握等值计算公式，用来选择借贷、经营和投资的方案。

### 7.3.1 现金流量与现金流量图

**1. 现金流量**

在经济分析中，为了计算项目的经济效益，往往把该项目在寿命期内流入与流出的资金称为现金流量（Cash Flow，CF），现金流量包括现金流入量（Cash In，CI，如营业收入、补贴收入、回收固定资产余值、回收流动资金）、现金流出量（Cash Out，CO，如建设投资、流动资金、经营成本、营业税金及附加、维持运营投资）和净现金流量（Net Cash Flow，NCF，项目或方案在同一时点上现金流入量与现金流出量之差）。

现金流量的构成有两种表述方法：第一种是按现金流量发生的时间来表述；第二种是按现金的流入流出来表述。

（1）按现金流量发生的时间来表述

1）初始现金流量。初始现金流量是指开始投资时发生的现金流量，一般包括：固定资产的投资，即固定资产的购入或建造成本、运输成本和安排成本等；流动资产上的投资，即材料、燃料、低值易耗品，在产品、半成品、产成品、协作件及商品等存货；其他投资费用，即与长期投资有关的职工培训费、谈判费、注册费用等。

2）营业现金流量。营业现金流量是指投资项目投入使用后，在其生命周期内由于生产经营所带来的现金流入和流出的数量。这种现金流量一般以年为单位进行计算，即

$$年净现金流量 = 净利润 + 折旧$$

3）终结现金流量。终结现金流量是指投资项目完结时所发生的现金流量。主要包括固定资产残值收入或变价收入，原有垫支在各种流动资产上的资金的收回，停止使用的土地变价收入等。

（2）按现金的流入流出来表述

任何一项长期投资决策，都会涉及未来一定时期内现金流入与现金流出的数量。可以通过现金流入、流出的数量计算每年的净现金流量。

1）现金流入量。一个投资方案的现金流入量通常包括：投资项目完成后每年可增加的营业现金收入；固定资产报废时的残值收入或中途的变价收入；固定资产使用期满时，原有

垫支的各种流动资产上资金的收回。

2）现金流出量。一个投资方案的现金流出量通常包括：在固定资产上的投资；在流动资产上的投资；营业现金支出；其他投资。

**2. 现金流量图**

货币具有时间价值，资金的生命在于运动。因此在不同时间发生的资金支付，其价值是不相同的。这正如力学分析中的受力图，其各个受力点上所施加的力或载荷的效果是不同的一样。类似于受力图，可以将某个技术方案或投资方案的现金收支情况绘成流量图（Cash Flow Diagram），简单明了地反映投资经营活动的投资、成本、收益情况及资金发生流动的时间，以便于进行经济效果分析。这里，现金流量图是一种反映资金运动状态的图示，对现金流量进行描述，如图 7-4 所示。

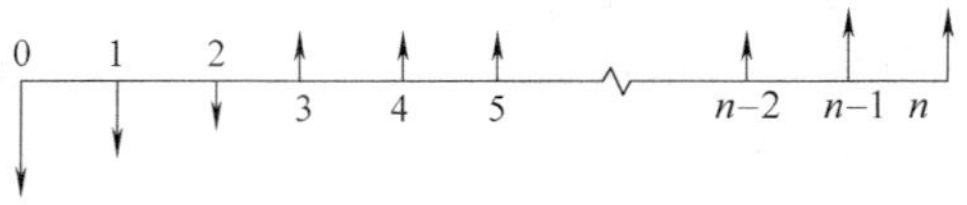


图 7-4　现金流量图

图 7-4 中横轴表示时间序列，每一个刻度表示一个计息周期。起点 0 表示现时点（投资活动的初始起点），发生在该时点的资金价值，以及未来某时点（或某些时点）的资金按一定利率折算到该点的价值，称为该资金的“现值”。1 至 $n$ 分别表示各计息周期的终点。第 $i$ 个计息期的终点也就是第 $i+1$ 个计息期的起点。同理，横轴的终点是投资过程时间序列的终点，发生在该时点的资金价值，以及以前某时点（或某些时点）的资金按一定利率折算到该点的价值，称为该资金的“终值”。资金的流入用向上的箭头表示，流出用向下的箭头表示，箭线的长短与现金流入（流出）量成正比。

画现金流量图时要注意：现金流量图是站在谁的角度画，同一笔现金流量，站在投资者的角度是现金流出，而站在融资者的角度是现金流入；要注意现金流量发生的时点，我国现采用的是年末习惯制，若题目中未指明某笔现金流量发生在年初、年末，一般均指发生在年末。

### 7.3.2　资金的时间价值计算

**1. 资金时间价值的概念**

资金存入银行，经过一段时间后可获得利息；资金投入生产或流通领域，将获得一定的收益，带来一定的增值，这就是资金的增值属性。因此，资金的价值是随着时间的变化而变化的，是随着时间的推移，按照一定的复利率呈几何级数增长的，资金的这种属性就称为资金的时间价值。

也就是说，货币在不同时间的价值是不一样的，今天的一元钱与一年后的一元钱其价值不等。例如，投资 1000 万元于某工业项目，建成投产后，每年可得利润 50 万元，这 50 万元就是 1000 万元资金在特定生产经营活动中所产生的时间价值。某人将 100 元存入银行，存期一年，获利息 2 元，这 2 元就是 100 元通过银行借贷，投入社会再生产过程中所产生的时间价值中的一部分。但是，如果将上述 1000 万元、100 元资金锁在保险箱里，不管多长时间，都不会有增值，若考虑通货膨胀，反而会贬值。

资金的时间价值存在的条件有两个：一是将货币投入生产或流通领域，使货币转化为资金，从而产生增值（称为利润或收益）；二是货币借贷关系的存在，货币的所有权及使用权的分离。如把资金存入银行或向银行借贷所得到或付出的增值额（称为利息）。

**2. 资金时间价值的度量**

资金的时间价值一般用利息和利率来度量。如果将一笔资金存入银行（或投入生产或流通领域），存入（或投入）的资金就称为本金（$P$），经过一段时间以后，从银行（或收益）中提出（或扣除）本金之外，资金所有者还能得到一些报酬，这种报酬就称为利息（$I$）。一般地，利息是指占用资金所付出的代价。单位时间内利息与本金的比值就称为利率（$i$），一般以百分比表示。即

$$i=\frac{I}{P}\times 100\%$$

**3. 单利法和复利法**

单利法是指每期均按原始本金计算利息，单利法的计算公式为

$$I=Pin \tag{7-15}$$

复利法是以本金和累计利息之和为基数计算利息的方法，也就是通常所说的“利滚利”方法，如果每期的利率相等，复利计算的本利和公式为

$$F=P(1+i)^n \tag{7-16}$$

**【例7-1】** 某人现存入银行10万元，定期3年，年利率为5.4%，问3年后按单利法和复利法计算本利和各为多少?

**【解】** 按单利法计息，3年后的本利和为

$$F=P(1+in)=10\times(1+0.054\times 3)\text{万元}=11.62\text{万元}$$

按复利法计息，3年后的本利和为

$$F=P(1+i)^n=10\times(1+0.054)^3\text{万元}=11.71\text{万元}$$

**4. 名义利率与实际利率**

利息通常是按照年计算的，等值换算过程中，计息周期和利率周期是相同的。但是某些情况下，复利计算次数与计息期数不同，有时是一年计息一次，有时是半年计息一次，或每季度、每月计息一次。当给出的计息周期和利率周期不同时，就产生了名义利率和实际利率。

名义利率是指采用单利的方法，把各种计息周期的利率换算为以年为计息周期的利率。实际利率是指采用复利计算的方法，把各种计息周期的利率换算为以年为计息周期的利率。下面给出复利周期和计息周期不相等情况下实际利率的计算公式。

若设名义利率为$r$，在这一时间上共计了$m$次利息，那么，一个计息周期的利率就为$\frac{r}{m}$，则最初一笔存款$P$在$m$期末的本利和为

$$F=P\left(1+\frac{r}{m}\right)^m$$

利息为

$$I=F-P=P\left(1+\frac{r}{m}\right)^m-P=P\left[\left(1+\frac{r}{m}\right)^m-1\right]$$

实际利率为

$$i=\frac{I}{P}=\left(1+\frac{r}{m}\right)^m-1$$

名义利率与实际利率的换算公式为

$$i = \left(1 + \frac{r}{m}\right)^m - 1 \tag{7-17}$$

**【例 7-2】** 设以季度为计息周期，年利率为 16%，则年初借款 1000 万元的年末终值是多少？实际年利率为多少？

**【解】**

$$F = P\left(1 + \frac{r}{m}\right)^m$$

$$= 1000 \times \left(1 + \frac{16\%}{4}\right)^4 \text{万元}$$

$$= 1169.9 \text{万元}$$

$$i = \left(1 + \frac{16\%}{4}\right)^4 - 1 = 16.99\%$$

**5. 资金等值计算的基本公式**

考虑时间因素，在特定的条件下，不同时点发生的绝对值不等，而其实际价值相等的若干资金称为等值资金。影响资金等值的因素包括资金额、利率和计息周期。

（1）一次整付终值公式（已知 $P$，求 $F$） 一次整付终值是指期初投资 $P$，利率为 $i$，在第 $n$ 年末一次性收回本利和 $F$，其现金流量如图 7-5 所示。

其表达式为

$$F = P(1 + i)^n \tag{7-18}$$

式中 $(1 + i)^n$——一次整付终值系数，通常用符号（$F/P$，$i$，$n$）来表示。

这样，式（7-18）可以写成

$$F = P(F/P, i, n) \tag{7-19}$$

（2）一次整付现值公式（已知 $F$，求 $P$） 一次整付现值是一次整付终值的逆运算，即在已知 $F$、$i$ 和 $n$ 的情况下，求最初投资 $P$。其现金流量如图 7-6 所示。

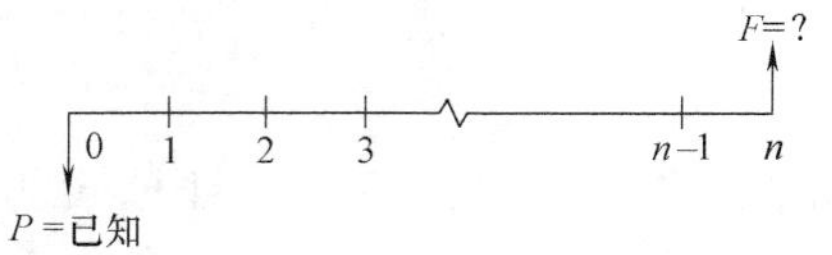


图 7-5 一次整付终值现金流量图

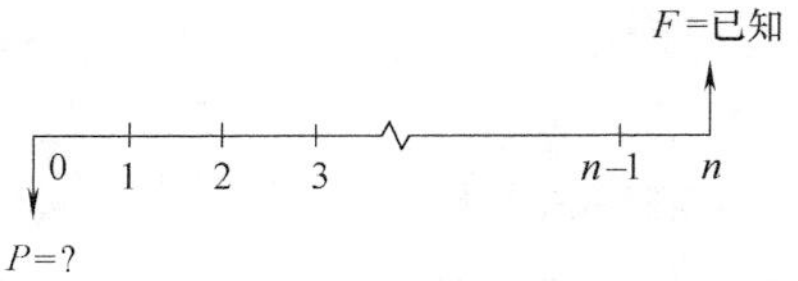


图 7-6 一次整付现值现金流量图

其表达式为

$$P = \frac{F}{(1 + i)^n} \tag{7-20}$$

式中 $\frac{1}{(1+i)^n}$——一次整付现值系数，并用符号（$P/F$，$i$，$n$）表示。

这样，式（7-20）可以写成

$$P = F(P/F, i, n) \tag{7-21}$$

（3）等额分付终值公式（已知 $A$，求 $F$） 在一个经济系统中，如果一个计息周期期末均支付相同的数额 $A$，在年利率为 $i$ 的情况下，求 $n$ 年后一次提取总的终值为多少，即年金终值的计算。其现金流量如图 7-7 所示。

其表达式为

$$F = A\frac{(1+i)^n - 1}{i} \tag{7-22}$$

式中 $\frac{(1+i)^n - 1}{i}$——等额分付系列年金终值系数，可用符号（$F/A$，$i$，$n$）表示。

这样，式（7-22）可写成

$$F = A(F/A,i,n) \tag{7-23}$$

（4）等额分付现值公式（已知 $A$，求 $P$） 在一个经济系统中，如果一个计息周期期末均支付相同的数额 $A$，在年利率为 $i$ 的情况下，求最初一次性投资的现值为多少，即年金现值的计算。其现金流量如图 7-8 所示。

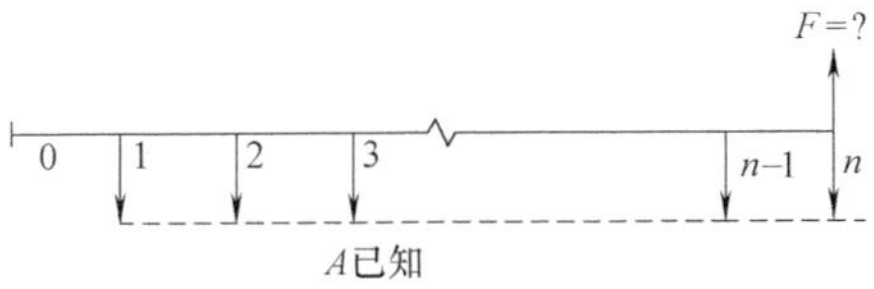


图 7-7 等额分付终值现金流量图

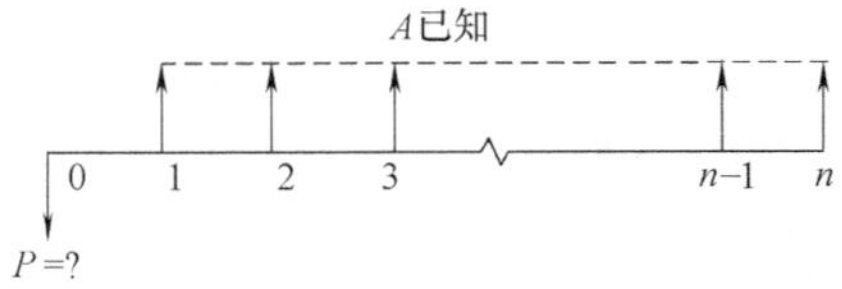


图 7-8 等额分付现值现金流量图

其表达式为

$$P = A\frac{(1+i)^n - 1}{i(1+i)^n} \tag{7-24}$$

式中 $\frac{(1+i)^n - 1}{i(1+i)^n}$——等额分付系列年金现值系数，用符号（$P/A$，$i$，$n$）表示。

因此式（7-24）又可表示为

$$P = A(P/A,i,n) \tag{7-25}$$

（5）等额分付偿债基金公式（已知 $F$，求 $A$） 等额分付偿债基金可理解为，为了在 $n$ 期期末取出 $F$，需要每期等额存入多少。其现金流量如图 7-9 所示。

该问题为等额分付终值型的逆问题，其表达式为

$$A = F\frac{i}{(1+i)^n - 1} \tag{7-26}$$

式中 $\frac{i}{(1+i)^n - 1}$——等额分付系列积累基金系数，可用符号（$A/F$，$i$，$n$）表示。

这样，式（7-26）可写成

$$A = F(A/F,i,n) \tag{7-27}$$

（6）等额分付资金回收公式（已知 $P$，求 $A$） 等额分付资金回收可理解为，期初投资 $P$，则每期期末取出多少时，才能在第 $n$ 期期末将全部投资收回。其现金流量如图 7-10 所示。

该问题为等额分付现值型的逆问题，其表达式为

$$A = P\frac{i(1+i)^n}{(1+i)^n - 1} \tag{7-28}$$

式中 $\frac{i(1+i)^n}{(1+i)^n - 1}$——等额分付系列资金回收系数，用符号（$A/P$，$i$，$n$）表示。

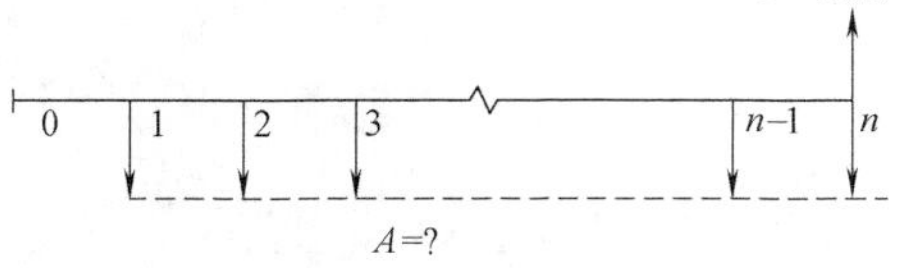


图 7-9 等额分付偿债基金现金流量图

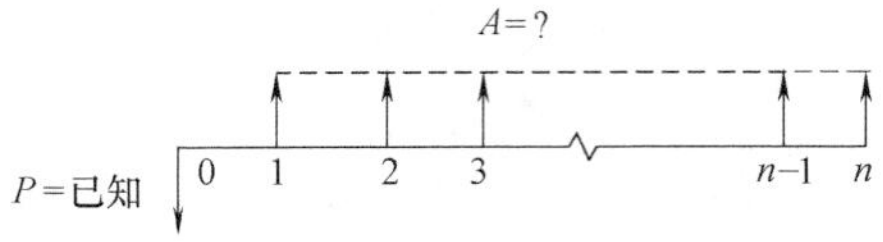


图 7-10 等额分付资金回收现金流量图

因此式（7-28）可以表示为

$$A = P(A/P, i, n) \tag{7-29}$$

注意：① 上述六个基本公式中，已知其中任意三个变量，就可计算出其他两个变量；

② 上述六个基本公式之间存在以下两种关系：倒数关系、乘积关系；

③ 注意六个基本公式与现金流量图的对应关系。

**【例 7-3】** 某房地产项目建设期为三年，建设期内每年年初贷款 600 万元，贷款年利率为 10%。若在运营期第一年末偿还 1000 万元，拟在运营期第二年至第六年每年年末等额偿还剩余贷款，则每年应偿还多少万元？

**【解】** 现金流量图如图 7-11 所示：

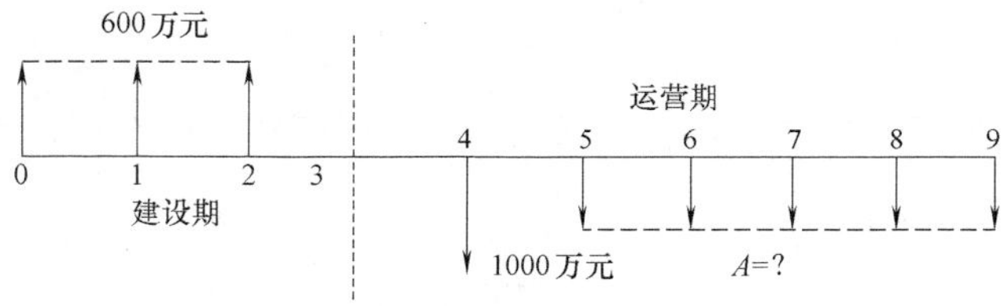


图 7-11 该房地产项目的现金流量图

$$600 + 600 \times (P/A, 10\%, 2) = 1000 \times (P/F, 10\%, 4) + A \times (P/A, 10\%, 5) \times (P/F, 10\%, 4)$$

$$A = \frac{600 + 600 \times 1.7355 - 1000 \times 0.6830}{3.7908 \times 0.6830}\text{万元} = 370.126\text{万元}$$

## 7.4 建设项目经济评价指标

根据是否考虑资金的时间价值、进行贴现运算，可将常用方法与指标分为两类：静态分析方法与指标和动态分析方法与指标。前者不考虑资金的时间价值、不进行贴现运算，后者考虑资金的时间价值、进行贴现运算。根据评价指标的经济性质，项目经济评价分为时间性评价指标、价值性评价指标和比率性评价指标。项目经济评价常用指标分类见表 7-1。

项目评价主要解决两类问题：第一，评价项目是否可以满足一定的检验标准，即要解决项目的“筛选问题”；第二，比较某一项目的不同方案优劣或确定不同项目的优先次序，即要解决“排序问题”。第一类问题可称为建设项目的“绝对效果”评价；第二类问题可称为“相对效果”评价。

**表 7-1　项目经济评价常用指标分类**

| 划分标准 | 常用指标分类 | |
|---|---|---|
| 是否考虑资金时间价值 | 静态评价指标 | 静态投资回收期等 |
| | 动态评价指标 | 净现值、内部收益率、动态投资回收期等 |
| 指标的经济性质 | 时间性指标 | 净态投资回收期、动态投资回收期 |
| | 价值性指标 | 净现值、净年值、费用现值、费用年值 |
| | 比率性指标 | 内/外部收益率、净现值率、效益费用比、总投资收益率 |

### 7.4.1　时间性指标与评价方法

投资回收期又称投资返本年限，是指项目的净收益抵偿投资所需的时间。它是反映项目财务上投资回收能力的重要指标。

**1. 静态投资回收期**（$P_t$）

（1）定义　静态投资回收期是在不考虑资金时间价值的情况下，以净收益抵偿投资所需要的时间，通常以年为单位，从建设开始年年初算起，其定义式为

$$\sum_{t=0}^{P_t}(\mathrm{CI}-\mathrm{CO})_t=0 \tag{7-30}$$

（2）计算　投资回收期可借助财务现金流量表净现金流量数据和累计净现金流量数据计算求得，计算公式为

$$P_t=\text{累计净现金流量开始出现正值的年份}-1+\frac{\text{上年累计净现金流量的绝对值}}{\text{当年净现金流量}} \tag{7-31}$$

（3）判据　项目投资回收期短，表明投资回收快，抗风险能力强。求出的投资回收期（$P_t$）可与行业基准投资回收期（$P_c$）比较：

若 $P_t \leqslant P_c$ 时，可以考虑接受该项目；若 $P_t > P_c$，可以考虑拒绝接受该项目。

基准投资回收期应有部门或行业标准，企业也可以有自己的标准。

（4）优点与不足　静态投资回收期的最大优点是经济意义明确、直观、计算简单，便于投资者衡量建设项目承担风险的能力，同时在一定程度上反映了投资效果的优劣。因此，得到一定的应用。

静态投资回收期指标的不足主要有三点：

1）投资回收期只考虑投资回收之前的效果，不能反映回收期之后的情况，也没有考虑方案在整个计算期内的总收益和获利能力，难免有片面性。

2）不考虑资金时间价值，无法正确地辨识项目的优劣。

3）在方案选择时，用静态投资回收期指标排序，可能导致错误的结论。

因此，静态投资回收期不是全面衡量建设项目的理想指标，它只能用于粗略评价或作为辅助指标和其他指标结合起来使用。

**2. 动态投资回收期**（$P_t'$）

（1）定义　为了克服静态投资回收期未考虑资金时间价值的缺点，可采用其改进指标——动态投资回收期。动态投资回收期一般从建设开始年算起，定义式为

$$\sum_{t=0}^{P'_t}(CI-CO)_t(1+i)^{-t}=0 \tag{7-32}$$

（2）计算　动态投资回收期可根据财务现金流量表净现金流量折现值和累计净现金流量折现值计算求得，计算公式如下：

$$P'_t=\text{累计净现金流量折现值开始出现正值的年份}-1+\frac{\text{上年累计净现金流量折现值的绝对值}}{\text{当年净现金流量折现值}} \tag{7-33}$$

（3）判据　动态投资回收期的评价准则是：当 $P'_t \leqslant n$ 时（$n$ 表示基准动态投资回收期），考虑接受项目，条件是贴现率取 $i=i_e$（行业基准收益率）。

（4）优点与不足

1）动态投资回收期考虑了资金时间价值，优于静态投资回收期，但计算相对复杂。

2）不能反映投资回收之后的情况，仍然有局限性。

因此，动态投资回收期也不是全面衡量建设项目的理想指标，它只能用于粗略评价或作为辅助指标和其他指标结合起来使用。

**【例 7-4】** 某工程项目的现金流量见表 7-2。试计算：（1）静态投资回收期；（2）动态投资回收期（$i_c=10\%$）。

**【解】** 根据式（7-30）和表 7-2 中的相关数据计算静态投资回收期：

$$P_t=(5-1+60/80)\text{年}=4.75\text{年}$$

根据式（7-32）和表 7-2 中的相关数据计算动态投资回收期：

$$P'_t=(7-1+2.05/41.04)\text{年}=6.05\text{年}$$

**表 7-2　投资回收期计算**

| 年数 | 净现金流量 | 累计净现金流量 | 10% 的贴现系数 | 净现金流量现值 | 累计净现金流量现值 |
|---|---|---|---|---|---|
| 0 | -100 | -100 | 1.000 | -100.00 | -100.00 |
| 1 | -150 | -250 | 0.909 | -136.35 | -236.35 |
| 2 | 30 | -220 | 0.826 | 24.78 | -211.57 |
| 3 | 80 | -140 | 0.751 | 60.08 | -151.49 |
| 4 | 80 | -60 | 0.683 | 54.64 | -96.85 |
| 5 | 80 | 20 | 0.621 | 49.68 | -47.17 |
| 6 | 80 | 100 | 0.564 | 45.12 | -2.05 |
| 7 | 80 | 180 | 0.513 | 41.04 | 38.99 |
| 8 | 80 | 260 | 0.467 | 37.36 | 76.35 |
| 9 | 80 | 340 | 0.424 | 33.92 | 110.27 |
| 10 | 80 | 420 | 0.386 | 30.88 | 141.15 |

**3. 借款偿还期**

借款偿还期是指根据国家财税法规及工程项目的具体财务条件，以可作为偿还贷款项目收益（可供投资者分配的利润、折旧、摊销）来偿还项目投资和利息所需要的时间。为了可以表明项目的偿还能力，可按尽早还款的方法计算。

$$\text{借款偿还期}=\text{清偿债务年份数}-1+\frac{\text{清偿债务当年应付本息}}{\text{当年可用于还款收益额}} \tag{7-34}$$

## 7.4.2　价值性指标与评价方法

价值性评价指标反映一个项目的现金流量相对于基准投资收益率所能实现的盈利水平。

最主要又最常用的价值性指标是净现值，在多项目（或方案）选优中的价值型指标还有净年值，其他还有净终值、费用现值和费用年值。

**1. 净现值**（Net Present Value，NPV）

净现值是将项目整个计算期内各年的净现金流量（或净效益费用流量），按某个给定的折现率，折算到计算期期初（零点，也即1年初）的现值代数和。净现值的计算公式为

$$NPV(i) = \sum_{t=0}^{n} (CI - CO)_t (1+i)^{-t} \qquad (7\text{-}35)$$

式中 $n$——计算期期数；

$i$——设定折现率。

在项目经济评价中，若 NPV≥0，则该项目在经济上可以接受；反之，若 NPV<0，则经济上应拒绝该项目。

当给定的折现率 $i=i_c$（$i_c$为设定的基准收益率），若 NPV（$i_c$）=0，表示项目达到了基准收益率标准，而不是表示该项目盈亏平衡；若 NPV（$i_c$）>0，则意味着该项目可以获得比基准收益更高的收益；而 NPV（$i_c$）<0，仅表示项目不能达到基准收益率水平，不能确定项目是否会亏损。

净现值是反映项目投资盈利能力的一个重要的动态评价指标，它广泛应用于项目经济评价中。其优点在于它不仅考虑了资金的时间价值，对项目进行动态分析，而且考察了项目在整个寿命期内的经济状况，并且直接以货币额表示项目投资的收益大小，经济意义明确直观。其缺点是折现率 $i$ 的选取较为复杂，要根据相应行业或部门规定的基准收益率 $i_c$来选取。

**【例7-5】** 某项目的投资、成本及收入见表7-3，求该项目的净现值（基准收益率为12%）。

**表7-3 某工程项目的现金流量**

| 年份 | 现金流出 | | | | 现金流入 | 净现金流量 |
|---|---|---|---|---|---|---|
| | 建设投资 | 流动资金 | 经营成本 | 现金流出累计 | | |
| 0 | 200 | — | — | 200 | — | -200 |
| 1 | 200 | — | — | 200 | — | -200 |
| 2 | 100 | — | — | 100 | — | -100 |
| 3 | 100 | — | — | 100 | — | -100 |
| 4 | 50 | 300 | — | 350 | — | -350 |
| 5 | — | — | 50 | 50 | 400 | 350 |
| 6 | — | — | 100 | 100 | 600 | 500 |
| 7 | — | — | 100 | 100 | 600 | 500 |
| 8 | — | — | 100 | 100 | 600 | 500 |
| 9 | — | — | 100 | 100 | 600 | 500 |
| 总计 | 650 | 300 | 450 | 1400 | 2800 | 1400 |

**【解】** 利用式（7-35）计算，则有：

$$NPV(i_c=12\%) = \left[\frac{350}{(1+0.12)^5}+\frac{500}{(1+0.12)^6}+\frac{500}{(1+0.12)^7}+\frac{500}{(1+0.12)^8}+\frac{500}{(1+0.12)^9}\right]\text{万元}$$

$$-\left[200+\frac{200}{(1+0.12)}+\frac{100}{(1+0.12)^2}+\frac{100}{(1+0.12)^3}+\frac{350}{(1+0.12)^4}\right]\text{万元}=308.44\text{万元}$$

**2. 净年值**（Net Annual Value，NAV）

净年值也称净年金，它是把项目寿命期内的净现金流量按设定的折现率折算成与其等值的各年年末的等额净现金流量值。

求一个项目的净年值，可以先求该项目的净现值，然后乘以资金回收系数进行等值交换求解，即

$$\mathrm{NAV}=\mathrm{NPV}(A/P,i,n) \tag{7-36}$$

用净现值和净年值对一个项目进行评价，结论是一致的，因为：NPV≥0 时，NAV≥0；当 NPV<0 时，NAV<0。就一般项目的评价而言，要求 NAV，一般先要计算 NPV。因此，在项目经济评价中，很少采用净年值指标。但是，对寿命不相同的多个互斥方案进行选优时，净年值比净现值有独到的简便之处，可以直接据此进行比较。

**3. 费用现值**（Present Cost，PC）**和费用年值**（Annual Cost，AC）

当两方案的收益或满足的需要相同时，可直接用费用现值和费用年值比较优劣。

$$\mathrm{PC}=\sum_{t=0}^{n}\mathrm{CO}_t(1+i_c)^{-t}=\sum_{t=0}^{n}\mathrm{CO}_t(P/F,i_c,t) \tag{7-37}$$

$$\mathrm{AC}=\mathrm{PC}(A/P,i,n) \tag{7-38}$$

### 7.4.3 比率性指标与评价方法

比率性评价指标主要包括总投资收益率、项目资本金净利润率、利息备付率、偿债备付率、资产负债率、流动比率、速动比率、内部收益率、外部收益率、差额内部收益率、净现值率等。

**1. 静态比率性指标**

（1）总投资收益率

$$\text{总投资收益率}=\frac{\text{年平均税前利润}}{\text{总投资}}\times100\% \tag{7-39}$$

（2）项目资本金净利润率

$$\text{资本金净利润率}=\frac{\text{年平均净利润}}{\text{资本金}}\times100\% \tag{7-40}$$

（3）资产负债率

$$\text{资产负债率}=\frac{\text{负债总额}}{\text{资产总额}}\times100\% \tag{7-41}$$

**2. 动态比率型指标**

（1）净现值率（NPVR） 净现值指标用于多方案比较时，虽然能反映每个方案的盈利水平，但是由于没有考虑各个方案投资额的大小，因而不能直接反映资金的利用率。为了考察资金的利用率，可采用净现值率指标作为净现值的补充指标。所谓净现值率，就是按设计折现率求得的项目计算期的净现值与其全部投资现值的比率，记作 NPVR，计算式为

$$\mathrm{NPVR}=\frac{\mathrm{NPV}}{I_p}=\frac{\sum_{t=0}^{n}(\mathrm{CI}-\mathrm{CO})_t(1+i)^{-t}}{\sum_{t=0}^{n}I_t(1+i)^{-t}} \tag{7-42}$$

式中 $I_p$——项目总投资现值。

用净现值率评价单一项目或方案时，若 NPVR≥0，方案可行，可以考虑接受；若 NPVR<0，方案不可行，应予拒绝。在多项目或方案的评价与优选中，净现值率是一个重要的评价指标。

（2）内部收益率（IRR）

1）定义与判据。内部收益率是指使项目净现值为零时的折现率，记作 IRR。由于它所反映的是项目投资所能达到的收益率水平，其大小完全取决于项目或方案本身，因而称为内部收益率。其表达式为

$$\sum_{t=0}^{n}(CI-CO)_t(1+IRR)^{-t}=0 \tag{7-43}$$

内部收益率越高，一般来说该项目或方案的投资效益就越好。应用内部收益率对单独一个项目进行经济评价的判别准则是：若 $IRR \geq i_c$（或 $i_s$），则认为项目在经济上是可以接受的；若 $IRR < i_c$（或 $i_s$），则项目在经济上应予以拒绝。

2）计算。求解内部收益率是解以折现率为未知数的多项高次方程。当各年的净现金流量不等且计算期较长时，求解内部收益率是相当烦琐的。一般来说，求解内部收益率，常用试算法。

采用人工试算法求解内部收益率，首先选择折现率 $r_1$，将其代入净现值公式，如果此时算出的净现值为正，则选择一个高于 $r_1$ 的折现率 $r_2$，将其代入净现值公式，如果此时净现值仍为正，则增加 $r_2$ 的值后再重新计算净现值，直到净现值为负为止（如果首先选择的折现率计算的净现值为负，则需要降低折现率使净现值为正为止）。根据内部收益率定义可知，此时内部收益率必在 $r_1$ 和 $r_2$ 之间。

通常当试算的折现率 $r$ 使净现值在零值左右摆动且先后两次试算的 $r$ 值之差足够小，一般不超过 2% 时，可用线性内插法近似求出 $r$。内插公式为

$$r=r_1+(r_2-r_1)\frac{NPV_1}{NPV_1+|NPV_2|} \tag{7-44}$$

式中 $r$——内部收益率；

$r_1$——较低的试算折现率；

$r_2$——较高的试算折现率；

$NPV_1$——与 $r_1$ 对应的净现值；

$NPV_2$——与 $r_2$ 对应的净现值。

**【例 7-6】** 已知某方案第一年初和第一年末分别投资 1000 万元、800 万元，第二、三、四年末均获净收益 500 万元，第五年末净收益为 1200 万元，试计算方案的内部收益率（折现系数取三位小数）。

**【解】** 先取 $r_1=12\%$，则有

$$\begin{aligned}NPV_1=&[-1000-800(1+12\%)^{-1}+500(1+12\%)^{-2}+500(1+12\%)^{-3}\\&+500(1+12\%)^{-4}+1200(1+12\%)^{-5}]\text{万元}=38.87\text{万元}\end{aligned}$$

由于 $NPV_1>0$，故提高折现率，令 $r_2=14\%$，有

$$\begin{aligned}NPV_2=&[-1000-800(1+14\%)^{-1}+500(1+14\%)^{-2}+500(1+14\%)^{-3}\\&+500(1+14\%)^{-4}+1200(1+14\%)^{-5}]\text{万元}=-60.25\text{万元}\end{aligned}$$

应用线性插值公式，有

$$\mathrm{IRR}=r=r_1+(r_2-r_1)\frac{\mathrm{NPV}_1}{\mathrm{NPV}_1+|\mathrm{NPV}_2|}=12\%+(14\%-12\%)\times\frac{38.87}{38.87+|-60.25|}=12.78\%$$

3）优缺点。

内部收益率指标的优点：内部收益率指标考虑了资金的时间价值，用于对项目进行动态分析，并考察了项目在整个寿命期内的全部情况。

内部收益率指标的缺点：

① 内部收益率指标计算烦琐，非常规项目有多解现象，分析、检验和判别比较复杂。

② 内部收益率适用于独立方案的经济评价和可行性判断，一般不能直接用于独立方案之间的比较和选优，但可以用于互斥方案之间的优劣排序。

③ 内部收益率不适用于只有现金流入或现金流出的项目。

## 7.5 方案的经济比较与选择

技术经济评价的一个重要方面就是多方案选优和排序，即在一个项目的规划、设计或施工过程中，从多种可以相互替代而又相互排斥的方案中，筛选出一个最优方案付诸实施；或在资源限定条件下各级计划部门对若干个独立的可行方案，按照它们的经济效益好坏，优先安排某些效益好的项目，保证有限资源用到最有利的项目上去，所以也称项目排队，其实质是对经过绝对经济效益检验的若干个方案进行比较选优，所以也称相对经济效益评价。

相对经济效益是与绝对经济效益相比较而言的，它舍弃了方案的相同部分，只计算、比较不同部分的经济效益。方案比较是寻求合理的技术方案的必要手段，也是建设项目经济评价的重要组成部分。在建设项目可行性研究过程中，各项重要的经济决策和技术决策，存在着生产规模、产品结构、生产工艺、主要设备选择等多个不同方案。假如这些方案在技术上都是可行的，经济上也是合理的，那么只有通过方案的比较，才能鉴别各方案的优劣，从中选择出最优方案，为项目的决策提供可靠的依据，把有限的资金、物力和人力资源配置到经济效益最好的项目上去，以便最大限度地提高资源的利用率。

### 7.5.1 方案的经济比较与选择类型

根据方案的性质不同，技术方案一般可分为三种类型：互斥方案、独立方案和相关方案。

**1. 互斥方案**

互斥方案是指方案选择中，选择其中任何一个方案，其余方案必须被放弃的一组方案，即备选方案间互相排斥，不能同时存在的一组方案。

例如，公司计划购买一台塔式起重机，市场上有生产同类型产品的三个厂家可供选择。因为只能购买其中一种，而不能同时选购各厂家的产品，这就是互斥方案。互斥方案的效果不能叠加。

**2. 独立方案**

独立方案是指备选方案中，任一方案采用与否都不影响其他方案取舍的一组方案，即方案间现金流独立，互不干扰，即方案之间不具有排他性。

例如，公司打算购买一台塔式起重机、一台推土机和一辆汽车，购买其中一台设备并不影响购买其他两种设备，这就是独立方案。独立方案的效果可以叠加。

**3. 相关方案**

相关方案是指各投资方案间现金流量存在影响的一组方案。根据影响方向，相关方案分为正相关方案与负相关方案。当一个方案的执行使另一方案净现金流量减少时，此时方案间具有负相关关系，当一个方案的执行使另一方案净现金流量增加时，此时方案间具有正相关关系。现举例加以说明。

**【例 7-7】** 有 3 个建议方案，见表 7-4，问可组成多少互斥方案？

**表 7-4 3 个建议方案**

| 建议方案 | 初始投资 |
| --- | --- |
| A | 1.2 |
| B | 1.0 |
| C | 1.7 |

**【解】** 用 A、B、C 组成所有的互斥方案，第一次每取一个，可组成三个互斥方案；第二次每取两个，以此类推，其结果见表 7-5，包括不投资建议方案，一共有八个互斥方案。采用这种方法组合方案，如果有 $n$ 个建议方案，则可组成 $2^n$ 个互斥方案。

**表 7-5 组合方案**

| 组号 | 方案组合 | 组合投资 | 组号 | 方案组合 | 组合投资 |
| --- | --- | --- | --- | --- | --- |
| 1 | 0 | 0 | 5 | A、B | 2.2 |
| 2 | A | 1.2 | 6 | A、C | 2.9 |
| 3 | B | 1.0 | 7 | B、C | 2.7 |
| 4 | C | 1.7 | 8 | A、B、C | 3.9 |

### 7.5.2 互斥方案比选

进行互斥方案比选，必须遵循可比原则，以保证分析和认证能全面、正确地反映实际情况，有助于做出正确决策。

**1. 满足方案的可比性条件**

（1）满足需求的可比性　满足需求的可比性是指比较方案应满足相同的需求。需求的可比性分为两个层次：一是方案间功能质量可比，二是功能指标数量可比。

（2）满足消耗费用的可比性　满足消耗费用的可比性是指比较方案的消耗费用不仅应考虑方案的全部社会劳动消耗，还应考虑全寿命社会消耗；不仅考虑建设投资，还要考虑流动资金投入。为了使各方案能正确地进行比较，必须采用统一的费用计算原则、方法和范围。

（3）满足价格指标上的可比性　价格指标的可比性要求考虑价格的合理性和时效性。由于历史的原因，我国某些原材料或商品的价格未与国际市场接轨，方案比较时，必须做价格修正，使对比方案在相同的、合理的价格基础上进行比较。另外，价格具有时效性，不同时期其价格水平不同，应注意剔除价格水平的影响，使价格具有可比性。

（4）满足时间上的可比性　满足时间上的可比性，一是要求比较方案具有相同的计算期，不同技术方案的经济比较应该采用相同的计算期作为比较基础；二是比较方案具有相同的时间点，应考虑资金投入时间先后产生的影响，不同时间点发生的现金流量不能直接相加。

**2. 计算期相同的互斥方案的比选**

考虑互斥方案时间上的可比性，可将互斥方案比选根据计算期是否相同，分为计算期相同的互斥方案比选和计算期不同的互斥方案比选两种。

对于计算期相同的互斥方案，由于满足时间上的可比性，因此，可以直接按照经济评价指标值进行比选，具体方法有净现值比较法、差额投资分析法和最小费用法等。

（1）净现值比较法　计算备选方案的财务净现值，取备选方案中财务净现值最大者为最优方案。

（2）差额投资分析法　差额投资分析法是用投资大的方案减去投资小的方案，得到差额投资现金流量，然后通过计算差额投资现金流量的经济评价指标，评价差额投资现金流量的可行性，判断差额投资是否值得，进行方案比选。

差额投资分析法的具体做法为：

1）将备选方案按投资额大小，从小到大排列。

2）计算方案 2 与方案 1 的差额投资现金流量，并绘制现金流量图。

第 $t$ 年的差额净现金流量为

$$\Delta NCF_t=(CI-CO)_{t2}-(CI-CO)_{t1} \tag{7-45}$$

3）计算差额投资现金流量的经济评价指标。如差额投资内部收益率（ΔFIRR）、差额投资财务净现值（ΔFNPV）或差额投资回收期等。

4）方案比选。如求得的 $\Delta FIRR\geqslant i_c$（基准收益率），则说明增加投资的财务评价可行，增加投资值得，故投资大的方案 2 较优；如求得的 $\Delta FIRR<i_c$（基准收益率），则说明增加投资的财务评价不值得，故投资小的方案 1 较优。同理，如求得的 $\Delta FNPV\geqslant 0$，或差额投资回收期小于基准投资回收期，则投资较大的方案 2 较优。反之，如 $\Delta FNPV<0$，或差额投资回收期大于基准投资回收期，则投资较小的方案 1 较优。

5）计算方案 3 与上述较优方案的差额投资现金流量，重复上述 3）、4）过程。

6）依次对下一方案与 4）中所选的较优方案进行比选，直至比选完所有备选方案，最后确定的最优方案作为入选方案。

（3）最小费用法　在互斥方案比选中，经常会遇到这种情况：参加比选的方案效益相同或基本相同，且方案产生的效益无法或难以用货币计量，如一些教育、环保等项目。此时，可假设各方案收益相同，方案比较时不考虑收益，而仅对备选方案的费用进行比较，以备选方案中费用最小者作为最优方案，这种方法称为最小费用法。最小费用法包括费用现值比较法、费用年值比较法。最小费用法的具体做法是计算各备选方案的净费用现值或净费用年值，以其最低的方案作为最优方案。

**【例 7-8】**　有三个互斥方案，现金流量见表 7-6，试用净现值比较法（$i_c=15\%$）进行互斥方案选择。

表 7-6　例 7-8 中相关数据

| 方案 | 第 1 年投资/万元 | 第 2～11 年现金流入/万元 | 第 2～11 年现金流出/万元 | 期末残值/万元 |
|---|---|---|---|---|
| A | 5000 | 2400 | 1000 | 200 |
| B | 8000 | 3100 | 1200 | 320 |
| C | 10000 | 4000 | 1500 | 400 |

**【解】** $FNPV_A = [-5000(P/F,15\%,1) + (2400-1000)(P/A,15\%,10)(P/F,15\%,1) + 200(P/F,15\%,11)]$万元

$= [-5000 \times 0.8696 + 1400 \times 5.0188 \times 0.8696 + 200 \times 0.2149)$ 万元 $=$ 1805.07万元

$FNPV_B = [-8000(P/F,15\%,1) + (3100-1200)(P/A,15\%,10)(P/F,15\%,1) + 320(P/F,15\%,11)]$万元

$= (-8000 \times 0.8696 + 1900 \times 5.0188 \times 0.8696 + 320 \times 0.2149)$ 万元 $=$ 1404.23万元

$FNPV_C = [-10000(P/F,15\%,1) + (4000-1500)(P/A,15\%,10)(P/F,15\%,1) + 400(P/F,15\%,11)]$万元

$= (-10000 \times 0.8696 + 2500 \times 5.0188 \times 0.8696 + 400 \times 0.2149)$ 万元 $=$ 2300.83万元

因为 $FNPV_C > FNPV_A > FNPV_B$，所以 C 方案为最优方案。

**【例 7-9】** 4 种具有同样功能的设备，使用寿命均为 10 年，残值均为 0，初始投资和年经营费用见表 7-7（$i_c = 10\%$）。用最小费用法确定选择哪种设备在经济上更为有利。

表 7-7　例 7-9 中相关数据

| 项目(设备) | A | B | C | D |
|---|---|---|---|---|
| 初始投资/元 | 3000 | 3800 | 4500 | 5000 |
| 年经营费/元 | 1800 | 1770 | 1470 | 1320 |

**【解】** 由于 4 种设备功能相同，故可以比较费用大小；又因为各方案寿命相等，保证了时间可比性，故可以利用费用现值选优。

$PC_A(10\%) = [3000 + 1800(P/A,10\%,10)]$元 $=$ 14060元

$PC_B(10\%) = [3800 + 1770(P/A,10\%,10)]$元 $=$ 14676元

$PC_C(10\%) = [4500 + 1470(P/A,10\%,10)]$元 $=$ 13533元

$PC_D(10\%) = [5000 + 1320(P/A,10\%,10)]$元 $=$ 13111元

其中，设备 D 的费用现值最小，故选择设备 D 较为有利。

**3. 计算期不同的互斥方案比选**

当备选方案具有不同的计算期时，由于方案不具有可比性，不能直接采用净现值法、差额投资分析法进行方案比选。因此，需要采取其他方法，使备选方案具有时间上可比的基础。建立时间可比的方法有最小公倍数法、研究期法和净年值法。

（1）最小公倍数法　最小公倍数法是以各备选方案计算期的最小公倍数为比较期，假定在比较期内各方案可重复实施，现金流量重复发生，直至比较期结束。这样，各备选方案

具有相同的比较期，具备时间上的可比性，可以采用前述的净现值比较法、净年值比较法等进行互斥方案的选择。

（2）研究期法　所谓研究期法，就是针对寿命期不相等的互斥方案，直接选取一个适当的分析期作为各个方案共同的计算期，通过比较各方案在该计算期内的净现值来对方案进行比选，以净现值最大的方案为最佳方案。

研究期一般以各备选方案中最短计算期作为研究期，此时计算简便，可以完全避开方案可重复实施假定。对于比较期末，由计算期未结束方案的余值，可预测此时该方案的公开市场价值作为现金流入量，也可通过费用收益分摊考虑该方案未使用价值。

（3）净年值法　净年值法是分别计算各备选方案净现金流量的等额净年值（AW），并进行比较，以 AW 最大者为最优方案。净年值法是以“年”为时间单位比较各方案的经济效果，从而使计算期不等的互斥方案间具有时间上的可比性。

**【例 7-10】** 有两种疏浚灌溉渠道的方案：一是用挖泥机清除渠道淤泥；二是在渠底铺设混凝土板，增加水流速度，确保渠道不淤。两方案费用支出为：方案 A 购置挖泥机 65 万元，使用寿命 10 年，机械残值 3 万元，年作业费 22 万元，控制水草生长的年费用 12 万元；方案 B 渠底铺设混凝土板 500 万元，可使用年限 50 年，年维护费 1 万元，5 年修补一次费用 30 万元。设基准收益率 $i_c=10\%$，试进行方案选择。

**【解】** 1）建立比较基础，确定比较期。

10、50、5 的最小公倍数为 50，以 50 年作为比较期，方案 A 的现金流量重复 5 次，方案 B 修补 9 次。

绘制现金流量图，如图 7-12 所示。

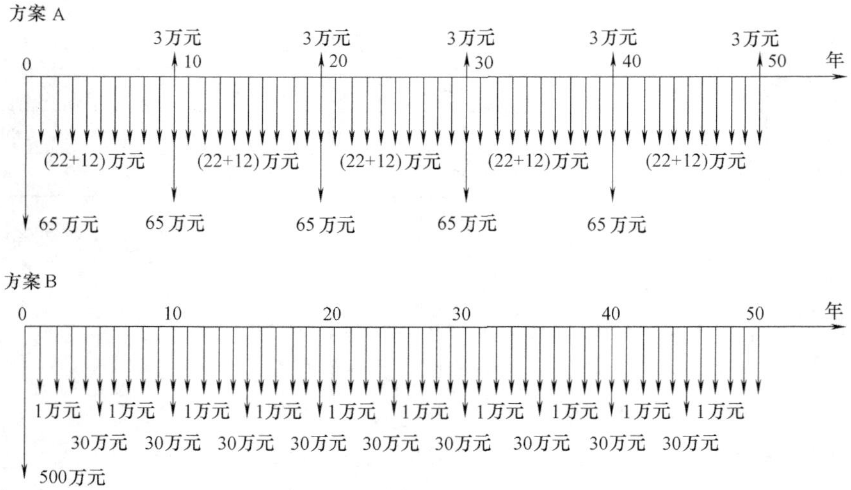


图 7-12　现金流量图

净费用现值法

$$PC_A=[65+(65-3)(P/F,10\%,10)+(65-3)(P/F,10\%,20)+(65-3)(P/F,10\%,30)+(65-3)(P/F,10\%,40)-3(P/F,10\%,50)+(22+12)(P/A,10\%,50)]\text{万元}$$

$$=(65+62\times0.3855+62\times0.1486+62\times0.0573+62\times0.0221-3\times0.0085+34\times$$

$9.9148)$万元

$=440.11$万元

$$PC_B=[500+30(P/F,10\%,5)+30(P/F,10\%,10)+30(P/F,10\%,15)+30(P/F,10\%,20)+30(P/F,10\%,25)+30(P/F,10\%,30)+30(P/F,10\%,35)+30(P/F,10\%,40)+30(P/F,10\%,45)+1(P/A,10\%,50)]\text{万元}$$

$$=(500+30\times0.6209+30\times0.3855+30\times0.2394+30\times0.1486+30\times0.0923+30\times0.0573+30\times0.0356+30\times0.0221+30\times0.0137+1\times9.9148)\text{万元}$$

$$=558.38\text{万元}$$

上述计算过程复杂，容易出现失误。由现金流量图可知，图中多个现金流量相等，且发生间隔相同，符合等额分付系列应用条件，下面采用等额分付系列公式进行计算。

10 年期实际利率 $i_{10}=(1+10\%)^{10}-1=159.374\%$

5 年期实际利率 $i_5=(1+10\%)^5-1=61.051\%$

$$PC_A=[65+(65-3)(P/A,159.374\%,4)-3(P/F,10\%,50)+(22+12)(P/A,10\%,50)]\text{万元}$$

$$=(65+62\times0.6136-3\times0.0085+34\times9.9148)\text{万元}=440.12\text{万元}$$

$$PC_B=[500+30(P/A,61.051\%,9)+1(P/A,10\%,50)]\text{万元}$$

$$=(500+30\times1.6155+1\times9.9148)\text{万元}=558.38\text{万元}$$

2）净费用年值法。

$$AC_A=[(22+12)+65(A/P,10\%,10)-3(A/F,10\%,10)]\text{万元}$$

$$=(34+65\times0.1627-3\times0.0628)\text{万元}=44.39\text{万元}$$

$$AC_B=[1+30(A/P,10\%,5)+(500-30)(A/P,10\%,50)]\text{万元}$$

$$=(1+30\times0.2638+470\times0.1009)\text{万元}=56.34\text{万元}$$

由净费用现值和净费用年值的计算结果可知，$PC_A<PC_B$，或 $AC_A<AC_B$，即不管是净费用现值法还是净费用年值法，均是 A 方案花费较少。因此，A 方案最优。

由计算过程可以看出，采用最小公倍数法、研究期法、净年值法进行计算期不同的互斥方案比选时，净年值法计算最简便。因此，计算期不同的互斥方案比较常采用净年值法。

## 7.5.3 独立方案选择

对于独立方案，由于一方案的入选不影响其他方案的取舍，因此，如果企业可利用的资金足够多，即无资金约束，此时方案选择方法与单个方案的评价方法是一致的，只要分别计算各方案的 FNPV 或 FIRR，选择所有 FNPV≥0 或 FIRR≥$i_c$的项目即可。如果企业可利用资金有限，无法满足上述选出的全部项目的需要，就形成了资金约束条件下的独立方案选择问题。在现实生活中，企业或国家筹集的资金永远是有限的，这就提出了在独立方案有限的情况下，如何选择最合理、最有利的方案，使有限资金最大限度产生经济效益。资金有限条件下的独立方案选择方法有：独立方案互斥组合法和内部收益率排序法。

**1. 独立方案互斥组合法**

独立方案互斥组合法是指在资金有限的情况下，将相互独立的方案组合成总投资额不超过投资限额的组合方案，这样各个组合方案之间的关系就变成了互斥的关系，然后利用互斥方案的比选方法，如净现值法等，对方案进行比选，选择出最佳方案。

**【例 7-11】** 某企业面临 A、B、C 三个独立方案，现金流量见表 7-8，可利用资金限额为 6000 万元，基准收益率 $i_c=15\%$，试进行方案选择。

**表 7-8　例 7-11 中相关数据**

| 计算期/年 | 净现金流量/万元 | | |
|---|---|---|---|
| | A | B | C |
| 0 | -1000 | -3000 | -5000 |
| 1~3 | 600 | 1500 | 2000 |

**【解】**（1）构建互斥方案组　对于 A、B、C 三个方案进行组合，形成 8 个方案组，具体见表 7-9。表中方案组合形式中，“1”表示该方案入选，“0”表示该方案不入选。从表中可以看出，各方案组之间相互排斥。

**表 7-9　互斥方案组合及净现值**　（单位：万元）

| 互斥方案组 | 组合形式 | | | 需要的初始投资 | 现金流量(年末) | | 财务净现值 |
|---|---|---|---|---|---|---|---|
| | A | B | C | | 0 | 1~3 | |
| 1 | 0 | 0 | 0 | 0 | 0 | 0 | 0 |
| 2 | 1 | 0 | 0 | 1000 | -1000 | 600 | 369.94 |
| 3 | 0 | 1 | 0 | 3000 | -3000 | 1500 | 424.84 |
| 4 | 0 | 0 | 1 | 5000 | -5000 | 2000 | -433.66 |
| 5 | 1 | 1 | 0 | 4000 | -4000 | 2100 | 794.55 |
| 6 | 1 | 0 | 1 | 6000 | -6000 | 2600 | -63.61 |
| 7 | 0 | 1 | 1 | 8000 | | | |
| 8 | 1 | 1 | 1 | 9000 | | | |

（2）方案筛选　淘汰投资超过资金限额的组合方案，表中互斥方案组 7、8 投资分别为 8000 万元和 9000 万元，超过投资限额，予以淘汰。

（3）方案选择　对满足资金限额的互斥方案组，计算其财务净现值，结果见表 7-9。由净现值法知，互斥方案组 5 财务净现值最高，为最优方案组合，应同时实施方案 A 和方案 B。

**2. 净现值率排序法**

所谓净现值率排序法，是指将净现值率大于或等于零的各个方案按净现值率的大小依次排序，并依此次序选取方案，直至所选取的方案组合的投资总额最大限度地接近或等于投资限额为止。

在对具有资金限制的独立方案进行比选时，独立方案互斥组合法和净现值率排序法各有其优劣。净现值率排序法的优点是计算简便，选择方法简明扼要，缺点是由于投资方案的不可分性，经常会出现资金没有被充分利用的情况，因此不一定能保证获得最佳组合方案；而独立方案互斥组合法的优点是在各种情况下均能保证获得最佳组合方案，但缺点是在方案数目较多时，其计算比较烦琐。因此在实际应用中，应该综合考虑各种因素，选用适当的方法进行方案比较。

### 7.5.4 相关方案的选择

一般相关方案是指一个方案的选择与否会影响其他方案的经济效果或决策。

**1. 相互依存型方案的比选**

在多方案比选中，当某一方案的实施要求以另一方案的实施为条件时，则这两个方案具有相互依存性。比选时，通常将相互依存的两个方案合成新的方案组，再与其他方案进行比较，确定最优策略。

**【例 7-12】** 现有 A、B、C、D 四个方案，寿命期均为 5 年，各方案的投资和现金流量见表 7-10，其中 A、B、C 互斥，D 方案与 A 方案相互依存，基准收益率为 10%，试做出最优决策。

**表 7-10 例 7-12 中已知数据**

| 方案 | A | B | C | D |
|---|---|---|---|---|
| 投资(第一年年初)/万元 | 10 | 14 | 16 | 20 |
| 年净收益/万元 | 4 | 5 | 7 | 8 |

**【解】** 在方案 A、B、C、AD 中选优：

$NPV_A = -10 + 4\ (P/A,\ 10\%,\ 5) = 5.16$ 万元

$NPV_B = -14 + 5\ (P/A,\ 10\%,\ 5) = 4.95$ 万元

$NPV_C = -16 + 7\ (P/A,\ 10\%,\ 5) = 10.54$ 万元

$NPV_{AD} = [-30 + 12\ (P/A,\ 10\%,\ 5)]$ 万元 $= 15.49$ 万元

所以 AD 组合为最优决策。

**2. 现金流相关型方案的比选**

当方案间的现金流既有相关性又不完全排斥时，采用组合互斥方案法进行比选。

组合互斥方案法，即列出所有可行的组合方案，其中每一个组合都代表一个相互排斥的组合，再用互斥方案比较方法选定最优的组合。

**【例 7-13】** 有关部门提出在某河流建设桥梁项目和轮渡项目，只建设一个项目时的净现金流量见表 7-11，若两个项目都建设，由于货物分流的影响，两项目都将减少收益，现金流量表见表 7－12，当 $i_c = 10\%$ 时，试做出最佳决策。

**表 7-11 例 7-13 中相关数据 1** （单位：万元）

| 方案 | 0 | 1 | 2 | 3～30 |
|---|---|---|---|---|
| 建桥 | -180 | -180 | -180 | 90 |
| 轮渡 | -100 | -100 | -100 | 60 |

**表 7-12 例 7-13 中相关数据 2** （单位：万元）

| 方案 | 0 | 1 | 2 | 3～30 |
|---|---|---|---|---|
| 建桥 | -180 | -180 | -180 | 80 |
| 轮渡 | -100 | -100 | -100 | 40 |
| 两项合计 | -280 | -280 | -280 | 120 |

【解】 将两个方案组合成三个互斥方案，见表7-13，分别计算净现值：

表7-13 两方案及组合方案的现金流量 （单位：万元）

| 方案 | 0 | 1 | 2 | 3～30 |
|---|---|---|---|---|
| 建桥 | -180 | -180 | -180 | 90 |
| 轮渡 | -100 | -100 | -100 | 60 |
| 建桥+轮渡 | -280 | -280 | -280 | 120 |

$NPV_{建桥}=[-180-180(P/A,10\%,2)+90(P/A,10\%,28)(P/F,10\%,2)]$万元$=199.83$万元

$NPV_{轮渡}=[-100-100(P/A,10\%,2)+60(P/A,10\%,28)(P/F,10\%,2)]$万元$=187.93$万元

$NPV_{建桥+轮渡}=[-280-280(P/A,10\%,2)+120(P/A,10\%,28)(P/F,10\%,2)]$万元$=157.01$万元

所以建桥为最优决策。

## 7.6 案例分析

工程施工的技术经济分析，就是为了获得最优施工方案，从若干可行的施工工艺方案、施工组织方案中，分析、比较和评价各方案的经济效益，从中择优选择施工方案。工程施工中的经济分析在很大程度上决定施工组织的质量和施工任务完成的好坏，是施工任务顺利完成的前提条件。在工程施工阶段进行技术经济评价时，主要有两项工作：即施工方案的评价和采用新结构、新材料的评价。施工方案是单位工程或建筑群施工组织设计的核心，是编制施工进度计划，绘制施工平面图的重要依据。施工方案技术经济评价的主要内容如下。

**1. 施工工艺方案的经济评价指标体系**

施工工艺方案，是指分部（项）工程和工种工程的施工方案，如主体结构工程、基础工程、安装工程、装饰工程、水平运输、垂直运输、大体积混凝土浇筑、混凝土运送以及模板支承方案等。在施工中采用新工艺、新技术问题，实际上仍属于施工工艺方案问题。

（1）技术性指标 技术性指标是指用以反映方案的技术特征或适用条件的指标，可用各种技术型参数表示。如主体结构为现浇框架工程施工工艺方案时，可用现浇混凝土总量、混凝土运输高度等参数；如装配式结构工程施工工艺方案，可用安装构件总量、构件最大尺寸、构件最大重量、最大安装高度等参数；如模板工程施工工艺方案的技术性指标，可用模板型号数、各型号模板尺寸、模板单件重量等参数。

（2）经济型指标 经济型指标主要反映完成施工任务必要的劳动消耗，由一系列实物量指标、劳动量指标所组成，主要有：

1）工程施工成本。工程施工成本主要用施工直接费用成本来表示，包括人工费、材料费、施工设施的成本或摊销费、防治施工公害的设施费等。

2）主要专用机械设备需要量。主要专用机械设备需要量包括设备型号、台数、使用时间、总台班数等。

3）施工中的主要资源需要量。这里的资源不是指构成工程实体的材料、半成品或结构

件，而是指顺利进行施工所必需的资源，主要包括施工所需的材料、不同施工工艺方案引起的材料消耗增加量和能源需要量等。

4）主要工种工人需要量。主要工种工人需要量可用主要工种工人需用总数、需用期、月平均需用数、高峰期需用数来表示。

5）劳动消耗量。劳动消耗量可以用总劳动消耗量、月平均劳动消耗量、高峰期劳动消耗量来表示。

（3）效果指标　效果指标主要反映采用该施工工艺方案后所能达到的效果，主要有：

1）工程效果指标。如施工工期、工程效率等指标。

2）经济效果指标。如成本降低率或降低额、材料节约额或节约率等指标。

（4）其他指标

其他指标是指未包括在上述三类中的指标，如施工临时占地，所采用施工方案对工程质量的保证程度，抗拒自然灾害的能力，采用该工艺方案后对企业技术装备、素质、信誉、市场竞争力和专有技术拥有程度等方面的影响。这些指标可以是定量的，也可以是定性的。

**2. 施工组织方案的评价**

施工组织方案是指单位工程以及包括若干个工程的建筑群体的施工组织方法，如流水施工、平行流水立体交叉作业等组织方法。施工组织方案包括施工组织总设计、单位工程施工组织设计、分部工程施工组织设计和施工装备的选择等。施工组织方案的评价指标如下。

1）技术性指标，主要有：

① 反映工程特征的指标，如建筑面积、主要分部工程量等。

② 反映施工方案特征的指标，如施工方案有关的指标说明等。

2）经济性指标，主要有：

① 工程施工成本。

② 主要专用机械设备需要量。

③ 主要材料资源消耗量。

④ 劳动消耗量。

⑤ 反映施工均衡性的指标。

3）效果指标，主要有：

① 工程总工期。

② 工程施工成本节约。

③ 施工机械效率，可用两个指标评价，一是主要大型机械单位工程（单位面积、长度或体积等）耗用台班数；二是施工机械利用率，即主要机械在施工现场的工作总台班数与在现场的日历天数的比值。

④ 劳动效率，可用三个指标评价，一是单位工程量用工数，二是分工种的每工产量，三是生产工人的日产值。

⑤ 施工均衡性，可用下列指标评价（系数越大越不均衡），即

$$\text{主要工种工程施工不均衡性系数}=\frac{\text{高峰月工程量}}{\text{平均月工程量}}$$

$$\text{主要材料资源消耗不均衡性系数}=\frac{\text{高峰月耗用量}}{\text{平均月耗用量}}$$

$$劳动量消耗不均衡性系数=\frac{高峰月劳动消耗量}{平均月劳动消耗量}$$

4）其他指标。如施工临时占地等。

**3. 新结构、新材料的经济评价**

1）采用新结构、新材料的技术经济效果。

① 改善建筑功能，如改善保温、隔热、隔声等功能，以及扩大房屋的有效使用面积等。

② 减轻建筑物自重，节约运输能力，降低工程造价。

③ 有利于缩短施工工期，加快施工的机械化、装配化、工厂化，从而加快施工速度。

④ 有利于利用废渣、废料，节约能源。

⑤ 减轻施工劳动强度，改善施工作业条件，提高机械化程度，实现文明施工。

2）新结构、新材料的技术经济评价指标。

① 工程造价，这是反映方案经济性的综合指标，一般用预算价格计算。

② 主要材料消耗量，指钢材、水泥、木材、黏土砖等的消耗量。

③ 施工工期，指从开工到竣工的全部日历时间。

④ 劳动消耗量，这个指标反映活劳动消耗量，现场用工与预制用工应分别计算。

⑤ 一次性投资额，指为了采用某种新结构、新材料而需建立的相应的材料加工厂、制品厂等的基建投资。

3）辅助指标。

① 建筑物自重，指采用新结构、新材料后，单位建筑面积建筑物的自重。

② 能源消耗量，指采用新结构、新材料后，在生产制造、运输、施工、安装、使用过程中的年能源消耗量。

③ 工业废料利用量，指采用新结构、新材料后，每平方米建筑面积可利用工业废料的数量。

④ 建筑物使用年限。

⑤ 经常使用费，指采用新结构、新材料后每年的日常使用费及维护修理费等。

在进行方案评价时，应以主要指标作为基本依据。在主要指标间发生矛盾时，应着重考虑造价和主要材料消耗量指标。当主要指标相差不大时，则需分析辅助指标，作为方案评价的补充论证。

**4. 施工方案经济分析与评价的方法**

施工方案总体来说包括前面提到的三大类，具体而言最常见的有施工机械的选择与调度、人员的安排、运输方案的选择、施工流水作业方案设计、现场总平面布置等。一般来说，小型工程的方案选择不需要花费大量人力、物力及时间，一般施工管理人员就可完成，但大型工程项目或有各种特殊要求的项目施工方案选择时，只有进行详细的分析、评价与比较，才能及时做出正确的选择。常见的施工方案选择与评价的方法有多指标综合评价法、单指标评价法及价值分析方法三种。但由于设计与施工中的评价指标体系不同，在分析时的着重点也就不同。下面通过实例来对施工中的一些常见问题进行分析与选择。

**【例 7-14】** 某机械化施工企业承担了某工程的基坑土方施工，土方量为 20000$m^3$，平均运土距离为 8km，计划工期为 15 天，每天一班制施工。该企业现有 WY50、WY75、WY100 挖掘机各 2 台以及 5t、8t、10t 自卸汽车各 20 台，其主要参数见表 7-14、表 7-15。

1）若挖掘机和自卸汽车按表中型号各取一种，WY50 + 5t 自卸、WY75 + 8t 自卸、WY100 + 10t 自卸，哪种组合最经济？相应的每立方米土方的挖土、运输直接费为多少？

2）根据该公司现有的挖掘机和自卸汽车的数量完成土方挖运任务，每天应安排几台何种型号的挖掘机和几台何种型号的自卸汽车？

3）根据所安排的挖掘机和自卸汽车数量，该土方工程可在几天内完成？相应的每立方米土方的挖土、运输直接费为多少？

**表 7-14 挖掘机主要参数**

| 型号 | WY50 | WY75 | WY100 |
|---|---|---|---|
| 容量/$m^3$ | 0.50 | 0.75 | 1.00 |
| 台班产量/($m^3$/台班) | 480 | 558 | 690 |
| 台班单价/(元/台班) | 618 | 689 | 915 |

**表 7-15 自卸汽车主要参数**

| 载重能力/t | 5 | 8 | 10 |
|---|---|---|---|
| 运距 8km 台班产量/($m^3$/台班) | 32 | 51 | 81 |
| 台班单价/(元/台班) | 413 | 505 | 978 |

**【解】** 1）步骤 1：分析各种机械的单位费用。

挖掘机 WY50：$\frac{618}{480}$元/$m^3$ = 1.29 元/$m^3$

WY75：$\frac{689}{558}$元/$m^3$ = 1.23 元/$m^3$

WY100：$\frac{915}{690}$元/$m^3$ = 1.33 元/$m^3$

自卸汽车 5t：$\frac{413}{32}$元/$m^3$ = 12.91 元/$m^3$

8t：$\frac{505}{51}$元/$m^3$ = 9.90 元/$m^3$

10t：$\frac{978}{81}$元/$m^3$ = 12.07 元/$m^3$

步骤 2：分别计算三种组合的每立方米土方的挖土、运输直接费。

WY50 + 5t 自卸：(1.29 + 12.91) 元/$m^3$ = 14.20 元/$m^3$

WY75 + 8t 自卸：(1.23 + 9.90) 元/$m^3$ = 11.13 元/$m^3$

WY100 + 10t 自卸：(1.33 + 12.07) 元/$m^3$ = 13.40 元/$m^3$

所以“WY75 + 8t”自卸是最佳经济组合。

2）步骤 1 从费用最低的机械选起。

先选挖掘机，若选取 WY75 型，则每天需要的台数为

$$20000 \div (558 \times 15) 台 = 2.38 台$$

企业拥有 2 台 WY75，每天完成

$$558 \times 2m^3 = 1116m^3$$

而要满足工期要求，则日产量必须≥20000/15$m^3$ = 1333.3$m^3$。另选 1 台 WY50 型挖掘

机，日产量达到（$558\times2+480$）$m^3=1596m^3$。

步骤 2　选择自卸汽车与挖掘机配合。

自卸汽车从 8t 的选起，要达到日产 $1596m^3$。与开挖量相配合，所需台数为

$$\frac{1596}{51}\text{台}\approx31.3\text{ 台}$$

企业拥有 20 台 8t 自卸汽车，全部选用，每天还有不能完工的余土为

$$(1596-20\times51)m^3=576m^3$$

余土由 5t 和 10t 自卸汽车进行运输，选取 6 台 10t 自卸汽车和 3 台 5t 自卸汽车，则其每天运输量为

$$(81\times6+32\times3)m^3=582m^3$$

可以满足要求。

每天应安排 1 台 WY50、2 台 WY75 挖掘机和 3 台 5t、6 台 10t、20 台 8t 自卸汽车来完成挖运任务。

3）步骤 1　计算施工天数，即

$$\frac{20000}{1596}\text{天}\approx13\text{ 天}$$

步骤 2　计算每立方米土方挖运成本，即

$$\left[\frac{(618\times1+689\times2+413\times3+505\times20+978\times6)\times13}{20000}\right]\text{元}/m^3=12.48\text{ 元}/m^3$$

## 思　考　题

1. 什么是工程经济学？其研究的对象与内容是什么？

2. 从技术与经济相互促进又相互制约两方面各举一个实例说明。

3. 简述建设项目总投资的构成。

4. 某人把 1000 元存入银行，设年利率为 3%，5 年后全部提出，共可得多少元？

5. 某人贷款买房，预计他每年能还贷 2 万元，打算 15 年还清，假设银行的按揭年利率为 5%，其现在最多能贷款多少？

6. 某投资人投资 20 万元从事出租车运营，希望在 5 年内收回全部投资，若折现率为 15%，问平均每年至少应收入多少？

7. 一家庭想买一辆汽车，销售商提供两种付款方式：一种是一次付清购车费用 30 万元；另一种是首期付款 10 万元，以后的每年年底付清 4 万元，连续支付 7 年，若银行利率为 7%，请计算哪一种付款方式在总付款金额上更加有利。

# 第 8 章 供应链管理

作为 21 世纪增强企业竞争力最主要的管理思想和方法之一，供应链管理目前已经受到国内外学术界与企业界的普遍重视。随着市场全球化和竞争的加剧，企业之间的竞争已经变成供应链之间的竞争，如何提高整条供应链的增值能力，消除牛鞭效应，增强供应链的竞争力已经成为各节点企业共同的目标，因此设计出结构合理的供应链至关重要。经济全球化、信息技术网络化以及电子商务技术的蓬勃发展促进了供应链的全球化运营，使生产的组织和实现超越了空间和时间的概念和限制，以网络信息为依托，在更广阔的范围内选择合作伙伴，采用灵活有效的管理组合模式，更加方便、有效地实现多种企业的资源优势互补。

## 8.1 从企业内部的运筹到供应链管理

运筹学（Operations Research）又称作业研究，是运用系统化的方法，通过建立数学模型及其测试，协助达成最佳决策的一门学科。它主要研究经济活动和军事活动中能用数量来表达的有关应用、筹划与管理等方面的问题，根据问题的要求，通过数学分析与运算，做出综合的合理安排，以便能够较经济、有效地利用人力、物力、财力等资源。

运筹学研究的内容十分广泛，主要分支有线性规划、非线性规划、整数规划、几何规划、大型规划、动态规划、图论、网络理论、博弈论、决策论、排队论、存储论、搜索论等。

20 世纪 50 年代后期，运筹学在中国的应用集中在运输问题上，其中一个广为流传的例子就是“打麦场的选址问题”，目的在于解决当时手工收割为主的情况下如何节省人力和时间的问题。国际上的“中国邮路问题”模型也是在那个时期由管梅谷教授提出的。

在企业内部，从运筹学的视角主要解决这样几个问题：一个是研究质量管理。另一个是研究产品和服务设计问题，工艺能力设计问题，即我们需要什么样的工艺，需要多大的工厂才能满足需求，工厂放在什么地方，配送的供应链放在什么地方，工厂内布局应该如何，设备怎样摆放，人力资源和工作设计，如何建立一个合理的工作环境，哪些需要购买，哪些可以自己做，如何同供应商建立好关系，如何进行库存管理和设备维护等。

这样就从企业内部的运筹发展到供应链的管理。首先，由于需求环境的变化，原来被排斥在供应链之外的最终用户、消费者的地位得到了前所未有的重视，从而被纳入了供应链的范围。因此，供应链不再只是一条生产链，而是一条涵盖了整个产品运动过程的增值链。

供应链管理的基本模型是：从供应商开始到制造商到批发商到顾客，通过这样一个网络，把顾客需要的产品以最低的成本在合适的时间送到顾客手中。这个模型看起来简单，但实施起来十分复杂。供应链管理分为三部分：第一部分是网络规划，对于一个制造企业来讲，制造厂设在哪里，物流中心设在哪里，零售商设在哪个地点，这是需要设计的；第二部分是仓库规划，仓库建成什么形式，库存怎样管理，最低库存和最高库存究竟应该是多少；第三部分是运输规划，如在运输中是大车大批量运还是小车小批量运，是从一个点出发再返回，还是沿环形路线运输，送货和取货应该在两个网络中还是在一个网络中等。

## 8.2 供应链的发展沿革与供应链中的牛鞭效应

供应链是由供应商、制造商、仓库、配送中心和渠道商等构成的物流网络。同一企业可能是这个网络的不同组成节点，但更多的情况是不同的组成节点对应于不同的企业。整个供应链包括物流、信息流和资金流，是企业与企业之间的合作，而不再是部门之间的合作，未来的竞争是供应链与供应链之间的竞争，而不再是企业与企业之间的竞争。但是，牛鞭效应的存在削弱了供应链的增值能力和竞争能力。所以企业之间必须协同合作，共同消除牛鞭效应，达到群体共存。

### 8.2.1 供应链的发展阶段

供应链的概念是从扩大的生产（Extended Production）概念发展来的，它将企业的生产活动进行了前伸和后延。例如：日本丰田汽车公司的精益协作方式中，将供应商的活动视为生产活动的有机组成部分而加以控制和协调，这就是向前延伸。后延是指将生产活动延伸至产品的销售和服务阶段。因此，供应链就是通过计划（Plan）、获得（Obtain）、存储（Store）、分销（Distribute）、服务（Serve）等这样一系列活动在顾客和供应商之间形成的一种衔接（Interface），从而使企业能满足内外部顾客的需求。

供应链包括产品到达顾客手中之前所有参与供应、生产、分配和销售的公司和企业，因此其定义涵盖了销售渠道的概念。供应链对上游的供应者（供应活动）、中间的生产者（制造活动）和运输商（储存、运输活动）及下游的消费者（分销活动）同样重视。

### 8.2.2 供应链的概念

供应链是围绕核心企业，通过对信息流、物流、资金流的控制，从采购原材料开始，制成中间产品及最终产品，最后由销售网络把产品送到消费者手中，从而将供应商、制造商、分销商、零售商，直到最终用户连成一个整体的功能网链结构。它不仅是一条连接供应商到用户的物流链、信息链、资金链，而且是一条增值链，物料在供应链上因加工、包装、运输等过程而增加其价值，给相关企业带来收益。

供应链的上游和下游见表 8-1。

**表 8-1 供应链的上游和下游**

| 供应链 | 含义 | 举例 |
| --- | --- | --- |
| 供应链的上游 | 指那些先于最终制造的部分，包括为最终制造提供产品和服务的供应链 | 在服装制造的供应链中，最初的原料供应商，如棉花种植者及纺纱、织布厂 |
| 供应链的下游 | 涉及供应链最终产品部分，包括将产品提交给最终用户 | 在服装制造的供应链中，配送中心和销售商 |

一个供应链的最终目的是满足顾客需求，同时实现自己的利润。它包括所有与满足顾客需求相关的环节，不仅仅是生产商和供应商，还有运输、仓储、零售和顾客本身。顾客需求是供应链的驱动因素，一条供应链正是从顾客需求开始，逐步向上延伸的。例如，当一个顾客走进超市去买洗发水，供应链就开始于这个顾客对洗发水的需求，这个供应链的下一阶段是超市、运输商、分销商、洗发水生产工厂。

供应链是动态的，并且包括在不同阶段之间流动的产品流、信息流和资金流。每一个阶段执行不同的过程并且与其他阶段相互作用。例如，超市提供产品、价格信息给顾客，顾客付款获得产品，超市再把卖货信息和补货信息给配送中心，配送中心补货给超市，分销商也提供价格信息和补货到达日期给超市。同样的信息流、物流、资金流在整个供应链过程中发生。

### 8.2.3 供应链中的“三流”

**1. 物流**

物流即物料或产品从供应方开始，沿着各个环节向需求方流动。供应链中的物流从原材料至产品到最终用户的运动仅仅是一个方向。有关供应链中物流的比较典型的观点为：供应链中物料的流动（即物流）是由最初的资源通过一系列的转换过程流向配送系统，直至最终用户。

物流管理是供应链“三流”管理体系中最重要的组成部分，一般认为，供应链是物流、信息流、资金流的统一体，而物流贯穿于整个供应链的始终，它连接着供应链中的各个企业，是企业之间互相合作的纽带。

**2. 信息流**

信息流即订单、设计、需求、供应等信息在供应链中的双向流动。供应链中的信息流是在供应商和客户之间双向流动的信息流，包括：从客户到供应商的需求信息流和从供应商到客户的供应信息流。供应链管理的实现，不仅需要高效快速的物流、资金流，更需要快速、准确的信息流。

**3. 资金流**

资金流是供应链中货币形态的单向流通。物料是有价值的，物料流动会引发资金流动。资金流是从下游向上游流动的。财务是业务运作的生命，没有资金流，企业将无法运营。购买原材料、支付员工薪金、产品广告宣传、各种设备设施的维护，以及维持服务等都不能没有资金流。

综上所述，物料是从最初供应商流向最终用户，资金按照相反方向流动，而信息则双向流动。

### 8.2.4 供应链中的牛鞭效应

**1. 牛鞭效应的概念**

牛鞭效应是指供应链中根据产品需求的订货量沿着供应链向上游不断波动且放大，结果远远超出最初预测的消费者需求。也就是说，到达供应链最上游的产品需求量远远大于市场实际需求量。牛鞭效应的具体表现是以订单为载体的需求信息沿着供应链从顾客向零售商、批发商、分销商、制造商、原材料供应商传递的过程中，需求信息的变异会被逐级放大。这种信息扭曲的放大作用在图形显示上很像是一根甩起的赶牛鞭，因此被形象地称为牛鞭效应。

最下游的客户端相当于鞭子的根部，而最上游的供应商端相当于鞭子的梢部，在根部的一端只要有一个轻微的抖动，末梢端就会出现很大的波动。在供应链上，这种效应越往上游，变化就越大，距终端客户就越远，影响就越大。达到最源头的供应商时，其获得的需求信息相对于实际消费市场中的顾客需求信息存在很大的偏差，需求变异系数比分销商和零售商的需求变异系数大得多。由于这种放大效应的影响，上游供应商往往维持比下游供应商更高的库存水平。这种信息扭曲如果和企业制造过程中的不确定因素叠加在一起，将会导致巨大的经济损失。牛鞭效应反映了供应链上需求的不同步现象。

**2. 牛鞭效应的形成**

零售商根据以往销量，或凭经验，或凭一定算法对将来的顾客需求进行预测，应该说这时的预测是最接近市场上真实的顾客需求的，接着按照自己对顾客需求的预测向批发商发送订单，进行订货来补充库存。由于存在订货提前期，零售商在平均需求的基础上，考虑到需求的波动，进而增加了安全库存，此时零售商订单的变动性已经超出了顾客需求初步预测，这是牛鞭效应中产品需求的第一次波动，需求的失真从这里开始向上游传递。

批发商不能获知顾客的实际数据，它只能利用零售商已发出的订单进行预测，这样批发商在零售商平均订货量的基础上，又增加了一个风险库存。这是牛鞭效应中产品需求的第二次波动。

由此，零售商、分销商、制造商、供应商的订货量波动越来越大，远远超出市场实际需求，结果是供应链各成员的库存过大，增加了供应链的库存成本，使供应与需求很难匹配，没有实现供应链管理降低库存的目标。

传统供应链中，各企业和各职能部门通常只追求本部门的利益，而企业间和企业内部部门之间缺乏系统性思考和集成化管理。

例如，宝洁公司在研究尿不湿产品的市场需求时发现，该产品的销售数量相对稳定，波动性并不大。但在考察分销中心的订货情况时，却发现其订单的变动比销售数量的变动要大得多，而分销中心是根据批发商的订货需求量的汇总进行订货的。通过进一步研究发现，零售商为了能够应付顾客需求量增大的变化，往往在历史和现实销售情况的预测订货量基础上进行一定的放大后再向批发商订货，而批发商也出于同样的考虑进行加量订货。这样，虽然顾客需求波动不大，但层层加量订货就将实际需求逐级放大了。

**3. 牛鞭效应的危害**

如果供应链的每一个阶段只是追求各自目标的最优化，而未考虑对整个供应链的影响，就会导致失调，从而使供应链总利润低于协调时可以达到的水平。供应链的每一个阶段在追求自身目标最优化的过程中所采取的行动，最终损害了整条供应链的运营业绩。具体来说，供应链中牛鞭效应的危害主要有以下几个方面。

1）过度频繁的需求变化，使企业生产计划变化加剧，导致额外成本支出增加。过度的生产预测大大增加了计划的不确定性，各节点企业不得不频繁地修改生产计划，使制造商投入的生产能力大于实际的需求。牛鞭效应扭曲了需求信息，使需求的波动程度加大，从而使制造商盲目扩大生产能力，结果是生产能力利用率不高。

2）顾客需求不能及时满足，服务水平降低。现今的市场是顾客驱动的市场，然而信息的扭曲失真使各节点企业很难对市场需求做出准确的预测和正确的决策。一些产品的需求被过度放大，而另一些市场真正需要的产品却得不到重视，造成制造商生产能力闲置或过度使用，从而产生短缺与过剩交替，无法充分满足顾客需求。

3）牛鞭效应增加企业管理难度。这些难度主要表现在由需求扩大而引起的企业有限资源的分配问题，如产品原材料的采购、生产能力的安排、生产计划的制定、库存战略的制定和库存的控制等。这些问题直接影响企业在市场条件下的生存和发展。

综上所述，牛鞭效应及其引发的供应链失调对供应链的运营有较大的负面影响。通过上面的分析可知，牛鞭效应的存在会使库存成本、生产成本、运输成本增加，降低了反应能力，从而导致供应链绩效降低。

**4. 应对牛鞭效应的方法**

供应链中的不确定性主要来源于供应商不确定性、生产者不确定性和顾客不确定性。而供应链中的不确定性主要表现为衔接不确定性和运作不确定性。由于牛鞭效应是从下游客户端逐级向上游转嫁风险的结果，因而它会危害整个供应链的运作，导致总库存增加、生产无序和失衡、业务流程阻塞、资源浪费、市场混乱和风险增大。企业可以从已经找到的牛鞭效应产生的原因中，来寻找解决牛鞭效应的方法。

（1）采用VMI模式　供应商库存管理（Vendor Managed Inventory，VMI），是指一种在客户和供应商之间的合作性策略，在一个双方协定的目标框架下，由供应商来管理库存。VMI体现了供应链集成化管理思想，有助于打破传统企业各自为政的库存管理模式，使整个供应链的库存管理最优化目标得以实现。

直接由供应商管理库存，减少订单在传递过程中需求信息波动放大造成的需求信息失真，供应商直接预测消费需求，制定生产、配送等决策，或直接向上游发出订单，使供应环节减少，大大降低牛鞭效应。

（2）采取JIT物流模式　及时生产（Just In Time，JIT），是由日本丰田汽车公司在20世纪60年代实行的一种生产方式，也是一种以市场需求为核心的“拉动式”管理体系，这一管理体系的确立可以促使企业按市场办事，严格按客户需求组织采购、运输、加工、配送等活动，即将所需要的零件、以所需要的数量、在正好需要的时间送到生产线。

采取实时地预测、实时地配送、实时地生产，尽可能地减少安全库存量，更能直接降低牛鞭效应。供货周期的减小意味着市场需求更小的波动，因为短时间内可以假定消费者的偏好不变，在没有意外的情况下，需求的预测完全可以根据以往的经验和近期的销售数据来得出更为接近市场实际需求信息，从而制定订单。

（3）采用电子信息技术，缩短订货提前期　下游企业在采购时，由于考虑到缺货风险，对于定购提前期一般都慎重决定，正是因为提前期的不确定性，导致下游企业的预测存在误差，从而导致库存周期波动，最终导致牛鞭效应产生。沃尔玛的实践表明，采用信息技术支持（商品条形码技术、物流条形码技术、电子订货系统、POS数据读取技术、预先发货清单技术、电子支付系统、连续补充库存方式）的快速响应（Quick Response，QR）系统，使预测误差大幅度减少，从而使牛鞭效应的负面影响减小。

综上所述，对于大多数的企业来说，仅仅依靠自己的实力在激烈的市场竞争中求得生存和发展，是相当困难的，企业之间通过供应链彼此连接在一起，因此应以一个有机的整体参与竞争，共同合作，优劣互补，实现协同效应，从而提高供应链的竞争力，达到群体共存的效果。供应链这个结构不仅涉及“蛋糕”的分配，还要把“蛋糕”做大及发现其他新的“蛋糕”，这都需要上下游企业间建立紧密的伙伴关系，只有在供需双方互相信任、利益共享和风险共担的基础上，才能公开各自的业务数据，共享信息和业务流程。只有在这样的前提下，利用先进的信息技术以及管理技术，实现资讯的共享，使各节点企业能从整体最优的角度做出决策，实现供应链的不断增值，才能有效地解决各种因素的影响，真正地消除牛鞭效应。

## 8.3 供应链管理与设计

供应链管理是一种集成化管理思想和方法，它执行供应链中从供应商到最终用户的物流计划和控制等职能；同时它是企业的有效性管理，表现了企业在战略和战术上对整个作业流程的优化，整合并优化了供应商、制造商、零售商的业务效率。要达到上述目标，必须设计一个结构合理的供应链，这样才能减少库存、降低成本、缩短提前期、实施 JIT 生产与供销、提高供应链的整体运作效率。

### 8.3.1 供应链管理概述

**1. 供应链管理的概念**

供应链管理（Supply Chain Management ，SCM），是一种从供应商开始，经由制造商、分销商、零售商，直到最终用户的全要素、全过程的集成化管理模式。其目标是从整体的观点出发，寻求建立供、产、销企业以及客户间的战略合作伙伴关系，最大限度地减少内耗与浪费，实现供应链整体效率的最优化。

**2. 供应链管理涉及的内容**

供应链管理涉及以下四个主要领域：供应（Supply）、生产计划（Schedule Plan）、物流（Logistics）、需求（Demand），如图 8-1 所示。供应链管理是以同步化、集成化生产计划为指导，以各种技术为支持，尤其以网络信息为依托，围绕供应、生产计划、物流（主要指制造过程）、需求来实施的。供应链管理的目标在于提高客户服务水平和降低总的交易成本，并且寻求两个目标之间的平衡。

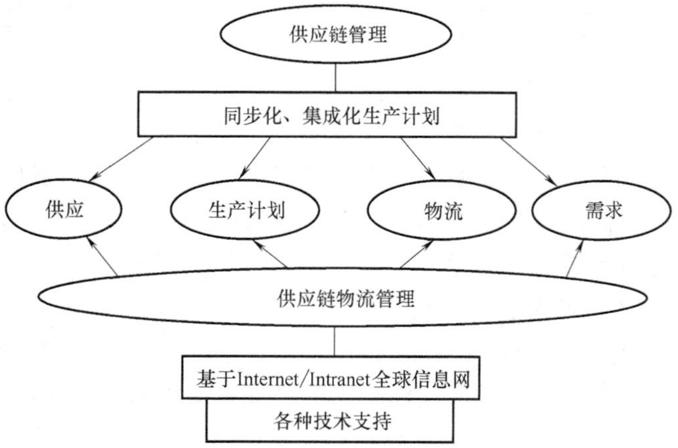


图 8-1 供应链管理涉及的领域

**3. 供应链管理的目标**

供应链管理的目标是在满足顾客需求的前提下，对整个供应链（从供应商、制造商、分销商到消费者）的各个环节进行综合管理，如从采购、物料管理、生产、配送、营销到消费者的整个供应链的物流、信息流和资金流，把物流与库存成本降到最小。

**4. 供应链管理的要点**

1）供应链是一个单向过程，链中各环节不是彼此分割的，而是通过链的联系成为一个整体。

2）供应链是全过程的战略管理，从总体来考虑，如果只依赖于部分环节信息，由于信息的局限或失真，可能导致计划失真。

3）不同链节上的库存观不同，在物流的供应链管理中，不应把库存当作维持生产和销售的措施，而应将其看成是供应链的平衡机制。

**5. 供应链管理的意义**

供应链管理的最终目的是满足顾客需求，降低成本，实现利润，具体表现为：

（1）提高顾客满意度　这是供应链管理与优化的最终目标，供应链管理和优化的一切方式方法，都是朝这个目标努力的，这个目标同时也是企业赖以生存的根本。

（2）提高企业管理水平　供应链管理与优化的重要内容就是流程上的再造与设计，这对提高企业管理水平和优化管理流程，具有不可或缺的作用；同时，随着企业供应链流程的推进和实施、应用，企业管理的系统化和标准化将会有极大的改进，这些都有助于企业管理水平的提高。

（3）节约交易成本　结合电子商务整合供应链将大大降低供应链内各环节的交易成本，缩短交易时间。

（4）降低库存水平　通过扩展组织的边界，供应商能够随时掌握库存信息，组织生产，及时补充，避免供应链各企业维持较高的库存水平。

（5）降低采购成本，促进供应商管理　由于供应商能够方便地取得存货和采购信息，采购管理人员等都可以从这种低价值的劳动中解脱出来，从事具有更高价值的工作。

（6）缩短循环周期　通过供应链的自动化，预测的精确度将大幅度地提高，这将使企业不仅能生产出需要的产品，而且能缩短生产的时间，提高顾客满意度。

（7）收入和利润增加　通过组织边界的延伸，企业能履行他们的合同，增加收入并维持和增加市场份额。

**6. 供应链管理与物流管理的关系**

供应链是一个整体，合作性与协调性是供应链管理的重要特点。在这一环境中的物流系统也需要无缝连接，物流管理是为供应链服务的，物流的效率、效果、质量和速度直接影响供应链运作的流畅性。因此，它的整体协调性应得到强化，如，运输的货物要准时到达，顾客的需要才能及时得到满足；采购的物资不能在途中受阻，才会增强供应链的合作性。因此供应链物流系统获得高度的协调化是保证供应链获得成功的前提条件。

物流管理主要关注企业内部的功能整合，而供应链管理则是把供应链中的所有节点企业看作一个整体，强调企业之间的一体化，关注企业之间的相互关联。物流管理是计划机制，而供应链管理是协商机制，是一个开放的系统，通过协调分享需求与库存的信息，以减少或消除供应链成员之间的缓冲库存。供应链管理的概念不仅仅是物流的简单延伸。物流管理主要关注组织内部对“流”的优化，而对供应链管理仅仅认识到进行内部整合的重要性是不够的。所以，供应链应用于物流不但优化了传统的物流系统，更使物流系统向更高一级发展，使物流的支链变大变广，使供应链管理达到最佳效果。

### 8.3.2 供应链设计

**1. 供应链设计的内容**

（1）供应链成员及合作伙伴选择　一个供应链是由各个供应链成员组成的。供应链成员包括了为满足顾客需求，从原产地到消费地，供应商或客户直接或间接的相互作用的所有公司和组织。因为一级级叠加起来的成员总数可能会很大，所以这样的供应链是非常复杂的。因此，关于供应链成员及合作伙伴的选择是供应链管理的研究重点。

（2）网络结构设计　供应链网络结构主要由供应链成员、网络结构变量和供应链间工序连接方式三方面组成。为了使非常复杂的网络更易于设计和合理分配资源，有必要从整体出发进行网络结构设计。

（3）供应链运行基本规则　供应链中节点企业之间的合作是以信任为基础的。信任关系的建立和维系除了各个节点企业的真诚和行为之外，必须有一个共同平台，即供应链运行的基本规则，其主要内容包括协调机制、信息开放与交互方式、生产物流的计划与控制体系、库存的总体布局、资金结算方式、争议解决机制等。

**2. 供应链设计的步骤**

第一步是分析市场环境，要“知彼”。目的在于找到针对哪些产品市场开发供应链才有效，为此，必须知道现在的产品需求是什么，产品的类型和特征是什么。分析市场特征的过程要向卖方、用户和竞争者进行调查，提出诸如“用户想要什么?”“他们在市场中的分量有多大?”之类的问题，以确认用户的需求和因卖方、用户、竞争者产生的压力。这一步骤的输出是每一产品的按重要性排列的市场特征。同时对于市场的不确定性要有分析和评价。

第二步是分析企业现状，要“知己”。主要分析企业供需管理的现状，这一步骤的目的不在于评价供应链设计策略的重要性和合适性，而是着重于研究供应链开发的方向，分析、找到、总结企业存在的问题及影响供应链设计的阻力等因素。

第三步是针对存在的问题提出供应链设计项目，分析其必要性。要了解产品，围绕供应链“可靠性”和“经济性”两大核心要求，提出供应链设计的目标，这些目标包括提高服务水平和降低库存投资的目标之间的平衡，以及降低成本、保障质量、提高效率、提高顾客满意度等。

第四步是基于产品的供应链设计策略提出供应链设计目标。主要目的在于获得高客户服务水平和低库存投资、低单位成本两个目标之间的平衡。

第五步是分析供应链的组成，提出组成供应链的基本框架。

供应链中的成员组成分析主要包括制造工厂、设备、工艺和供应商、制造商、分销商、零售商及客户的选择及其定位，以及确定选择与评价的标准，包括质量、价格、准时交货、柔性、提前期（L/T）、批量（MOQ）、服务、管理水平等指标。

第六步是分析和评价供应链设计的技术可行性。这不仅是某种策略或改善技术的推荐清单，而且是开发和实现供应链管理的第一步，它在可行性分析的基础上，结合本企业的实际情况，为开发供应链提出技术选择建议和支持。这也是一个决策的过程，如果认为方案可行，就可进行下面的设计；如果不可行，就要重新进行设计。调整节点企业或建议客户更新产品设计。

第七步是设计供应链，主要解决以下问题：

1）生产设计（需求预测、生产什么产品、生产能力、供应给哪些分销中心、价格、生产计划、生产作业计划和跟踪控制、库存管理等问题）。

2）分销任务与能力设计（产品服务于哪些市场、运输、价格等问题）。

3）信息管理系统设计。

4）物流管理系统设计。

第八步是检验供应链。供应链设计完成以后，应通过一定的方法、技术进行测试检验或试运行。如果不行，返回第四步重新进行设计；如果没有什么问题，就可实施供应链管理了。

第九步是实施供应链。供应链实施过程中需要核心企业的协调、控制和信息系统的支持，使整个供应链成为一个整体。供应链设计的步骤如图 8-2 所示。

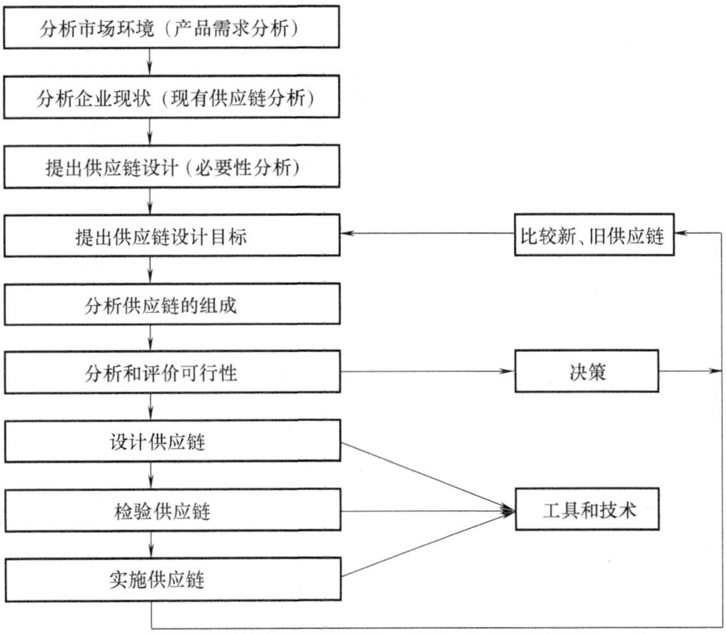


图 8-2　供应链设计的步骤

综上所述，供应链设计是企业模型的设计，它从更广泛的思维空间——企业整体角度去勾画企业蓝图，是扩展的企业模型。它既包括物流系统，又包括信息和组织，以及价值流和相应的服务体系建设。在供应链的设计中，要把供应链的整体思维观融入供应链的构思和建设中，企业之间要有并行的设计才能实现并行的运作模式。

## 8.4　供应链生产运营管理

### 8.4.1　精益生产

**1. 精益生产的起源**

为了顺应时代要求，日本丰田汽车公司首创了精益生产方式，即在多品种、小批量混合生产条件下的高质量、低消耗的生产方式。1950 年，日本的丰田英二考察了美国底特律的福特公司的轿车厂，发现那里的生产体制还有改进的可能。怎样建立日本的汽车企业，丰田英二和他的伙伴大野耐一进行了一系列的探索和实验，根据日本的国情，提出了解决问题的方法。经过30多年的努力，终于形成了完整的丰田生产方式，使日本的汽车工业超过了美国，产量达到了1300万辆，占世界汽车总量的30%以上。日本企业在国际市场上的成功，引起了西方企业界的浓厚兴趣。

丰田生产方式是日本工业竞争战略的重要组成部分，它反映了日本在重复性生产过程中的管理思想。丰田生产方式的指导思想是，通过生产过程整体优化，改进技术，理顺物流，杜绝超量生产，消除无效劳动与浪费，有效利用资源，降低成本，改善质量，达到用最少的投入实现最大产出的目的。

精益生产（Lean Production，LP）源于丰田生产方式，是由美国麻省理工学院组织世界上14个国家的专家、学者，花费5年时间，耗资500万美元，以汽车工业这一开创大批量生产方式和准时生产方式（JIT）的典型工业为例，经理论化后总结出来的。精益生产方式的优越性不仅体现在生产制造系统，同样也体现在产品开发、协作配套、营销网络以及经营管理等各个方面，它是当前工业界一种最佳生产组织方式，也必将成为21世纪标准的全球生产方式。精益生产方式是战后日本汽车工业遭到的“资源稀缺”和“多品种、少批量”的市场制约的产物。它是从丰田相佐诘开始，经丰田喜一郎及大野耐一等人的共同努力，直到20世纪60年代才逐步完善而形成的。

**2. 精益生产的含义**

精益生产是美国麻省理工学院数位国际汽车计划组织（IMVP）的专家对日本丰田汽车公司准时生产（JIT）生产方式的赞誉称呼。精，即少而精，不投入多余的生产要素，只在适当的时间生产必要数量的市场急需产品（或下道工序急需的产品）；益，即所有经营活动都要有益有效，具有经济效益。

精益生产方式既是一种以最大限度地减少企业生产所占用的资源和降低企业管理和运营成本为主要目标的生产方式，又是一种理念、一种文化。实施精益生产方式就是决心追求完美、追求卓越，就是精益求精、尽善尽美，为实现七个“零”（“零”转产工时浪费、“零”库存、“零”浪费、“零”不良、“零”故障、“零”停滞、“零”灾害）的终极目标而不断努力。它是支撑个人与企业生命的一种精神力量，也是在永无止境的学习过程中获得自我满足的一种境界。

精益生产方式的实质见表8-2。

精益生产方式生产出来的产品品种能尽量满足顾客的要求，而且通过其对各个环节中采用的杜绝一切浪费（人力、物力、时间、空间）的方法与手段满足顾客对价格的要求。精益生产方式要求消除一切浪费，追求精益求精和不断改善，去掉生产环节中一切无用的东西，每个工人及其岗位的安排原则是必须增值，撤除一切不增值的岗位；精简产品开发设计、生产、管理中一切不产生附加值的工作。其目的是以最优品质、最低成本和最高效率对市场需求做出最迅速的响应。

**表8-2 精益生产方式的实质**

| 精益生产方式的实质 | 实现的目标 |
|---|---|
| 管理过程，包括人事组织管理的优化 | 精简中间管理层，进行组织扁平化改革，减少非直接生产人员 |
| 生产均衡化、同步化 | 实现零库存与柔性生产 |
| 全生产过程（包括整个供应链）的质量保证体系 | 实现零不良 |
| 减少和降低任何环节上的浪费 | 实现零浪费 |

**3. 精益生产的原则**

（1）建立看板体系　重新改造流程，改变传统的由前端经营者主导生产数量的模式，重视后端顾客需求，后面的工程人员通过看板告诉前一项工程人员需求，如零件需要多少，何时补货，亦即“逆向”控制生产数量的供应链模式。这种模式不仅能节省库存成本，更重要的是将流程效率化。

（2）强调实时存货　依据顾客需求，生产必要的产品，在必要的时候生产必要数量产品，这是丰田汽车公司独创的生产管理理念。

（3）标准作业彻底化　对生产的每个活动、内容、顺序、时间控制和结果等所有工作细节都制定了严格的规范。例如，装一个轮胎、发动机需要几分几秒。但这并不是说标准是一成不变的，只要工作人员发现更好更有效率的方法，就可以变更标准作业，最终目的在于提高生产率。

（4）排除浪费、不平及模糊　排除浪费任何一丝材料、人力、时间、能量、空间、程序、搬运或其他资源。即排除生产现场的各种不正常与不必要的工作或动作、时间、人力的浪费。这是丰田生产方式最基本的概念。

（5）重复问五次为什么　要求每个员工在每一项作业环节里，都要重复地问为什么，然后想如何做，以严谨的态度完成制造任务。

（6）生产平衡化　所谓平衡化指的是“取量均值性”。假如后项工程生产作业量变化大，则前项工程必须准备最高量因而产生高库存的浪费。所以要求各生产工程取量尽可能达到平均值，也就是前后一致，为的是使需求与供应达成平衡，降低库存与生产浪费。

（7）充分运用“活人和活空间”

在不断改善流程中发现，生产量不变，生产空间却可以精简许多，而这些剩余的空间，反而可以做灵活的运用；人员利用也是一样，如一个生产线原来六个人在组装，抽掉一个人，则那个人的工作空间自动缩小，空间空出来而工作人员由六个人变成五个人，原来那个人的工作被其他五人取代。这样灵活的工作体系称为“活人、活空间”，即鼓励员工都成为“多能工”，以创造最高价值。

（8）养成自动化习惯　自动化不仅是指机器系统的高品质，还包括人的自动化，也就是养成好的工作习惯，不断学习创新。

（9）弹性改变生产方式　以前是生产线作业方式，一个步骤接着一个步骤组装，但精益生产要求视情况调整成几个员工在一个作业平台上同时作业生产。

**4. 精益生产思想在供应链管理中的应用**

精益生产的核心是拉式生产的具体体现，根据实际的客户订单的发货量发出补充信号给装配单元，装配单元根据信号补充成品，并向上游工序发出补充信号，如此逐级补充，使得生产线连续流式运行，不仅提高了生产率，同时也大大减少了在制品（Working in Process，WIP）。精益生产与传统生产方式的区别见表8-3。

**表8-3　精益生产与传统生产方式的区别**

| 精益生产 | 传统生产方式 |
|---|---|
| 真正的拉式生产，即生产是完全由真正的客户需求（客户订单）驱动的 | 主要是由预测或安全库存驱动的 |

把上游的供应商和下游的客户都扩展成生产线中的工序，运用补充信号拉动扩展了的生

产线的运行，把精益生产思想延伸到整个供应链中。但供应链中的供应商和客户由于地理位置以及管理方式的差异，不能完全按工厂内部的生产线那么对待，如缺货信号/看板如何到达上游供应商，供应商的能力如何反映在整个供应链的计划中，等。因此，要想使精益生产思想能在供应链环境中实现，除了精益生产的基本原则保持不变外，还要结合供应链本身的特点，供应链中的各个参与者共同协作，对最终客户的需求做出一致的反应，才能使供应链具有灵活、低成本、高效率地满足市场需求的能力。

利用现代先进的计算机和通信技术可以实现这一目标，但由于供应链中各个参与者的管理模式和习惯不同，有些参与者可能并不希望或不习惯把自己的数据对整个供应链公开。这主要是由于在传统的生产管理和运营模式下，企业的一切活动都是以自身为中心展开的，这在以产品为中心的市场环境下是可以理解的，由于顾客的需求比较单一，企业只要围绕自己的产品下功夫，如提高设备利用率、降低能耗、提高产品质量等就能很好地满足市场需求。但是，在今天瞬息万变的市场环境下，供应链中所有的企业都应该把活动的中心从自身转移到客户身上来，只有当供应链中所有的参与者都对客户的需求做出一致、公开、准确的反应时，供应链的功能才能充分、有效地发挥，也可以说它是一个高效率、低成本、灵活的供应链。

### 8.4.2 快速响应供应链体系

为了快速响应顾客的需求，保证精益生产方式的实施，供应商、制造商和销售商应紧密合作，通过共享信息来共同预测未来的需求并且持续观察需求的变化，以获得新的机会。这就是快速响应战略。随着竞争重点由成本向时间转移，快速响应供应链管理体系越来越受到人们的重视。

**1. 快速响应的起源**

快速响应（Quick Response，QR）系统最早由连锁零售商沃尔玛公司、凯马特公司等开始推动，并逐步推广到纺织服装行业。美国的纺织服装行业在应用 QR 系统之后，产业结构趋于合理，产品的产销周期由原来的 125 天锐减至 30 天，大大缩短了产品在制造、分销、零售等供应链各环节上的运转周期，大大降低了整体供应链的运营成本，并大大提高了企业的竞争力。1986 年以后，美国百货公司和连锁业也开始导入 QR 系统。随着 QR 系统在零售领域的应用日益广泛和深入，其功能结构也得到不断完善和补充。

“零售巨人”沃尔玛公司是 QR 系统的重要推动者之一。回顾沃尔玛公司的 QR 实施过程，可将其分为三个发展阶段。

（1）QR 系统的初期阶段　沃尔玛公司 1983 年开始采用销售时点信息（Point of Sale，POS）系统，1985 年开始建立电子数据交换（Electronic Data Interchange，EDI）系统，这两大信息系统的建立为沃尔玛公司实施 QR 系统奠定了技术条件。1986 年它与 Seminole 公司和 Milliken 公司在服装商品方面开展合作，开始建立垂直型的 QR 系统。当时双方合作的领域仅限于订货业务和付款通知业务。通过 EDI 系统发出订货明细清单和受理付款通知，以提高订货速度和准确性，并节约相关事务的作业成本。

（2）QR 系统的发展阶段　为了促进零售业内电子商务的发展，沃尔玛公司与其他商家一起成立了 VICS 委员，协商制定零售业内统一的 EDI 标准和商品识别标准。沃尔玛公司基于行业统一标准设计出 POS 数据的输送格式，通过 EDI 系统向供应商传送 POS 数据。供应商基于沃尔玛公司传送过来的 POS 信息，可及时了解商品销售情况，把握商品的需求动向，并及时调整生产计划和材料采购计划。

供应商利用 EDI 系统在发货之前向沃尔玛公司传送预先发货清单（Advanced Shipping Notice，ASN）。这样，沃尔玛公司事前可以做好进货准备工作，同时可以省去货物数据的输入作业，使商品检验作业效率化。沃尔玛公司在接收货物时，用扫描器读取包装箱上的物流条码，把扫描读取的信息与预先储存在计算机内的进货清单进行核对，判断到货和发货清单是否一致，从而简化了检验作业。在此基础上，利用电子支付系统（Electronic Fund Transfer，EFT）向供应商支付货款。同时只要把 ASN 数据和 POS 数据比较，就能迅速知道商品库存的信息。这样不仅节约了大量事务性作业成本，而且还能压缩库存，提高商品周转率。在此阶段，沃尔玛公司开始把 QR 系统的应用范围扩大至其他商品和供应商。

（3）QR 系统的成熟阶段　上述措施为沃尔玛公司实施"天天平价"的价格竞争战略提供了有利条件。从沃尔玛公司的实践来看，QR 是零售商和供应商建立战略伙伴关系，利用 EDI 等信息技术，进行销售时点的信息交换以及订货补充等其他经营的信息交换，用高频率小数量配送方式连续补充商品，实现以缩短交货周期、减少库存、提高顾客服务水平和企业竞争力为目的的供应链管理。

**2. 快速响应的概念**

快速响应是指供应链管理者所采取的一系列降低补给货物交货期的措施。快速响应是一种很好响应和灵活性的状态，组织追求的是按照实时的客户要求，以恰当的时间、地点和价格，为客户提供产品和服务。快速响应通过极大地提高灵活性和不断地缩短运转周期，增强响应性，以为具有世界级别的质量和服务的新产品和成熟产品创新市场为目标。

**3. 快速响应的特点**

1）QR 是连接供需之间的链条。快速响应的基本原则是按照需求对组织活动进行部署，企业中所有的活动都要与顾客的需求和行为步调一致。

2）QR 有能力在尽可能靠后的时间内按照信息决策，以便及时地保证可供物的多样性和最大化，以及交货期、费用、成本和库存的最小化。

3）QR 将重点放在灵活性和生产速度上，以便满足高竞争性、多变和动态的市场不断变化的需要。

4）QR 包含了展览、结构、文化和一套通过快速信息传输和有利的信息交换活动，实现互联网中企业整合的操作过程。

**4. 实施快速响应系统的关键要素**

1）改变传统的经营方式，革新企业的经营意识和组织结构。企业不能局限于依靠本企业独自的力量来提高经营效率的传统经营意识，要树立通过与供应链各方建立合作伙伴关系，努力利用各节点企业的资源来提高供应链整体经营效率的现代经营意识。

零售商在垂直型 QR 系统中起主导作用，零售店铺是垂直型 QR 系统的起始点。在垂直型 QR 系统内部，通过 POS 数据等销售信息和成本信息的相互公开和交换，以提高供应链上各节点企业的经营效率。

明确垂直型 QR 系统内各个企业之间的分工协作范围和形式，消除重复作业，建立有效的分工协作框架。改变传统的事务作业方式，利用信息技术，实现事务作业的无纸化和自动化。

2）开发和应用现代信息处理技术。开发和应用现代信息处理技术是成功进行 QR 活动的前提条件。这些信息技术包括商品条码技术、物流条码技术、电子订货系统（EOS）、POS 数据读取系统、电子数据交换系统（EDI）、预先发货清单技术、电子支付系统（EFT）、供应商管理库存方式（VMI）、连续补货方式（CRP）等。

3）必须与供应链上各节点企业建立战略伙伴关系。

**5. 构建与实施快速响应供应链**

（1）快速响应供应链系统的构建　在新经济环境下，制造业面临着信息网络化、经济全球化、需求多样化和个性化、订货批量越来越小、产品的生命周期越来越短的市场竞争环境。而且，这种市场环境是动态的、突变的、非平稳的，是一个竞争更为激烈的生存环境。产品多样性增加、批量减小，顾客对产品的交货周期、价格和质量的要求也越来越高。在这种背景下，必须有完善的快速响应的物流系统的支持，这就对传统供应链提出了多种挑战。

创建快速响应供应链，以核心企业为中心，通过对资金流、物流、信息流的控制，将供应商、制造商、分销商、零售商及最终消费者整合到一个统一的、无缝化程度较高的功能网络链中，以形成一个极具竞争力的战略联盟。从内容上看，这种供应链系统应包括信息流、物流、资金流、价值流及业务流五个相互联系的子系统。

（2）快速响应供应链系统的实施策略

1）滚动预测策略。公司市场部门每个月根据市场状况、公司的实际销售状况及历史记录，对将来一段时间的销售情况进行预测。这种预测是每月更新的，可以是未来三个月或六个月的，公司根据预测安排生产计划。

2）供应商管理库存策略。它是供货方代替用户（需求方）管理库存。库存的管理职能转由供应商负责，以掌握零售商销售资料和库存量进行市场需求预测和库存补货。经由销售资料得到消费需求信息，供应商可以更有效地计划生产、减少反馈环节、更快速地反映市场变化和消费的需求，行使对库存的控制权。供应商管理库存策略能提供更好的客户服务、增加公司的竞争力、提供更精确的预测、降低运营成本、降低库存量与库存维持成本等。

公司结合滚动预测策略，将未来三个月或更长时间的需求预测传递给供应商。这样不仅缩短了供应商的交货期，而且使供应商承担起管理库存的任务，使供应商库存成为本公司的外围库存，同时还降低了公司的库存量和库存管理成本。

3）安全库存策略　在供应链中设置必要的安全库存。这样的安全库存能够有效地弥补信息集成发展的阶段性，消除供应链上的不确定性。在供应链系统上设置必要的安全库存，有两个优势，一是可以缩短交货期。交货期越短，交货期期间市场需求量的标准差就越小，在这一期间进行的供应链市场需求预测就越准确，供应链上的供给不确定性也就越小，从而在整个供应链上需要的必备的安全库存也就越少。因此，为了有效地消除供应链上的不确定性，就应该努力缩短供应链上的交货期。二是最大限度地减小需求不确定性。应大力加强供应链上的信息共享，以供应链系统集成的思想加强供应链上各节点企业的战略联盟关系。这是消除供应链上不确定性的有效方法。

## 8.5　供应链全球化的趋势

经济全球化、信息技术网络化以及电子商务技术的蓬勃发展促进了供应链的全球化运营，它们为供应链全球化提供了信息和业务集成的基础支持。供应链全球化使生产的组织和实现超越了空间和时间的概念和限制，可以以网络信息为依托，在更广阔的范围内选择合作伙伴，采用灵活有效的管理组合模式，更加方便有效地实现多种企业的资源优势互补。

### 8.5.1 全球供应链管理概念

全球供应链管理（Global Supply Chain Management）是指在全球范围内组合供应链，它要求以全球化的视野，将供应链系统延伸至整个世界范围，根据企业的需要在世界各地选取最有竞争力的合作伙伴。全球供应链管理强调在全面、迅速地了解世界各地消费者需求的同时，对其进行计划、协调、操作、控制和优化，在供应链中的核心企业与其供应商以及供应商的供应商、核心企业与其销售商乃至最终消费者之间，依靠现代网络信息技术支撑，实现供应链的一体化和快速响应，达到商流、物流、资金流和信息流的协调通畅，以满足全球消费者需求。

全球供应链管理是实现一系列分散在全球各地的相互关联的商业活动，包括采购原料和零部件、处理并得到最终产品、产品增值、对零售商和消费者的配送、在各个商业主体之间交换信息，其主要目的是降低成本、扩大收益。

### 8.5.2 全球供应链的类型

全球供应链涉及运输和仓储等主要物流环节和基本业务的全球化，采购、外包、供应链流程的全球化。通过有效的全球供应链管理，跨国公司可以节省成本和时间，并提高物料管理与实体运配上的可靠性。全球供应链的四种类型见表 8-4。

**表 8-4 全球供应链的类型**

| 全球供应链的类型 | 含 义 |
| --- | --- |
| 国际配送系统 | 生产以国内为主，但配送系统与市场有一些在海外 |
| 国际供应商 | 原材料与零部件由海外供应商提供，但最终的产品装配在国内，一些情况下，产品装配完成后会再运回到海外市场 |
| 离岸加工 | 产品生产的整个过程一般都在海外某一地区，成品最终运回到国内仓库进行销售的配送 |
| 全球性供应链 | 产品的进货、生产、销售的整个过程都发生在全球的不同工厂 |

### 8.5.3 全球供应链的趋势和影响

自 2005 年以来，全球化在物流和供应链领域的影响日趋明显。供应链全球化的影响，从主要发达国家到南美、非洲、中东、亚洲等新兴物流市场，此外还涉及全球供应链安全的挑战、全球供应链的速度、敏捷性与成本效益优化等领域。供应链全球化影响已经深入到企业商业活动的方方面面。

供应链全球化的趋势正在影响中国物流界，表现在以下两个方面：

**1. 物流外包已经发展到供应链管理流程的全球化外包**

供应链管理是企业内部和企业之间所有物流活动和商业活动的集成。运输时效、信息技术的开展，运输、仓储等主要物流活动的全球化已经开始了很长时间，全球采购、全球配送等物流环节近年来的全球化趋势明显，而供应链商业流程，如制造、研发、IT、客户服务近年来外包发展迅速，供应链商业流程外包增加了企业的价值增值能力。

领先的全球化物流服务供应商，已经从提供全球物流服务向提供全球供应链服务转化。仅仅具备资产和物流服务能力已经不能满足跨国企业的要求。物流企业要具备供应链管理技术，从提供物流服务转化到提供知识管理服务的层面，其中涉及供应链战略、供应链网络设计、供应链流程再造和优化，为生产企业提供完整的供应链管理服务。锐得公司和戴姆勒克莱斯勒公司的全球供应链合作就是典型的案例。

供应链全球化的趋势表明，物流企业的能力必须从提供以资产为基础的物流服务，向提供以管理能力为核心的完整的供应链服务转型，才能在竞争中处于优势地位。

**2. 跨国公司的全球供应链战略在不同的国家侧重点不同**

跨国公司在实施供应链全球化战略的过程中，在不同的国家所考虑的因素和重点不同，给中国如何更好地承接全球供应链外包提供了借鉴。

中国和印度是供应链流程全球外包的两个主要承接地，但两国的优势和承接外包的主要商业流程不同，跨国公司所考虑的侧重点也明显不同。中国在承接制造业外包方面有明显优势，印度在承接完整的供应链外包、承接 IT 外包和离岸业务外包方面有明显优势。而当跨国公司考虑供应链流程外包的时候，认为外包到中国要考虑到过热的经济发展所带来的风险、知识产权保护的问题、政府的政策和规则的影响等方面因素。在物流和供应链方面，跨国公司担心的是中国产业向内地转移的过程中，沿海地区的港口和物流枢纽与内地的连接度不足而增加物流成本和时间成本。

## 8.6 案例分析

某集团是大型跨国集团，业务范围涉及能源、电子电气、通信技术、医疗设备等领域。该集团每年在全球采购 130 多个大类货物，价值 400 多亿欧元，超过年销售额的一半。其中约 230 亿欧元用于采购同工业、能源和医疗技术这三个事业部生产相关的“直接产品”，即半成品和零部件。约 170 亿欧元用于采购集团通用产品，其中信息产品和市场营销产品等“间接产品”采购额为 100 亿欧元。2008 年之前，供应链是垂直型的，各事业部都有自己的供应链。

2008 年 4 月，集团制定了供应链管理倡议，同年 11 月董事会专门设立了负责供应链管理、可持续发展和全球服务事业的董事一职。供应链董事下设管理团队，共有 100 多名员工，其中高管包括集团三个事业部的采购总经理、工业财务总监和地区总裁。

供应链管理团队分为财务、直接材料采购、间接材料采购、战略和计划以及全球价值采购等几个部门。供应链管理团队是集团最高采购决策机构，已成为集团新战略的运营核心之一。供应链管理的口号是更快、更好、更创新和更环保。

该集团没有实行完全统一的集中化的采购，制定了供应链管理“60—25—20”战略。具体为：

2012 年年底前全部采购的 60% 实行统一采购，剩下的各事业部门仍有采购权力，但集团内部形成了集约化供应链管理网络，各采购部门相互协作，总体来看，在新兴市场的采购比例要从目前的 20% 提高到 25% 。供应商数量要减少 20% 。

2011 年 3 月，集团开始实行供应链瘦身计划。消减了 20% 的供应商。集团认为，供应商应该更紧密地、更早地同其产品开发相结合。集团实施供应链管理后针对间接产品的采购实行了集中采购，集中的订单压低了采购成本。

该集团供应链中有1000家左右的大供应商，它们背后有自己的供应链。这些大供应商可以看作是供应链的分链条，因为它们背后又有着自己的供应链。因此选择分链条要精益求精。当今的竞争已不再是供应商A和供应商B的竞争，而是供应链A和供应链B的竞争。

实施全球采购管理基于以下六大理念：

1）降低采购成本。

2）促进向当地转让技术和投资。

3）降低货币汇兑风险。

4）提高采购安全性。

5）缩短供应链。

6）提升全球形象。

该集团供应链管理战略十分重视新兴市场，这些国家的市场规模迅速增长。在新兴国家的销售额占全部销售额的30%，但在新兴国家的采购额只占全部采购额的20%。为了降低成本、增强竞争力，公司加大了在这些国家的采购力度。

该公司的供应链管理还重视环保内容，履行企业社会责任。集团计划到2018年年底前投资1亿欧元打造绿色生产。并派环境专家检查供应商的环保情况，目标是使供应链降低二氧化碳排放量，减少环境污染。

## 思 考 题

1. 简述供应链管理中牛鞭效应产生的原因。
2. 简述供应链的定义。
3. 简述全球供应链的定义及类型。
4. 对你熟悉的一家企业进行供应链设计。

# 第9章 网络化制造

随着信息技术和计算机网络技术的迅速发展，世界经济正经历着一场深刻的革命。这场革命极大地改变着世界经济面貌，塑造一种“新经济”，即“网络经济”。面对网络经济时代制造环境的变化，需要建立一种按市场需求驱动的、具有快速响应机制的网络化制造系统模式。网络化制造是传统制造业在网络经济中必然要采取的行动，制造企业利用 Internet 进行产品的协同设计和制造。通过 Internet，企业可与顾客直接接触，顾客参与产品设计，或直接下订单给企业进行定制生产，企业将产品直接销售给顾客。由于 Internet 无处不在，市场全球化和制造全球化将成为企业发展战略的重要组成部分。由于信息在 Internet 上传递的快捷性以及制造环境变化的激烈性，企业间的合作越来越频繁，企业的资源将得到更加充分和合理的利用。企业内的信息和知识将高度集成和共享，企业的管理模式将发生很大变化。因此，网络化制造将成为制造企业在21世纪的重要制造战略。

## 9.1 网络化制造概述

网络化制造技术是将网络技术和制造技术（重点是先进制造技术）相结合的所有相关技术和研究领域的总称，是经济全球化和信息革命时代的必然产物。网络化制造技术不是一项具体技术，也不是一个一成不变的单项技术，而是一个不断发展的动态技术群和动态技术系统，是在计算机网络，特别是 Internet/Intranet/Extranet 和数据库基础上的所有先进制造技术的总称。

### 9.1.1 网络化制造的产生背景

网络化制造是在网络经济情况下产生并得到广泛应用的先进制造模式。信息技术与网络技术，特别是 Internet 技术的迅速发展和广泛应用，促进了网络化制造这一先进制造模式的研究和应用。

**1. 网络化制造的需求**

网络化制造的需求具体体现为：

1）经济全球化的需要。

2）区域经济发展的需要。

3）行业经济发展和重大技术装备研发的需要。

4）实施敏捷制造和动态联盟的需要。

5）企业自身发展的需要。

① 加盟国际合作、参与国际竞争的需求。

② 开拓市场、降低成本的需求。

③ 定制化生产的需求。

**2. 网络化制造的技术驱动力**

网络化制造模式是在企业生产经营中心不断转变、产品设计生产管理模式日益创新、企业信息应用技术范围不断扩大、先进制造技术不断发展和应用、网络技术日益成熟的趋势下产生的，在这些先进技术和方法的支持与驱动下，网络化制造技术和系统在企业得到了越来越广泛的应用。

随着网络技术的进一步发展，许多新的技术不断出现，如高速网络技术、网格计算技术等，这些新技术的发展和应用不断促进网络化制造技术的发展和应用。同时，在网络化制造技术的发展和应用过程中也会对网络技术提出许多新的需求，如网络安全问题、网络可靠性问题、网络传递速度和质量问题等，这些需求又反过来促进网络技术的研究和发展。

## 9.1.2　网络化制造的定义和特征

作为新兴的制造模式，网络化制造正迅速发展，只不过还没形成一种统一的概念和理解，但是不同的研究学者所给出的定义基本内涵是相似的。网络化制造是基于计算机网络的，突破时间和空间约束，通过灵活而快速地组织社会资源，实现企业间的协同和各种社会资源的共享与集成，最终以高速度、高质量、低成本的产品响应市场。

**1. 网络化制造的内涵**

网络化制造的本质是制造技术与网络技术结合的一种先进制造模式，网络化制造也是一个涉及机械工程、计算机、网络技术、信息、自动化、电子技术等多个领域的综合学科。国家科学技术部将网络化制造定义为：网络化制造是按照敏捷制造的思想，采用 Internet 技术，建立灵活有效、互惠互利的动态企业联盟，有效地实现研究、设计、生产和销售各种资源的重组，从而提高企业的市场快速响应和竞争能力的新模式。根据该定义，网络化制造的内涵见表 9-1。

**表 9-1　网络化制造的内涵**

| 基本内涵 | 内涵描述 |
|---|---|
| 敏捷响应 | 基于网络的敏捷制造和并行工程等技术可显著缩短产品开发周期，快速响应市场 |
| 资源共享 | 网络化制造可将分散在各地的信息资源、设备资源甚至智力资源实现共享和优化利用 |
| 企业组织模式 | 网络和数据库技术将使得封闭性较强的金字塔式递阶结构的传统企业组织模式向着基于网络的扁平化的、透明度高的项目主线式的组织模式发展<br>针对市场机遇和需求，建立以企业动态联盟和资源共享为基础的，通过网络和电子手段联系和控制的动态联盟将是快速、优质、低成本和低风险响应市场的有效组织模式 |
| 生产方式特征 | 从过去的“大批量、少品种”和现在的“小批量、多品种”发展到“小批量、多品种、定制型”，以满足市场越来越体现个性化需求的特点 |
| 客户参与 | 客户不仅是产品的消费者，而且还是产品的创意者和设计参与者，网络化制造技术将使用户参与产品设计成为可能 |
| 虚拟产品 | 虚拟产品、虚拟超市和网络销售将是未来市场竞争的重要方式，即足不出户，便可在网上定制产品，并迅速见到其虚拟样品，同时还可进行虚拟使用和产品性能评价 |
| 远程控制 | 设备的宽带联网运行可实现设备的远程控制、管理及设备资源的异地共享 |
| 远程监控 | 基于网络可实现生产设备及生产现场的远程监视及故障诊断 |

另外，网络化制造环境轮图如图 9-1 所示，图中通过各种连接揭示了网络化制造的内涵。

**2. 网络化制造的特征**

对上述定义进行分析，可以得出网络化制造具有以下一些重要特征。

(1) 网络化　网络化制造是以 Internet/Intranet/Extranet 为基础的，网络联盟企业的信息主要通过网络传递和共享来实现快速响应，信息与通信技术是网络化制造技术的最基本的支撑技术。

(2) 协同化　网络化制造系统实施应用的主要技术目标是实现协同，这也是网络化制造模式区别于其他先进制造模式的主要特征之一。

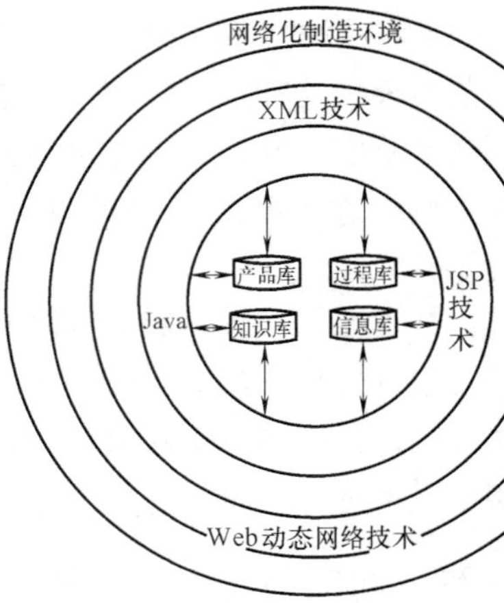


图 9-1　网络化制造环境轮图

(3) 敏捷化　由于网络化制造技术面向的是一个不断变化和不可预测的市场环境，为实现快速响应市场变化的需求，其产品和生产过程应能根据需要进行快速重组，实现模块化、系列化和可重用，增强网络化制造响应市场的敏捷性。

(4) 集成化　网络化制造不仅强调通过 BPR 进行内部业务流程重组，实现企业内部资源的集成，而且需要通过 Internet/Intranet/Extranet 将分布在不同地区和不同单位的设计资源、智力资源和制造资源等集成起来协同运作，涉及合作企业之间信息流、物流和工作流的集成。

(5) 分散性　网络化制造的分散性具体体现在两个方面，一方面是资源分散性，如设备、物料、人力和知识等分散在不同的组织、不同的地域、不同的文化条件下等；另一方面是制造系统中生产经营管理决策的分散性。

(6) 动态性　市场和产品是网络化制造联盟存在的前提条件，随着市场和产品的动态变化，网络化制造联盟也随之发生动态变化；市场机遇不存在时，网络化制造联盟便解散，根据新的市场机遇重新组建联盟。

(7) 对通信技术的依赖性　组建高效的网络联盟必须将电子网络作为支撑环境，并充分应用信息技术与现代化通信技术。

### 9.1.3　网络化制造的核心

从 9.1.2 节的论述中可知：网络化制造是在网络经济情况下，制造企业为提高企业持续的核心竞争力提出的一种先进制造模式、思想、战略。实现网络化制造的企业组织形式是动态联盟，技术基础是网络化制造系统，管理方法是一系列现代管理思想，如全面质量管理、精益生产、ERP 等。由此可见，网络化制造这一研究领域有着丰富的研究内容，是一个复杂的人机系统，包括许多未解决的理论和技术问题。董文辉博士总结的东北大学网络化制造实验室研究的关于网络化制造的四类 13 个方面的内容如图 9-2 所示。

理念指先进的管理思想，如约束管理、“推式”生产、“拉式”生产等，这些先进的管理思想对企业开展网络化制造是必需且关键的，从宏观层面解答了企业生产与管理过程中遇到的诸多问题，如企业核心竞争能力的评价以及企业间新型联盟关系的建立等。

方法是指在定性阶段，将问题纳入一个正确的方向。其包括网络化制造的相关概念、系统的体系结构、动态联盟的建模及标准化和协议规范制订等，从系统的角度，强调网络化制造研究中应遵循的方式方法。

先进理念必然产生相关方法，在方法论的指导下，实现技术侧重于研究如何实现一个网络化制造系统。这其中包括大量基于网络的设计、制造和管理工具的研究，如集成平台、协同设计、信息基础结构、供应链管理、远程制造等内容。

优化同样是网络化制造需要研究的重要内容，包括过程优化、资源优化、调度优化等方面内容。采用运筹学、数学、系统论等理论研究网络化制造模式中的优化问题，是管理和控制的目的之一。传统优化理论和各种智能方法如人工神经网络、模糊综合评价、遗传算法、蚁群算法等对解决网络化制造中的应用问题非常有效。

上述四个方面，既涵盖了网络化制造中丰富的研究内容，又从不同层面提供了解决网络化制造研究与应用这一复杂问题的思路和分析方法；围绕提高我国制造企业核心竞争力这一中心，在先进管理思想和一定的方法论的指导下，研究具体实现技术，通过优化算法，改善管理与系统的技术性能；系统的运行又提供了对管理理念内涵的深化和发展。这四个方面还涵盖了技术创新、知识创新和管理创新三个范畴，意味着制造系统具有动态易变性，能够通过快速重组、集成相关资源，快速响应市场需求，而动态联盟是网络化制造的先进组织模式之一。

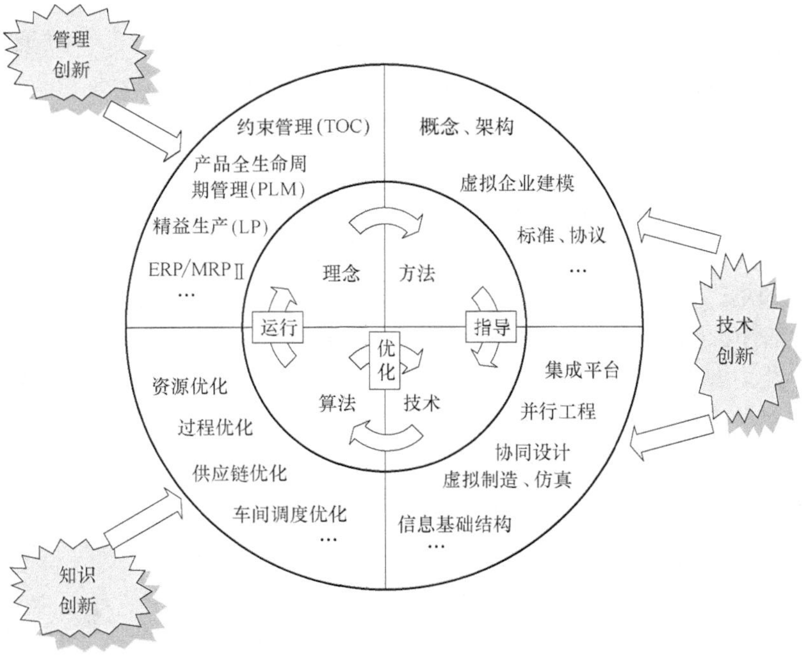


图 9-2 网络化制造的研究内容

## 9.1.4 实施网络化制造的意义

网络化制造概念和技术的提出，是对传统制造组织形式的全新变革。它借助有效的网络设施和计算机信息技术，根据各类客户的需求，动态选择并组建基于项目的制造联盟组织。在该制造模式下，企业可以充分发挥自身的优势，利用合作企业的资源和技术，快速高效地响应市场。网络化制造实施的关键在于企业之间有效的信息交互和资源共享，先进的网络技术和信息传输技术为解决企业的“信息孤岛”问题提供了有效的途径。这些将加快各类信息在供应链上的传递，增强协作能力，最终降低企业的综合成本，实现企业之间既竞争又合作的双赢。

开展网络化制造对于加强企业与企业之间的协同与合作，实现区域、行业内的企业之间的信息资源、人力资源及设备资源的共享和互补，共同提高对市场需求的反应速度，提升制造企业的总体水平具有重要意义。

## 9.2 网络化动态联盟企业评价

网络化制造充分利用网络环境，实现制造资源的优化配置和企业集成，把分散在不同地区的现有生产设备资源、智力资源等各种核心能力，按优势互补的原则，迅速地组合成一种超越空间约束的、靠电子技术联系的、统一指挥的经营实体——网络化动态联盟，能够很好地满足中小企业的信息化需求。

### 9.2.1 网络化动态联盟概述

**1. 网络化动态联盟的概念**

网络化制造模式下供应链运作管理最基本，同时也非常重要的工作就是联盟成员的选择，能否选择出敏捷、有竞争力、相容的合作企业，关系到动态联盟运作的成败。联盟成员选择是网络化制造模式下成功实施供应链管理的基础和关键因素之一。

网络化联盟企业是若干企业由网络连接而组成的一个协作联盟组织，通过共享信息和制造资源，协同完成一种产品的制造或开发服务。这种协作和联盟关系可以最大限度地发挥成员各自的优势，通过向客户提供综合解决方案，满足客户的全面需求。

**2. 联盟成员选择原则**

联盟成员选择的标准和原则，通过归纳可以概括为以下几个方面：

(1) 核心能力互补原则　要求参加动态联盟的成员必须能够满足联盟业务需要，其核心能力与盟主企业互补，从而避免重复投资，降低联盟成员企业的学习成本。

(2) 总成本最小化原则　联盟成员企业的成本必须具有竞争优势，要求联盟的实际组建和运作成本，应不大于独立个体的所有成本之和。

(3) 敏捷性原则　要求联盟成员企业对来自联盟外部或内部的服务请求能够快速响应，并且具有动态性和较强的柔性，以把握快速变化的市场机会。

(4) 风险最小化原则　联盟企业具有的动态性使得联盟具有高风险性，因此在成员选择时必须考虑风险问题，最大程度降低联盟运行过程中的风险。

(5) 具有较高网络化水平原则　网络化制造模式下，联盟成员之间需要通过网络进行协同，因此，要求联盟成员具有较高的网络信息化水平，方便企业间的信息交互。

**3. 联盟成员选择流程**

企业在进行联盟成员选择时，主要流程包括七个步骤，具体描述如图 9-3 所示。

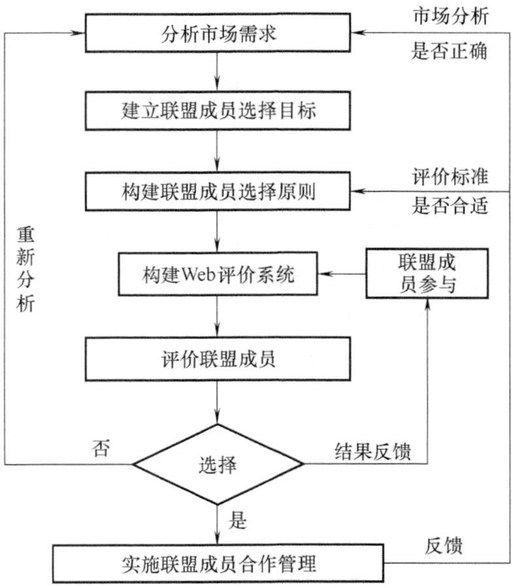


图 9-3 联盟成员选择流程

（1）市场环境分析 企业在选择联盟成员时，需要建立基于信任、合作、开放性交流的战略性伙伴关系，必须首先分析其所处的市场环境。市场环境分析的目的，在于挖掘显性或隐性的市场需求，并从中剖析需要哪种类型的合作企业。同时，企业还需要根据市场需求的变化分析联盟成员关系变化的必要性。

（2）建立联盟成员选择目标 企业必须确定联盟成员评价流程，明确实施的环节、信息流程及各个环节的负责人，而且必须建立实质性的目标（如低成本、高效率），联盟成员评价不仅是一个简单的选择过程，同时也是企业内部与联盟成员之间的一次业务流程重组过程。

（3）建立联盟成员评价标准 联盟成员评价的指标体系是企业对联盟成员进行选择的依据和标准，是反映企业自身和环境所构成的复杂系统不同属性的表征。它是按隶属关系、层次结构组成的有序集合。在构建指标体系时，需要根据系统全面性、简明科学性、针对性、可操作性的原则。需要注意的是，不同市场需求下的联盟成员评价标准是不一样的。

（4）构建 Web 评价系统 网络化制造模式下联盟成员的评价选择是基于 Web 进行的，因此，Web 评价系统的构建为联盟成员的选择提供了平台，是联盟成员选择的重要步骤。

（5）联盟成员参与 一旦企业 Web 评价系统构建完毕，联盟成员即可参与到企业的评价中。联盟成员基于 Web 系统传递自身信息，系统将其存入数据库，并提供给相关评价专家进行网上评价。

（6）评价联盟成员 评价联盟成员是一项重要工作。在各个联盟成员信息提交的基础上，企业组织相关专家对其进行网上评价，评价完成后系统将评价结果反馈给各个联盟成员。

（7）实施联盟成员合作企业关系 由于市场需求不断变化，在实施联盟成员伙伴关系的过程中，可以根据实际需要及时修改评价标准，或重新开始联盟成员评价选择。

通过上述流程，盟主企业可以从众多的网络化企业中选择可靠的联盟成员，与盟主企业组成联盟。网络化制造模式下的联盟成员通过网络连接，由核心制造商组建的具有协作关系的网络组织、成员间可以共享信息和资源，并进行协同任务分配和作业以最大限度发挥成员各自的优势。

### 9.2.2 网络化动态联盟合作企业评价指标体系

动态联盟的本质是多个具有核心竞争力的独立法人企业依托网络技术共享资源、分担风险共同完成一项任务的临时性企业联盟，任务的执行必须考虑合作企业各方面的因素。合作企业所处环境不同，基础设施有所差别，生产不同类型的产品，有无合作经历的差异，最关键的是各自的核心竞争力也不尽相同。因此，为了保证在完成合作任务的过程中各阶段工作活动的质量的效率，必须选择最优的、具有网络化合作能力的合作企业。在对合作企业进行综合评价过程中，盟主企业需要考虑众多的影响因素，即评价指标。这些评价指标彼此制约、相互依赖，共同构成了动态联盟合作企业选择的重要参考依据。为了保证合作企业选择的合理性和准确性，必须建立全面的、科学的综合评价指标体系，进而建立最优的评价模型。

在动态联盟组建过程中，合作企业的选择和评估对动态联盟全生命周期中各阶段任务的完成以及运行和管理来说，都有着至关重要的作用。如果选择了合适的合作企业，就能有效地达到预期目标，充分发挥合作企业潜在的核心能力；相反，如果选择的合作企业对总任务的完成起到不好的甚至破坏性的作用，新产品的上市时间和产品的核心竞争力都会受到严重的影响。因此，选择合理的评价指标、建立科学全面的综合评价指标体系，有利于为动态联盟的组建选择合适的合作企业。

**1. 动态联盟分类**

随着20世纪末经济全球化的迅速发展，尤其是我国市场经济制度的大力推进，使得一些企业开始寻求新的运作模式，其中包括：一般意义上的、通用的“星型”虚拟经营模式，它是由一个或几个企业构成核心层，以知识、项目、产品或市场机遇为中心，选择合作企业形成松散外围层的经营模式，如波音-777的制造模式；将主要的人力、物力和财力投入到研发和营销环节，而将中间的制造环节外包出去，即所谓“两头大、中间小，两头在内、中间在外，抓两头、放中间”的虚拟经营模式，该模式属于“哑铃型”经营模式，如东软集团运用该经营模式成功研发了我国第一台具有自主知识产权的数字医疗设备——CT扫描机；还有一种就是所谓的“橄榄型”模式，是指进行虚拟经营的企业将主要的人力、物力和财力投入到生产环节，而研发和营销主要依赖其他企业，即“两头小、中间大，两头在外、中间在内，抓中间、放两头”的经营模式，如广东格兰仕的企业经营模式。三种经营模式的示意图如图9-4所示。

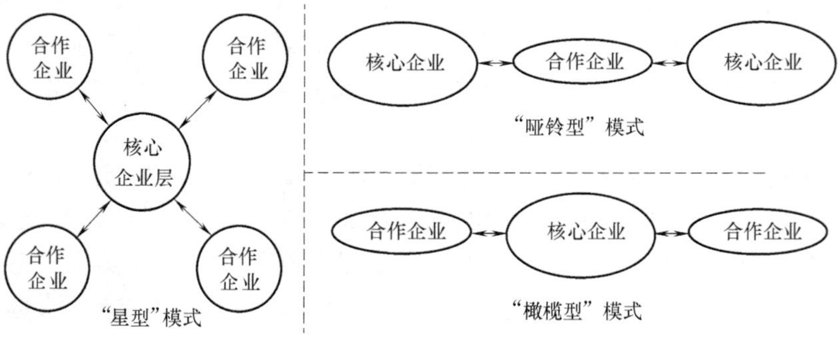


图9-4 动态联盟的三种经营模式示意图

上述三种经营模式，除了“星型”模式之外，另外两种模式都是由一个企业作为发起企业，选择合适的合作企业，从而形成动态联盟。其实，星型模式的实质也是由盟主企业领导，其他企业协作组成，只是其盟主可能由多个企业组成。这种情况下，需要盟主企业起到领导作用。戴维斯将动态联盟的领导模式划分为专制模式、监护模式、支持模式三种；迈尔斯认为领导模式可以分为传统模式、人际关系模式、人力资源模式；而我国学者根据实际情况的不同，将领导模式划分为集权模式、民主模式、放任模式三种。根据这些划分，曾晓勇等结合动态联盟的界定和特征，将企业虚拟团队的领导模式分为指导控制型、员工自主型、民主参与型三种。动态联盟可以在不同的生命周期阶段运用不同的领导模式，例如：在形成期和解散期采取指导控制型，磨合期采取民主参与型，稳定期选择员工自主型等。虽然动态联盟是由多个独立的企业组成的，但每个企业仍然是由人组成的，还是需要管理的，故在完成不同任务的合作企业之间可采用一主多从型的领导模式，对于同一任务下的不同企业可采用企业自主型的领导模式，如图 9-5 所示。

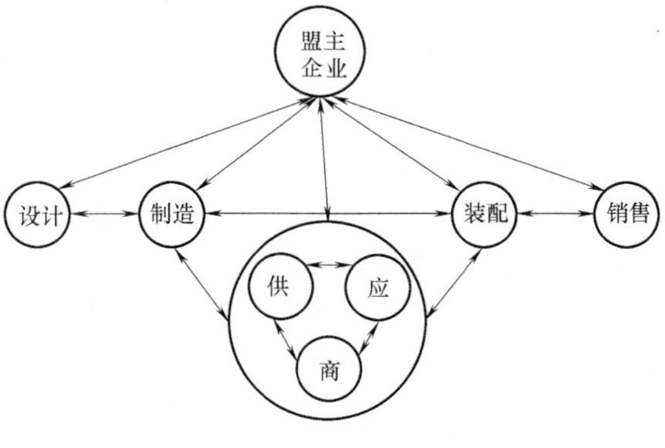


图 9-5　动态联盟领导模式示意图

**2. 合作企业选择的特殊性与评价指标选择原则**

（1）动态联盟合作企业选择的特殊性　动态联盟合作企业的选择评价与传统环境下的供应商选择评价，无论是从选择的目的和评价的过程，还是从选择评价指标的原则和建立评价指标体系等方面都有其特殊性。

1）评价的目的不同。传统环境下的供应商评价与选择是为制造企业的标准件、原材料采购服务的，其目的在于从众多的供应商中选择最能满足自己采购要求的供应商，使其能在一定的交货期内，以合适的价格向制造企业提供合适质量的产品，以保证制造企业生产的连续性和产品的质量。动态联盟合作企业的选择评价是为网络化动态联盟的总目标提供协同服务的，其目的在于从众多的合作企业中选择具有即时设计、生产或销售等方面能力的合作企业，在最短的时间内通过计算机网络、信息技术等沟通交流手段、以最低的开发成本和产品成本生产出符合市场需求的产品，提高动态联盟盟主和盟员的核心竞争能力。

2）评价的过程不同。传统企业的供应商的评价以采购供应过程为主线，是一个静态的一次性评估过程，制造企业对某一产品的采购更注重于一次评价的结果。而动态联盟的合作企业的评价是以产品的网络化制造全过程为主线的，是一个动态的多阶段评价过程，它不只是对合作企业的一次评价，而是基于网络化制造的各个阶段的多次评估，每个阶段的评估的侧重点不同，合作企业在整个产品的全生命周期的网络化制造过程中随时都可能被淘汰出局。

3）评价的指标体系不同。动态联盟合作企业的评价与传统环境下供应商评价的指标体系不同。传统环境下的供应商评价指标更注重于一些短期的、与采购相关的指标，如质量、交货期、历史绩效和价格等。而动态联盟合作企业的评价指标体系更注重于战略性的、全局性的、与产品网络化制造相关的指标，如合作企业的核心能力和产品创新能力及盟主企业与合作企业核心能力的互补性、合作企业的即时生产能力、团队合作经验等，而将质量、交货期、价格、历史绩效等作为一般性指标进行考察。

4）指标权重不同。动态联盟合作企业的评价指标体系与传统环境下的供应商指标体系不同，即使相同的指标，权重也有所不同，以供应商的地理位置为例，在一般意义上的供应商评价中是次要指标，所占权重较小；而在动态联盟合作企业的评价中合作企业的地理位置则为重要指标，其权重相对较大。

（2）动态联盟评价指标选择原则　在组建动态联盟时，首先要明确选择合作企业的目的。从经济学的角度来看，传统经济学更强调企业间的竞争，忽略了企业间的合作；而在现代经济学中，更多考虑企业在竞争中的合作，通过合作使企业取得竞争优势。在国际生产折中理论中，一家企业要在国际扩张中获得成功，必须有效地整合所有权优势、内部化优势、区位优势这三大优势。而企业的竞争优势来源于企业所拥有的能够使其比竞争对手更有效地提供产品和服务的独特技能、诀窍等。根据资源基础理论的思想，优势是一个企业所特有的，不是通过学习能够获得的，通过与他人合作分享其优势，可将自己的劣势转变。作为新的经济学理论，经济博弈也是鼓励企业间合作的，因为合作还可以节约交易费用和降低行政协调费用。所以，选择合作企业的目的是在全球经济危机的背景下，通过企业间的合作使产品有所创新，取得竞争优势，提高市场竞争力。

组建动态联盟过程中，选择的合作企业必须是具有核心竞争力的、与盟主企业有相似战略思想的，而且兼容性好的企业。因此，在建立评价指标体系时就要考虑这几方面的因素。要建立评价指标体系，首先要确定选择指标的原则。根据企业的实际经验和专家学者关于这一问题的研究，可将选择原则归纳如下：

1）简明科学原则。

2）系统全面原则。

3）稳定可行原则。

4）灵活开放原则。

**3. 建立评价指标体系**

在动态联盟的运行过程中，为了保证产品全生命周期中各阶段生产活动的质量与效率，必须尽可能地选择最优的具有网络化制造能力的合作企业。在对合作企业进行评价的过程中，决策者需要考虑众多的影响因素。这些影响因素彼此制约、相互关联，共同构成合作企业选择的重要参考依据。为了保证选择合作企业的科学性和准确性，必须建立全面的指标体系、选择科学的评价方法。

动态联盟合作企业的选择过程，是一个盟主企业对候选合作企业的核心竞争力进行多层次、多指标综合评价的过程，根据前述动态联盟合作企业评价过程，本书将分别建立合作企业初选阶段、合作企业优选阶段、合作企业优化组合阶段的评价指标体系。

（1）初选阶段评价指标体系的建立　合作企业初选阶段的任务是对投标的众多企业进行筛选，根据企业的基本情况初步断定投标企业是否能够有效地完成盟主企业所规定的合作任务。本阶段所选择的指标要求简洁明了，基本上都属于企业的自然信息和基本情况，并且评价指标体系只有一级指标。本书根据经验暂定如表 9-2 所列的初选指标，以供读者参考讨论。

表 9-2 中，有些指标的内容是固定不变的，如公司性质、管理体系、合作期限、沟通渠道、生产线类型、合作经历和产品类型；而其他一些指标的内容是根据具体的市场机遇而变化的，如地域范围可能因为所需原材料的限制或客户的地理位置的限制而改变，中高级职称

**表 9-2 动态联盟合作企业初选评价指标体系**

| 初选目标 | 初选评价指标 | 初选指标说明 | 候选企业 |
|---|---|---|---|
| 合作企业初选结果 | 公司性质 | 公司属于何种性质 | 投标备选的众多候选合作企业 |
| | 地域范围 | 是否在合理范围之内 | |
| | 注册资产 | 注册资产为多少 | |
| | 净利润率 | 净利润率是否满足要求 | |
| | 年度利润 | 年度利润为多少 | |
| | 中高级职称比例 | 中高级职称人员比例 | |
| | 管理体系 | 是否为 ISO 管理认证体系 | |
| | 合作期限 | 是否可以长期合作 | |
| | 沟通渠道 | 采取何种沟通方式 | |
| | 生产线类型 | 是否有柔性生产线 | |
| | 合作经历 | 是否有过合作经历 | |
| | 产品类型 | 产品是否属于标准件 | |

人员比例会根据市场机遇的技术含量而改变。这样的指标体系既可以节省时间，提高效率，又可以降低成本、快速响应市场要求。同时，对于以上指标来说，并不一定适用于所有的市场机遇，而是根据不同的市场机遇有所增减，如合作经历。虽然有合作经历的合作企业在合作过程中能够提高效率、缩短开发时间、降低合作风险，但其合作成本也会相应提高。而作为需要尽快上市的产品来说，在动态联盟的组建过程中，就需要重视合作经历这一指标。

（2）优选评价指标体系的建立 优选指标体系是动态联盟合作企业选择与评价过程的基础，是选择评价合作企业的依据。根据指标体系建立的原则，在总结分析国内外研究现状的前提下，以传统环境下供应商选择评价、网络化制造理论和特征、网络化制造环境下动态联盟合作企业选择评价的特征和网络化制造环境下合作企业选择评价问题的特殊性为基础进行深入研究，结合生产实际状况和图 9-6 所示的指标体系综合评价模型，建立表 9-3 所列的能够满足动态联盟要求的通用评价指标体系，以供参考讨论。评价指标体系共包括 12 个一级评价指标、54 个二级评价指标。其中，信息化程度、创新能力等一级指标突出地体现了网络化制造环境下的动态联盟合作企业选择评价问题的要求。在 54 个二级评价指标中，有 34 个定性指标和 20 个定量指标。

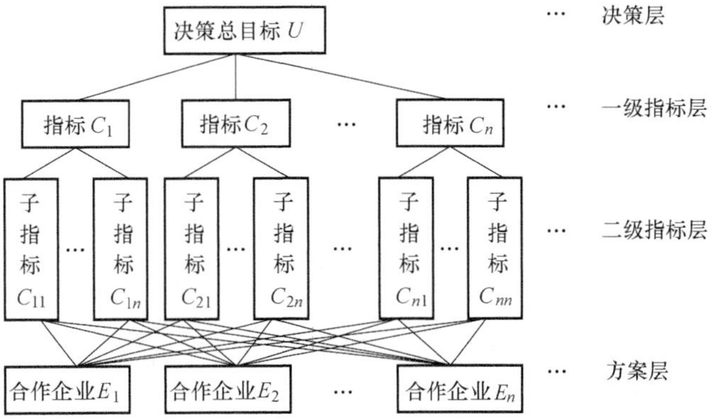


图 9-6 动态联盟合作企业综合评价指标体系模型

图 9-6 中，$U$ 代表决策目标，$C_i$ 代表一级指标，$C_{ij}$ 代表二级指标，$E_i$ 代表解决方案。实际上，评价指标之间的关系错综复杂，有些指标还可以细分，即该模型并不仅有两级指标，可以根据不同的市场机遇，有所增减或做相应的调整，还可以建立三级指标、四级指标，甚至更多层次。

**表 9-3　动态联盟合作企业优选评价指标体系**

| 决策目标 | 一级指标 | 二级指标 | 指标属性 | 解决方案 |
|---|---|---|---|---|
| 合作企业排序结果 | 成本 | 设计成本 | 定量指标 | 通过初选的合作企业 |
| | | 制造成本 | 定量指标 | |
| | | 运输成本 | 定量指标 | |
| | | 服务成本 | 定量指标 | |
| | | 存货成本 | 定量指标 | |
| | | 原材料成本 | 定量指标 | |
| | | 劳动力成本 | 定量指标 | |
| | | 经营管理成本 | 定量指标 | |
| | | 前期准备成本 | 定量指标 | |
| | | 成本控制能力 | 定性指标 | |
| | 时间 | 研发时间 | 定量指标 | |
| | | 生产周期 | 定量指标 | |
| | | 产品效率 | 定量指标 | |
| | | 设备调试时间 | 定量指标 | |
| | | 工艺编排时间 | 定量指标 | |
| | 质量 | 产品质量 | 定性指标 | |
| | | 原材料质量 | 定性指标 | |
| | | 产品设计质量 | 定性指标 | |
| | | 质量改善能力 | 定性指标 | |
| | | 质量认证体系水平 | 定性指标 | |
| | 服务 | 服务响应时间 | 定量指标 | |
| | | 服务体系水平 | 定性指标 | |
| | | 服务人员素质 | 定性指标 | |
| | | 售前服务情况 | 定性指标 | |
| | | 售中服务情况 | 定性指标 | |
| | | 售后服务情况 | 定性指标 | |
| | 设计能力 | 并行设计能力 | 定性指标 | |
| | | 协同设计能力 | 定性指标 | |
| | | 设计人员能力 | 定性指标 | |
| | | 计算机辅助设计能力 | 定性指标 | |
| | 制造能力 | 设备水平 | 定性指标 | |
| | | 生产规模 | 定性指标 | |
| | | 工艺编排水平 | 定性指标 | |
| | | 制造人员水平 | 定性指标 | |
| | 销售能力 | 销售渠道状况 | 定性指标 | |
| | | 销售人员素质 | 定性指标 | |

（续）

| 决策目标 | 一级指标 | 二级指标 | 指标属性 | 解决方案 |
|---|---|---|---|---|
| 合作企业排序结果 | 创新能力 | 新产品开发率 | 定量指标 | 通过初选的合作企业 |
| | | 人均培训费用 | 定量指标 | |
| | | 对新技术的应变能力 | 定性指标 | |
| | | 对新机遇的应变能力 | 定性指标 | |
| | 信息化程度 | 信息化建设水平 | 定性指标 | |
| | | 信息共享集成能力 | 定性指标 | |
| | | 信息系统维护能力 | 定性指标 | |
| | | 与外界信息沟通能力 | 定性指标 | |
| | 企业管理 | 生产与经营管理机制 | 定性指标 | |
| | | 企业领导管理能力 | 定性指标 | |
| | 企业信誉 | 企业领导决策水平 | 定性指标 | |
| | | 品牌影响力 | 定性指标 | |
| | | 企业过往信誉记录 | 定量指标 | |
| | | 合作方的客观评价 | 定性指标 | |
| | 企业财务 | 总资产周转率 | 定量指标 | |
| | | 净资产收益率 | 定量指标 | |
| | | 企业偿债能力 | 定性指标 | |
| | | 资产管理能力 | 定性指标 | |

以上为动态联盟合作企业优选评价指标体系，在本体系中，大多数因素都属于企业的内部影响因素。企业内部影响指标综合反映了动态联盟企业对市场机遇的反应能力。传统模式下考察企业的指标主要涉及企业的内部范畴，如成本、时间、质量等。在网络化制造模式下，这些指标也同样适用于评价候选企业的基本状况。可以借此来评价候选企业提供的产品和服务对于合作要求及最终用户所需的满足程度。

需指出的是，该体系中的指标并不完全适合于所有市场机遇，而应根据实际情况从中筛选；同时，通过动态联盟合作企业评价过程可以看出，对于同一总任务，不同子任务有不同目标，所选的指标也有所差异。例如：盟主在考察设计任务的合作企业时，就不需要考虑企业的销售能力，原材料成本、运输成本之类的指标；相反，盟主企业要选择销售类型的合作企业，就需要更多地考虑企业的沟通能力和运输成本等方面的因素。

（3）动态联盟合作企业优化组合评价指标体系的建立　对于合作企业的评价，除了要考虑合作企业的内部因素，还要考虑合作企业之间的相互作用、社会环境和地域条件等外部因素。通过对候选企业在这些外部影响因素下的考察，可以判断各合作企业之间能否进行良好的协作。同时，动态联盟能够顺利运行，也要受到这些因素的制约。因此，动态联盟合作企业优化组合过程主要评价合作企业的这些影响因素。本阶段的评价指标体系见表9-4，供读者讨论参考。

表 9-4　动态联盟合作企业优化组合评价指标体系

| 组合目标 | 评价因素 | 评价内容 | 解决方案 |
|---|---|---|---|
| 合作企业最优组合 | 时间 | 企业之间沟通交流的方式、效率 | 排好顺序的候选企业 |
| | 成本 | 更注重考察企业企业之间的沟通成本 | |
| | 质量 | 企业整体完成子任务的质量 | |
| | 服务 | 为前后阶段的合作企业服务情况 | |
| | 社会环境 | 企业所在区域的经济、政治环境和社会秩序 | |
| | 企业文化 | 合作企业文化的兼容性评价 | |
| | 地域条件 | 地理环境、交通运输和网络通信状况的评价 | |
| | 后勤保障 | 物流运输情况、网络通信状况 | |
| | 协作能力 | 主要考虑战略目标兼容、信息兼容和分工协作 | |

该阶段评价涉及动态联盟全生命周期中各阶段，是对产品全过程的评价。因此表 9-4 所列一些指标是从宏观角度对候选企业进行评价的。同时该阶段的评价指标体系也是开放的，针对不同的情况，对其进行实时调整或各有侧重。

另外，在以上三个阶段的评价指标体系当中，还要分析每个评价指标所占比重及其相互关系对合作企业选择评价问题的影响程度。例如：产品成本包括间接成本（如存货成本、非直接劳动力成本、设备成本等）和直接成本（如原材料成本、劳动力成本和设计、制造成本等）两部分，前者有时将成为增加产品成本的最大因素。追求产品质量的提高，往往需要加大设备、人员的投资，使得成本相应增加；追求产品低成本则意味着原材料与生产过程的改进，可以实现更高的利润，同时为联盟企业提供更有竞争力的产品价格。

总之，不论是何种市场机遇，也不论是目标任务的哪一阶段，都要根据具体情况具体分析。以上建立的各评价指标体系可以看作是一个评价指标库，在为组建动态联盟寻找合作企业时，可由盟主企业和其聘请的评估专家或咨询公司审裁确定选择哪些指标作为某一机遇或某一任务的影响因素，为下一步的具体评价工作做好准备。

## 9.2.3　网络化动态联盟合作企业评价模型

9.2.2 节建立了动态联盟合作企业评价指标体系，为动态联盟合作企业综合评价模型的建立提供了判定原则。盟主企业发起创建动态联盟时的一个重要任务就是如何从众多的潜在合作企业中选择最优的企业组合，本节主要介绍评价模型。

动态联盟是由多个具有核心竞争力的企业通过网络建立的虚拟组织，因此合作企业选择与优化是组建动态联盟过程中的首要步骤，关系到动态联盟整体的运行成本、交货期及运行效率、风险、敏捷性等多方面指标，具有重要的理论和现实意义。盟主在进行合作企业选择的时候要考虑相关的评价指标，由于评价指标的多样性及项目之间存在复杂的约束条件和决策者的不同偏好，使动态联盟的合作企业选择成为复杂的多目标决策问题。由于动态联盟是针对市场上出现的某一机遇而组建的，因此该企业在应对这一新机遇时，就要把它分解为若干个子任务，由不同的合作企业来完成。

由于动态联盟具有很多传统企业所不具备的新特点，如动态联盟生命周期短并且各个阶段具有一定的动态性，在物理上分布的各个网络节点具有异构性和独立性，往往要通过协商与竞争实现整个动态联盟的功能与过程等，使动态联盟的建模研究增添了许多新的内容。

动态联盟建模的重要性在于指导动态联盟的快速创建，通过模型的分析与仿真，实现运作过程的优化，同时也是开发动态联盟决策支持系统、信息管理系统的前提，使信息在企业生产制造流程中准确顺畅地传递，优化企业过程控制及管理决策进而提高企业竞争力和生产经营效益。

**1. 动态联盟合作企业初选方法**

对于大多数中小型企业来说，当面对某一市场机遇，而自身又没有能力解决时，一般就想通过合作的方式来完成，这就为一主多从型动态联盟的组建创造了条件，以分别完成各自任务。作为动态联盟组成成员之一，合作企业提供的产品或服务的质量直接影响核心企业产品和服务的质量，进而影响企业的整体竞争力。因此企业为了寻找最佳的合作企业，往往要从多方面、多角度考察合作企业。但是，过多的合作企业给决策带来很多烦琐的工作，而且也无法排除合作企业采取诸如弄虚作假的可能性。因此，盟主企业需要全面考察并尽可能剔除一些不符合要求的企业，从而准确轻松地选择出自己的合作企业。盟主一般通过一些硬性指标的考查，初步缩小自己盟友的范围。但是通过这种手工方式进行初选，不仅工作效率低，而且准确性也差。基于以上原因，本书提出了一种基于多彩色集合理论的合作企业初选方法。

（1）多彩色集合理论的概述　多彩色集合理论是一种新的系统理论和信息处理工具，其核心思想是使用标准的数学模型来仿真不同的对象（产品、设计过程、工艺过程、生产系统）。它应用数学逻辑、矩阵论、模糊数学等工具对传统集合论进行改进，使其能够描述集合本身与其组成元素的性质以及集合本身（性质）与其组成元素（性质）之间的关系。目前欧美国家的学者对这一理论了解较少。对我国来说，多彩色集合理论是新的非常有发展前途的信息处理数学工具。

1）多彩色集合理论的优势。多彩色集合理论是一种新的系统理论和信息处理工具，它使用形式上相同的数学模型来仿真不同的对象，使仿真系统更加具有柔性。由于存在形式上相同的数学模型，在问题的形势化研究方面前进了一步，具有高度的概括性。同时，多彩色集合理论是一个递阶的信息系统体系，它的成分是多彩色集合的元素、统一颜色和个人颜色及其相互关系和联系，能方便地描述复杂系统的各种特征与特性之间的相互联系，而且易于编程。

多彩色集合理论非常适合解决具有层次结构的问题，而合作企业选择问题正好是一个层次结构的问题。除此之外，多彩色集合还具有算法适应性的特点，即当合作企业数量改变时，算法却无须做出改变。

2）多彩色集合的基本概念。传统集合是全体元素 $a_i$，$a_j \in A$，数学描述为 $A=(a_1, a_2, \cdots, a_n)$。尽管这些元素本身并不相同，但其性质在形式上并不能表现出来。而多彩色集合整体本身及其组成元素都被染上一些不同的颜色，这些颜色表示研究对象和它的组成元素的性质。普通集合 $A$ 的元素也是多彩色集合的组成元素，所不同的是对应于集合 $A$ 的整体及每一个组成元素 $a_i \in A$，分别有颜色集合 $F(A)$ 和 $F(a_i)$ 与之对应，其中，

$$F(A)=(F_1(A), F_2(A), \cdots, F_n(A)) \tag{9-1}$$

$$F(a_i)=(F_1(a_i), F_2(a_i), \cdots, F_n(a_i)) \tag{9-2}$$

颜色集合 $F(A)$ 与 $F(a_i)$ 称为着色，它们都被包含在统一的颜色集合中，即 $F(A)$、$F(a_i) \in F(i=1, 2, \cdots, n)$。颜色 $F_j(A)$ 和元素 $a_j$ 的颜色 $F_j(a_j)$ 对应着对象的和元素

的第 $j$ 个性质。

多彩色集合中应用布尔矩阵 $[A\times F(A)]$ 描述元素和统一颜色的关系，表示多彩色集合的统一颜色和元素 $a_i\in A$ 的同名的个人颜色的相互关系，可以用布尔矩阵来表示：

$$\|C_{i(j)}\|_{AF(A)}=[A\times F(A)]=\begin{bmatrix} F_1 & \cdots & F_j & \cdots & F_m \\ a_{1(1)} & \cdots & a_{1(j)} & \cdots & a_{1(m)} \\ \vdots & & \vdots & & \vdots \\ a_{i(1)} & \cdots & a_{i(j)} & \cdots & a_{i(m)} \\ \vdots & & \vdots & & \vdots \\ a_{n(1)} & \cdots & a_{n(j)} & \cdots & a_{n(m)} \end{bmatrix}\begin{matrix} \\ a_1 \\ \vdots \\ a_i \\ \vdots \\ a_n \end{matrix} \tag{9-3}$$

其中，$a_{i(j)}=\begin{cases}1，若 F_j\in F(a_i)，即 a_i 与 F_j 发生关系；\\ 0，相反情况下。\end{cases}$；

3）围道（Contour）。在利用多彩色集合对系统进行仿真时，要用围道的概念来替换“颜色”这一数学用语。围道是诸如性质、属性、参数、特性、指标等技术概念的抽象和概括。

4）多彩色集合理论的不确定性。

① 集合论量参数值的不确定性，导致了元素对确定集合归属关系的不确定性。

② 逻辑参数值的不确定性，导致了真值的不确定性。

③ 确定集合中的元素（围道）的不确定性。

④ 在对象模型间，元素及围道间的关系和联系的不确定性。

（2）基于多彩色集合理论的初选模型

1）设置变量。

① $\{a_1, a_2, \cdots, a_m\}$表示 $m$ 个合作企业。

② $\{O_1, O_2, \cdots, O_n\}$表示 $n$ 个初选目标。

③ $O_{ij}$为初选指标 $O_i$ 的第 $j$ 个属性，每个初选指标 $O_i$ 有 $k_i$ 个属性，其中 $i=1, 2, \cdots, n$，$j=1, 2, \cdots, k$。

④ $S_i$ 表示选定的初选指标 $O_i$ 的内容，有 $S_i=\{O_{i1}, O_{i2}, \cdots, O_{ik_i}\}$，其中 $i=1, 2, \cdots, n$。

⑤ $P_{ij}$表示合作企业 $a_i$ 的第 $j$ 个性质，假如第 $j$ 个性质同第 $j$ 个初选指标相对应，说明合作企业满足本指标要求。

2）初选步骤。图 9-7 为动态联盟合作企业初选步骤，根据多色彩集合理论建立合作企业选择模型，模型中所涉及的评价指标在 9.2.2 节中的评价指标体系中已给出，在此不再赘述。

**2. 动态联盟合作企业优选常用评价方法概述**

当遇到市场机遇时，首先发现机遇的盟主企业经过分析，确定自已缺少的核心能力，并试图将该任务分解为若干个子任务，如设计、制造、装配、销售等环节；然后发布合作信息，分别为不同任务选择潜在企业。本阶段任务是在筛选出的潜在企业中，为每一任务选出 3～5 个综合状况优秀的合作企业进入优化组合阶段，为组建动态联盟做准备。

（1）常用评价方法　评价研究对象是当评价者面对多个可选方案时如何做出选择的行

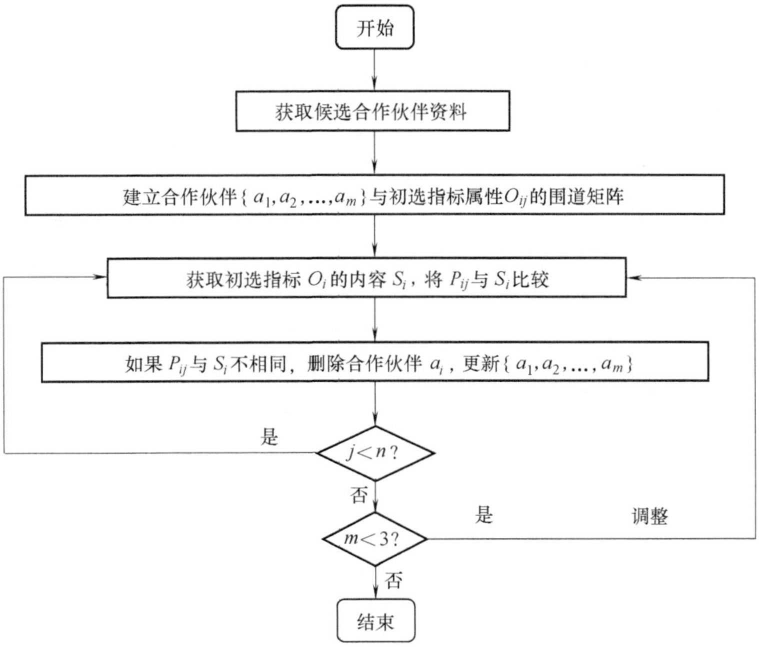


图 9-7　多彩色集合合作企业初选模型

为。目前对合作企业的评价方法有很多，下面将就一些主要的、相对更合理的方法进行介绍。

1）遗传算法（Genetic Algorithm，GA）。是一种新的优化算法，以其很强的解决问题的能力和广泛的适应性渗透到研究与工程的各个领域。根据其计算过程，可将其特点总结如下：

① GA 处理参数集合的编码，而不是参数本身，即操作是在给定字符串上进行的。

② GA 同时搜索解空间的许多点，而不是一个点，因而能够快速全局收敛。

③ GA 只需一个适应性函数，而不需导数或其他辅助信息，因而具有广泛的适应性。

④ GA 使用概率规则指导搜索，能搜索离散的、有噪声的多峰值的复杂空间。

⑤ GA 在解空间内进行充分的搜索，但并不是盲目地穷举或瞎碰（评价为选择提供依据），因此其搜索时耗和效率往往优于其他优化算法。

遗传算法理论研究内容主要包括：分析 GA 的编码策略、全局收敛性和搜索效率的数学基础、GA 的新结构、基因操作策略及其性能、GA 参数的选择及与其他算法的综合与比较等。其计算框图如图 9-8 所示。

2）层次分析法（Analytic Hierarchy Process，AHP）。层次分析法是美国运筹学家 T. L. Saaty 在 20 世纪 70 年代提出来的，是一种将定性分析和定量分析有效结合的系统分析方法，能高效地结合数据、专家意见和分析人员的判断，在资源分配、政策分析选优排序等领域得到广泛的运用。它分析思路清晰，可以将复杂的评价系统层次化，将分析人员的思维过程系统化、数学化、模型化，通过比较各种关联因素的重要性程度建立模型判断矩阵，并通过一套定量计算方法为评价提供依据；分析所需的定量数据较少、方法简单，是一种适合对多标准、多因素、多层次的复杂问题进行评价的方法，非常适用于设计早期阶段的质量

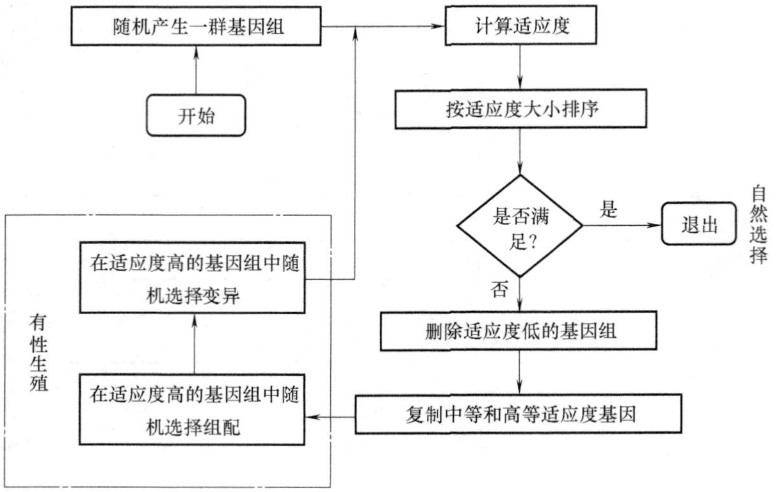


图 9-8　遗传算法计算框图

评价。

而 Marsh 提出了一种专门用于设计质量评价的 AHP 方法，其步骤如下：

① 构造层次分析模型。层次分析模型一般由最高层、中间层和方案层组成。最高层是设计要达到的目标；中间层是实现目标的子目标即准则层以及准则层下面的指标层；方案层是实现目标的可选方案。层次分析法中，利用直线连接来表示上层因素与下层因素之间的相互联系。

② 构造两两比较的判断矩阵。建立了多层次评价模型后，上下层次之间元素的隶属关系就确定了。对于多层次模型中各层次上的元素，可以依次相对于与之相关的上一层元素进行两两比较，从而建立一系列如下形式的判断矩阵：

| $A-B_i$ | $B_1$ | $B_2$ | $\cdots$ | $B_n$ |
|---|---|---|---|---|
| $B_1$ | $b_{11}$ | $b_{12}$ | $\cdots$ | $b_{1n}$ |
| $B_2$ | $b_{21}$ | $b_{22}$ | $\cdots$ | $b_{2n}$ |
| $\vdots$ | $\vdots$ | $\vdots$ | $\vdots$ | $\vdots$ |
| $B_3$ | $b_{n1}$ | $b_{n2}$ | $\cdots$ | $b_{nn}$ |

判断矩阵 $A-B_i=(b_{ij})_{n\times n}$具有如下性质：

a. $b_{ij}>0$

b. $b_{ij}=\dfrac{1}{b_{ji}}$

c. $b_{ii}=1$

其中 $b_{ij}$代表相对于与其相关的上一层元素 $A$，元素 $b_i$ 较元素 $b_j$ 的重要性比例标度。在进行元素两两比较时，通常采用 1 ~9 标度法，其标度含义见表 9-5。

③ 各层单排序与一致性检验。计算排序权重向量的方法较多，本文采用较为常用的特

征根法。设判断矩阵 $A-B_i$ 的最大特征根为 $\lambda_{\max}$，相应的特征向量为 $W$，则 $W$ 与 $\lambda_{\max}$ 的计算方法如下：

a. $A-B_i$ 的元素按行相乘。

b. 所得到的乘积分别开 $n$ 次方。

c. 将方根向量归一化即得排序权重向量 $W$。

d. 计算判断矩阵的最大特征根

$$\lambda_{\max} = \sum_{i=1}^{n} \frac{(A - B_i W)_i}{nW_i}$$

**表 9-5 标度的含义**

| 重要性标度 | 定义描述 |
|---|---|
| 1 | 表示两个元素相比，具有同等的重要性 |
| 3 | 表示两个元素相比，前者比后者稍微重要 |
| 5 | 表示两个元素相比，前者比后者明显重要 |
| 7 | 表示两个元素相比，前者比后者强烈重要 |
| 9 | 表示两个元素相比，前者比后者极端重要 |
| 2,4,6,8 | 表示上述相邻判断的中间值 |

AHP 并不要求在构造判断矩阵时，判断具有一致性，即不要求 $a_{ij}a_{jk}=a_{ik}$，但有时会出现“甲比乙极端重要，乙比丙极端重要，而丙比甲极端重要”这一违反常规的情况，因此为了提高决策的科学性，在求得 $\lambda_{\max}$ 后应进行一致性检验。检验过程如下：

① 计算一致性指标 $CI$

$$CI = \frac{\lambda_{\max} - n}{n-1}$$

② 计算一致性比例 $CR$

$$CR = \frac{CI}{RI}$$

当 $CR<0.1$ 时，认为判断矩阵具有良好的一致性，否则应调整判断矩阵元素的取值。随机一致性指标 $RI$ 的取值见表 9-6。

**表 9-6 平均随机一致性指标 *RI* 的取值表**

| | | | | | | | | | |
|---|---|---|---|---|---|---|---|---|---|
| *RI* | 0 | 0 | 0.58 | 0.9 | 1.12 | 1.24 | 1.32 | 1.44 | 1.45 |
| *n* | 1 | 2 | 3 | 4 | 5 | 6 | 7 | 8 | 9 |

AHP 方法是通过两两比较进行的，虽然能对各方案进行排序，但是尚有缺陷。

a. 对方案能否满足用户需求及满足程度不能给出绝对意义上的判断，尚需探讨。

b. 对不确定信息缺乏充分考虑。

3）最优隶属度综合评价方法。

① 求解各因素集。其主要步骤如下：产品质量评价目标集 $U=\{u_1, u_2, \cdots, u_n\}$；相应的评价指标集 $V=\{v_1, v_2, \cdots, v_n\}$；利用 AHP 求得指标间的相对权重 $W=\{w_1, w_2, \cdots, w_n\}$。

② 构造评价隶属度矩阵 $R_{ij}$。对属性指标需要进行归一化处理，对于定性指标，采用专家打分法处理，分为九个等级：最好、很好、好、较好、中、较差、差、很差、最差。隶属函数采用三角形函数。评分采用 0~1 分制原则，通过简单加权法，可获得全部专家关于某

个定性指标的隶属函数值。对于定量指标集 $V$，评价目标集 $U$ 上值集 $X=\{x_1, x_2, \cdots, x_n\}$，诸如功率、利润等收益型指标采用下面公式转换：

$$x_i'=\frac{(x_i-\min x_i)}{(\max x_i-\min x_i)}$$

成本、时间等成本型指标采用下面公式转换：

$$x_i'=\frac{(\max x_i-x_i)}{(\max x_i-\min x_i)}$$

这样将定量指标转换为相应的隶属函数值，就构建了评价隶属度矩阵 $R_{ij}$。

③ 评价。评判空间为$(U, V, R)$，有三类评判函数模型可采用：取最大值模型、取最小值模型、取加权平均值模型。求解方程如下：$B=W^{\circ}R$。评价从底层的指标层开始，然后追溯到上面的子目标层，一直到顶层总目标，具有产品设计水平的最大值的方案即为最优方案。

模糊最优隶属度综合评价方法在处理不确定性方面优势明显，但还存在下列问题：

a. 隶属度的确定比较困难。

b. 在设计过程中隶属度可能变化，导致评价结果改变。

c. 各方案的波动信息利用不够充分。

4）人工神经网络算法。人工神经网络的研究已有 70 年的历史，提出了 40 多种神经网络模型。由于神经网络方法是模拟人脑的思维活动发展和形成的，因而它具有一定的智能性。具体表现在神经网络具有良好的容错性、层次性、可塑性、自适应性、自组织性、联想记忆和并行处理能力。通过对各种神经网络（BP 网、RBF 网、概率神经网络、最小误差神经网络、反馈网络等）的分析，可以总结出如图 9-9 所示的神经网络的一般模型。

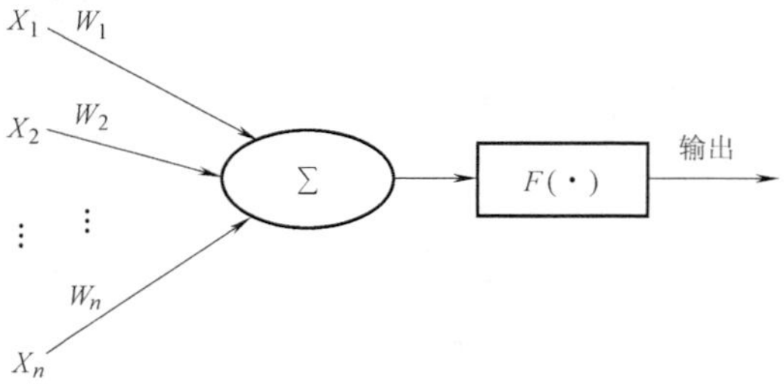


图 9-9　神经网络的一般模型

其中，$\{X_1, X_2, \cdots, X_n\}$为网络的输入特征值，$\{W_1, W_2, \cdots, W_n\}$为权重值，$F(\bullet)$为一变换函数，它可以是 S 型函数、硬限幅函数（阶跃函数），也可以是小波基函数或其他函数，从而形成相应的神经网络算法。例如：将 $F(\bullet)$用小波基函数代替，便可称为小波神经网络；将 $F(\bullet)$用概率密度函数来代替，就称为概率神经网络等。

人工神经网络是由大量简单处理单元广泛连接而构成的一个复杂的非线性系统，从微观上对人脑的智能行为进行描述，网络的智能存在于其结构及自适应规则之中。网络通过对大量样本的有监督学习和进行训练，不仅可解决单个问题，还可推广到整个类问题，并通过在计算机硬件上模拟或用专用神经网络硬件实现神经网络系统，具体特点如下：

① 可避免数据的分析和建模工作。通过观测样本，神经网络完全能够发现其隐含的信息，经过学习神经网络建立一个规则，该规则最小限度地受到人为的支配。

② 非编程自适应的信息处理方式。基于神经网络可以设计非编程自适应信息处理系统，该系统不断变化以响应周围环境改变。

③ 完成复杂的输入与输出的非线性映射。一个三层结构的神经网络，其中输入层包含 $p$

个神经元，隐层具有（$m+1$）个神经元，输出层有 $n$ 个神经元。

④ 信息存储与处理合二为一。

（2）评价方法的对比分析　在前面介绍了几种合作企业评价方法，将各种方法的优缺点进行评述，结果见表 9-7。通过对其结果的总结可以知道现行评价方法的缺陷。

**表 9-7　评价方法对比分析**

| 评价方法 | 优点 | 缺点 |
|---|---|---|
| 遗传算法 | 遗传算法在解空间内采用启发式搜索，其效率优于其他方法，有利于全局快速收敛 | 群体适应性函数的计算比较困难，二进制编码的遗传算法精度不高，复杂问题不易解决，易出现早熟收敛 |
| 层次分析法 | 将定性分析与定量分析相结合的科学决策方法；运用辩证的系统思维原理解决复杂的决策问题 | 评价过程中随机性和评价主观性及认识上的模糊性太强；判断矩阵易出现严重的不一致现象 |
| 最优隶属度综合评价方法 | 可以处理语义信息，对盟主偏好等不确定性信息的表征与处理比较方便 | 隶属的确定比较困难，波动信息的利用不够充分 |
| 人工神经网络算法 | 网络具有自适应能力，可容错性，能够处理分线性、非局域性和非凸性的大型复杂系统 | 精度不高，训练时间长，需要大量的训练样本，收敛速度慢，容易陷入局部最优 |

（3）动态联盟合作企业优选评价方法　根据上一节关于动态联盟合作企业评价过程、指标体系和组织模式的建立，本评价模型应该包括合作企业的微观评价和宏观评价。在宏观层次上，对合作企业的产品质量、服务、信誉、基础条件、技术人员等进行评价；在微观上对合作企业在宏观方面的指标具体情况进行评价。

通过对各评价方法的对比分析，结合本书的特点，充分考虑评价过程中的模糊性，采用模糊综合评价的方法处理定性与定量指标相结合的评价指标体系，通过隶属度的概念将定量与定性指标进行统一处理，使得每一阶段被评价的合作企业的模糊综合评价结果都表现为一个模糊向量，从中可以直接看出合作企业的综合情况，从而选出最优企业。同时，为了解决评价过程中指标的权重问题，本书建议采用基于三角模糊数的层次分析法确定各指标的权重，该方法既可以有效地解决定量与定性指标相结合的决策问题的权重的确定，又可以避免层次分析法中专家评价过于主观的问题。在模糊综合评价方法中，指标权重的确定直接决定了评价结果的有效程度。企业相对各指标的权重既是决策者或专家的主观评价，又是企业本身物质条件的客观反映，是主客观综合度量的结果。

# 9.3　网络化制造的关键技术与体系结构

## 9.3.1　网络化制造的关键技术

在信息技术的条件下，网络化制造模式将分布于世界各地的产品、设备、人员、资金、市场等企业资源有效地集成起来，采用各种类型的合作形式，建立以网络技术为基础的、高素质员工系统为核心的敏捷制造企业运作模式，因此网络化制造的关键技术主要有以下几种。

**1. 分布式网络通信技术**

Internet、Intranet、Web 等网络技术的发展使异地的网络信息传输、数据访问成为可能。

特别是 Web 技术的实现，可以提供一种支持成本低、用户界面友好的网络访问介质，解决制造过程中用户访问困难的问题。

**2. 网络数据存取、交换技术**

网络按集成分布框架体系存储数据信息，根据数据的地域分布，分别存储各地的数据备份信息，有关产品开发、设计、制造的集成信息存储在公共数据中心中，由数据中心协调统一管理，通过数据中心对各职能小组的授权实现对数据的存取。

**3. 产品数据管理技术**

制造环境中包含许多超越事务管理的复杂数据模型，需要进行特定的数据管理，包括设计、加工、装配、质量控制、销售等各方面的数据。

**4. 协同工作技术**

计算机支持的协同工作（Computer Supported Cooperative Work，CSCW）是指利用计算机技术和网络技术满足人们工作中群体性、协作性的需求，实现高绩效的协同工作。CSCW 是地域分散的一个群体，借助计算机及网络技术，共同协调与协作来完成一项任务。它包括群体工作方式研究和支持群体工作的相关技术研究、应用系统的开发等部分，旨在通过建立协同工作的环境，改善人们进行信息交流的方式，消除或减少人们在时间和空间上的相互分隔的障碍，从而节省工作人员的时间和精力，提高群体工作质量和效率。其中，群体可以是一个或多个单位、项目或小组。但这里特别强调的是，群体中的人们必须执行共同的任务，CSCW 系统为他们提供一个共享的工作环境和一个友好而灵活的人与人交互的界面。CSCW 共有三个要素：通信、合作与协调。其中，通信是 CSCW 的基础，分为同步通信和异步通信；合作是 CSCW 的形式，主要体现在群组工作时成员之间的协作；协调则是 CSCW 的关键，群组协作结果的好坏取决于群组成员活动的协调。

一个 CSCW 系统通常由公用工具和专用工具组成。公用工具是可支持许多领域协同工作的工具，如用于发表、统计、评价意见的工具，帮助管理会议、工作任务的共享日历和绘图软件等。专用工具是用于某个专门领域的工具，如在设计领域，有传统的 CAD 工具、群体决策支持系统等。

**5. 工作流管理**

工作流所关注的问题是处理过程的自动化，它根据一系列定义的规则，把文档、信息或任务在参与者之间传递，以达到某种目的。工作流管理联盟分别给出了工作流和工作流管理系统的定义：

1）工作流是指将一个业务过程部分或全部地用计算机自动执行。

2）工作流管理系统是一个完全定义、管理和执行工作流的系统，它通过计算机表示的工作流逻辑来驱动软件有序地运行。

工作流技术提供了把业务流程逻辑从具体 IT 工具的操作中分离出来的方法，并且还可以在以后把改变的流程逻辑规则添加进去。工作流管理可以在办公环境（如保险、银行、法律、行政管理等）及工业和制造等领域得到广泛应用。

### 9.3.2 网络化制造的体系结构

网络化制造可以自下至上分为基础层、功能及工具层、应用层和企业用户层四个层次，如图 9-10 所示。层次不同，所提供的服务功能不同；所处的地域范围不同，数据类型及管理模式也不同。

其中，基础层是指网络化制造平台的底层软硬件系统，包括各种资源信息的数据库系统及网络化制造所需的接口标准、系统集成协议、技术规范和标准等，直接影响网络化制造系统运行的效率和可靠性，是实施网络化制造的基础设施。

功能及工具层为应用层提供基本服务和支撑。

应用层提供对网络化制造所需的各种应用工具进行封装，向网络环境下的用户提供服务入口，使用户可以透明地访问网络化制造系统。

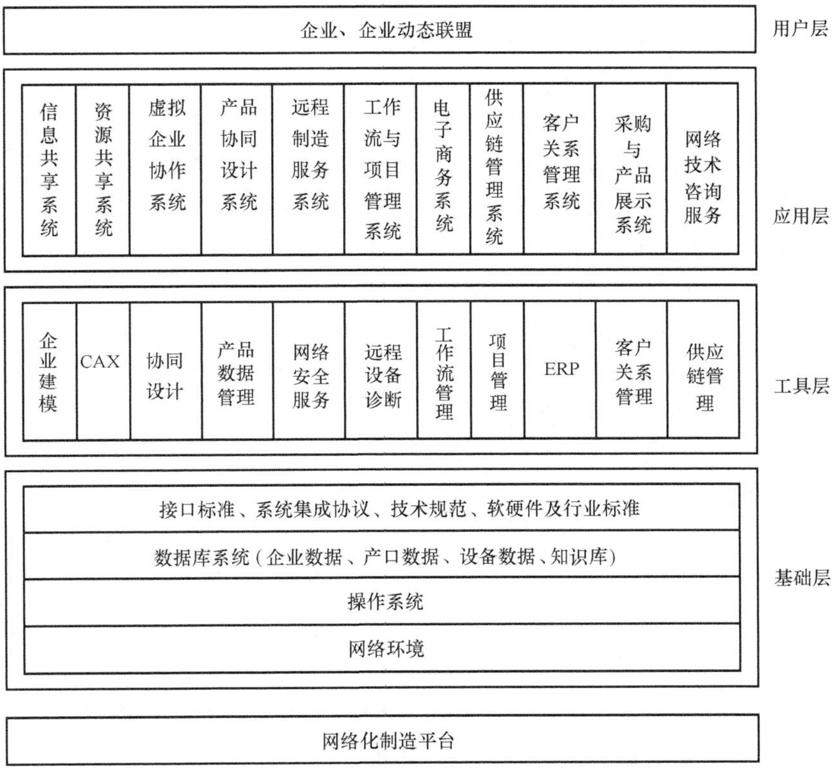


图 9-10　网络化制造的体系结构

## 9.4　案例分析

**1. 基本情况**

江苏某半导体封装企业是中国集成电路封装的生产基地、中国电子百强企业之一。近年来企业的产量、产值、生产能力均以超过 20% 的速度递增，随着企业生产规模的扩大，合作企业也越来越多，企业间的信息交流日益频繁和复杂，具有信息量大、处理流程烦琐等特点，急需解决以下几个方面的问题：

（1）加强对物流的控制，提高信息的实时性　在传统方式上，该企业与合作企业和分销商之间通常采用电传、电报、电话、电子邮件等方式传递订货、发货、到货、换货、退货等信息，相关人员定时上网录入相应数据。由于数据量大，数据类型和结构复杂，而且数据间存在复杂的语义联系，数据载体也是多介质的，传统的手工操作任务繁重，效率低下，经常发生数据传输滞后、错误或丢失的现象，可靠性、安全性和保密性都无法满足要求。

（2）提高市场反应速度，改善服务质量　目前，该企业的采购和销售主要是协调员在外与合作企业或客户联系好后，通过电话或传真汇报，信息反应迟缓，市场监控能力不强，很难满足合作企业和客户多样化的需求。加之竞争的形势越来越严峻，企业难以准确预测半导体产品的市场需求，导致库存积压和资源浪费。

（3）简化业务流程，提高工作效率　由于企业和合作企业异地分布，相互间靠电话、传真联系，协调员与合伙企业就业务达成一致意见后，需电话或传真层层上报，并将相关的信息手工存档，存在手续烦琐、信息滞后、管理不到位、协调不及时等问题。由于手续不全，企业和合作企业之间的账务纠纷也时有发生。

（4）加强信息集成，提高信息的利用率　企业各部门将平时的业务完成情况全部手工存档，由相关人员定期统计汇总，形成各类报表，工作量大，效率不高，且容易出错，企业领导不能及时了解企业的经营状况和合作企业的有关情况，信息的集成和利用率不高。

**2. 系统功能模型的设计**

根据企业的运作过程和存在的问题，该企业的网络化制造信息管理系统不仅包括原材料和半成品的采购、入库，产品的库存、销售和财务管理，还包括对合同、客户、合作企业和发票等的管理，是"业务、财务一体化"的信息管理系统。系统以业务处理为核心，以票据处理为纽带，把企业从进货付款到最后销售开票等各项业务纳入管理之中。同时自动生成各种业务单据、统计报表和财务核算，并能对历史数据进行分析，提供需求预测。

**3. 系统网络的架构**

企业、合作企业和客户之间异地分布，要实现信息的实时共享，就必须借助 Internet 实时地传输数据。该企业现有的局域网已比较完善，需租用 DDN 专线通过光纤接入 Internet。服务器位于局域网内，受到企业网络防火墙的保护，起到杀毒和过滤 IP 的作用。客户端安装杀毒软件，防止病毒的入侵。同时，利用密钥对所传输的数据进行加密，即使通信信息被人截获，也不会泄漏企业的商业秘密。操作员的操作权限设置渗透到各模块及各子功能模块中，对不同使用者、不同功能和不同数据，系统赋予不同的权限，特别是企业领导的账号，必须在指定的机器上才能登录，能有效防止越权操作和资料泄密，具有较好的安全性能。

**4. 系统的体系结构**

该信息管理系统是基于 Internet 的通信体系架构，通过信息集成、过程优化及资源优化，实现物流、信息流、资金流的集成和优化运行，提高了企业的市场应变能力。根据企业的管理体系和具体的业务流程，本着先进性、可扩展性、可靠性的原则，将系统划分为三个层次：计算机网络平台、数据库管理与维护系统、应用子系统。在 Web 服务器、数据库服务器和各种数据库的支撑下，可以实现网上销售、客户管理、订单查询及管理等功能。

**5. 系统实现的技术**

从企业的实际出发，采用 C/S（客户端/服务器）与 B/S（浏览器/服务器）两种模式相结合的方法，以提高系统的性能。在企业局域网内采取 C/S 模式，有利于集成企业现有资源，提高查询访问效率；各合作企业、客户及移动办公的管理人员采取 B/S 模式，可在任何时间、任何地点通过 Internet 访问信息管理系统，降低企业的维护成本，提高经济效益。

该系统把原材料和半成品采购、产品库存、产品销售、账务等过程信息纳入电子化和网络化统一管理，实现了企业与合作企业、分销商、客户之间信息的实时共享，降低了库存数量，加快了资金周转，增强了市场应变能力，提高了企业的信息化水平。目前，此信息管理系统已在该企业使用，取得了较好的经济效益。

## 思　考　题

1. 根据学习内容及个人理解，谈谈我国制造业面临的机遇和挑战。
2. 网络化制造的典型模式是什么？该模式存在几种类型？
3. 浅析企业动态联盟合作企业评价的指标体系与评价模型应该如何建立。
4. 动态联盟合作伙伴评价方法都有哪些？
5. 试述动态联盟运行的管理策略。
6. 网络化制造的关键技术包括哪些方面？请分别叙述。

# 参考文献


[1] 薛伟，蒋祖华. 工业工程概论［M］. 北京：机械工业出版社，2009.
[2] 易树平，郭伏. 基础工业工程［M］. 北京：机械工业出版社，2014.
[3] 白东哲、张凤荣. 生产系统现场工作研究［M］. 北京：机械工业出版社，2004.
[4] 王丽莉，张凤荣. 生产计划与控制［M］. 2版. 北京：机械工业出版社，2011.
[5] 叶春明. 生产计划与控制［M］. 北京：高等教育出版社，2005.
[6] 郭伏，杨学涵. 人因工程学［M］. 2版. 沈阳：东北大学出版社，2005.
[7] 丁玉兰. 人因工程学［M］. 上海：上海交通大学出版社，2005.
[8] 宋飞舟. 现代工业工程［M］. 太原：山西科学技术出版社，2004.
[9] 董海. 设施规划与物流分析［M］. 北京：机械工业出版社，2005.
[10] 张凤荣. 质量管理与控制［M］. 2版. 北京：机械工业出版社，2011.
[11] 刘广第. 质量管理学［M］. 2版. 北京：清华大学出版社，2003.
[12] 马风才. 质量管理［M］. 北京：机械工业出版社，2009.
[13] 高光锐，任俊义. 生产与质量管理［M］. 北京：电子工业出版社，2011.
[14] 于立君. 工程经济学［M］. 北京：机械工业出版社，2005.
[15] 武献华，石振武. 工程经济学［M］. 北京：科学出版社，2006.
[16] 李南. 工程经济学［M］. 4版. 北京：科学出版社，2013.
[17] 王忠伟，庞燕. 供应链管理［M］. 北京：中国财富出版社，2009.
[18] 刘树华，鲁建厦，王家尧. 精益生产［M］. 北京：机械工业出版社，2010.
[19] 顾寄南. 网络化制造技术［M］. 北京：化学工业出版社，2004.
[20] 王宛山，巩亚东，郁培丽. 网络化制造［M］. 沈阳：东北大学出版社，2003.
[21] 胡永宏，贺思辉. 综合评价方法［M］. 北京：科学出版社，2000.
[22] 董文辉，基于多 Agent 的虚拟企业创建与车间层敏捷调度研究［D］. 沈阳：东北大学，2005.
[23] 王能. 虚拟团队的组织与管理研究［D］. 天津：天津大学，2008.
[24] 张天瑞. 虚拟企业合作伙伴选择与管理研究［D］. 沈阳：东北大学，2010.